全国农村合作金融机构业务培训教材

财务管理

主　编　张　红
副主编　王尚武　胡　伟

中国金融出版社

责任编辑：罗邦敏　单翠霞
责任校对：张志文
责任印制：陈晓川

图书在版编目（CIP）数据

财务管理（Caiwu Guanli）/张红主编．—北京：中国金融出版社，2012．2
（全国农村合作金融机构业务培训教材）
ISBN 978－7－5049－6236－2

Ⅰ．①财…　Ⅱ．①张…　Ⅲ．①财务管理　Ⅳ．①F275

中国版本图书馆 CIP 数据核字（2012）第 015573 号

出版发行　中国金融出版社
社址　北京市丰台区益泽路 2 号
市场开发部　(010)63266347，63805472，63439533（传真）
网 上 书 店　http://www.chinafph.com
(010)63286832，63365686（传真）
读者服务部　(010)66070833，62568380
邮编　100071
经销　新华书店
印刷　北京松源印刷有限公司
尺寸　185 毫米×260 毫米
印张　21.5
字数　471 千
版次　2012 年 2 月第 1 版
印次　2012 年 7 月第 2 次印刷
定价　41.00 元
ISBN 978－7－5049－6236－2/F.5796
如出现印装错误本社负责调换　联系电话（010）63263947

《全国农村合作金融机构业务培训教材》
丛书编委会

总　　序

农村信用社自1951年成立以来，历经60年艰辛发展历程，走过了一条不平凡的发展之路。在党中央、国务院正确领导下，农村信用社以服务“三农”为宗旨，自身实力迅速壮大，已成为我国金融系统的重要力量，是名副其实的农村金融主力军。特别是以2003年6月国务院颁布《深化农村信用社改革试点方案》为标志，新一轮农村信用社改革全面展开，农村信用社深化改革和经营发展进入了快车道。几年来，以产权制度为核心的改革成绩斐然，农村信用社、农村合作银行、农村商业银行（以下简称农村合作金融机构）并存，声名鹊起，共襄盛举，共同发展，共同繁荣。

截至2011年6月末，全国农村合作金融机构营业网点近8万家，从业人员78万人，资产12.04万亿元，负债11.37万亿元，存款9.58万亿元，贷款6.43万亿元。存款、贷款规模攀居全国银行业金融机构第4位和第2位，成为我国城乡金融机构网点最多、分布最广、“三农”贷款投放最多、农村普惠金融服务贡献度最大的金融机构。

银行业的竞争和发展，归根结底是人才的问题，才兴业兴，才尽业衰，已昭示了银行发展的永恒真理。伴随农村合作金融机构发展的突飞猛进，面对经营管理、创新的多重压力，员工素质、能力不适应的矛盾日益突出，已成为农村合作金融机构走向现代银行之路的瓶颈，“短板效应”为业界所共识。但是，囿于现有管理体制的现状，员工培训合力不够，层次不高，且缺乏系统性和全面性，培训效果不佳，难以达到规范化、标准化。针对这种现状，我们以服务股东及成员单位为宗旨，充分利用自身优势，组织全国部分高等院校专家、教授，编写《全国农村合作金融机构业务培训教材》丛书（以下简称《丛书》）一套18种。该《丛书》具有以下几个特点：一是覆盖面广。《丛书》内容涉及会计、信贷、财务、管理、审计、营销、法律、科技、新兴业务、人力资源、服务礼仪、应用写作等各专业、各个方面，可谓包罗万象，几近百科。二是实用性强。《丛书》体例新颖，线条清晰，通俗易懂，适合农村合作金融机构员工自学和培训，特别是每种教材附有若干套试题，存放于农信银远程学习系统，供员工自学与培训时自考自检。三是方便自学。《丛书》课件在农信银远程学习系统上将陆续推出，员工登录系统后即可学习，不受时间和场地限制，解决了员工自学培训中的工学矛盾。

汇通城乡，服务股东，普惠“三农”，成就梦想，是农信银资金清算中心永恒不变的价值理念。组织编写《丛书》是我们所尽的菲薄之力，相信它是撬动支点之力，必将推动全国农村合作金融机构的诺亚方舟。让员工培训、人才培养的大戏高潮迭起，演绎辉煌！

《全国农村合作金融机构业务培训教材》丛书编委会

2011 年 11 月 25 日

前　言

近年来，党中央、国务院始终把解决“三农”问题摆在首位。为“三农”提供优质金融服务是解决“三农”问题的一个重要方面，中国人民银行十分重视并积极推动改善农村地区金融服务，畅通农村地区支付结算渠道，在加快现代化支付体系建设的同时，因地制宜、多策并举，有效地改善了农村地区支付环境。在提高农村支付环境和水平方面，伴随着人民银行大、小额支付系统开通，农信银资金清算系统的建立以及8万家网点的介入，其他国有商业银行、邮政储蓄银行等在农村地区的支付结算也在不断完善，这些对于改善农村地区金融服务、提高金融服务水平、促进“三农”经济和谐发展都发挥了很重要的作用。

但是，支付结算渠道不畅，异地支付难的问题仍然在不同的地区、以不同的形式存在着，这些都制约着农村地区结算水平的进一步提高。比如说第一个方面，我们可以看到农村地区的经济发展环境还相对滞缓，这样造成了支付结算工具使用的主体不足，有效需求还相对比较弱。第二个方面，国有银行机构收缩，导致县域结算体系相对较少，这样农村信用社就承担了金融支农和提供结算服务的重担。但是它本身的支付结算服务建设和基础设施完善方面还相对滞后，非现金结算工具也较少，结算的手段还相对比较落后。这些因素导致农村广大客户的需求没有得到很好的满足。第三个方面，农村信用环境不佳制约了非现金支付工具的推广。非现金支付工具的有效使用有一个前提，就是必须建立在良好的信用基础上，而当前农村部分地区的社会信用环境建设还不完善，制度不健全，部分企业和个人的信用观念还比较淡薄，信用等级也比较低，恶意逃债的情况在部分地区时有发生，这些都制约了非现金支付工具的推广和使用。

党的十七大作出了建设城乡一体化格局的重大决策，随着我国城乡一体化建设进程的加快，农村合作金融机构全体员工面临新的挑战。《全国农村合作金融机构业务培训教材》是为适应农村合作金融机构宏观和微观形势的需要而编写的。财务管理作为现代商业银行管理的重要领域和专门学科，得到了广大理论工作者和实务界的高度重视。通过本课程的学习，学员可以掌握财务管理的基本理论、基本方法和基本技能，完善经济管理方面的知识结构，增强经济管理能力。

《财务管理》一书在结构、内容、体系等方面力求体现以下特点。

1. 在结构设计上，为了适应培养自学能力和实际操作能力的需要，每章正文前有本章概要、要点提示、重要概念、本章架构图；每章正文后有大量的复习思考题、经典案例、知识链接等。

2. 在内容的处理上，遵循适度新颖、强化基础、多举实例、突出应用、加强实际操作能力培养的原则。在基本理论方面，努力汲取我国理论界的最新研究成果，力求体现理论和实践的新发展，但对其广度和深度作了必要的限制，按照教学的基本规律，由简入繁。同时，考虑到学员考取会计师的需要，有重点地引入了中级会计师考试内容。

3. 在体系的编排上力求符合教学规律的要求，并结合课程特点，做到详略得当、循序渐进、理论够用、体系完整。

本教材由哈尔滨金融学院张红担任主编；湖北经济学院的王尚武、胡伟担任副主编。第二、第四、第七章由张红编写，第一、第五章由王尚武编写，第十、第十一章由胡伟编写，第三章由刘美艳编写，第六章由李翠婷编写，第八章由刘悦男编写，第九章由余四林编写。张红对全书内容进行了审定。写作过程中参考了有关学者、专家的论著，并引用了相关内容，在此深表感谢！

本教材可作为在职人员培训及自学者自学用书，也可作为普通高等院校、高等职业学校、成人高校、民办高校的经济类、金融类、管理类、财会类专业及相关专业的基础教材。

由于编者水平有限，对于书中的错漏及不足之处，敬请读者批评指正。

编者

2011 年 12 月

目　录

全书架构图

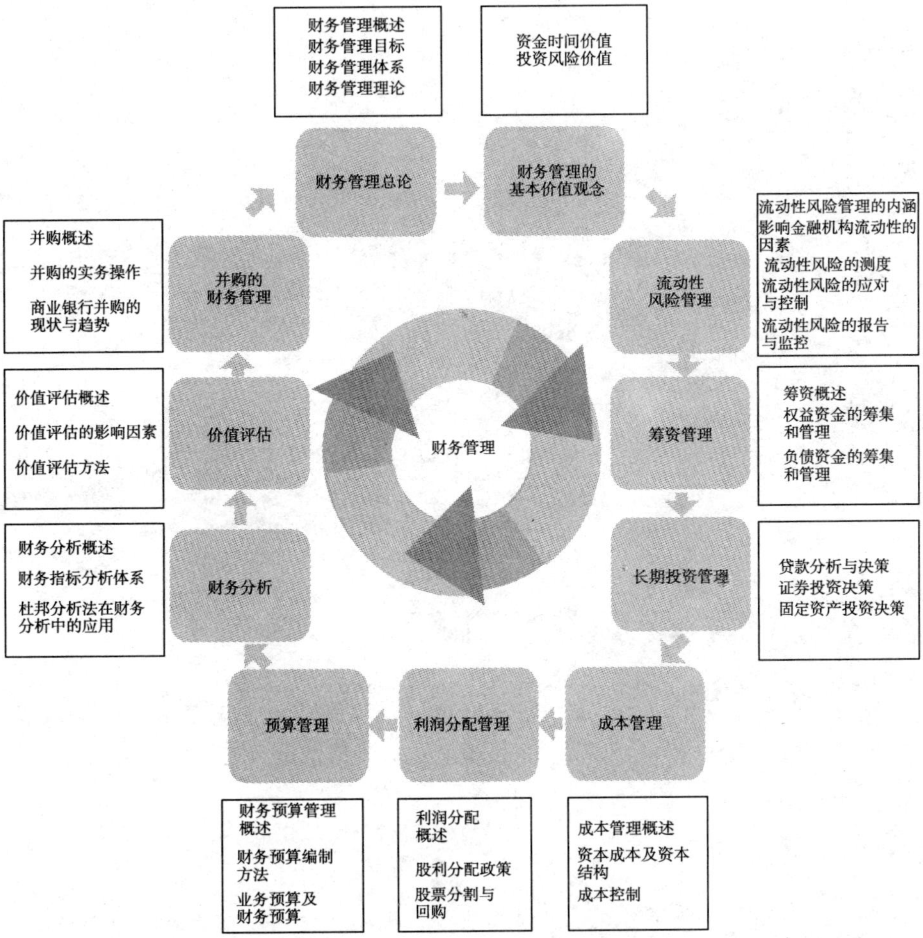
财务管理概述
财务管理目标
财务管理体系
财务管理理论
资金时间价值
投资风险价值
财务管理总论
财务管理的基本价值观念
流动性风险管理的内涵
影响金融机构流动性的因素
流动性风险的测度
流动性风险的应对与控制
流动性风险的报告与监控
流动性风险管理
筹资概述
权益资金的筹集和管理
负债资金的筹集和管理
筹资管理
贷款分析与决策
证券投资决策
固定资产投资决策
长期投资管理
成本管理
成本管理概述
资本成本及资本结构
成本控制
利润分配管理
利润分配概述
股利分配政策
股票分割与回购
预算管理
财务预算管理概述
财务预算编制方法
业务预算及财务预算
财务分析
财务分析概述
财务指标分析体系
杜邦分析法在财务分析中的应用
价值评估
价值评估概述
价值评估的影响因素
价值评估方法
并购的财务管理
并购概述
并购的实务操作
商业银行并购的现状与趋势
财务管理

第一章 财务管理总论

【本章概要】

本章阐述了农村合作金融机构财务管理的概念、财务管理的对象、财务活动及财务关系、财务管理的主要内容等基本理论问题，重点阐述了财务管理目标，对其中的利润最大化、股东财富最大化和企业价值最大化三种流传最广泛的观点进行了深入探讨。考虑到金融企业的特殊性，所以，我们把实现企业价值最大化看成是财务管理的总目标，把讲求安全性、流动性和盈利性看成财务管理目标的具体化。考虑到财务管理的工作要求，重点强调了政策法律环境和金融市场环境。指出了财务管理体制的基本要求、特征，并就如何建立与完善财务管理体制提出了看法。阐述了财务管理方法体系，着重强调了财务管理观念，介绍了对财务管理有指导意义的现代财务管理主要理论。

【要点提示】

1. 掌握财务管理的概念、对象、内容和原则；
2. 理解财务管理目标及其具体化；
3. 了解财务管理的环境；
4. 掌握财务管理体制的基本要求和现行体制的特征；
5. 掌握财务管理方法体系；
6. 掌握财务管理观念；
7. 了解现代财务管理理论。

【重要概念】

商业银行　财务管理　财务管理对象　财务管理目标　企业价值最大化　财务管理环境　财务管理的观念

【本章架构图】

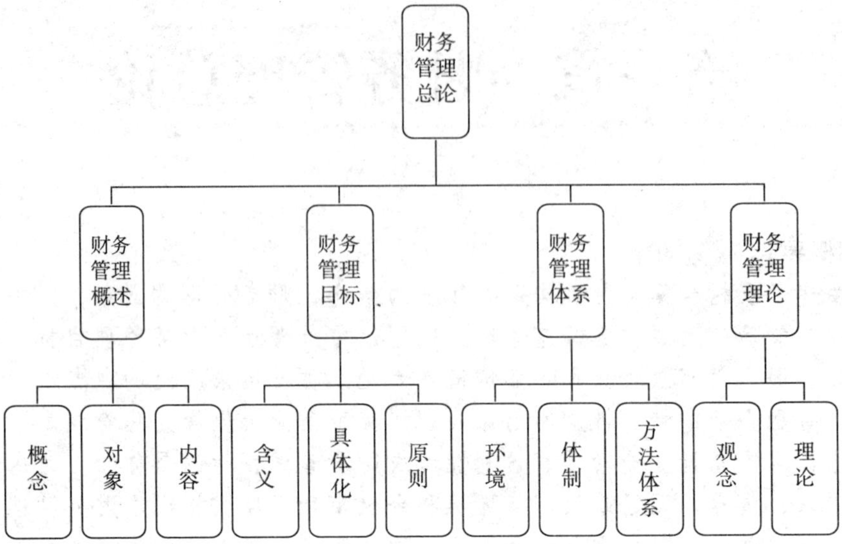

第一节 财务管理概述

一、财务管理

（一）商业银行

农村合作金融机构的业务本质上属于商业银行业务。商业银行是以经营存、放款为主要业务，并以获取利润为目的的货币经营企业。因此，大多数商业银行都是按《公司法》组建的，它们与一般工商企业一样，是以企业价值最大化为目标的金融企业。同样具有从事业务经营所需要的自有资本，依法经营，照章纳税，自负盈亏，追求利润增长。但是由于经营对象的差异它们又不同于一般工商企业。其特殊性具体表现为商业银行是以金融资产和金融负债为经营对象，经营的是特殊商品——货币和货币资本。经营内容包括货币收付、借贷以及各种与货币运动有关的或者与之相联系的金融服务。从社会再生产过程看，其经营是其他企业经营的条件，从而使其成为一种特殊的企业——金融企业。由金融企业的特殊性质所决定，它具有信用中介、支付中介、信用创造、金融服务和调节经济的基本职能。其广泛的职能使得它对整个社会经济活动的影响十分显著，在整个金融体系乃至国民经济中位居特殊而重要的地位。随着市场经济的发展和经济全球化发展，现在的银行已经凸显了职能多元化的发展趋势。

我国金融企业的业务范围受有关法律法规制约，根据《中华人民共和国商业银行法》的规定，我国商业银行可以经营下列业务：吸收公众存款，发放贷款；办理国内外结算、票据贴现、发行金融债券；代理发行、兑付、承销政府债券，买卖政府债券；从事同业拆借；买卖、代理买卖外汇；提供信用证服务及担保；代理收付款及代理保险业务等。尽管各国银行的组织形式、名称、经营内容和重点各异，但就其经营的主要业务来说，一般均分为负债业务、资产业务以及表外业务。随着银行业国际化的发展，国内这些业务还可以延伸为国际业务。

这类金融企业通常具有下列主要特征：（1）经营大量货币性项目，要求建立健全严格的内部控制；（2）从事的交易种类繁多、次数频繁、金额巨大，要求建立严密的会计信息系统，并广泛使用计算机信息系统及电子资金转账系统；（3）分支机构众多、分布区域广、会计处理和控制职能分散，要求保持统一的操作规程和会计信息系统；（4）存在大量不涉及资金流动的资产负债表表外业务，要求采取控制程序进行记录和监控；（5）高负债经营，债权人众多，与社会公众利益密切相关，受到银行监管法律法规的严格约束和政府有关部门的严格监管。

（二）财务管理

农村合作金融机构的财务管理是指其根据内外部经营环境和自身业务发展的要求，利用价值形式对自身经营过程中客观存在的资金运动（财务活动）及其所体现的经济利益关系（财务关系）进行的一项综合性的管理工作。它是管理工作的重要组成部分，包括资产负债管理、资本管理、预算管理、成本管理、风险管理、业绩评价等。经营过程中客观存在的资金运动（财务活动）及其所体现的经济利益关系（财务关系）称为企业财务。因此，农村合作金融机构的财务管理首先是管理工作之一，是有关资金的筹集、投放和分配的管理工作，其水平的高低是衡量经营管理水平的重要标准。其次，财务管理具有综合性，其经营货币资金的质量和效果大都从资金运转中被综合地反映出来，而通过合理有效地组织企业的资金周转，又可对其各项经营管理活动加以促进。因此，搞好财务管理工作，对于改善经营管理，防范经营风险具有重要的作用。最后，财务管理是基于经营过程中客观存在的财务活动和财务关系而产生的。由于农村合作金融机构经营过程中客观存在的财务活动和财务关系的复杂性，因此，搞好其财务管理工作，对于优化资源配置、降低业内资金成本费用以及提高自身的经济效益和核心竞争力等方面具有重要作用。西方发达国家银行发展的历史经验也同样证明了这一点。随着我国金融体制改革的深化，金融业全面对外开放，银行业必将引入国际竞争，我国的金融制度和财务会计制度必将与国际接轨。面对这样的严峻态势，银行业要真正实现向国际化商业银行转轨，就必须进一步完善和强化银行的内部管理，科学地使用财务管理手段，充分发挥财务管理在经营管理中的重要作用。可见，加强财务管理在农村合作金融机构经营管理中具有重要战略意义。

二、财务管理对象

财务管理是有关资金的筹集、投放和分配的管理工作。表象看财务管理的对象是资金，但资金的内涵是其资金运动和它所体现的经济关系，所以，财务管理对象是企业的资金运动及其所体现的经济关系。

马克思主义哲学告诉我们，世界是物质的，物质是运动的，运动是有规律的，运动有显著变动状态和相对静止状态。企业的资金也是在不断的运动之中的，一般要依次经过筹集资金、运用资金、回收资金、分配资金的循环过程。这一过程通常称为资金循环，资金周而复始不断地循环称为资金周转。所以财务管理的对象也可称为资金运动、资金周转。由于资金的原始形态是货币，是现金。所以农村合作金融机构财务管理的对象也可称为是以现金收支为主的资金及其流转。农村合作金融机构资金的收支构成其财务活动。

（一）财务活动

财务活动是指资金的筹集、投放、使用、收回及分配等一系列行为。包括以下四个方面：

1. 筹资活动，是指农村合作金融机构为了满足投资和用资的需要，筹措和集中所需资金的活动。筹集资金是其经营的首要前提。农村合作金融机构通过发行股票、债券、吸收各种存款、接受直接投资、向中央银行借款等方式筹集资金，表现为资金的流入。农村合作金融机构兑付债券、偿还借款、支付利息、股利及各种筹资费用等，则表现为资金的流出。这种因资金筹集而产生的资金收支活动，便是由筹资而引起的财务活动。所筹资金分为权益资金及债务资金两大类；在具体筹资过程中一般要根据现实经营状况合理确定筹资的规模及结构。

2. 投资活动，是指农村合作金融机构将筹措的资金用于现实经营过程之中的投放活动。其筹集资金的目的是把资金用于经营活动以便谋取利润。农村合作金融机构投资有广义的投资和狭义的投资之分。前者包括农村合作金融机构内部使用资金和对外投放资金的活动，后者仅指对外投资。农村合作金融机构把筹到的资金用于购置房产、设备、无形资产等，便形成对内投资；把筹到的资金用于发放贷款、购买政府债券及其他有价证券，便形成对外投资。无论是对内投资还是对外投资，农村合作金融机构都需要支出资金。而当农村合作金融机构收回贷款及利息、变卖对内投资的各种资产时，则会产生资金的收入，这些资金的收入、支出就是由其投资引起的财务活动。在具体投资时必须合理确定投资的规模及结构。

3. 资金营运活动，是指农村合作金融机构在日常生产经营过程中所发生的资金收付活动。在其正常的经营过程中，会发生一系列的资金收支，如支付到期存款的利息、支付职工报酬和其他经营费用。当现有资金不足时，则采取再借款或同业拆借等方式筹集所需资金。这类现金收支活动便是由农村合作金融机构经营而引起的财务活动。要注意的是如果农村合作金融机构现有资金不能满足经营的需要，还要采取短期借款方式来筹集所需资金，这是资金营运活动，而不是筹资活动。

4. 分配活动，即农村合作金融机构因分配而引起的财务活动。在经营过程中产生的利润，需要按规定程序进行分配。首先，要依法纳税；其次，要弥补亏损、提取公积金、公益金；最后，要向投资者分配利润。这些活动便是由分配引起的财务活动。广义的分配是指企业对各种收入进行分割和分派的过程，狭义的分配仅指对净利润的分配。财务管理一般指后者，主要是对税后净利润的分配，即对股东进行的分配。给股东分配多少，企业留存多少，这就是利润分配的范畴。

（二）财务关系

现实中的经济活动必然导致资金运动，资金的运动必然产生经济利益关系。农村合作金融机构的财务活动是在社会环境中进行的，无论是资金的筹集活动、投资活动，还是利润分配活动，都必然会与各有关方面发生经济关系。农村合作金融机构在组织财务活动过程中与各方面发生的经济关系即为财务关系。

1. 农村合作金融机构与其所有者之间的财务关系。投资者按约定向农村合作金融机构投入资金，拥有其净资产权，就是企业的所有者。农村合作金融机构的所有者主要有国家、法人单位、个人、外商四类。一般其股东大都为代表国家行使投资决策权的国家投资公司、国有企业或国有控股企业。投资者以其所有拥有的净资产权，享有收益分配权和剩余财产分配权，对企业债务承担以其投资为限的有限责任。企业利用资本金进行经营，实现利润后应按出资比例、合同规定、股利政策等，向其所有者分配利润。企业对投资者承担资本保全增值的责任。投资者向企业投入资金，企业向投资者分配利润是企业的财务活动，体现着企业与其所有者之间的货币关系，反映着经营权和所有权的关系。

2. 农村合作金融机构与债权人、债务人之间的财务关系，即债权债务关系。农村合作金融机构的资本金在其资金来源中占的比重很小，除了利用资本金进行经营外，还要大量地借入资金，以便扩大经营规模。农村合作金融机构的债权人主要有存款人、中央银行和其他金融机构、债券持有人、其他出借资金给它的单位和个人。利用债权人的资金，要按约定的利息率及时向债权人支付利息；债务到期时，要按时归还本金给债权人。企业与债权人的这种经济关系，体现了债务与债权的财务关系。企业与债务人之间的财务关系是指企业将其资金以购买债券、发放贷款、同业拆放或缴存存款准备金等形式出借给其他单位和个人所形成的经济关系。除存款准备金具有强制性外，农村合作金融机构将其资金贷出后，有权要求债务人按约定的条件和时间支付利息并归还本金。农村合作金融机构与其债务人的经济关系体现了债权与债务的关系。

3. 农村合作金融机构与被投资单位之间的财务关系，即投资与受资关系。这是指农村合作金融机构将其资本金的一部分以购买股票或直接投资的形式向其他企业投资所形成的财务关系。随着现代企业制度的建立和金融体制改革的深化，这种关系将会逐渐加强。农村合作金融机构向其他单位投资，应按约定履行出资义务，并参与被投资单位的经营管理和利润分配。农村合作金融机构与被投资单位的这种经济关系体现了所有权性质的投资与被投资的关系。

4. 农村合作金融机构与税务机关之间的财务关系。即责任义务关系。任何企业法人都要按照国家税法的规定缴纳各种税款，以保证国家财政收入的实现、满足社会各方面的财政需要。农村合作金融机构作为金融企业法人，要按税法规定依法纳税，农村合作金融机构应缴纳的税金种类有所得税、营业税、城市维护建设税、教育费附加、房产税、土地使用税、车船使用税、印花税等。及时足额纳税是企业法人对国家的贡献，也是对社会应尽的义务。缴纳税金的财务活动便形成了农村合作金融机构与税务机关之间的财务关系。

5. 农村合作金融机构内部各部门之间的财务关系，即内部利益关系。农村合作金融机构内部各个独立核算单位之间以及内部各级之间、各单位之间因落实经济责任制而分配和使用资金所发生的货币收支活动，体现为机构内部各单位之间的资金结算关系。它一般都采取总分行制，统一计划，分级核算，统负盈亏。农村合作金融机构对资金在上下级行之间的纵向流动、平级之间的横向流动，都需要进行内部计划结算，旨在避免资金和利润分配上的大锅饭，更好地调动各级行的经营积极性。内部各单位之间的这种资金结算关系，体现了内部各单位之间的利益关系，即体现了内部各单位之间的财务关系。

6. 农村合作金融机构与职员之间的关系，即劳动分配关系。这是指它向其职员支付劳动报酬所形成的经济关系。农村合作金融机构要用各项收益向职员支付工资、津贴、奖金以及其他劳保福利，即按职员提供的劳动数量和质量支付劳动报酬。《金融企业财务规则》中明确提出，金融企业要执行国家有关职工劳动报酬和劳动保护的规定，依法缴纳社会保险费、住房公积金等，保障职工合法权益。这种农村合作金融机构与职员之间的财务关系，体现了它与职员在劳动成果上的分配关系。

三、财务管理内容

财务管理应包括对农村合作金融机构经营活动过程中的固定资金、流动资产、负债、成本、盈利与分配等所进行的综合性管理，其主要内容为资产管理、负债管理、成本管理、风险管理、资本和股利管理五大类。

（一）资产管理

资产管理是指农村合作金融机构运用各种管理手段，通过对资产总量和资产结构的合理而有效的调配，以达到经营目的的过程。所谓资产，是指农村合作金融机构的资金运用。它主要包括现金资产、贷款资产、证券投资资产、固定资产、无形资产等。现金资产是农村合作金融机构资产中流动性最高的资产，农村合作金融机构作为直接经营货币资金的金融企业，必须保证其资产一定的流动性，以满足它的运转。资产流动性高，经营风险小；资产流动性低，则经营风险大。贷款是农村合作金融机构将组织到的资金贷放给客户并约期偿还本金和利息的一种资金运用形式。贷款业务是农村合作金融机构为现代经济社会的运行和发展所提供的最重要的业务，也是自身生存和发展的重要收入来源。贷款构成了农村合作金融机构资产项目中的主要部分，因此贷款管理也是其最重要的管理内容之一。农村合作金融机构的证券投资是指将资金购买各种有价证券。证券投资是它的重要业务，它除了能够获取盈利外，重要的还在于建立二级准备金，以增强资产的流动性，使其的资产结构有较高弹性。上述农村合作金融机构的现金管理主要满足于其流动性需求。农村合作金融机构贷款管理则着眼于创造收入。而证券投资管理则处于两者之间：既满足流动性，又保证盈利性，它是解决流动性与盈利性冲突的重要管理方式。历史经验证明，资产业务是农村合作金融机构业务的核心，资产质量是其生存和发展的生命线。因此，农村合作金融机构要牢固树立以优良资产业务作为立行之本的经营思想。

（二）负债管理

农村合作金融机构是经营货币的特殊企业，其所需资金除来自内部积累外，还主要来自金融市场。负债业务是农村合作金融机构组织资金来源的主要手段，是其经营的基础。只有不断地集聚公众和企事业单位的存款，扩大信贷资金规模，才能更好地支持经济建设。因此，怎样吸储揽存，如何提高资金使用效益，是农村合作金融机构必须不断深入研究的课题。农村合作金融机构的负债通常由存款、借款和其他负债构成。其中存款是商业银行的主要负债，内容主要包括活期存款的管理、定期存款的管理、存款利率的管理和存款保险、存款账户的创新等。负债管理的基本着眼点，一是力求在借入成本较低的条件下增加负债的规模；二是经常调整负债结构，以增强农村合作金融机构资金的流动性。近年来，宏观经济环境的变化和金融产业竞争的加剧促使银行业重视对资金来源的管理以及不断开拓新的资金渠道，对于农村合作金融机构来说保证充足与稳定的资金来源，是其生存与发展的关键。虽然农村合作金融机构可以通过不同的方式获取所需资金，但是不同筹资方式的成本与风险有极大的差异，直接影响到其风险与盈利水平。因此，负债管理也是农村合作金融机构财务管理的重要内容之一。

（三）成本管理

农村合作金融机构的成本是其在业务经营过程中所耗费的各种劳动与物化劳动的货币表现，也是其经营过程中发生的与业务经营有关的各项支出的总称。农村合作金融机构成本主要包括利息支出、营业费用，服务费用、税金支出等。其成本是区别于工业企业成本的一个特殊的成本范畴，一是由于金融企业不生产商品，仅通过为社会提供各种劳务来获利，所以它的成本是社会剩余产品的再分配，其高低并不影响到产品的价值量，但是它会影响到产品价值量的分配，从而影响社会各方面的经济利益。二是工业企业产品成本是通过产品的销售收入来补偿，所以销售能力直接决定其经营成败。而金融企业的经营成本主要是由筹资中发生的利息支出和经营过程中的其他费用支出构成，是通过所获得的贷款利息收入来实现。农村合作金融机构的成本作为衡量其经营成果好坏的一个综合性指标，它对加强成本的控制管理、及时调整存贷款利息等具有重要的作用。实施科学的成本管理，是农村合作金融机构财务管理的重要内容，对于增强市场中的竞争能力，提高经营效益，具有重要意义。

（四）风险管理

财务风险是指在财务活动的整个过程中，由于各种难以或无法预计、控制的农村合作金融机构外部经营环境和内部经营条件等不确定性因素的作用，导致其实际收益与预期效益发生偏离，从而造成损失的可能性。财务风险管理是农村合作金融机构财务管理的核心。财务风险有其自身的特征，一是风险的客观性。即风险是客观的，是不以人的意志为转移的，它的运动、发展有自己的规律性。风险的客观性还表现在它是无所不在，无时不有的。二是风险的偶然性与必然性。从单个风险的发生来看具有偶然性，但大量风险事件的发生则有其必然性，并呈现一定的规律性。三是风险的可变性。风险随着环境的变化而变化，随着人们的认识变化而变化。四是损失与收益的对立统一性。风险损失的另一面就是风险收益，损失和收益是共生一体的。在市场经济条件下，农村合作金融机构经营面临风险是一种普遍现象，风险管理则成为其经营管理的重要组成部分。这是由于：其一，风险收益是财务管理的基本观念。农村合作金融机构的财务管理必须首先树立风险收益观念，以风险管理为核心内容。其二，是稳健经营的要求。农村合作金融机构是高负债的企业，本身财务风险很高。同时，经营货币资金的特殊性使经济发展中的风险会向该行业集中，经济危机往往伴随着银行危机。在金融风险环境中，为确保稳健经营，农村合作金融机构的财务管理必须以风险管理为内涵。其三，是自身生存发展、开展集约化经营的要求。其四，是推行资产负债比例管理、与国际管理接轨、参与国际竞争的要求。《巴塞尔协议》已经把风险性原则上升到第一位。因而，推行资产负债比例管理就是要推行风险管理，提高农村合作金融机构运营对风险的承受能力。随着我国金融市场的开放，不仅银行业竞争加剧，风险也日益增加；同时，银行业的国际化促使我国银行要面临国际金融市场的风险环境。这些都迫切要求农村合作金融机构财务管理向风险管理转变。国外银行风险管理几十年的发展历程和实践，积累和总结了许多风险管理的先进理念和方法。掌握和吸取这些方法和理念，对于提高我国农村合作金融机构的风险管理水平具有重要的意义。

（五）资本和股利管理

资本金是农村合作金融机构清偿能力的根本保证，其资产的扩张最终受制于资本规模。资本的主要职能是购置房产和设备、维持信誉和保障存款客户免受损失等。农村合作金融机构作为高财务杠杆率金融企业，充足的资本和合理的资本结构是维护公众对其信心的基本需要，也是自身承受各种损失和风险的缓冲器。

股利管理是指农村合作金融机构对其经营盈余如何在股利和留存收益之间进行分配的管理。农村合作金融机构的收入，一般包括经营各项业务取得的收入和经营正常业务之外发生的其他收入，它是补偿营业活动中成本费用和形成利润的有效保障。利润是任何企业最终的财务成果，也是企业经营运作的主要目的。农村合作金融机构的利润是其在业务经营过程中所获取的收入扣除成本以后的余额。农村合作金融机构的利润如何分配，程序是否科学等，都将对其未来的发展产生极大影响。由于股份制银行是世界各国普遍采用的组织方式，我国的国有商业银行、新兴商业银行也都朝着这一目标发展，因此，探讨股份制商业银行的股利政策也是必不可少的内容。股利政策是指企业赚得的当期盈利中，将多少作为股利发放给股东，多少作为积累用于扩大经营规模，以便在未来获得更多的盈利。

农村合作金融机构财务管理的上述内容是紧密联系在一起的，一般说来，负债管理是其财务管理的基础环节，财务主管如果能够采取适当方式，以比较低的成本和风险筹集到资金，那么就可能获得较多的资产运用机会和证券投资机会，农村合作金融机构获得较多盈利的可能性就要大些，股东也就可以在比较多的盈利中取得股利。资产管理对资金的筹集和股利分配的影响也比较大，如果有利可图的资产运用机会和证券投资机会较多，这样对资金的需求量就会增加，为了满足这些需求，就要求农村合作金融机构必须一方面能够筹集较多的外部资金，同时保留更多的盈余来增加其资本基准；股利管理和分配与以上两方面的内容也有密切的联系，保留盈余可以看做是从农村合作金融机构内部筹集资本。属于广义上负债管理的一部分，如果农村合作金融机构有较多的内部盈余，那么可以不向外部筹集资本或少向外部筹集资本。另一方面，比较充裕的资本基准，对于提高农村合作金融机构的声誉和吸收存款的能力，是极为必要的。从资金的使用来看，如果用现金方式支付股利，那就必须增加对现金的投资，才能满足这一要求。可见，农村合作金融机构财务管理，必须把上述三方面内容相互联系地加以考虑，统筹安排，合理调度，才能取得好效果。

第二节　财务管理目标

一、财务管理目标的基本含义

目标是系统或经济主体所希望实现的结果。根据不同经济主体和系统所要研究解决的问题，可以确定不同的目标。财务管理目标又称财务目标、理财目标，是指企业财务管理所要达到的根本目的。明确财务管理本身的目标，一是便于对财务管理的实践进行指导；二是便于评价财务管理是否合理有效。财务目标决定着财务管理的基本方向，明确了目标就明确了努力的方向，只有事先有目标才能据以评价实际结果。它也是评价农村合作金融机构理财活动是否合理的基本标准。所以，明确财务目标是做好财务管理工作的前提。为此，就应该对财务目标进行认真的研究，科学地设置财务目标。金融企业是以营利为目的的经济组织，应以谋求最佳经济效益为总体目标，财务管理目标应以谋求最佳经济效益为主要依据来确定。目前，对企业财务管理目标有多种表述，如利润最大化，净现值最大化，股东财富最大化，现金股利最大化，经济效益最大化，投资者、经营者和社会利益最大化，产值最大化，综合现金净流量最大化，所有者财富最大化等。其中，利润最大化、股东财富最大化和企业价值最大化是流传最广泛的三种观点。

（一）利润最大化

利润最大化的含义是指企业的利润额越多越好。这一目标强调企业财务管理的目的就是要实现更多的利润。利润最大化观点无论在西方经济理论中还是在传统的观念中，都是根深蒂固的。因此，以利润最大化作为农村合作金融机构财务管理的基本目标，是有其合理性的。表现在：第一，符合社会经济生活的一般规律。利润代表着企业新创造的财富，是剩余产品的货币表现，人们进行生产经营活动的目的就是为了创造更多的剩余产品、更多的社会财富，它是企业生存发展的动力和必要条件。从现实生活看，农村合作金融机构不直接创造利润，但它所获得的利润是产业利润的再分配，其利润是在业务经营过程中所获得的各种收入扣除各种成本费用后的余额。因此，利润最大化既是农村合作金融机构实现目标的标志，也是其生存和发展的基础。第二，可促使企业增收节支。利润是收入大于支出的差额。为了实现较多的利润，就必须努力增加收入，尽量节约支出，降低耗费，这些都有利于经济效益的提高。农村合作金融机构追求利润最大化，就必须讲求经济核算，加强管理，提高服务质量和经营效率，降低成本费用。第三，有利于资源的合理分配和利用。在自由竞争的资本市场中，资本的使用最终将属于获利最大的企业。市场经济是一种竞争经济，竞争的结果使企业或者得到超额利润，或者得到平均利润，或者无法得到利润而出现亏损，而那些得不到平均利润的企业将在竞争中被淘汰。因此，在市场经济中，农村合作金融机构获取利润的多少，表明了其竞争能力的大小，决定了它的生存和发展。利润最大化是农村合作金融机构获得资本的最有利条件。取得了资本，也就等于取得了各种经济资源的支配权。第四，通过追求利润最大化的目标，可以使整个社会的财富实现极大化。每个企业都千方百计地获取最大利润，就会使整个社会的剩余产品增加，从而用于扩大再生产的资源增多，就会带来整个社会的繁荣和发展。当然，这一目标也有其局限性。第一，没有考虑利润获取的时间，没有指出什么时间最大。假定有两个投资项目，一个是在5年后一次获取100万元利润，另一个是在5年中每年获取20万元利润，两者的价值是不相等的。第二，没有考虑获取利润与投入资本的关系。利润最大化只强调了利润总额的大小，没有考虑投入资本的多少，会导致以较大的投资来获取较多的利润，而忽略利润总额虽少但投入更少的经济行为。所以，也不便于在不同时期、不同企业之间比较评价。第三，没有考虑为获取利润所承担的风险。利润最大化要求企业的利润额越多越好，可能使企业不顾风险大小去追求最大的利润，这反而会给企业带来损失。在负债利率小于投资收益率情况下，负债比例越大，资本比例越小，利润越多。但负债比例大，农村合作金融机构还本付息的风险也大。农村合作金融机构的经营环境是复杂多变的，不论是经营收入，还是经营成本，都无法在事先完全确知，从而也就无法准确地估算出经营利润，进而也就无法追求最大化的利润。经验和理论都表明，高收益必然伴随着高风险，过分追求高利润可能导致农村合作金融机构经营风险大大增加。一旦不利的事实出现，它将陷入困境，甚至可能破产。第四，利润最大化往往会使农村合作金融机构财务决策带有短期行为的倾向。为了实现目前的利润最大化，不顾企业的长远发展，少提折旧，少摊费用，虚增利润，虚拟资产，导致企业的资产损耗得不到合理的补偿，再生产将难以为继。忽视产品开发、人才开发、技术装备、经营安全等长期效益的投资，将导致企业发展的基础不好或后劲不足。从而出现资源掠夺式经营，成为社会持续发展的重大障碍。

由此可见，把利润最大化作为财务管理的目标只是对经济效益非本质的认识，随着商品经济和社会化大生产的进一步发展，所有权与经营权的分离，农村合作金融机构由股东进行投资，而由职业经理层来控制和管理、股东对其决策和日常经营的影响力越来越弱化的情况下，以利润最大化作为农村合作金融机构的财务目标就不适合了，存在一定的片面性，不能成为农村合作金融机构理财的最优目标。

（二）股东财富最大化

股东财富最大化的含义是指通过企业的合理经营，采用最优的财务决策，在考虑资金的时间价值和风险价值的情况下不断增加企业财富，使企业财富达到最大化。股东财富最大化这一目标强调企业财务管理的目的就是尽量为股东带来更多的财富，实现资本保值增值。在股份制经济条件下，股东财富的增加，主要有两种途径：一是经营效益的提高，当期盈利和累计盈利不断增加，致使净资产（股东权益的账面价值）不断增加；二是企业的良好运作和未来发展潜力给证券市场投资者以良好的预期，导致其股票的市场价格上扬，从而提高股东权益的市场价值。而这两种途径，都有赖于企业效益的提高和管理层经营管理水平的提高。因此，坚持股东财富最大化，从企业日常业务经营的角度来说，就是坚持了企业效益的最大化和经营管理活动的最优化，它把财务管理活动与经营管理活动紧紧地联系起来。而公开交易的股票价格的变动及其趋势，不仅反映了股东财富的变化，而且反映了市场对企业业绩及经营管理水平的认同程度。所以，坚持股东财富最大化的理财目标，也有利于资本市场对企业管理层的监督和评价。从企业内部管理来看，股东财富最大化目标能够方便和合理地解释企业稳健经营、追求利润的管理要求，有利于强化内部管理和业绩考核。实际上，不论是资产报酬率（ROA）、资本报酬率（ROE），还是经济增加值（EVA）、风险调整资产值（VaR），以及平衡计分卡等各类考核评价指标，其最终的出发点都是为了追求股东财富的最大化，都可以看做是股东财富最大化这一理财目标的演化。因此，坚持股东财富最大化的财务管理目标，不仅有利于消除内部管理中面对的种种理念上的分歧，而且有利于探索和贯彻各种紧紧围绕以效益为核心的内部考核和评价指标，把所有的工作都真正放在追求效益上来。不仅如此，坚持股东财富最大化的目标，还有利于协调银行管理层与股东及各类投资者之间的关系。如果企业管理层的经营决策和管理行为，都能够强调并贯彻股东财富最大化这一目标，企业管理层与投资者之间是能够更好地相互理解和信任的。综合来说，这一目标的主要优点是：它考虑了股东未来报酬取得的时间因素，并用资金时间价值原理进行了科学的计量；它考虑了风险与报酬之间的联系，能有效地克服企业决策者不顾风险而片面追求利润的错误倾向；它有利于克服企业在追求利润上的短期行为，使企业财务管理从更长远的角度发挥统率作用；如果每个企业都将股东财富最大化作为自己的理财目标，整个社会的财富将会得到相应的增加。

尽管西方财务理论和实践都认为财富最大化是企业财务管理目标的最好表述，但是，由于在股票数量一定时，股东财富最大化实际上体现为股票价格最高化。这使它不可避免地存在一些缺陷，一是只适用于上市企业，非上市企业不可能采用这一目标。我国全部金融企业中非上市企业占的比重很大。二是股票价格要受多种因素的影响，并非都是上市企业所能控制的，把不可控因素作为理财目标也是不尽合理的。正因为影响股票价格的因素较多，所以股票价格并不总能恰当地反映企业的经营业绩或盈利能力，有时几乎不能评价目标实现的程度。如当世界经济萧条、区域性金融危机等情况发生时，会导致银行盈利能力大大降低，从而会造成股票价格下跌，但这并不一定意味着银行管理者的工作没有成就。股票价格除了受财务因素的影响之外，还受其他因素的影响，如市场内部因素、基本面因素、政策因素等。因此，股票价格并不能准确反映企业的经营业绩。由于股票的分散和信息的不对称，经理人员为实现自身利益的最大化，有可能以损失股东的利益为代价作出逆向选择。另外，财富最大化的财务目标与其应承担的社会责任有时是一致的，有时也有矛盾。前者表现为企业在追求和实现财务目标的同时，可以满足社会公众的物质文化需求，增加就业机会，提供更多的税收收入，提高社会生产效率和公众的生活质量等，后者表现在企业不可能自觉地完全履行社会责任，因为有时承担的社会责任将会使股东的财富在一定程度上减少，如为了防止环境污染、合理雇用员工、保护消费者权益等必须支付更多的成本。所以，股东财富最大化目标逐渐受到了理论界的质疑。

（三）企业价值最大化

企业价值最大化是指通过企业的经营管理活动和财务上的经营管理活动，采取最优的财务政策和财务管理，充分考虑货币的时间价值和风险与报酬的关系，在保证企业长期稳定发展基础上使企业的总价值达到最大。因为企业的价值不仅仅在于现时的每股收益，更应该包括它能给所有者带来的未来收益，包括获得股利和出售其股权换取现金。股价的高低代表投资大众对企业价值的客观评价，企业股价的高低，反映资本和获利之间的关系，反映每股盈余大小和取得的时间，也可以反映每股盈余的风险。所以，它比股东财富最大化更有利于反映企业的经营管理水平和发展质量。近些年来，西方经济学家都把企业价值最大化作为企业管理工作的中心来极力倡导，企业价值最大化已经在企业管理领域得到了普遍重视，逐渐成为企业经营的主要目标。企业价值即企业在市场上的价值，是企业在投资大众心目中的价值，不是指企业现有资产的账面价值。企业价值往往是以企业实际拥有资产（含未入账的无形资产如管理能力）的使用价值为基础并考虑经营风险来评估确定的。资产的使用价值表现为资产的质量和创造价值（财富）的能力。所以，企业价值最大化这一目标，要求财务管理采用最优的财务策略，不断增加企业的资产数量，不断提高企业的资产质量和盈利能力，在保证企业长期稳定发展的基础上，使企业的价值尽可能地增大。由此看出，要使企业价值最大，企业必须在持续经营中不断发展壮大自己，必须注重未来的长期获利能力。以企业价值最大化作为财务管理的目标具有以下优点：一是有利于不同层次目标的统一。企业价值最大化是强调将企业的长期稳定高质量发展摆在首位，更加注重企业整体价值的提升。使得企业的战略目标和经营管理目标与财务管理目标相一致，财务管理目标必须以企业的战略目标为核心，离开了战略目标的财务管理目标是盲目的和不确定的，企业的价值也不可能实现最大。而企业战略目标必须强调和树立价值最大化。企业的经营管理目标是战略目标的具体化和分解，年度财务管理目标是以经营管理目标为基础，围绕经营管理目标的实现而实现的。所以经营管理目标必须围绕战略目标中的价值最大化而制定。二是注重企业的长远利益，有利于克服利润上的短期行为。因为，不仅目前的资产会影响企业的价值，预期未来的资产多少对企业价值的影响所起的作用更大，所以，它要求企业能够长期稳定地发展。强调股东短期收益与长远利益的协调，创造与股东之间的利益协调关系，努力培养安定性股东；股东的每股收益与每股价值并不意味着高度的一致，有时甚至可能相反，这就要求股东要有价值判断取向，通过战略的制定实现短期与长远利益的统一。三是考虑了风险与利润的关系，强调风险与收益的平衡性。收益与风险是一对矛盾，价值最大化要求在风险可控、可以承担的范围之内实现效益的最大化，而不是忽略风险片面强调收益最大化。有利于克服不顾风险大小片面追求利润的错误倾向。因为，企业的经营风险大，企业在社会上的声誉就低，企业的生存就要受到影响。这就要求企业在追求提高盈利水平的同时，必须考虑把经营风险控制在可接受的范围内，要权衡盈利增加与风险增加的得与失，努力实现二者的最佳结合，使企业的价值最大。四是考虑了获取投资报酬的时间，也就是考虑了资金的时间价值。按照资金的时间价值的原理，获得收益的时间越近，其价值越大；获得收益的时间越远，其价值越小。五是以人为本讲求信誉，真正关心客户的利益，不断通过推出新产品来尽可能满足客户的要求，以便保持收入的长期稳定增长；努力培养和建立稳定的高质量的客户群。只有这样，才能有高价值的稳定的企业。关心本企业职工的切身利益，培养职工的认同感。努力建立高素质的员工队伍。一个价值最大化的企业一定是有高素质员工队伍的企业，在财务管理中要加大对员工培养的力度，提升员工价值，使企业价值与员工价值共同提升。有价值的企业一定是有信誉的企业，要对内对外讲诚信，对不讲诚信的行为一定要严肃处理，甚至不惜牺牲发展速度，这是提升企业价值的重要内容。这一目标的缺点相对较少，一是注重企业的积累、投入，忽视目前的股利分配，有可能影响投资者增加投资的积极性。二是不便计量，既要考虑现有资产的价值，又要考虑在未来的获利能力，只能评估。因此，大部分人认为现代企业的财务管理目标是企业价值最大化。

二、财务管理目标具体化

企业的财务管理目标是企业价值最大化，它是企业财务管理工作的核心与灵魂。企业的一切经营管理活动也都围绕着为实现这一目标而展开。农村合作金融机构是专门经营货币商品的特殊企业，货币商品是借贷资本。作为资本，有其特殊要求：一是要保持本金的完整，不能让本金损失；二是能迅速将资产变现或从其他途径获得资金来源；三是必须使借贷资本运动，在运动中实现增值，给企业带来利润。因此，在农村合作金融机构的具体经营活动中，必须以满足这三个特殊要求为基本目标，即讲求安全性、流动性和效益性。如果我们把实现企业价值最大化看成是农村合作金融机构财务管理的总目标的话，那么，围绕着这一总体目标而展开的经营活动的安全性目标、流动性目标和效益性目标，就可看成农村合作金融机构财务管理目标的具体化，因为只有做到了这“三性”才能实现农村合作金融机构价值最大化的根本目标。这“三性”目标也是农村合作金融机构进行日常管理的基本原则。

（一）安全性目标

安全性目标是指农村合作金融机构在财务活动中通过防御和降低风险，减少资金损失，努力保全资产和负债的要求。对金融企业来说，无论从风险的种类上还是程度上都远远大于一般的工商企业。它不但面临着自然风险、市场风险、购买力风险、管理风险、政治风险等，还特殊地面临着信用风险、利率风险、外汇风险等。因此，农村合作金融机构必须以安全性作为其财务管理的基本目标，要求每一个财务决策人员都必须坚持稳健原则，善于识别和衡量风险。

安全性目标要求农村合作金融机构在经营活动中，必须保持足够的清偿能力，经得起重大风险和损失，能随时应付客户提存，使客户对其保持坚定的信任。与一般企业不同，金融企业是负债经营，它的安全性在很大程度上要取决于其资产安排的规模和资产的结构，取决于其资产的风险度及现金储备的多少。所以，农村合作金融机构财务管理必须做到：第一，合理安排资产规模和结构，注重资产质量。保持一定比例的现金资产和持有一定比例的优质有价证券来改善其资产结构，提高抗风险的能力。第二，提高自有资本在全部负债中的比重。保持清偿力的基础是农村合作金融机构的自有资本。自有资本在全部负债中的比重高低，既是人们判断一个银行实力的主要依据，也是赢得客户信任的基础。所以每家农村合作金融机构都要在可能的情况下，不断补充自有资本总额。第三，遵守各项法律法规，不搞违法经营。只有合规经营，才能积累农村合作金融机构的价值。积极关注和研究政策的变化，树立良好的依法合规经营的规则和形象。这既可取得国家法律的保护，又可得到中央银行的支持，免遭更大风险的打击。

（二）流动性目标

流动性目标是指农村合作金融机构保持随时可以适当的价格取得可用资金的能力，以便随时应付客户提存及其支付的需要。衡量资产流动性的标准有两个：一是资产变现的成本，某项资产变现的成本越低，则该资产的流动性就越强；二是资产变现的速度，某项资产变现的速度越快，即越容易变现，则该项资产的流动性就越强。农村合作金融机构取得可用资金的方法有两种：一是实行资产变现；二是通过负债的途径，或者以增资的方式取得资金，或者以吸收存款或借款方式筹得资金。从资产方面看，流动性最高的资产主要是库存现金、在中央银行的超额准备金存款、在其他银行的活期存款，这三项资产均可随时用于清偿支付。流动性次之的资产包括对其他银行或金融机构的临时贷款、购买的国库券及其他短期债券等。流动性较差的资产为长期债券、抵押贷款、长期信用贷款等。从保持农村合作金融机构流动性要求看，由于库存现金、在中央银行的超额准备金存款和在其他银行的活期存款可以随时用于清偿支付。所以每家农村合作金融机构都必须保持一定比例的这类资产。另外，由于国库券及其他短期债券期限短，容易变现，尤其是国库券，有政府信用担保，收益率也比较高，在需要现金时，可随时在公开市场上卖出国库券取得现金，所以大多数银行也都把这类资产当做第二准备金，作为保持支付能力的一种常用的方法。近几十年来，西方商业银行在激烈的竞争中，其贷款在总资产中的比重大大提高，尤其是长期贷款比重上升很快。有的商业银行发放的长期贷款甚至占其资产总额的60%以上，从而导致西方商业银行资产流动性不断下降。为了保持足够的流动性，商业银行已越来越注重从负债方面来提高整体经营的流动性，即保持足够的资金来源使商业银行能应付提存和支付需要。商业银行为了更好地实现流动性管理目标，通常需要制定一些量化指标，以此来衡量和反映本银行的流动性状况，这些指标可分三大类：(1) 资产类流动性指标，如现金资产比例（又称头寸比例）、流动性资产比率和贷款占总资产比率等。(2) 负债类流动性指标，如股权占总资产的比率、存款占总负债的比率、核心存款占总存款的比例以及预期存款变动率等。(3) 资产负债综合类流动性指标，如贷款占存款的比率、流动性资产与易变性负债的比率、存款增长率与贷款增长率之比等。农村合作金融机构可根据以上这些指标的要求编制流动性计划，这种流动性计划可分年度、季度、月度和隔日四种，流动性计划的主要内容是合理安排资产与负债的对应结构，使资产的期限结构和负债的期限结构相适应，避免或减少“借短贷长”的现象；还可根据流动性计划执行情况和资产来源与运用的变化，进行头寸调剂，积极开展主动性负债业务，以弥补头寸不足，保持农村合作金融机构有足够的流动性。

（三）效益性目标

效益性目标是由农村合作金融机构的企业属性所决定的，这一目标要求它的财务管理者尽可能地追求利润最大化。利润最大化既是农村合作金融机构充实资本、加强实力、巩固信用、提高竞争能力的基础，也是股东利益所在，是其开拓进取、积极发展业务、提高服务质量的内在动力。利润作为经营活动最重要的效益体现和衡量标准，它对财务活动的意义具体表现在：(1) 能充实资本、扩大产权和防止产权流失。农村合作金融机构利润的积累可用于充实资本，提高股息红利，抵补日常经营的亏损。(2) 能扩大资产规模，提高承担风险的能力。利润转化为自有资本，通过自有资本的杠杆作用，可支撑起更大的资产规模。同时，利润也可转化为呆账准备金、公积金等，从而提高农村合作金融机构承担经营风险的能力。(3) 可增强资金实力。农村合作金融机构利润水平高，必然提高其信誉，从而可吸收更多的资金，增强其实力。

从以上分析中可以看出，安全性目标、流动性目标、效益性目标三者是互为前提、互为条件、互相作用的一个整体，是农村合作金融机构财务管理总目标的三个具体方面。换句话说，三个目标中，无论哪个目标没有实现，都将不能实现企业价值最大化目标，甚至影响到农村合作金融机构的生存。然而，在实现这些目标时又存在一定的矛盾。实现安全性目标要求农村合作金融机构扩大现金资产，减少高风险、高盈利资产；而实现效益性目标则要求农村合作金融机构尽可能减少现金资产，扩大高盈利资产。协调这一矛盾正确的做法应当是在对资金来源和资产规模及各种资产的风险、收益、流动性进行了全面预测和权衡的基础上，首先考虑安全性，在保证安全的前提下，争取最大的利润。解决安全性和效益性的矛盾，实现安全性和效益性统一的最好选择就是提高农村合作金融机构经营的流动性。为此，农村合作金融机构必须从资产和负债两个方面加强管理。从长期看，要做到：(1) 积极组织资金来源，慎重安排资产结构，保持适当比例的现金资产；(2) 加强对长期贷款和投资的预测研究，保证收益，减少风险损失；(3) 树立良好的信誉，建立牢固的信用基础，取得客户和社会的高度信任，保持更大的周旋余地。从短期看，在经济扩张时，由于中央银行放松银根，资金来源充足，资金需求旺盛，农村合作金融机构此时应侧重于效益性目标，积极扩大盈利。而在经济衰退时，由于中央银行已开始抓紧银根，社会资金来源减少，资金需求也开始衰弱，此时，农村合作金融机构应侧重安全性目标，谨慎安排资产规模与结构，减少损失。

三、财务管理原则

财务管理原则是指导组织财务活动、处理财务关系的准绳。它是国家财务管理政策和企业财务管理基本特征的综合反映，是构建基础财务理论的框架。它反映着财务管理活动的内在要求。具体可概括为以下几项：

（一）效益原则

在财务管理中，一切经营活动的开展，都要以效益为中心，合理配置并充分利用各种经济资源，力求以最少的成本获得最大的收益，这就是效益原则。效益原则是农村合作金融机构财务管理的一项基本原则。农村合作金融机构在经营过程中，注重资产的安全性、流动性、效益性的统一，建立标准成本，实行分部成本和资金分类成本核算，研究最佳资本结构等，都是根据这一原则来实施的。农村合作金融机构各级行经营业务的拓展，必须注重投入产出，兼顾长期和短期、全行与局部的利益，消除各种不计效益、不顾能力、不讲积累的随意投入行为，树立效益观念和成本观念，对每项业务的开展都要注重量本利的分析，努力提高经营效益。农村合作金融机构要提高经济效益就必须加强经济核算。因此，强调效益原则就是强调经济核算。加强经济核算不仅有利于农村合作金融机构提高竞争意识，提高资金时间价值观念、效益观念，还有利于调动全体员工的积极性和创造性。

（二）整体性原则

财务管理讲效益必须是整体的效益。农村合作金融机构是一个庞大的资金运作系统，在这个过程中难免出现分歧和矛盾，导致系统效率降低，从而影响整体目标的实现。因此，在财务管理过程中，必须强调整体性原则，对财务管理过程中出现的各种矛盾，都应首先从整体协调的需要来选择解决方案。农村合作金融机构在财务管理的组织实施过程中，务必根据《中国人民银行法》、《商业银行法》、《公司法》、《票据法》等国家法律和法规，从全局的角度正确处理好债权人和债务人、所有者和经营者、企业和个人、投资者和受资者等各种利益关系。这些利益关系是财务关系的主体。整体性原则要求实行“一支笔”审批制度。各部门不得私设账务，搞预算外资金活动，不得自行规定有关支出标准或其他财务事项。当局部利益与整体利益相悖时，应坚决舍弃局部利益，这样才能使整体达到最优。

（三）优化原则

财务管理过程是一个不断地进行分析、比较和选择，以实现最优的过程，这就是财务管理的优化原则。在财务管理中贯彻优化原则，主要包括如下几方面内容：一是多方案的最优选择问题。在农村合作金融机构财务管理中，经常会遇到从多个方案中选一个或几个方案的情况，这时要根据优化原则，排除次优方案，选择最优方案。二是最优总量的确定原则。这种情况主要是研究各种因素基本确定的情况下，如何确定最优总量，如理想的利润实现总额、存款和贷款总额、费用总额、不良贷款控制额等。这些总额的确定都要遵循优化的原则。三是最优比例关系的确定。在总量确定后，还要确定各因素之间的比例关系，如资本结构的确定、利润分配比例的确定等都属于此类问题。优化原则是财务管理的重要原则，农村合作金融机构财务管理的过程就是优化的过程。

（四）比例原则

财务管理除了对绝对量进行规划和控制外，还必须通过各因素之间的比例关系来发现管理中存在的问题，采取相应的措施，使有关比例趋于合理，这便是财务管理的比例原则。农村合作金融机构财务管理中的大量指标都表现为一定比例关系。如存贷款比例，说明的是各项贷款与各项存款之间的比例关系；资产流动性比例，说明的是各项流动性资产与各项流动性负债的比例关系；备付金比例，说明各家农村合作金融机构在人民银行的备付金存款和库存现金与各项存款之间的比例等。通过这些比例关系，可以获得更新的资料，揭示出更多的问题。各种比例关系一般都有一个公认的比较合理的标准，但由于农村合作金融机构财务活动十分复杂，影响比例关系的因素比较多。因此，正确地贯彻比例原则，就要使不合理的比例关系逐渐减少，使合理的比例关系得到保持，以顺利实现财务管理的目标。

（五）平衡原则

平衡原则，即力求资金存量与流量的综合协调平衡。资金的存量平衡，指资金的合理配置，也就是通过资金活动的组织和调节使各项物资资源间形成适当的构成比例，以保证各种形态资金的适度占用和资金活动的继起性，保证经营活动的顺畅进行；资金的流量平衡，指通过资金的合理使用和积极筹措，达到收支总量和收支时点的平衡，以保证资金周转不致中断。为了优化财务状况，必须保持财务活动的各方面平衡。在农村合作金融机构财务管理工作中应遵循的平衡性原则表现在：存款与贷款之间的平衡，收入与支出之间的平衡，现金流入量与现金流出量之间的平衡，收益与风险之间的平衡，责权利之间的平衡，负债规模与所有者权益之间的平衡，各种资产之间的配置平衡，等等。

（六）弹性原则

财务管理必须在追求准确和节约的同时，留有合理的伸缩余地，这就是财务管理的弹性原则。贯彻这一原则的关键是防止弹性的过大或过小，因为弹性过大会造成浪费，而弹性过小会带来一定风险。确定合理弹性必须考虑以下几个问题：一是企业适应财务环境的能力；二是不利事件出现可能性的大小；三是企业能够承担的风险的能力。在财务管理中，只有允许各系统都保持一定的弹性，才能保证财务管理系统的整体具有确定性。我们要求加强财务活动的计划性。但是，财务计划必须留有余地。

第三节　财务管理体系

美国次贷引发的金融危机席卷了全球，给世界各国银行带来了巨大的冲击。欧美许多经济发达国家的银行要么倒闭，要么被政府接管。各国经济界大多把问题归结到经济泡沫、过度消费、监管不严以及金融衍生产品泛滥等外部和技术因素，但从金融企业角度来看，完善的财务管理体系才是提高自身的风险防范能力，应对外部危机的根本保证。健全和完善的财务管理体系是实现自我调节、自我约束的重要基础，对于农村合作金融机构财务管理乃至经营管理具有极其重要的作用。农村合作金融机构财务管理体系主要包括财务管理环境、财务管理体制及财务管理方法体系等内容，首先，财务管理体系的建立离不开环境的影响和制约。一切事物都是由时间、地点等环境因素决定的。有什么样的财务管理环境，必然有什么样的财务管理体系与之相适应。财务管理环境决定了财务管理的本质，进一步决定了财务管理的体制与方法。没有财务管理环境，就无从说明财务管理体系。所以，了解财务管理体系应该以财务管理环境为出发点。

一、财务管理的环境

财务管理环境又称理财环境，是指对企业财务活动产生影响作用的外部条件，如政策法规、经济市场状况、自然条件、社会发展状况等。财务管理环境是客观存在的，是财务管理赖以生存的土壤和展开财务管理的舞台，其财务决策、财务策略的制定都离不开对环境的认识和把握。财务管理内外环境息息相通，不断进行着物质、能量和信息的交换，共同构成财务管理的整体环境，深刻认识和认真研究农村合作金融机构理财环境，一方面是必须适应、顺从其要求和变化，另一方面是要利用它为管理活动服务。从理论上讲，它有助于正确认识财务管理的性质、特点及其发展变化的原因和内在规律，塑造科学的财务管理目标，并围绕该目标确定一套具有现实意义的财务管理的机制与方法。从实践上看，它有助于农村合作金融机构选择和规划财务管理行为，作出正确的财务决策，增强农村合作金融机构财务管理的适应性和有效性。

财务管理的环境涉及的范围很广，其中最重要的是政策法律环境和金融市场环境。

（一）政策法律环境

政策法律环境是指农村合作金融机构与外部发生经济关系时所应遵守的各种政策、法律、法规和规章制度。市场经济是一种法制经济。国家为了管理和引导社会经济生活，促进社会经济发展，往往要制定各种经济方面的政策和法律法规，它们都对企业（包括农村合作金融机构）的财务活动有重大影响。作为农村合作金融机构，一切经济活动也必须依法进行。在进行财务决策时，要认真研究国家经济政策，深刻领会政策精神，按政策法律导向行事，才能获得最大的报酬。农村合作金融机构的财务活动，无论是筹资、投资还是利润分配，都要和其外部发生经济关系。在处理这些经济关系时，应当遵守有关的政策法律规范。一方面，政策和法律提出了农村合作金融机构从事经济业务所必须遵守的规范或前提条件，从而对其的经济行为进行约束；另一方面，政策和法律也为它合法从事各项经济活动提供了保护。归纳起来，政策法律环境对农村合作金融机构财务活动的影响主要体现在以下几个方面。

第一，影响农村合作金融机构的筹资活动。农村合作金融机构筹资是在特定的法律约束下进行的，影响其融资的法律法规主要有《公司法》、《证券法》、《合同法》、《商业银行法》、《企业财务通则》、《金融保险企业财务制度》等。这些法律法规从不同的方向规范或制约农村合作金融机构的筹资活动。在筹资活动中，国家通过法律规定了金融企业的组织形式，规定了金融企业筹资的最低规模和结构。金融企业的组织形式和组织机构完全适用《公司法》的规定，可依法设立股份有限责任公司和有限责任公司。《商业银行法》也规定，设立全国性商业银行的注册资本最低限额为十亿元人民币，城市商业银行的注册资本最低限额为一亿元人民币，农村商业银行的注册资本最低限额为五千万元人民币。注册资本应当是实缴资本。在中华人民共和国境内设立的分支机构，其拨付的营运资金额的总和，不得超过总行资本金总额的60%。

第二，影响农村合作金融机构的投资活动。农村合作金融机构的投资活动也必须在特定的政策法律的约束下进行。影响其投资的法律、法规、规章主要有《商业银行法》、《证券法》、《公司法》、《企业财务通则》、《金融保险企业财务制度》等。国家通过法律规定了不同企业投资的范围。在法国、日本等一些发达国家，商业银行除可投资于政府债券和公司债券外，还可投资于公司股票，成为企业的股东，对企业进行直接的控制。我国《商业银行法》明确规定，商业银行在中华人民共和国境内不得向非银行金融机构和企业投资，不得从事信托和股票业务，不得投资于非自用不动产。这主要是与我国金融市场的发育程度有关，也与我国金融业现阶段实行分业经营、分业监管的管理体制相适应。但随着我国证券市场的不断发育成熟，商业银行真正成为自主经营、自负盈亏、自担风险、自我约束的经济主体，金融监管当局监控能力逐步提高，我国金融业势必要适应世界潮流，走混业经营之路，其投资的法律规定也会作相应调整。

第三，影响农村合作金融机构的利润分配活动。农村合作金融机构在进行利润分配时，必须遵守有关法律法规的规定，影响农村合作金融机构利润分配的法律法规主要包括：《企业所得税法》、《公司法》、《商业银行法》、《企业财务通则》、《金融保险企业财务制度》等。它们从不同的方面对利润分配进行了规范。（1）规范了成本、费用的开支范围。我国的《企业所得税法》、《金融保险企业财务制度》等都对金融企业的成本、费用开支作了比较具体的规定。费用是指为销售商品，提供劳务等日常活动所发生的经济利益的流出，成本是指为提供劳务和产品而发生的各种耗费，必须分清本期成本、费用和下期成本、费用，不得任意预提和摊销费用。（2）规范了缴纳的税种和计算方法。按规定，农村合作金融机构缴纳的主要税种有：所得税，其税率为25%；营业税，其税率为5%；城市维护建设税，其税率依所在地区建制不同而不同，在1% ~7%之间；教育费附加，其附加率为3%。相关的税种还有房产税、城镇土地使用税、车船使用税、印花税等。税负作为农村合作金融机构的一项成本费用，要增加它的现金支出，因此，税负在财务决策中居于重要的地位。任何企业，无不希望在不违反税法的前提下减少税务负担。税负的减少，不允许在纳税行为已经发生时去偷税漏税，只能靠投资、筹资和利润分配等财务决策时的精心安排和筹划来合理避税。作为农村合作金融机构，它的资本和债务的筹集、金融租赁的运作、房产和设备的购买、特定投资的抉择、联营或合并等决策，无一不受税负因素的影响。所以，精通税法对财务主管人员有着重要意义。（3）规范了税后利润的分配程序。按规定，农村合作金融机构的利润是指在一定会计期间的经营成果，包括营业利润、利润总额和净利润。农村合作金融机构当期实现的净利润，加上年初未分配利润（或减去年初弥补亏损）和其他转入后的余额，为可供分配的利润。首先应先提取法定盈余公积和法定公益金，然后再作如下分配：应付优先股股利、提取任意盈余公积金、应付普通股股利、转做资本（或股本）的普通股股利等。

所以，财务管理人员应该熟悉国家有关财务政策法律法规，严格遵守，灵活运用。

（二）金融市场环境

农村合作金融机构财务管理的金融市场环境，是指对其财务活动产生影响作用的有关资金融通的市场环境。资金融通是财务管理工作的重要组成部分，所以，财务管理人员必须熟悉各种金融环境及运行规则。由于农村合作金融机构是金融企业，因此金融市场就成为其主要的市场环境。金融市场的发育程度，各种融资方式的利用程度，各种有价证券的选择方式，各种金融工具的开发层次，对农村合作金融机构具有重要的影响。金融市场有狭义、广义之分。狭义的金融市场一般指有价证券市场，即股票和债券的发行和买卖市场。广义的金融市场指一切资本流动的场所，包括实物资本和货币的流动。广义的金融市场的交易对象包括货币借贷、票据承兑和贴现、有价证券的买卖、黄金和外汇买卖、办理国内外保险、生产资料的产权交换等。我们这里讲的金融市场指广义的金融市场。它具有两个明显特征，其一是金融市场是以金融资本为交易对象的市场。在金融市场上，金融资产被当做一种“特殊商品”来进行交易。资金供给者直接或通过中介机构把资金让渡给资金需求者，并取得一定的信用工具（票据或有价证券）。其二金融市场可以是传统的有形市场，也可以是无形市场。前者有固定的营业场所和工作设备，如银行、证券交易所等。后者利用电脑、电话、电传等现代化通信工具在各金融机构、证券商和投资者之间进行资金商品交易活动，它可以跨越城市、地区和国界。金融市场的基本功能就是通过向社会资金供求双方提供进行交易的场所，而将处于闲置状态的资金由缺乏投资机会的资金拥有者直接地转移到具有这些机会的资金需求者一方。因此，金融市场的存在改进了社会现存资金资源的配置，从而在不增加社会资金总量的情况下，提高了整体经济效率，增加了社会产品总产量，改善了社会经济福利。并且，在金融市场上形成的各种竞争性价格构成了社会经济运行的最为直接的指示器。作为金融商品交易的金融市场，具有独立的市场体系，构成金融市场体系的要素，通常应包括三个方面：（1）资金供给者与需求者，也称金融市场的交易主体。它主要是指在金融市场活动的交易双方当事人，包括政府部门、中央银行、金融中介机构、企业和个人等，其中金融中介机构是最主要的交易主体，它既是金融市场的重要参与者，又是金融市场的组织者。（2）金融工具，也称金融市场的交易客体。金融工具种类繁多，但常见的主要有商业票据、借款合同、大额可转让存单、股票、债券等。随着信用制度的发展，新的金融工具不断出现，并趋于多样化。（3）交易组织方式。综观世界各国的金融市场，交易组织方式主要有：交易所方式，也称拍卖式竞价方式；柜台交易方式，也称场外交易方式；中介交易方式，它是一种特殊的组织方式，其特点在于金融交易双方的直接联系被金融中介机构完全割断，金融机构成为金融市场交易双方中债务人的债权人和债权人的债务人。

在金融市场上，金融交易的对象、方式、条件、期限是多种多样的，要对金融市场作一个概括的分类是比较困难的。从不同角度来观察，金融市场可以有不同的分类，各种不同类型的金融市场构成了广义的金融市场。目前主要有以下几种分类：

1. 按金融市场交易的期限，可分为货币市场和资本市场。货币市场，又称短期资金市场，是指融资期限在一年以内的资金市场，其资金主要用于短期生产和周转需要。货币市场的主要特征是偿还期比较短，流动性比较高，风险比较小。这种资金与货币的差别不大，而且这些金融工具往往被当做货币的代用品，如商业票据、短期银行票据等。货币市场包括拆借市场、票据市场、存款单市场、短期债务市场和短期放款市场。资本市场，又称长期资金市场，是指融资期限在一年以上的资金市场，其资金主要是用于固定资产投资的需要。资本市场的主要特征是期限比较长，风险比较大，能给购买这些长期金融资产的投资者定期带来收入。资本市场包括股票市场、债券市场等长期投资市场，也包括中长期借贷市场。货币市场和资本市场比较，二者有较大差别。货币市场是调节短期资金的场所，其票据与信用工具有较大的二级市场，到期前随时都可以转让给他人，流动性较高；交易频繁，交易量比较大，投资者注重更快的流动性，追求变现能力；票据与证券的发行人必须有较高的信用，否则不能上市与流通；整个市场受到银行控制；以日、以周或以月计算利息。资本市场是使实际储蓄转变为投资的场所，二级市场比较弱，期限较长，风险较大，流动性较差；交易机会少，交易量小；投资者注重证券的安全性和盈利性，追求投资增值；对发行人的信用没有特别要求；受影响的因素较多，不是某一个部门可以控制的；以年计算利息。货币市场和资本市场有着较密切的联系。首先，资本市场上发行证券时，其包销者的垫款资金常常是依靠货币市场供给的。其次，当资本市场上交易旺盛，证券价格上涨，往往需要较多的资金时，货币市场的资金需求也会增加，形成供不应求。可见货币市场和资本市场是既有区别又有联系的，二者共同构成了统一的金融市场。

2. 按照金融交易的程序，可分为发行市场和流通市场。发行市场又称初级市场或一级市场，是票据或证券等金融工具最初发行的市场。我国的国库券和政策性金融债券，现在都是采取由一级交易商组成的承销团通过竞标方式发行。全国性商业银行都是一级交易商，部分城市商业银行也进入一级交易商行列。国债市场和政策性金融债券市场已成为银行债券投资的主要场所。流通市场又称二级市场、次级市场或交易市场，是已发行票据或证券等金融工具转让买卖的市场。在二级市场上，已经发行的证券以市场价格在最终购买者之间交易。二级市场提供了金融资产在购买者之间连续交易的场所，并且在供给与需求的平衡之间形成金融资产的市场零售价格。发行市场是基础，流通市场是保障。没有发行市场，就不能融通资金，社会资金就不能重新分配，高效运转。没有流通市场，代表资金的票据或证券，就不能自由流通转让，人们就不敢购买这种金融资本，担心自己急需现款而不能变现，票据或证券的发行就不会顺利，甚至发行市场也很难存在。发行市场与流通市场二者相辅相成，共同构成了完整的金融市场，构成了金融商品发行交易的整个过程。因此，在建设与完善金融市场的漫长过程中，发行市场与流通市场同等重要。

3. 按金融交易的具体场所或空间，可分为有形市场和无形市场。有形市场是指有具体的固定交易场地，如证券交易所。有形市场的管理严密，交易方式与程序固定。有形市场经常被称为场内市场。无形市场是指观念上的市场，没有具体的固定场地，如资金拆借、证券场外交易等。无形市场管理较为松散，交易方式与程序也较为灵活。无形市场经常被称为场外交易、店头交易、柜台交易和电话交易。有形市场和无形市场的区分，有利于政府对证券交易市场进行管理。例如，有些国家规定了对各种证券交易所的限制，有些证券可以在有形市场（证券交易所）进行交易，也可以在无形市场交易，即在场外交易；而另外一些证券则只能在场外交易，不准进入证券交易所进行交易，一般来说，公开发行与上市的证券在场内市场挂牌交易，非公开发行与上市的证券在场外交易；公开发行与上市的证券的整数交易在场内，零数交易在场外。

4. 按金融商品的交易交割方式不同，可分为现货市场、期货市场和期权市场。现货市场是指金融资产交易双方立即对成交事项进行支付与交割的市场。交易的付款与交割可在交易发生的当天完成，也可在交易数天内完成。这取决于交易的性质与数量等因素。期货市场是指金融资产交易双方以合同方式协定在未来的既定时间和条件下完成既定数量证券的交易市场。它是有组织的金融市场，其中期货合同是该市场的交易工具。

现货市场与期货市场相比较，一般期货市场风险大，收益高、投机性强，而现货市场则风险小、收益低、投机性较弱。主要原因在于交割期限有差别，在期货交易中，从协议成交日到交割日这段时间里，由于市场利率的变化及其他原因，交易对象的价格会有升有降，因而期货交易就有可能利用未来行情发生变化，进行投机买卖，意欲在未来价格的涨落中得到好处，获得利润。很多投资者为了避免行情变化可能带来的损失，经常将现货交易与期货交易相结合，进行套期保值，以便获得稳妥的收益。期权市场是指对于金融资产未来交易的条件选择权的市场。它是在有组织的交易所内进行，其交易工具为期权合同。期权合同的购方有权利要求期权合同的售方在既定的价格与时间条件下，购买或出售既定数量的金融资产。

5. 根据在市场上交易的金融资产的不同形式，可分为拆借市场、票据市场、外汇市场、黄金市场和保险市场。金融市场的发达程度对农村合作金融机构的经营状况有很大影响。金融市场越发达，农村合作金融机构的融资渠道越畅通，相应的筹资、贷款、投资也就比较容易；反之，它经营就比较困难。金融市场和农村合作金融机构财务关系密切，第一，金融市场是农村合作金融机构投资和筹资的场所。金融市场上有许多融通资金的方式，并且比较灵活。农村合作金融机构主要靠客户的存款来获得营运资金，同时也可以到金融市场选择适合自己需要的方式筹资。贷款是农村合作金融机构的主要业务，它可满足企业或个人对资金的需求。农村合作金融机构还可投资于政府债券来获得一定的盈利。第二，农村合作金融机构是金融市场的主体之一。金融市场由主体、客体、参加人组成。主体是指银行和非银行金融机构，包括商业银行、投资银行、保险公司、抵押贷款市场的中介机构等，是连接筹资人和投资人的桥梁。客体是金融市场上的买卖对象，如商业票据、政府债券、公司股票、可转让大额存单等各种信用工具。参加人是指客体的供给者和需求者，如企业、事业单位、政府部门、城乡居民等。第三，金融市场为农村合作金融机构理财提供重要的信息。金融市场的利率变动、资金的供求状况、证券市场的行情、黄金价格及汇率的变动等，对农村合作金融机构的财务活动都有重大的影响。

6. 按金融商品交割领域，可分为国内金融市场与国际金融市场。国内金融市场，是一个国家内部以本国或地区货币表示的资金交易市场，其交易活动都要受到本国法律法规和制度的管制。国际金融市场，是国际间各种金融业务活动的领域，包括长期和短期资金借贷，外汇黄金的买卖，以及票据贴现、国际间债权债务等金融交易。它的交易活动超过了一国国境，而且交易的金融商品也不限于一种货币。更重要的是国际金融市场的活动，一般所在国政府干预较少，不受所在国法令控制，交易比较自由。国际金融市场没有固定的具体场地，基本是一种无形市场。

财务管理人员应了解各种金融市场的状况与要求，以便参与金融市场的活动。为筹资决策、投资决策提供依据。

二、财务管理体制

（一）财务管理体制基本要求

只有建立科学规范的财务管理体制，才能确保农村合作金融机构经营目标的实现，使其财务管理能力达到国际先进银行的水平，并使信息披露满足资本市场高度透明化的要求。我们认为科学规范的财务管理体制包括下列基本要求：

1. 满足纵向控制的需要。农村合作金融机构财务管理体制的建立必须立足于自身的特点。农村合作金融机构一般实行总、分行制，属于统一法人单位。因此，它的财务管理体制应该满足内部管理的需要，逐级对下实施监控，机构及内容从纵向上分层次设置：(1) 最高权力层控制决策层。股东大会是农村合作金融机构的最高权力机关，有关农村合作金融机构重大的决策、措施、行动纲领等都由其作出，并直接控制决策层。(2) 决策层控制管理层。总行设立直接向行长负责、集行政检查监督、业务稽核审计和内部管理控制于一身的管理机构，对全行经营管理活动和经营风险进行控制，并直接控制管理层。管理层包括一级分行和准一级分行行长。(3) 管理层控制执行层。各一级分行和准一级分行行长直接向下层分支机构设立管理机构，由上级行和同级分行双重领导，一级行和准一级行的有关部门在上级行的直接领导下，主要对总行法人负责，对所在行经营管理活动及其资产质量、资产负债比例、经营效益进行管理，对经营风险进行全面控制。

2. 满足横向制约的需要。横向制约是建立农村合作金融机构财务管理体制的第二个基本要求，它要求农村合作金融机构各部门各岗位人员都要处于制约机制的约束之中。具体而言，主要包括以下几个约束机制：(1) 民主决策制约机制。即本企业的有关重大决策都要经过有关部门的充分论证，一致性结论是决策的前提。(2) 业务经营制约机制。遵循资产负债的内在联系，加强资产负债的比例管理。建立起风险防范、风险监测、风险转化、风险责任约束机制。其实，按会计制度的要求，农村合作金融机构财务管理、账务核算、款项收付等必须做到账账、账卡、账据、账实、账表、账款六相符，这六相符使得各岗位之间真正做到相互制约和监督。对于新型业务，应根据目前的经营状况和发展趋势，按照《商业银行法》和《贷款通则》等法律法规的要求，进一步完善其规章制度。(3) 成本核算和财务收支约束机制。农村合作金融机构应按照“三性”目标的要求，讲究效益，按市场经济的要求，建立现代财务管理机制，对成本核算、财务收支都要与业务活动及个人的业绩直接挂钩，注重成本控制，按照目标成本或开支标准，对影响成本的各个环节加以控制，建立成本费用约束机制。(4) 利润分配约束机制。保证利润合理分配，使企业有自我发展的能力，打破分配上的“大锅饭”体制。(5) 稽核监督机制。内部稽核是财务管理体制的重要组成部分。从层次上看，第一层次是各部门、岗位人员按法律法规、业务规章、操作规程的要求自律；第二层次是管理部门对其他各部门按岗位责任制和目标责任制进行考核管理；第三层次是稽核部门对业务经营财务会计活动进行再监督，发挥稽核的事前、事中的预警作用。

3. 满足信息反馈的需要。农村合作金融机构财务管理体制必须包括一系列的财务执行情况的反馈系统。包括：(1) 预警预报系统。这个系统既能全面显示金融风险大小、预测预警信号，又能及时了解经营管理状况以及各项指标考核的完成情况，既有全局性的，又有局部性的。建立预警预报系统的目的是为了预知可能出现的错误；及时发现经营过程中的问题，防患于未然，减少失误和损失。因此，农村合作金融机构应围绕经营行为、业务管理、风险防范、资财安全，建立定期业务分析、信贷资产质量评估、运用风险评估制度；建立定期实物盘点，各种账证、账表的核对制度以及业务活动的事前、事中和事后监督制度；健全完善内部控制系统的评审和反馈，以及带有苗头性、倾向性的问题的预测、预报，把业务风险降到最低。（2）信息反馈系统。信息资料是对业务的全面记载，是农村合作金融机构经营活动的重要凭证。为此，农村合作金融机构必须保证信息畅通及时，以便于决策和纠偏。如果没有信息及其变换过程，就不存在反馈。如果没有信息反馈作用，也就不存在财务控制的机能。财务控制的全过程离不开信息及其变换反馈过程，所以说控制的基础是信息，而信息需要通过反馈系统来取得，反馈是实现有效控制的必要条件。（3）内控评价系统。农村合作金融机构需要了解内控的效果，监管当局需要掌握金融机构内控的状况，这都涉及内控的评价。没有内控评价，就不知道内控的效果如何，也就不可能为以后内控工作的优化创造条件。

（二）现行财务管理体制的特征

在计划经济时期，银行是国家机关，按事业单位进行管理，自1983年中国人民银行专门行使中央银行职能以后，商业银行体制才开始逐渐建立起来。1986年国家颁布了《国营金融、保险企业成本管理实施细则》，银行的企业成本制度形成，但国家分配制度还很不完善，给银行经营带来很大压力，严重制约着银行的自我发展，迫切需要改革银行的财务制度。在这一时期，国家实行经济体制和财政体制的改革，为银行财务管理体制的改革创造了条件。1993年7月1日财政部根据《企业财务通则》制定了《金融保险企业财务制度》并贯彻执行。各商业银行依据《金融保险企业财务制度》相继制定了各自的财务管理制度。因此，我国商业银行财务管理体制是在原专业银行财务管理体制的基础上建立起来的。目前，我国多种形式的商业银行并存，有国有商业银行、区域性商业银行、股份制商业银行、外资商业银行、中外合资商业银行及其他综合性商业银行。尽管这些商业银行形式不同，但其财务管理体制大体相同。

针对各商业银行的现状，我国《商业银行法》第二十二条规定："商业银行对其分支机构实行全行统一核算，统一调度资金，分级管理的财务制度。商业银行分支机构不具有法人资格，在总行授权范围内依法开展业务，其民事责任由总行承担。"商业银行分支机构是商业银行的下属机构，是商业银行实现其经营方针和目标的工具。商业银行必须对其分支机构实行集中管理，统一领导，要在总行统一方针的指导下，对分支机构进行统一的管理，做到宏观要求和微观要求的统一协调，部门计划服从总体的计划，局部利益服从整体利益，下级行服从上级行的计划和有关指令。商业银行对其分支机构的管理主要是财务管理。财务管理是商业银行经营管理的一个重要组成部分，凡是伴随货币信用业务而形成的各项收入、支出以及最后形成的损益等，都属于商业银行财务的范畴。作为一个整体，商业银行要编制统一的资产负债表和损益表，要统一对各项收入和支出进行统计。这样，才能保证商业银行在确定工作目标、决策和经营方针时的正确性和合理性。

所谓"全行统一核算"，是指商业银行总行对总行及各分支机构的经营状况统一核算。因为各分支机构是商业银行的一部分，其经营活动是银行经营活动的一部分，分支机构的民事责任最终由总行承担。所以，实行由全行统一核算的制度，有利于全面、客观地反映整个银行的整体经营状况，也有利于由总行承担分支机构在经营中产生的民事责任。

所谓“统一调度资金”，是指各分支行及银行的营运资金由总行根据需要统一调度。因为各分支机构的营运资金是总行拨付，各分支机构利用资金的状况和效率并不完全相同，由总行根据需要统一调度资金，增加了分支机构营运资金在总行内的流动性，有利于提高营运资金的利用率。同时，全行统一调度资金，可以有效解决某些分支机构或总行资金暂时周转不灵的困难，有效降低银行经营风险。只有统一调度资金，才能将分支机构的富余资金调至资金供应短缺的分支机构，将资金周转慢、使用效益差的资金调到资金周转快、效益好的地方，以实现其利润最大化，提高整个商业银行资产质量。商业银行统一调度资金，还有利于支持国家的产业政策和发展政策，解决资金分布不平衡的状况，促进经济和社会的健康发展。

所谓“分级管理”，是指各级分支机构在总行统一核算的前提下，各自对自身的财务进行管理，在各级分支机构确定独立核算单位预算，实行独立核算。各独立核算单位自负盈亏，损益按程序集中于总行。分级管理使各分支机构有一定的财务自主权，各级银行及职工利益与经营状况结合起来，有利于正确处理国家、各级银行及职工的利益关系，有利于调动分支机构提高经营和管理水平的积极性。商业银行的分支机构是商业银行的组成部分，分支机构不具备法人资格。分支机构不能有独立于本商业银行的法人地位，只是在本商业银行直接管理下的分支机构；不能有独立于本商业银行的名称；不能有独立于本商业银行的资产；不能独立承担民事责任，其债务由本商业银行负责清偿。

这种分级管理的体制，使得财务管理权力比较分散，形成了总分行事实上的不同层面的财务主体，分行财务主管对分行行长负责，没有形成全行集中统一的财务管理组织体系。而目前我国大多数商业银行实质上推行的仍是传统的财务主管对从业机构负责人负责的做法，这种体制造成的后果是分行财务主管对分行行长（或主管财务的行领导）负责，支行财务主管对支行行长（或主管财务的行领导）负责，形成了一种分散的财务管理体制，这不利于财务管理职能的充分发挥。财务权限过度分散的直接影响一是造成资源的浪费，二是在获取商业银行整体的财务信息时只能采用逐级汇总的方式，这势必会影响到结果的精确性和及时性。

（三）财务管理体制的建立与完善

为了适应内外部环境的变化，提高商业银行的竞争力，考虑到目前我国农村合作金融机构的财务管理现状和存在的问题，我们认为，当前财务管理体制的建立与完善的目标应该是：建立一个以成本效益原则为基础，以信息系统为平台，以预算管理为导向，以内部控制为手段，以业绩评价为依据，通过内外部审计强化监督的财务管理体制。

1. 财务管理体制必须有利于财务风险的集中控制。应参照国内外财务管理的成功经验，结合目前农村合作金融机构财务管理的现状，建议采取一级法人体制下的“矩阵式”、“扁平化”的财务管理模式。建议在构建信息系统和监管制度的基础上，调整财务管理权限，由管理行统一制订财务管理制度和财务计划，统一编制财务预算和业绩评价体系，统一调度资金，统一进行资产负债的定价，统一进行费用和固定资产的配置；辖区内分支行负责财务预算的落实，执行管理行的财务制度，在管理行的授权下进行日常财务管理，实现全行资源的有效配置和财务风险的集中控制。

从我国国有商业银行实施财务集中管理的实践来看，各家银行均已经完成了财务核算向二级分行（市级分行）的集中，其中工商银行在2008年完成了一级分行（省级分行）的财务集中。通过实施财务集中，进一步规范了财务收支行为，节省了财务资金，同时能够更加及时和可靠地取得财务数据，为实施业绩评价打下基础。目前国有商业银行的财务集中程度较低，即使是已经完成一级分行财务集中的工商银行，也只是完成了硬件集中，没有实现真正意义上的逻辑集中。在将财务核算权集中、实现财务管理的物理集中基础之上，利用集中后的数据分析存在的问题，协调各部门的整体联动作用。将关注的焦点由交易的过程和控制，转向提供决策支持，帮助行领导运筹帷幄，实现财务管理的逻辑集中，最终实现全行高度的战略性分析和决策，增强商业银行的核心竞争力。实施财务集中核算的优势是显而易见的，但在国有商业银行复杂的组织机构体系下，要完成真正意义上的财务集中并不简单。当核算主体高度统一时，下级管理主体的各种财务数据只能通过成本收入分摊取得，因此必须制定出合理一致的分摊规则，这并不是一个简单的过程，必须经过大量的实践的检验才能完成。另一方面，由于我国国有商业银行机构复杂程度在世界上是绝无仅有的，过度的集中在实践中可能由于技术和资源的限制而无法达到，即使能实现，也可能由于管理网络的过于庞大导致管理决策与业务需求的脱节。因此，目前比较可行的方法是以一级分行为单位进行集中，我国商业银行一级分行通常不超过40家，已经基本上能够满足财务集中核算的要求；二是采取事业部的方式进行集中，即以业务为主导，成立各个事业部的核算主体。相比较而言，前者比较容易实现，后者则更加符合市场的要求。

2. 财务管理体制必须有利于建立统一的管理信息系统。我国农村合作金融机构都比较重视数据信息电子化的建设，但大多数农村合作金融机构投入大量人力、物力重点更新的是面向客户服务端的业务系统，而后台管理信息系统处于彼此分割、技术落后、数据无法共享的落后状态。完善财务管理体系强调“财务管理信息网络”的构建和逐步完善，能够确保财务信息的及时、准确，便于各级领导和有关财务信息需求者及时准确获取实时信息。并且，通过构建“财务管理信息”，将各项财务管理数据和信息置于网络信息系统中，增加财务管理工作的透明度，便于机构内部审计人员和相关的监督检查机构对财务管理信息进行实时监督和检查，这将进一步提高财务管理的整体水平。农村合作金融机构有必要加强内部信息系统的建设，建立有效的信息渠道，从技术支持角度促进财务管理工作稳妥全面的开展。财务管理是一项涉及面广、灵敏度要求高、综合性强的工作，财务预测、财务决策、财务计划、财务控制、财务分析，无论哪一个工作环节都需要大量基础的数据信息，包括内部相关部门的信息和外部金融市场、宏观政策、行业分析、同业经营等有关信息。财务管理要求的信息量之大，是传统的财务会计资料所不能提供的。可以说，没有会计核算的电脑化和网络化，现代财务管理制度在一个企业中得到有效的推行是不可想象的。因此，充分发挥会计核算电脑化和网络化的优势，根据财务管理的需求，利用数据库建立信息代码库，每笔业务都具有一个多元化的代码组合，便于电脑随时按类别提取统计，扩展各个业务核算系统、管理系统的数据收集、分析整理和输出功能，实现会计信息加工处理能力质的飞跃，不断满足财务管理庞大数据信息的需求，是农村合作金融机构建立现代化财务管理体制的必需选择。

3. 财务管理体制必须有利于优化财务资源分配。农村合作金融机构财务管理改革的重点和核心是财务资源分配方法和体制的改革，财务资源分配体制改革的目的是通过进一步优化财务资源配置模式，增强财务资源配置对农村合作金融机构经营业绩的支持力度和促使银行经营战略重点的转移。近几年，大多国内商业银在财务资源分配体制上，按照银监会和财政部要求实行了收入费用率的财务费用资源分配方法，取消了过去下达“绝对指标”做法。但由于该财务资源分配体制受到金融机构原有资产规模、盈利状况和人员多少的影响，目前推广的广度和深度不够：有的没有把固定资产折旧纳入成本控制范围，有的仅在部分区域分行推行。根据银监会对农村合作金融机构成本收入比指标的外部监管需要和其自身全面成本控制的内部要求，农村合作金融机构财务管理应进一步深化财务资源统一、全面“成本收入比”的分配体制改革，以促使农村合作金融机构优化资产，自我调整业务发展重点，从而切实提高其整体经济效益。

4. 财务管理体制必须有利于从片面成本控制转向全面成本管理。农村合作金融机构应将成本管理视为战略行为，从企业价值最大化的角度出发，根据市场环境、企业在竞争中所处的地位和财务承受能力等各个方面合理安排成本投入，制定最佳的成本管理模式。成本核算的观念要贯穿于各个方面和各个环节。首先要改进成本管理理念，成本管理不仅仅是财务部门的责任，而且还是每个部门和每一位员工的责任，要将成本控制贯彻到全行的经营管理活动中去。其次是改进成本管理方式，对产品成本，部门管理成本和客户成本进行全面而细致的核算，从而实现对每项业务、每项产品、每个机构的成本核算和全面成本管理，通过量化核算决定各项金融产品的扩大或收缩，控制业务开展的规模和进度。提高整体盈利能力。再次是发挥财务费用政策的杠杆调节作用，支持业务和产品创新。根据成本效益原则评价和检测各项新业务、新品种的经济效益，制定财务政策要体现以“调整、优化业务结构，实现业务效益最大化”为原则，具体实施以效益为目标的财务支持配套办法，促使农村合作金融机构经营重点向盈利性较好的业务发展，促进市场良好的新产品和成长型新产品的快速发展。

5. 财务管理体制必须有利于健全各项财务制度。我国农村合作金融机构财务制度具体包括财务报告制度、财务评价制度、内部审计制度、资金控制制度、授权制度、预算审批制度、成本费用管理制度、资产管理制度、会计核算制度等，以及以制度的形式对组织机构的设置、人员的委派、权责的分配等规范。这些制度形成农村合作金融机构内部严密的控制体系。它们是农村合作金融机构各项业务活动正常开展的保证。

三、财务管理方法体系

财务管理方法不再局限于简单的提供财务数据，而是进一步利用会计信息进行财务预测、财务决策、规划未来，并对经营活动进行控制、分析及业绩评价，从而最大限度地提高盈利能力。财务管理方法，也称财务管理工具，它是为了实现财务管理目标，完成财务管理任务，在进行理财活动时所采取的各种手段。它也是财务管理的工作环节。完整的财务管理方法体系包括财务的组织、预测、决策、计划、预算、控制、核算、分析、监督、考核等组成部分。财务组织问题在管理学中讲述，会计计算与财务监督分别在会计学与审计学中讲述，本书仅对财务的预测、决策、计划、控制、分析、考核等主要方法和原理加以介绍，具体运用在本书以后各章阐述。

（一）财务预测与决策

财务预测，主要是对未来财务指标的测算，它是在过去与现在财务资料的基础上，对未来的财务状况与财务指标所作的估计。财务预测是制订财务计划，编制财务预算的重要依据，预算编制方法很多，但每一种编制方法都应该是根据农村合作金融机构经济活动的现状，考虑可能的内外部环境的变化，运用一定的预测方法进行科学预测，并进行正确决策后，进行计算（包括合理的估算）来确定预算中的各个指标。任何企业对于未来的发展都需要作出多种设想和方案，这些方案中的收入、成本、利润和资金需求量等数据都是财务预测提供的。预测程序一般为明确预测目标、搜集相关资料、建立预测模型、确定预测结果。

财务决策，是根据经营战略和国家宏观经济政策的要求，从提高经济效益的总目标出发，对准备进行的某项活动，通过设计多种行动方案，测算出各种方案的预期结果，进行反复论证比较，从中选出最可行方案的过程。如农村合作金融机构需要筹资，是发行股票，还是发行债券，还是将二者结合。它是一个提出问题、分析问题和解决问题的分析判断过程。财务决策并不是一次性完成的，往往需要反复斟酌。农村合作金融机构有些财务决策是不断出现的重复性工作，如流动性管理、贷款管理、股利分配等。对于重复性财务决策，农村合作金融机构可以建立一定的程序，即进行程序化决策。只要按程序进行就可解决问题。但有些财务决策是非重复性的，如农村合作金融机构对外投资、扩大投资规模等决策，对于此类财务决策，农村合作金融机构必须针对具体问题采取相应对策来解决，即进行非程序化决策。财务决策是财务管理的核心，是贯穿于农村合作金融机构经营活动全过程的一项重要的财务职能。

财务预测是针对一定时期而言，财务决策是针对某一项目而言。预测是决策的依据，决策是预测的落实。因此，应注意提高财务预测的科学性。不能仅仅凭借领导的期望值或同业数字比较等简单方式来进行，缺乏科学的测算依据和说服力的预测，必将导致错误的决策，将严重影响农村合作金融机构的财务管理水平。

（二）财务预算与控制

战略规划的实现，要逐渐地具体体现在每个年度的财务计划上，财务计划的完成则完全依赖于有成效的财务预算和控制。农村合作金融机构的财务计划规定着其计划期内的利润、收入、成本费用、资金占用水平、投资与筹资规模，反映着农村合作金融机构与各方面的财务关系，是组织农村合作金融机构财务活动的纲领。财务计划可以分为财务规划和财务预算。财务规划把资金、利润和成本相互协调以适应农村合作金融机构经营规模和水平。财务规划工作的重点在于对各部门活动进行协调，为财务预算提供基础。财务预算是对未来的财务状况和经营成果作出科学的估计。财务预算是财务计划工作的重要成果，它不仅使财务决策更加具体化，而且也是财务控制的依据。但其目的在于评价农村合作金融机构的现金流量，建立规划以确保农村合作金融机构有足够的现金流入来支持其财务管理目标的实现。农村合作金融机构必须要有一套包括预计资产负债表、损益表和现金流量表在内的预算编制体系。农村合作金融机构要搞好财务预算必须做到：首先分析财务环境，确定预算指标；其次协调财务能力，组织综合平衡；最后选择预算方法，编制财务预算。财务计划的执行要依靠财务控制。财务控制，就是根据农村合作金融机构财务计划目标、财务制度和国家有关法规，对实际或预计的财务活动进行监视、评价、限制、制止和调节，使之符合财务目标的管理过程。它可以及时发现问题，及时解决问题。其基本程序为：第一，制定控制标准，分解落实责任；第二，实施追踪控制，及时调整误差；第三，分析执行情况，搞好考核奖惩。

预算是控制的重要依据，控制是完成预算的重要手段，也是执行计划和决策的手段。它们组成了财务管理的良性循环。

（三）财务分析与评价

财务分析与评价，是以财务的实际和计划资料为依据，结合农村合作金融机构业务经营活动情况，对造成财务偏差的主观和客观因素进行揭示，并测定各影响因素对分析对象的影响程度，提出纠正偏差对策的过程。财务分析与评价不仅可以评价农村合作金融机构过去的经营业绩，而且也可以剖析农村合作金融机构目前的财务状况。通过财务分析可以避免仅凭预感、直觉作决策，减少了决策的盲目性。在进行财务分析与评价时，首先要占有资料、掌握信息、对比指标、揭露矛盾；其次要分析原因、明确责任、提出措施、改进工作。

上述财务管理的一般方法是密切联系相互依存的有机体，共同构成财务管理的循环，其中，预测与决策是前提，计划和预算是纲领，控制与分析是保证，评价是归宿。各种方法应配合使用，形成科学的财务管理方法体系。要做好财务管理工作，必须做好财务预测、决策、预算、控制、分析和评价六个方面的工作。

第四节 财务管理理论

一、财务管理观念

财务管理的观念是指财务管理人员从事财务管理工作应具备的基本价值取向和理念。财务观念是财务管理的基础，观念的更新会带来管理效率的提高。这是因为，观念作为意识，决定着管理行为和管理方法。随着经济全球化进程的不断加快，随着我国社会主义市场经济体制的逐步完善，牢固树立市场经济条件下的财务管理观念，对于充分发挥财务管理职能，合理筹集安排使用资金，最大限度地提高财务效益等具有重要作用。

（一）时间价值观念

资金时间价值有时也称货币时间价值，是指资金在周转中由于时间因素所形成的数量上的差额。资金在周转使用中之所以会产生时间价值是因为资金使用者将资金投入生产经营以后，劳动者借以生产新的商品，创造新的价值，会带来利润，静态地看实现了增值。资金时间价值作为银行财务管理的最基本观念之一，其重要性表现在：第一，资金时间价值代表着社会平均利润率，是企业资金利润率的最低界限，是衡量企业经济效益、考核经营效果和评价投资方案的重要依据，能促使企业合理有效地利用资金。第二，在经济生活中，一定量的资金在不同的时点上具有不同的价值。所以，需要把不同时间的资金收入和支出换算到相同的时间基础上，才能进行大小的比较和比率的计算。资金时间价值揭示了不同时点上资金量之间的换算关系，从而对资金的筹集、投放、使用和收回等从量上进行分析，以便找出适用于分析方案的数学模型，改善财务决策的质量，是企业财务决策及资金运筹的基础。

（二）风险价值观念

风险是对企业财务管理目标产生负面影响的事件发生的可能性。风险具有不确定性和客观性，同时风险的大小随时间延续而变化，是“一定时期内”的风险。严格说来，风险和不确定性是有区别的。风险是一种不确定性事件，不确定性事件不一定是风险。不确定性的影响既可以是正面的，也可以是负面的。风险一定是负面的影响。是人们害怕的不希望发生的影响。如果没有利益的驱动人们是不愿意冒风险从事某项活动的。一般来说，凡是没有十分把握的经济活动，就意味着有风险。成功的把握越大，则风险越小；成功的把握越小，则风险越大。任何个人或组织从本质上讲都是风险的厌恶者，因此，任何冒风险的财务行为都客观地要求获得与其所冒风险相适应的额外报酬——风险价值。风险价值是指冒风险进行某项活动所获得的超过正常报酬的额外报酬（率），又称风险收益或风险报酬。由于市场上存在着竞争，就促使人们需具有进取拼搏精神，有时就需要冒点风险从事某项活动，并期望得到较高的报酬。如果没有通货膨胀的因素，期望投资报酬率即为无风险投资报酬率与风险投资报酬率之和，财务行为的风险越大，企业要求获取的风险价值越高，反之则相反。因此，要求企业进行决策时必须考虑各种风险因素，预测风险对投资收益的影响程度，以判断投资项目的可行性。在投资活动或筹资活动存在风险的条件下，决定各种方案的取舍就要通过一定的方法来衡量风险程度的大小和风险价值的多少，通常采用定性和定量相结合的方法进行衡量，将定性的估计转化为定量的计算。风险价值有两种表示方法：风险价值额和风险价值率。投资者由于冒着风险进行投资而获得的超过资金时间价值的额外收益，称为风险价值额；风险价值额与投资额的比率，则称为风险价值率。在实际工作中，对两者并不严格区分，通常以相对数——风险价值率进行计量。应当指出，风险价值的计算结果，具有一定的假定性，并不十分精确。掌握风险价值的原理，在于权衡风险与收益的关系，选择有可能避免风险，分散风险，并获得较多收益的活动方案。

风险价值观念作为企业财务管理的最基本理念之一，其重要性表现在：第一，风险价值揭示了风险与收益之间的对等关系。企业的任何财务行为都必须在风险与收益之间进行认真权衡，从而作出最佳的财务决策。第二，风险是客观存在的，企业财务人员的任务是善于对市场变化带来的不确定性因素进行科学预测，有预见性地采取各种防范措施，使可能遭受的经济损失降到最小限度。

（三）信息价值观念

信息化是继农业经济、工业经济之后的知识经济的重要特征之一。半个世纪以来，随着互联网在全球的迅猛普及，各行各业进入了信息化时代。信息化就是借助以计算机、互联网等先进技术为代表的信息手段，将银行财务管理的流程实现在线，并使银行管理层真正可以快捷获得完整而明晰的内外部信息。现代信息技术等将对经济增长产生巨大影响，使我们必须站在一个更高的位置来审视农村合作金融机构财务管理。农村合作金融机构信息包涵内容较多，除了传统的会计信息、统计信息外，还应包括经济政策信息、金融市场信息、国际经济信息等各种各样的信息。由于经济活动的数字化的普及，开辟了新的媒体空间，如虚拟市场、虚拟银行等。许多传统的商业运作方式将随之弃用，代之以电子订单、电子采购和电子支付。网上支付，使资本的流通速度加快，农村合作金融机构财务人员的财务决策和日常资金运筹仅仅靠经验办事已经远远不够了，农村合作金融机构如果不迅速跟上时代的步伐无疑将丧失许多创造收入的机会。因此，我们认为信息带来价值。当然，财务主体面临的货币风险现在也大大增加了，农村合作金融机构必须加强信息化建设，充分依靠先进的信息手段进行财务管理；捕捉财务信息，为业务发展提供实时可靠的财务信息支持。面对业务拓展的压力，增强市场竞争力，进一步注重风险防范。西方银行为了实行有效的财务管理，高度重视管理信息系统的建设和电子化建设。国内银行由于历史的原因，开发的系统主要局限于前台的核算系统，并且大部分银行还未实现数据的集中，技术落后，系统分散，数据不全，后台管理系统彼此分割或互相重叠，数据不能实行共享。先进的财务管理方法需要有先进的信息管理系统来支持，目前国内银行的技术力量大部分都投入到新产品的开发，管理信息系统的建设相对落后，不能及时提供更多有用的数据，也就不可能实现成本收益的实时监控。信息化是一项长期的工作，要求农村合作金融机构财务人员从不同时间、不同切入点开始构筑适应信息化建设的财务管理思路和方法，重视信息的利用价值，把握信息所带来的机会。

（四）市场经济观念

市场经济条件下，农村合作金融机构的生存、发展，关键是看市场对其产品或服务的接受程度。市场接受程度越高，其发展机会就越大，其盈利能力也就越强。因此，树立市场经济观念是农村合作金融机构财务管理的又一重要导向。农村合作金融机构经营的每一个环节都离不开市场。市场每一阶段实施的决策首先是市场财务的决策，它直接决定了农村合作金融机构生存和发展的条件。市场经济的基本规律就是优胜劣汰。面对激烈的市场竞争，农村合作金融机构财务管理活动要主动适应不断变化的市场环境，要一切从市场的要求出发，一切考虑市场的评价效应中，一切服务于市场和忠诚于市场，真正做到“从市场中来，到市场中去”。要树立“得市场者得天下”的财务意识，支持业务和产品创新。实行以效益为目标的财务支持配套办法，促进市场良好的新产品和成长型新产品的快速发展。如果商业银行的产品或服务不能适应市场的需求，那么其效益就不能最终实现。

在市场经济条件下，市场的变化决定农村合作金融机构财务管理的变化。从投入的角度来看，市场情况的变化，会影响农村合作金融机构财务预算所进行的资源配置是否能够真正实现，进而也影响其成本及费用。同时，农村合作金融机构经营活动的年度目标是在其战略规划的前提下通过市场调研与预测来确定的，如果与本机构业务相关的市场发生了实质性的不利变化，就意味着需要根据市场上变化了的情况，适时地对本年度的预算指标值进行适当的调整，以便使预算适应变化了的市场行情。农村合作金融机构的各种财务决策也都离不开市场。在筹资决策中，通过对金融市场的判断，合理预期市场利率的变化，确定筹资的时机、规模与方式。在投资决策中，通过对市场利率（社会平均投资收益率）的合理预期，确定投资的时机、规模和方向。在分配决策中，通过对分配结果所引起的社会评价及时对市场价值进行合理预测，确定分配的最优规模与方式。

总而言之，农村合作金融机构财务管理要确立市场经济观念，预测市场竞争态势，分析市场竞争局面，提出市场竞争策略。具体应做好以下工作：遵循市场游戏基本规则；研究和熟悉金融市场和国际惯例，按照《巴塞尔协议》要求尽快提高资本充足率；资金结构安排要考虑市场评价的效应；股利分配政策要考虑对股价走势的影响；农村合作金融机构财务状况和经营成果的好坏，要由市场来评判；在市场竞争中树立良好的服务形象，真正取信于市场，取信于民。

二、财务管理理论

农村合作金融机构也是现代意义上的公司，所以公司财务管理的理论也是农村合作金融机构财务管理的理论基础。公司财务理论是随着经济的发展而发展的，开始作为一个相对独立的研究和学科领域在西方国家（主要是美国）出现。由于当时美国正处于第一次企业合并浪潮时期，公司财务所探讨和研究的主要内容集中在公司设立与合并，以及如何在资本市场上筹措资金等方面。随着美国经济的扩张和发展，企业对资金的满足迅速增加，公司财务也更加注重研究企业的外部资金筹措和保持企业的清偿能力问题。20世纪30年代初，美国的经济危机导致大量企业破产，公司财务理论开始转向研究企业破产、重组等方面的问题。20世纪50年代以后，公司财务理论和研究发生了重大变化，一系列构成现代财务理论基石的基础性研究成果开始涌现，主要有以下理论。

（一）MM理论

最初的MM理论——资本结构无关论。MM理论是由美国学者莫迪利安尼（Modigliani）和米勒（Miller）提出的，他们在1958年发表的《资本成本、企业财务与投资理论》一文中，提出了最初的MM理论。最初的MM理论是建立在如下基本假设基础上的：（1）企业只有长期债券和普通股股票，债券和股票均在完全的资本市场上交易，不存在交易成本；（2）投资者个人的借款利率与企业的借款利率相同且无负债风险；（3）同一风险类别假设，即经营条件相似的企业具有相同的经营风险；（4）每个投资者对企业未来的平均营业利润的期望值都相同；（5）所有的现金流量都是永续年金，即企业的增长率为零。该理论认为，在不考虑企业所得税，认为企业无论以负债筹资还是权益资本筹资，都只是改变企业总价值在股权与债权人之间的分割比率，而不会影响企业的市场总价值，风险相同而资本结构不同的企业，其总价值是相等的。因此企业的价值和资本成本均不受资本结构的影响。随着企业负债的增加，其股本成本也增加。低成本的举债利益正好会被股本成本的上升所抵消，所以，更多的负债将不增加企业的价值。因而，在无税的情况下，企业的资本结构不会影响企业的价值和资金成本。该理论的基本命题也说明企业变动资本结构试图影响企业价值是没有意义的。最初的MM理论的研究假设前提远离现实，但它成功地运用数学模型，特别是将资本结构研究抽象到企业经营者、所有者和债务人之间的矛盾与利益的协调，突出企业以股东财富最大化为目标进行资本结构决策，以寻求三方面利益人的利益均衡，故对现代资本结构理论研究起到奠基作用。

修正的MM理论——资本结构有关论。1963年，莫迪利安尼和米勒又发表了《公司所得税与资本结构：一项修正》一文，将企业所得税引入到无企业税模型中，改变了最初企业资本结构与企业价值无关的结论。推导出的结论却是：当考虑企业税带来的影响时，企业可利用财务杠杆增加企业价值，因负债利息避税利益，企业价值会随着资产负债率的增加而增加，当100%负债时企业价值最大。根据当时的美国税法，以企业息后利润为基数征收企业所得税，而发放股利要在税后净利润中扣除。这相当于对债券利息免征企业所得税，对股利支出则正相反。假设企业的负债是永久的，并且免税额只取决企业所得税税率和企业盈利能力，则为了追逐债务的免税优惠，企业经营者将不断提高负债比例，直到企业负债比为100%。此时资本成本最低，资本结构最优。

回归的MM理论——米勒模型。它是同时考虑公司所得税和个人所得税时的MM理论。1976年，米勒提出了考虑个人所得税的米勒模型。该模型认为：当企业所得税提高，资金会从股票转移到债券以获得节税效益，此时企业的负债率提高；如果个人所得税提高，并且股利收入的税率低于债券利息收入的税率时，资金会从债券转移到股票，此时企业的负债率降低。米勒模型是MM理论的又一次扩展，它的研究前提没有改变，虽然数理逻辑严密，但仍难以得到实践的验证。

鉴于MM理论只是单方面考虑了负债给公司带来的减税利益，而没有考虑负债可能给企业带来的成本或损失，难以解释现实的资本结构现象，故金融学家们在MM理论基础上，进一步放宽完全信息以外的各种假定，拓展研究。大约在20世纪70年代中期逐步形成权衡理论。该理论同时考虑了负债的减税利益和预期的成本或损失（财务拮据成本、代理成本等），并对利益与成本进行适当权衡以确定企业价值，所以，较MM理论，权衡理论更为贴近现实，往往被称为最优资本结构理论。

（二）资产组合理论

现代资产组合理论是研究在各种不确定的情况下，如何将可供投资的资金分配于更多的资产上，以寻求不同类型投资者所能接受的收益和风险水平相匹配的最适当、最满意的资产组合的系统方法。1952年马柯维茨提出的均值—方差理论标志着现代资产组合理论的正式形成。此后，资产组合理论得到了不断地发展，主要是针对资产选择理论前提的放松和计算的简化作出了许多改进，这其中以夏普、林特和莫森等人发展的资本资产定价模型（CAPM）和罗斯等人提出的套利定价理论（APT）最为著名。

大约在50年前发展起来的均值—方差分析为资产组合选择提供了一个基本的分析框架——现代金融理论通常认为应该从马柯维茨的均值—方差分析开始。在早期研究成果的基础上，马柯维茨做了具有决定意义的工作。他创立了一套完整的均值—方差分析框架，最早采用风险资产的期望收益和以方差（或标准差）表示的风险来研究资产的选择和组合问题。这被金融界看做是现代证券投资组合理论的起点。进入20世纪60年代，以夏普、林特和莫森为代表的一批学者，以马柯维茨的均值—方差理论为基础，将有效市场理论和马柯维茨的均值—方差理论结合进来，进一步研究了市场微观主体的共同行动将导致怎样的市场状态，先后在1964年、1965年和1966年得出了有关资本市场均衡时证券价格形成的相同结论，建立了一个以一般均衡框架中的理性预期为基础的投资者行为模型，即著名的资本资产定价模型（Capital - assets Pricing Model，CAPM）。CAPM假设投资者有着相同的收益预期，以相同的方式解读信息。CAPM度量了市场中存在的系统性风险与非系统性风险，为投资者承担额外风险而应得的风险报酬提出了量化分析框架。CAPM的核心思想是：在证券市场上，由于非系统性风险可以通过分散投资加以消除，所以市场参与者对这种风险不会给予收益补偿，而对预期收益产生影响的只能是无法分散的系统性风险。CAPM模型一直在金融定价模式领域占统治地位，然而，罗斯认为，事实上找不到实际的资产组合来证明这个模型，他提出了“套利定价理论”，简称APT模型。该理论认为预期收益与风险之间存在正比例关系：由于套利活动本身会改变标的的资产价格，最终导致套利机会的消失，投资者面临的只有较高的收益与较大的风险相匹配的投资局面。该模型不用假定风险规避，不需要像资本资产定价模型那样严格的假设条件，仅要求投资者是一个偏好拥有财富的多多益善者，APT认为风险资产的收益是若干影响到资产收益因素的线性函数，即资产的收益是多个要素的线性函数。当收益生成指数取市场证券组合收益时，APT与CAPM一致。CAPM可以被看做是APT的一个特例：因为允许使用更多的因素来解释资产的均衡收益，所以APT比CAPM更一般化，是对CAPM的进一步推广。APT的主要优点在于不必局限市场证券组合，而且任何因素都可以包含在收益生成过程中。因此APT最大的特征是直观和容易解释。

由上述讨论我们不难看出：马柯维茨分散投资理论的主要贡献在于应用数学上的二维规划建立起一套模式，系统地阐明了如何通过有效的分散化来选择最优资产组合的理论和方法。正是由于在分散投资理论方面的卓越造诣，马柯维茨获得了1990年度诺贝尔经济学奖。夏普的资本资产定价模型为资产选择开辟了另一条途径，他应用对数据的回归分析去决定每种股票的风险特性，从而把那些能够接受其风险和收益特性的股票，结合到一个组合中去的做法，大大简化了马柯维茨模型的计算量。而罗斯的“套利定价理论”则从假设条件上做文章，比较而言，套利定价模型在内涵和实用性上更具广泛意义。但时至今日，现代资产组合理论仍然存在方方面面的问题。

1. 马柯维茨分散投资理论的缺陷。在理论方面，马氏认为大多数理性投资者都是风险的厌恶者这一论点，其真实性值得怀疑。按马氏的理论设想，预期收益和风险的估计是一个组合及其所包括证券的实际收益和风险的正确度量；相关系数是证券未来关系正确的反映概念；方差是度量风险的一个最适当的指标等，这些观点难以让人信服。在实际应用上，马氏的理论也存在很大的局限性。例如，产生一个组合不仅要求一套高级而且相当复杂的计算机程序来进行操作，而且，由于大多数收益的预期率是主观的，把它作为建立证券组合的输入数据，这就可能使组合还未产生便蕴涵着较大误差；此外，证券市场变化频繁，每有变化，就必须对现有组合中的全部证券进行重新评估调整，以保持所需要的风险—收益均衡关系，因此要求连续不断的大量数学计算工作予以保证。

2. 资本资产定价模型的局限。按照 CAPM 模型的构思，应用 β 分析法的投资者愿意接受与市场相等或接近的收益率，排除了投资者比市场干得更好的可能性——它否定了证券的选择性和分析家识别优良证券的投资能力；CAPM 模型假定股票市场是均衡的，而且所有投资者对于股票的预期都是相同的。事实并非如此，在证券投资中，有所谓“最后乐观的投资者”和“最后悲观的出卖者”，这类现象用 CAPM 模型很难加以阐释。随机游走理论家们从根本上反对资产组合理论，他们认为未来的收益率是不可能预计的，因为股票的短期波动全然无法预测。在他们看来，组合的构建只不过是一种有趣的数学游戏而已。

3. 套利定价理论的不足。套利定价理论本身没有指明影响证券收益的是些什么因素，哪些是主要的因素，以及因素数目的多寡。一般而言，像诸如国民生产总值增长率、通货膨胀率、利率、公司资信、付息等均属影响证券收益的基本因素，但重要因素大致在 10 个左右。然而，这一问题还有待理论与实务界的进一步探索。马柯维茨的均值—方差理论、CAPM 等的一个共同前提是假定资产收益服从正态分布。然而大量的实证研究表明，资本市场收益并不完全服从正态分布。

总之，现代资产组合理论尚存在理论假设过多、风险分散方式有限、风险观念判断机械、实际应用操作困难等方方面面的缺陷。

（三）期权定价理论

期权或称选择权是一种衍生金融工具。其基本特征是：期权持有人（期权购买者）具有在规定的时间内以某个约定的价格买进或卖出一定数量金融资产（或称标的资产）的权利；期权立约人（期权出售者）则负有按约定卖出或买进一定数量金融资产的义务。期权是一种不对称合约，给予期权买方随时履约的权利但并不要求其必须履约，期权的卖方则负有责任，只要买方行使权利，卖方就必须履约，若买方认为行使期权对其不利，卖方无权要求对方履约。在期权交易中，期权买方的风险是可预见的、有限的（其最大损失是为拥有选择权而支付给卖方的权利金），而获得收益的可能性却是不可预见的、相当大的；期权卖方的风险是不可预见的、无限的，而获得收益的可能性是可预见的、有限的（最大收益是承担履约义务而向期权买方收取的权利金）。期权交易的最大特点就是给予期权持有者一种决策弹性，使其可以灵活利用金融市场各种变化的可能性，在最大的限度控制利率、汇率等市场风险的同时，又不丧失获得可能出现的获利机会，因此，期权已成为进行金融风险控制与投资的重要工具。

自从期权交易兴起以来，有关期权价格（权利金）的计算模型有很多种，其中最著名和最常用的模型是由美国人费谢尔·布莱克和迈伦·斯科尔斯于 1973 年推出的期权价格模型。除明确冠以“期权”（如股票期权、外汇期权等）的各种金融工具外，可转换债券、可转换优先股、认股权证等筹资工具都具有明显的期权性质，同样可以利用期权定价模型来分析这些筹资工具的价值。另外，期权理论还用于投资分析和企业价值与资本结构分析。近年来，期权定价从金融期权引入实物资产投资的定价，被称为实物期权。

在现代财务管理中，研究和运用期权估价理论，不仅因为它是金融资产交易的一种方式，而且是因为企业许多投资和筹资决策都隐含着期权问题。例如，在不确定性投资项目分析中，如果未来的投资是否执行要视一个先期投资是否成功，则后者可视为一个选择权或期权。未来投资的风险越大，它的期权越有价值。又如，企业发行的许多证券都包含着期权：申请破产的权利为公司提供了不履行其所发行债券债务的一种隐含选择权；认股权证是以股票或其他某种类型证券为标的资产的买方期权；可转换债券给予投资者以一定面值的债券按既定的转换价格或比例转换公司股票的权利，它相当于纯债券（非转换债券）加上投资者的买方期权；可赎回债券则是给予发行公司（而不是投资者）的一种买方期权，它相当于纯债券（不可赎回债券）加上发行公司的买方期权等。根据期权理论，有限公司的股权资本（普通股）实际上是以负债现值为履约价，公司资产为标的资产，负债到期日为执行日的一种买方期权。因此，企业股权资本（对应于股票的价值）可以用期权定价模型来估计。期权估价模型，不仅可用于选择投资方案、确定证券价值，还可广泛用于建立目标资本结构，规避财务风险以及确立股利政策和处理各种财务关系。理论界认为，期权估价模型将同资本资产估价模型一样，在企业的财务决策中起着越来越大的作用。

（四）代理理论

20 世纪 70 年代，美国学者詹森和威廉·麦克林在其合著的论文中对代理理论作了系统的描述。他们认为：现代企业的代理关系可以定义为一种契约或合同关系。在这种关系下，一个或多个人（委托人）雇佣其他人（代理人），授予其一定的决策权，使其代替雇主的利益从事某种活动。在公司制下，代理关系一方面表现为资源的提供者（股东和债权人，即主人或委托人）与资源的使用者（管理当局，即代理人）之间以资源的筹集和运用为核心的代理关系；另一方面也表现为公司内部高层经理与中层经理、中层经理与基层经理、经理与雇员之间（在这里，上一层经理既作为代理人又表现为下一层的委托人）以财产经营管理责任为核心的代理关系。代理关系的本质体现为各方经济利益关系，委托人和代理人之间各有不同的“个人利益”，他们受个人利益的驱动，从市场进入企业，以谋求个人利益最大化。由于关系人各方目标不一致，这就不可避免地引起代理各方利益的相互冲突，解决这一冲突的有效方法就是由关系人各方共同订立各种形式契约。因此，从某种意义上说，公司在本质上是由若干个人之间的一组相互重叠的“契约关系的综合”。现代企业经营的不确定性和代理关系复杂性，决定了契约各方存在着利益不均衡性、信息不对称性和风险不平等性等，由此决定了契约的监督在客观上需要建立一系列沟通、激励、协调代理关系的管理机制，促使代理人采取适当的行动，最大限度地增加委托人的利益。

代理理论就是要研究不同筹资方式和不同资本结构的代理成本的高低，以及如何降低代理成本、提高公司价值等问题。代理理论对现代企业财务理论的发展具有重要的参考价值。根据这一理论提供的思路，可以正确处理股东与经理之间、股东与债权人之间、债权人与经理之间以及公司内部之间的代理关系。例如，股东对公司经理采取各种监督与激励政策，促使经理按照股东利益最大化从事经营活动，以保持资本完整和提高资本使用效率；公司经理的双重身份（同是股东和债权人的代理人）要求他们必须兼顾股东和债权的利益，遵守债务契约，确保长期稳定的资本来源；公司管理当局通过各种经营管理责任制，协调各部门责权利关系，使之始终与公司目标或利益保持一致。

综上所述，代理理论无论是对财务管理的理论体系还是实践活动，都具有重大的影响。虽然它更多的是进行定性化分析，但对我们理解财务管理问题的焦点，作出正确的财务决策都具有现实意义。

（五）控制权理论

20 世纪 60 年代，亨利·曼尼（Henry G. Manne，1964）提出了企业控制权市场理论。当企业经营不善时，企业股票价格下降，这时资本市场就会有人公开接管企业，更换现任管理者。这种接管被称为敌意收购。敌意收购给在职管理者带来了很大的威胁，成为股东约束不称职管理者的有效手段，被人们形象地称为“用脚投票”。20 世纪 80 年代以来，随着企业兼并与接管活动的深入进行，人们发现资本交易不仅会引起剩余收益分配问题，而且还会引起剩余控制权分配问题。基于普通股有投票权而债权人无投票权的事实，管理者经常通过改变资本结构来改变企业投票权的分布，从而对接管成功与否产生影响，这样形成了资本结构的控制权理论。控制权理论认为，管理者占有的股份越多，其控制能力也就越强。这样，由于管理者对控制权本身的偏好，他们通过影响控制权的分配所形成的资本结构来影响企业的市场价值。资本结构的控制权理论把资本结构作为解决股东、管理者之间代理冲突的手段。如果用债务限制管理者对现金流的权利，而管理者可以自由作出资本结构决策，我们就看不到管理者自愿分红的决定。债务是减少自由现金流量代理成本，最大化公司价值的事前措施。管理者可以利用自愿举债，避免控制权的挑战。

控制权理论可以看成是詹森和麦克林代理理论的延续。在市场经济条件下，企业资本结构不仅决定着企业收入流的分配，而且决定着企业控制权的分配。股权和债务是重要的融资工具，也是非常重要的控制权基础。股本和债务比例的变化主要与融资方式的选择有关系，选择什么样的融资方式就会形成什么样的股本—债务比例，从而就会形成什么样的控制和治理结构。在这一观点的支配下，他认为是采用债权还是股权来进行项目融资要取决于项目资产的本质特性。如果资产具有可重新配置的属性则应选择债权，因为在违约的情况下还可以收回一些有价值的资产。反之，如果资产具有很高的专用性，则最好是由管理层借助股权融资所具有的自由裁量权特性来管理这些资产。

（六）信息不对称理论

2001 年度诺贝尔经济学奖授予了三位美国经济学家：约瑟夫·斯蒂格利茨、乔治·阿克尔洛夫、迈克尔·斯彭斯，以表彰他们 20 世纪 70 年代建立信息不对称理论在经济领域所作出的重要贡献。信息不对称理论是指在市场经济活动中，各类人员对有关信息的了解是有差异的；掌握信息比较充分的人员，往往处于比较有利的地位，而信息贫乏的人员，则处于比较不利的地位。该理论认为：市场中卖方比买方更了解有关商品的各种信息；掌握更多信息的一方可以通过向信息贫乏的一方传递可靠信息而在市场中获益；买卖双方中拥有信息较少的一方会努力从另一方获取信息；市场信号显示在一定程度上可以弥补信息不对称的问题。该理论指出了信息对市场经济的重要影响。随着新经济时代的到来，信息在市场经济中所发挥的作用比过去任何时候都更加突出，并将发挥更加不可估量的作用。该理论揭示了市场体系中的缺陷，指出完全的市场经济并不是天然合理的，完全靠自由市场机制不一定会给市场经济带来最佳效果，特别是在投资、就业、环境保护、社会福利等方面。该理论强调了政府在经济运行中的重要性，呼吁政府加强对经济运行的监督力度，使信息尽量由不对称到对称，由此更正由市场机制所造成的一些不良影响。为此，要充分认识新经济的特点，高度重视信息对未来经济社会可持续发展的重大影响；在政府职能转变的过程中，应注意政府对经济运行发挥作用的方式、方法的研究；重视信息资源的开发利用工作，扶持信息服务业的发展。

这一理论为很多市场现象如股市沉浮、就业与失业、信贷配给、商品促销、商品的市场占有等提供了解释，并成为现代信息经济学的核心，被广泛应用到从传统的农产品市场到现代金融市场等各个领域。

（七）有效市场假设理论

20 世纪 60 年代，美国芝加哥大学财务学家尤金·法玛提出了著名的有效市场假设理论。该假说认为，在一个充满信息交流和信息竞争的社会里，一个特定的信息能够在证券市场上迅即被投资者知晓，随后，股票市场的竞争将会驱使证券价格充分且及时反映该组信息，从而使得投资者根据该组信息所进行的交易不存在非正常报酬，而只能赚取风险调整平均市场报酬率。只要市场充分反映了现有的全部信息，市场价格代表着证券的真实价值，这样的市场就称为有效市场。尤金·法玛是在市场效率假说方面作出重大贡献的学者之一，也是这一假说的坚定拥护者之一。他根据历史信息、全部公开信息和内幕信息对股票价格的不同影响，将市场的效率分为弱有效率、次强有效率和强有效率三个层次，并作了深入的讨论。根据效率市场假说，如果市场是有效率的，将没有任何方法可以使投资者始终如一地在市场上获得超额利润。这一假说成立与否，或成立的程度大小，对投资者的投资行为和收益，特别是其在证券市场上的投资行为和收益，都有重大的影响。比如，如果市场是完全有效率的，证券的市场价格已经完全反映了所有的信息，则证券的价格就是其价值的最好反映。这时，企业可以随时在市场上用任何一种金融工具进行融资，而不必担心因证券的定价失误影响自己的筹资成本；相反，如果市场不是完全有效率的，就可能存在证券的定价错误，企业就需要考虑目前自己的股票和债券是否被合理地定价，进而考虑应该选择什么样的金融工具进行融资，以降低筹资成本。

有效市场假说是建立财务管理原则，决定筹资方式、投资方式，安排资本结构，确定筹资组合的理论基础。现代公司财务管理的许多重要的理论模型，例如资本资产定价模型、套利定价理论、期权定价模型等，都是建立在资本市场有效率的假说基础之上的。因此，从财务管理的角度来认识有效市场假说很有必要。

上述七个基本理论虽各有侧重，但也相互联系。西方资本结构主流理论以早期资本结构理论为基本雏形，以企业价值与资本结构之间关系为核心，不断延伸拓展研究。从MM理论到权衡理论、代理理论、信息不对称理论等的各种现代资本结构理论，假设前提逐渐放宽，各种理论研究侧重点不尽相同，但理论研究趋势在不断贴近实际。这些理论产生于发达的资本市场，虽然直接应用到我国财务管理的实务中还存在一定问题，但一旦较为完整地掌握这些基本理论，对于适应错综复杂而又处于迅速变动的资本市场、对于正确进行财务决策具有重大理论指导意义。

【复习思考题】

1. 如何理解财务管理对象？
2. 财务管理内容有哪几大类？
3. 什么是企业价值最大化目标？
4. 农村合作金融机构财务管理目标具体化的内容是什么？
5. 农村合作金融机构财务管理原则有哪些？
6. 政策法律环境对农村合作金融机构财务管理的影响有哪些？
7. 金融市场有哪些主要分类？
8. 财务管理体制基本要求有哪些？如何建立和完善财务管理体制？
9. 农村合作金融机构财务管理方法体系内容有哪些？
10. 现代财务管理理论主要有哪些？

【经典案例】

《中国农业银行财务管理制度》节选

第一章　总　　则

第一条　为规范财务行为，健全财务管理机制，提高农业银行经营效益，根据《中华人民共和国商业银行法》、《中华人民共和国会计法》、《企业财务通则》、《企业财务会计报告条例》和《金融保险企业财务制度》等法律、法规、制度，结合农业银行实际，制定本制度。

第二条　本制度适用于我国境内依法登记注册、持有业务经营许可证的农业银行各级管理、营业机构。

第三条　各省、自治区、直辖市分行、直属分行（以下统称一级分行），地（市）分、支行（以下统称二级分行），县（市、区）支行为基本核算单位。其他为非基本核算单位，实行经营目标责任制。

第四条　农业银行财务管理实行“统一领导、分级管理、自负盈亏、目标考核、集中分配”的管理体制。总行作为一级法人，统一制定财务管理制度、财务核算办法和报表体系，统一编制财务计划，统一对外公布财务报告、发布财务信息。总行法人代表逐级授权，各级行在授权的范围内开展经营活动。各基本核算单位对辖内经营成果负责，总行对全行经营成果负责。总行逐级制定下达年度财务目标，并就财务目标实绩进行考核。总行集中全行的财务资源进行分配，统一缴纳所得税，并进行利润分配。

第五条 农业银行财务管理遵循“讲求效益、集中管理、监督制约、依法办事”原则。

第六条 财务管理的基本任务。

（一）认真贯彻国家的方针政策和财经法规，建立健全财务管理制度，维护财经纪律；

（二）真实反映经营状况和财务成果，依法计算缴纳国家税收；

（三）积极参与经营管理，合理配置财务资源，逐步推行按部门、产品的财务分类管理；

（四）强化资本经营，提高盈利水平，保障国有资产的保值增值。

第七条 财务管理的范围包括资金及其运动的管理，具体范围如下：

（一）管理全行的资产、负债和所有者权益；

（二）管理全行的财务收支和利润分配；

（三）监督基建资金的使用和财产的购建、维修和管理；

（四）处理资金、财产多缺；

（五）其他有关财务事项。

第八条 财务管理职责。

（一）实行财务总监委派制。总行向一级分行委派财务总监。财务总监对一级法人负责，以财务和会计活动的监督为中心，根据国家有关法律、法规和财政部有关规定以及总行的有关要求，对派驻单位的财务活动和主要负责人的经营管理行为进行监督。

（二）实行行长负责制。各级行行长在贯彻执行国家的方针、政策和有关法律法规、制度的前提下，坚持商业银行的经营思想，以效益为目标，积极组织完成财务计划和经营指标计划，对本行的业务经营活动和经营成果负完全责任；支持财务人员行使职权，保障财务人员的职权不受侵犯。

主管财务工作的副行长（总会计师）协助行长组织领导财务管理工作，并对执行情况负责。

（三）财务部门要建立健全财务管理制度，认真做好财务计划，组织日常财务收支核算；参与业务经营管理，及时提供财务和经营信息；加强成本核算和管理，审查资金和进行财产多缺处理；办理年度决算，编制财务报表，合理分配利润；实施财务检查和监督，定期进行财务分析，及时提出改进意见。

（四）各有关部门应围绕全行的经营目标，自觉履行各自职责，并配合财务部门开展财务活动，加强经营管理，努力提高经营效益。

第九条 财务机构和人员。各级行应当设置健全的财务管理机构，并配备足够数量的财务人员，保证本行财务计划、财务控制、财务分析、财务监督等财务管理工作的进行。

第十条 财务管理方法。

（一）财务计划。包括利润计划、资本性支出计划、费用计划及其他经营指标计划等，其中，利润计划是各项计划的核心，各项业务计划都应服从并保证其实现。

财务计划由财务部门负责汇总编制，经行长办公会议研究决定下达。财务计划具有强制性和严肃性，是经营决策、财务考核等各项经营管理的依据。各级行对上级行核批下达的计划任务，要采取有效措施积极组织实施，分解落实到各部门并努力完成。执行过程中，除因政策调整等特殊原因外，一般不予调整。

（二）财务控制。上级行对基本核算单位的重要财务事项实行授权管理，对非基本核算单位实行财务集中管理和内部经营目标责任制。

（三）财务分析。财务分析是财务决策的重要依据，各级行要定期对财务计划执行情况和业务经营情况进行总结分析，并有针对性地提出后期财务对策。

（四）财务考核和奖惩。财务考核和奖惩是促进财务计划顺利完成的重要手段，各级行要定期对下级行和各部门的财务计划执行情况进行综合考核评价，对完成财务计划的行给予奖励，对未完成财务计划的行给予惩罚。

【知识链接】

《中华人民共和国公司法》

《中华人民共和国商业银行法》

《金融保险企业财务制度》

第二章 财务管理的基本价值观念

【本章概要】

本章是财务管理的基础知识。是多数学员感到难度较大的一章。本章主要讲述资金的时间价值和投资的风险价值。通过本章学习，要求对货币时间价值和风险报酬这两个概念有一个全面、深刻的理解和掌握，熟练掌握货币时间价值中单利终值与现值的含义及计算方法；复利终值与现值的含义及计算方法；特别是一定时期内系列收付款项，如果每次收付的金额相等，则这样的系列收付款项便是年金。由于年金支付时点的不同，年金可分为普通年金、预付年金、递延年金和永续年金。本章重点应该把握普通年金、预付年金、递延年金终值与现值的含义及计算方法；永续年金现值的含义及计算方法。能熟悉名义利率和实际利率的换算。了解风险与风险价值的概念、构成要素，熟悉风险的类型。了解概率及概率分布，掌握期望值、标准差、标准差系数等风险价值的衡量方法。

【要点提示】

1. 了解资金时间价值的概念、产生；
2. 掌握一次性收付款项的终值与现值的计算；
3. 理解年金的终值与现值的计算；
4. 了解折现率的推算；
5. 了解期间的推算；
6. 熟悉名义利率和实际利率的换算；
7. 把握风险报酬的计量方法。

【重要概念】

资金时间价值　终值　现值　普通年金　预付年金　递延年金　永续年金　实际利率　名义利率　风险报酬　标准差系数

【本章架构图】

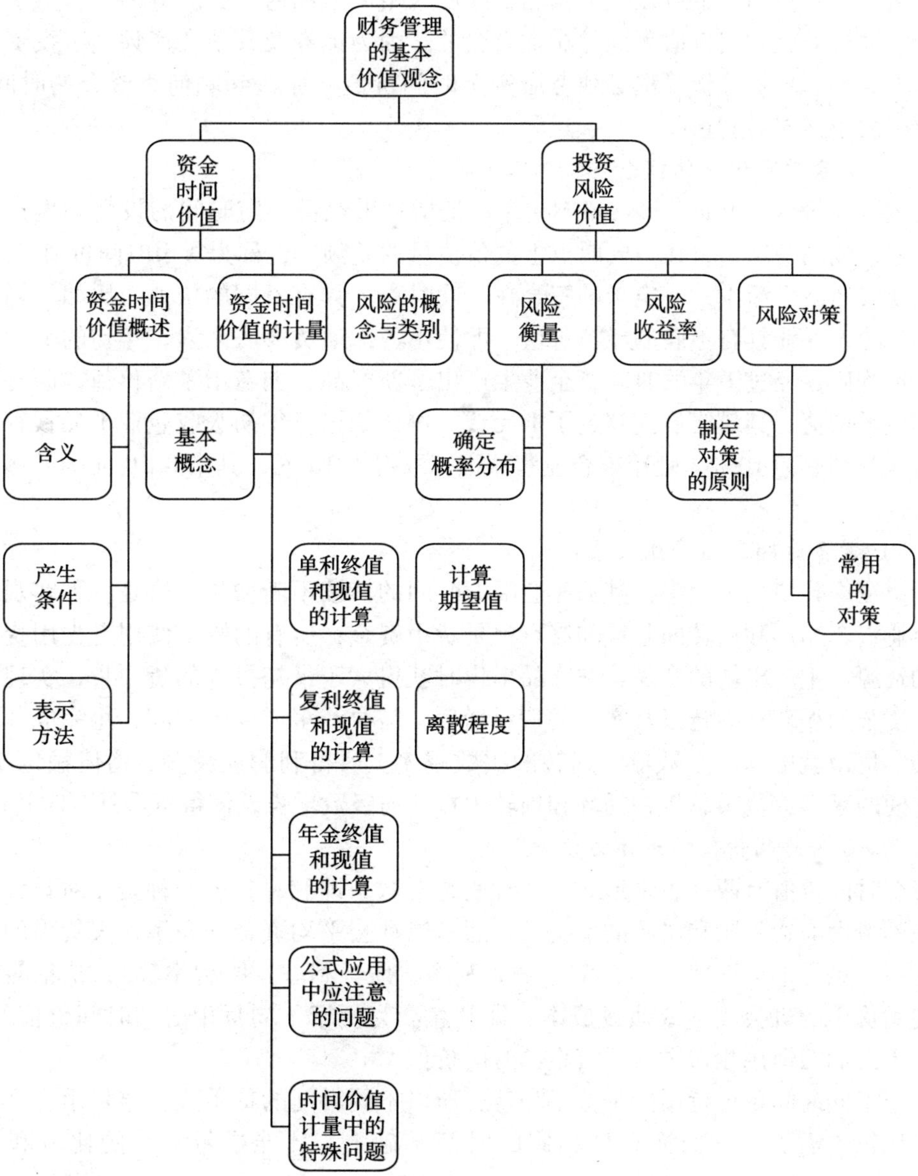

第一节　资金时间价值

一、资金时间价值概述

资金的时间价值，是现代财务管理的基础概念之一，因其非常重要并且涉及农村合作金融机构所有的理财活动，有人称之为理财的“第一原则”。资金在使用过程中是有时间价值的，也就是说今天收到一定金额的资金要比一年后收到同等金额的资金更有价值。因为今天收到的资金可以投资获利，即使忽略风险和通货膨胀等因素，对于财务管理来说，理解资金时间价值无疑是非常必要的。因为证券及其他资产评估、投资项目分析、资本成本、租赁分析等都必须考虑资金时间价值。那么到底何为资金的时间价值？其价值的大小又如何衡量呢？

（一）资金时间价值的概念

资金时间价值（Time Value of Money）是指货币经历一定时间的投资和再投资所增加的价值，或同一货币量在不同时点上的价值量的差额，也称为货币时间价值。

在现实经济生活中，一定量的资金在不同时点上具有不同的价值，比如年初的 1 元钱与年末的 1 元钱具有不同的经济价值。即使不考虑通货膨胀因素，年初的 1 元钱在投入生产运营后，经过 1 年的时间，企业生产出了新产品，创造出了新价值，原有的 1 元钱也产生了增值，其最终价值超过了 1 元钱。再比如银行年初吸收企业 1 元钱存款，假定银行存款利率为 10%，则年末企业将从银行取得 1.10 元，其中 0.10 元的差额即资金时间价值。

（二）资金时间价值产生的条件

货币在周转使用过程中，其数额会随着时间的持续不断增长，这是一种客观经济现象。企业资金循环和周转的起点和终点都是货币资金：所有的资金使用者先用货币购买所需的资源，生产出新的产品，在产品出售时获得大于最初投入的货币量，实现货币的增值。资金的循环和周转以及实现的货币增值，需要或多或少的时间，每完成一次循环和周转，货币就增加一定数额，周转的次数越多，所得利润就越多，增值额也就越大。随着时间的延续，货币总量在循环和周转中按几何级数增长，使得货币具有时间价值。

（三）资金时间价值的表示方法

资金时间价值有两种表现形式，一种是绝对数，即利息；另一种是相对数，即利息率。在不考虑通货膨胀和风险的情况下，通常以社会平均资金利润率代表货币的时间价值，在一定条件下可视同于利息率（贷款利率、债券利率、股利率等）；从绝对量上看就是使用货币的机会成本或假设成本，即利息。为便于不同货币之间时间价值的比较，在实务中人们习惯用相对数表示资金的时间价值。

由于不同时间单位货币的价值不相等，所以不同时间的货币收入与货币支出不宜直接进行比较，需要把它们换算到相同的时间基础上，才能进行大小的比较和比率的计算。

二、资金时间价值的计量

（一）资金时间价值计量中的基本概念

1. 终值（F：Future Value）又称将来值，是现在一定量的现金发生在（或折算为）未来某一特定时间序列终点时的价值，俗称本利和。比如某人存入银行现金 1 000 元，年利率为复利 10%，经过 3 年将一次性取出本利和 1 331 元，这本利和 1 331 元即为终值。

2. 现值（P：Present Value）又称本金，是指未来某一时点上的一定量的现金折合为现在的价值，或可以理解为发生在时间序列起点处的资金值即为现值。上述3年后的本利和1 331元折合为现在的价值为1 000元，这1 000元即为现值。

3. 单利与复利。终值与现值的计算涉及计算方式的选择。目前有两种利息计算方式，即单利（Simple Interest）和复利（Compound Interest）。在单利方式下，不论时间长短，只有本金在贷款期限中获得利息，所生利息均不加入本金重复计算利息，其特点是本金始终保持不变。在复利方式下，以当期末本利和作为计息基础计算下期利息，即每经过一个计息期，要将所生利息加入本金再计利息，逐期滚算，俗称“利滚利”。这里所说的计息期是指相邻两次计息的时间间隔，如年、月、日等。除非特别说明，计息期为1年。在现代财务管理中，一般采用复利计算方式计算终值和现值，因此也有人称之为复利终值和复利现值。

（二）单利终值和现值的计算

1. 单利利息的计算。为了便于与复利的计算方式进行比较，加深对复利的理解，先介绍单利的有关计算。按照单利的计算法则，利息的计算公式为

$$I = P \cdot i \cdot n \tag{2-1}$$

式中：P表示现值；I表示利息；i表示利率，指每年利息与本金之比；n表示计算利息的期数，通常以年为单位。

除非特别说明，在计算利息时，给出的利息率均为年利率，对于不足一年的利息，以一年等于360天来折算。

【例2-1】　李明存入某农村信用社50 000元，期限5年，年利率为10%，则李明在5年中获得利息额是多少？

$$I = 50\ 000 \times 10\% \times 5 = 25\ 000(\text{元})$$

2. 单利终值的计算。在单利计算方式下，终值的计算公式为

$$F = P + I = P + P \cdot i \cdot n = P(1 + i \cdot n) \tag{2-2}$$

式中：F表示终值。

【例2-2】　李明存入某农村信用社20 000元，存期3年，年利率为10%，则3年末的单利终值是多少？

$$F = 20\ 000 \times (1 + 10\% \times 3) = 26\ 000(\text{元})$$

3. 单利现值的计算。在单利计息方式下，现值的计算和终值的计算是互逆的，由终值计算现值的过程称为折现。单利现值的计算公式为

$$P = \frac{F}{1 + i \cdot n} \tag{2-3}$$

【例2-3】　李明打算在5年后得到本利和21 000元，某农村信用社年存款利率为8%，单利计息，则他现在应存入该农信社的资金是多少？

$$P = \frac{21\ 000}{1 + 8\% \times 5} = 15\ 000(\text{元})$$

（三）复利终值和现值的计算

1. 复利终值的计算。资金时间价值通常是按复利计算的。复利不同于单利，它是指

在一定时间（如一年）按一定利率不仅将本金计算利息，而且还要将所生利息计算利息。

复利终值是指一定量的本金按复利计算法则计算若干期后的本利和。

【例 2-4】 李明将 10 000 元投资于一项事业，年报酬率为 10%，1 年后本利和为

$$F = P + P \cdot i = 10\,000 \times (1 + 10\% \times 1) = 11\,000(\text{元})$$

若李明并不提走现金，而将 11 000 元继续投资于该企业，1 年后（第 2 年）本利和为

$$F = [P \cdot (1+i)] \cdot (1+i) = P \cdot (1+i)^2 = 10\,000 \times (1+10\%)^2 = 12\,100(\text{元})$$

同样，第三年的期终金额为

$$F = P \cdot (1+i)^3 = 10\,000 \times (1+10\%)^3 = 13\,310(\text{元})$$

第 n 年的期终金额为

$$F = P \cdot (1+i)^n \tag{2-4}$$

综上所述，复利终值的计算可以用表 2-1 表示。

表 2-1　复利终值计算表

期数（期末）	期初的本金	本期利息	期末本利和
1	P	Pi	$F_1 = P + Pi = P(1+i)$
2	$P(1+i)$	$P(1+i)i$	$F_2 = P(1+i) + P(1+i)i = P(1+i)^2$
3	$P(1+i)^2$	$P(1+i)^2 i$	$F_3 = P(1+i)^2 + P(1+i)^2 i = P(1+i)^3$
⋮	⋮	⋮	⋮
n	$P(1+i)^{n-1}$	$P(1+i)^{n-1} i$	$F_n = P(1+i)^{n-1} + P(1+i)^{n-1} i = P(1+i)^n$

公式（2-4）及表 2-1 中第 n 期本利和的计算公式是计算复利终值的一般公式，其中 $(1+i)^n$ 是复利终值系数或 1 元的复利终值，用符号（F/P，i，n）表示。因此，式（2-4）也可写做

$$F = P \cdot (F/P, i, n) \tag{2-5}$$

复利终值系数可通过查“复利终值系数表”（见附表一）取得。该表的第一行是利率 i，第一列是计息期数 n，相应的 $(1+i)^n$ 在其纵横相交处。

该表的作用不仅在于已知 i 和 n 时查找 1 元的复利终值，而且可在已知 1 元复利终值和 n 时查找 i，或已知 1 元复利终值和 i 时查找 n。

【例 2-5】 某企业将本月闲置的货币资金 20 万元存入某农信社，拟存入 3 年，年利率为 5%，要求按复利计算该企业 3 年后从该农信社取得的本利和，如图 2-1 所示。

已知 $P=20$，$n=3$，$i=5\%$，求 F。

根据式（2-4）或式（2-5）可得

$$F = P \cdot (1+i)^n = P \cdot (F/P, i, n) = 20 \times (1+5\%)^3 = 20 \times (F/P, 5\%, 3)$$

通过查“复利终值系数表”可知，其复利终值系数为 1.1576，所以，

$$F = 20 \times 1.1576 = 23.152(\text{万元})$$

该企业 3 年后从该农信社取得的本利和为 23.152 万元。

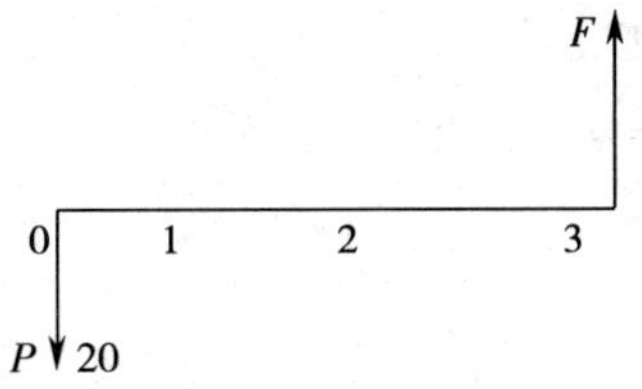

图 2-1　【例 2-5】现金流量图

2. 复利现值的计算。复利现值是复利终值的对称概念，指未来一定时间的特定资金按复利计算的现在价值，或者是为取得将来一定本利和现在所需要的本金。

通过复利终值的计算公式可知，复利现值的计算，是已知 F，i，n，计算 P。

通过复利终值计算已知：

$$F = P \cdot (1+i)^n$$

所以

$$P = \frac{F}{(1+i)^n} = F \cdot (1+i)^{-n} \qquad (2-6)$$

式（2-6）是计算复利现值的一般公式，其中 $(1+i)^{-n}$ 是复利现值系数或 1 元的复利现值，用 $(P/F, i, n)$ 表示。式（2-6）也可写做

$$P = F \cdot (P/F, i, n) \qquad (2-7)$$

在实际工作中，其值可通过查“复利现值系数表”（见附表二）取得。该表的使用方法与“复利终值系数表”相同。

【例 2-6】　某投资项目预计 6 年后可获得收益 800 万元，按年利率 5% 计算，问这笔收益现在的价值是多少？如图 2-2 所示。

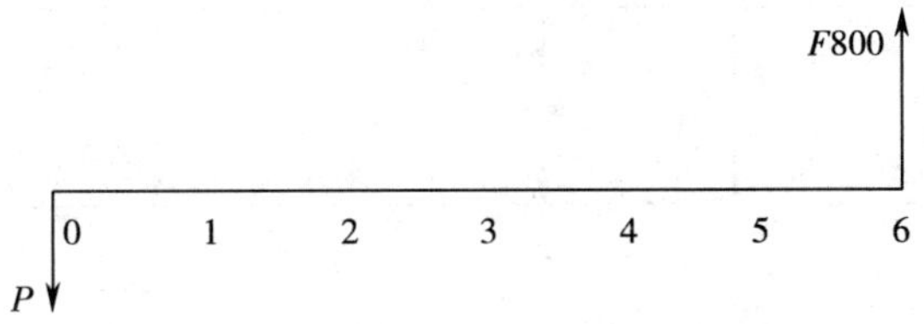

图 2-2　【例 2-6】现金流量图

已知 $F=800$，$i=5\%$，$n=6$，求 P。

根据复利现值计算式（2-6）或式（2-7）可得

$$P = F \cdot (1+i)^{-n} = F \cdot (P/F, i, n) = 800 \times (1+5\%)^{-6}$$
$$= 800 \times (P/F, 5\%, 6) = 800 \times 0.7462 = 596.96(\text{万元})$$

即这笔收益的现值为 596.96 万元。

为了能更好地说明单利与复利计算的差别，假设本金 1 000 元，期限 5 年，利率 10%，单利与复利终值的计算结果比较，如表 2-2 所示。

表 2-2 复利制度与单利制度的对比表 单位：元

期数	单利制			复利制		
	本金	当期利息	当期本利和	本金	当期利息	当期本利和
第 1 年	1 000	100	1 100	1 000	100	1 100
第 2 年	1 000	100	1 200	1 100	110.0	1 210
第 3 年	1 000	100	1 300	1 210	121.0	1 331
第 4 年	1 000	100	1 400	1 331	133.1	1 464.1
第 5 年	1 000	100	1 500	1 464.1	146.41	1 610.51
利息合计	—	500	—	—	610.51	—

（四）年金的终值和现值的计算

在现实经济生活中，除了上面介绍的一次性收付款项外，还会经常出现在一定时期内多次收付的款项，即系列性收付款项。如果每次收付的款项金额相等，时间间隔相等，则这样的系列性收付款项便称为年金。所谓年金（Annuity），是指在一定期间内间隔相等的时间连续、等额收到或支付的款项。在企业的收付款项中，如折旧、保险费、养老金、租金、等额分期付款、等额分期收款以及零存整取或整存零取等均采用了年金的形式。年金通常记作 A。

年金按其每次收付款项发生时点的不同，可分为普通年金、即付年金、递延年金和永续年金。

1. 普通年金。普通年金（Ordinary Annuity）是指从第一期起，在一定时期内每期期末等额发生的收付款项，又称后付年金，如图 2-3 所示。

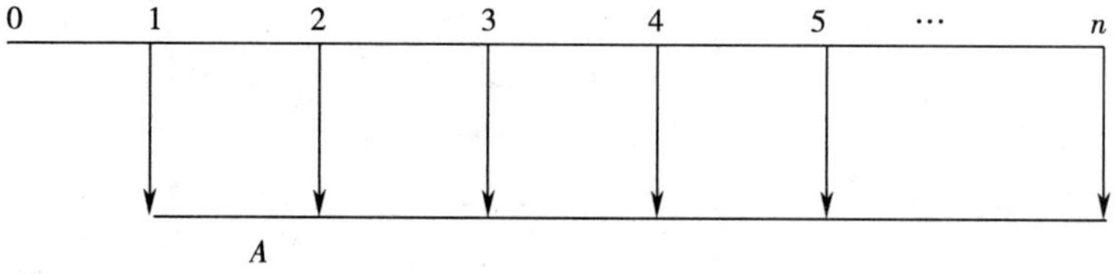

图 2-3 普通年金示意图

图 2-3 中，横轴代表时间，用数字标出各期的顺序号，带箭头的竖线表示各时点支付的金额。图中各时点支付用 A 表示的金额即为普通年金。

（1）普通年金终值的计算（已知年金 A，求年金终值 F）。普通年金终值是指在一个时间序列中，在利率为 i 的情况下，连续在每个计息期的期末收入（支出）一笔等额的资金 A，求 n 年后由各年的本利和累计而成的总额 F，即已知 A，i，n 求 F，类似于人们在储蓄中的零存整取，其现金流量如图 2-4 所示。

各期期末年金 A 相对于第 n 期期末的本利和如表 2-3 所示。

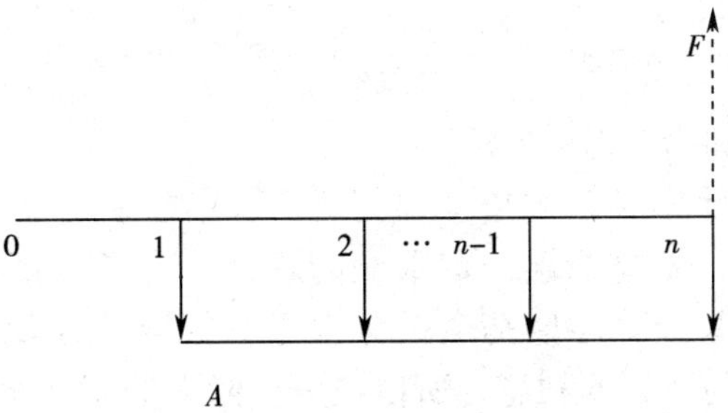

图 2－4　年金终值现金流量图

表 2－3　普通年金复利终值计算表

期数	1	2	3	…	$n-1$	n
每期期末年金	A	A	A	…	A	A
n 期期末年金终值	$A(1+i)^{n-1}$	$A(1+i)^{n-2}$	$A(1+i)^{n-3}$	…	$A(1+i)$	A

年金终值的计算公式为

$$F = A(1+i)^{n-1} + A(1+i)^{n-2} + A(1+i)^{n-3} + \cdots + A(1+i) + A$$

$$= A \cdot \frac{(1+i)^n - 1}{i} \quad (2-8)$$

式（2－8）即为年金终值（未来值）公式，也可以表示为 $F = A \cdot (F/A, i, n)$。其中$\frac{(1+i)^n-1}{i}$或（F/A，i，n）称做年金复利终值系数，简称年金终值系数。在实际工作中，其值可通过查“年金终值系数表”（见附表三）取得。该表的使用方法与“复利终值系数表”相同。

【例 2－7】　李明是一个热心公益事业的人，他从 1998 年底起，每年都要从自己的收入中拿出 500 元用来资助山区的贫困失学儿童，帮助该儿童完成 9 年义务教育。假设每年年利率为 3%，李明的捐款在 2006 年相当于多少钱？

已知 $A=500$，$i=3\%$，$n=9$，求 F。

此项目现金流量如图 2－5 所示，第 5 年虚线表示第 5 年末的本利和为多少。

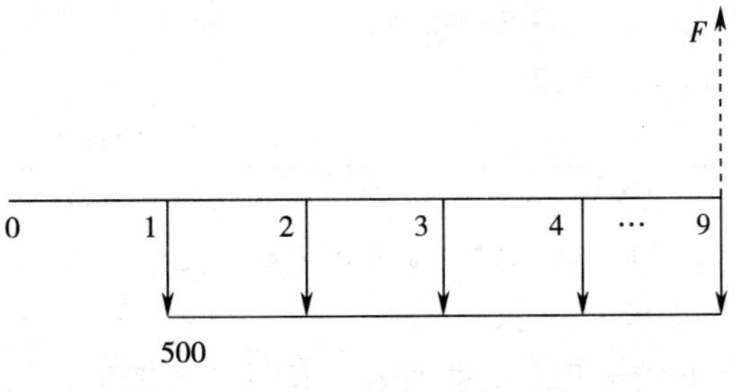

图 2－5　【例 2－7】现金流量图

由年金终值计算公式（2-8）可得

$$F = A \cdot \frac{(1+i)^n - 1}{i} = 500 \times \frac{(1+3\%)^9 - 1}{3\%} = 500 \times 10.159 = 5\ 079.5(\text{元})$$

即第9年末的本利和为5 079.5元。

（2）年偿债基金的计算（已知年金终值F，求年金A）。企业有时要在约定的未来某一时点偿还一笔债务，需要积累一定数额的资金，为了保证能够按时足额的清偿债务，通常需要建立偿债基金。偿债基金是分次等额提取的存款准备金，类似于年金存款，因而可以获得按复利计算的利息，所以债务实际上等于年金终值，每年提取的偿债基金等于年金A。也就是说，企业为了筹集未来n年后所需要的一笔资金，在利率为i的情况下，求每个计息期末应等额存入的资金额，即已知F，i，n，求A，类似于人们日常商业活动中的分期付款业务。偿债基金的计算实际上是年金终值的逆运算。其现金流量如图2-6所示。

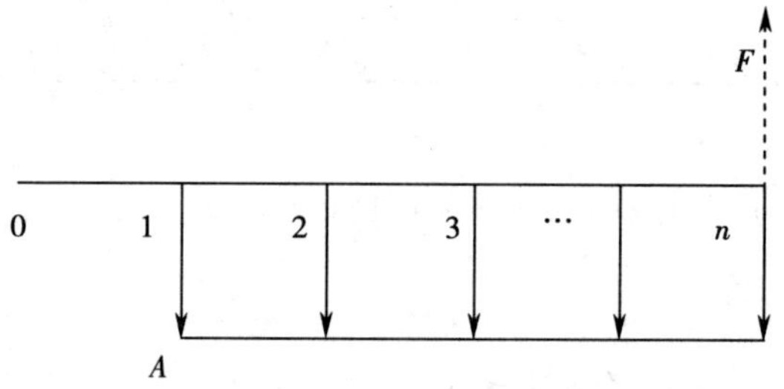

图2-6 偿债基金现金流量图

由式（2-8）可得

$$A = F \cdot \frac{i}{(1+i)^n - 1} \qquad (2-9)$$

式（2-9）即为偿债基金公式，可以表示为$A = F \cdot (A/F, i, n)$。式中系数$\frac{i}{(1+i)^n - 1}$或（A/F，i，n）称做偿债基金系数，它与年金终值系数互为倒数。

【例2-8】 拟在5年后还清10 000元债务，从现在起每年末等额存入银行一笔款项，假设某农信社年存款利率为10%，每年需要存入多少元?

已知$F=10\ 000$，$i=10\%$，$n=5$，求A。

由偿债基金公式（2-9）可得

$$A = F \cdot \frac{i}{(1+i)^n - 1} = 10\ 000 \times \frac{10\%}{(1+10\%)^5 - 1}$$
$$= 10\ 000 \div 6.1051 = 1\ 637.97(\text{元})$$

即每年需要存入银行1 637.97元。

（3）普通年金现值的计算（已知年金A，求年金现值P）。普通年金现值，是指为在每期期末取得相等金额的款项，现在需要投入的金额。也就是说企业在n年内每年等额收支一笔资金A，在利率为i的情况下，求此等额年金收支的现值总额，即已知A，i，

n，求 P，类似于实际商务活动中的整存零取。其现金流量如图 2－7 所示。

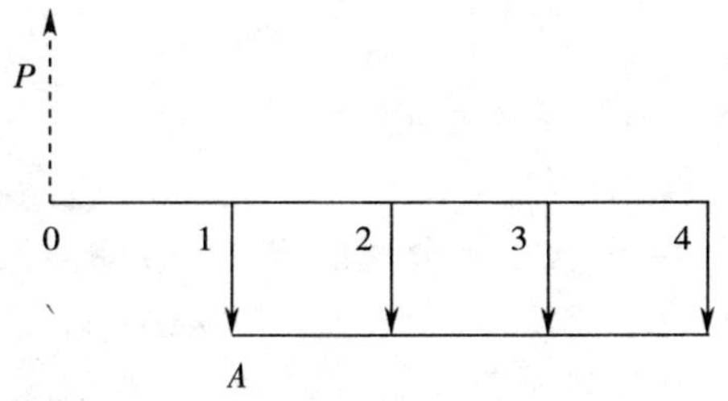

图 2－7　【例 2－8】现金流量图

各期期末年金 A 相对于期初的现值如表 2－4 所示。

表 2－4　普通年金复利现值计算表

期数	1	2	3	…	$n-1$	n
每期期末年金	A	A	A	…	A	A
年金现值	$A(1+i)^{-1}$	$A(1+i)^{-2}$	$A(1+i)^{-3}$	…	$A(1+i)^{-(n-1)}$	$A(1+i)^{-n}$

年金现值的计算公式为

$$P=A(1+i)^{-1}+A(1+i)^{-2}+A(1+i)^{-3}+\cdots+A(1+i)^{-(n-1)}+A(1+i)^{-n}$$

整理上式可得到

$$P=A\cdot\frac{1-(1+i)^{-n}}{i}=A\cdot\frac{(1+i)^{n}-1}{i(1+i)^{n}} \qquad (2-10)$$

式（2－10）即为年金现值公式，也可以表示为 $P=A\cdot(P/A,\ i,\ n)$。其中 $\frac{1-(1+i)^{-n}}{i}$ 或（P/A，i，n）称做年金复利现值系数，简称年金现值系数。在实际工作中，其值可通过查“年金现值系数表”（见附表四）取得。该表的使用方法与“复利终值系数表”相同。

【例 2－9】　为在未来 15 年中的每年末回收资金 8 万元，在年利率为 8% 的情况下，现需要向农信社存入多少钱？

已知 $A=8$，$i=8\%$，$n=15$，求 P。

其现金流量如图 2－8 所示。

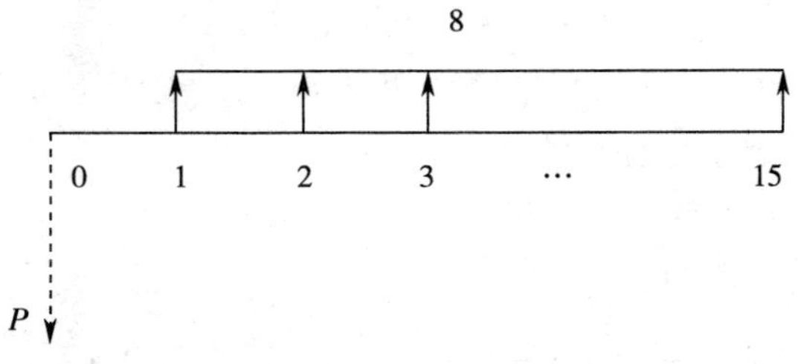

图 2－8　【例 2－9】现金流量图

由年金现值公式（2－10）可得

$$P = A \cdot \frac{1-(1+i)^{-n}}{i} = A \cdot \frac{(1+i)^n - 1}{i(1+i)^n} = 8 \times \frac{1-(1+8\%)^{-15}}{8\%}$$

$$= 8 \times 8.5595 = 68.476(\text{万元})$$

即现在应存入 68.476 万元的资金。

（4）年资本回收额的计算（已知年金现值 P，求年金 A）。年资本回收额是指在约定年限内等额回收初始投入资本或清偿所欠债务的金额。换句话说，是指在期初一次投入资金数额为 P，欲在 n 年内全部收回，则在利率为 i 的情况下，求每年末应等额回收的资金，即已知 P，i，n 求 A。年资本回收额的计算是年金现值的逆运算。其现金流量如图 2－9 所示。

由公式 $P = A \cdot \frac{1-(1+i)^{-n}}{i} = A \cdot \frac{(1+i)^n - 1}{i(1+i)^n}$ 可得

$$A = P \cdot \frac{i}{1-(1+i)^{-n}} = P \cdot \frac{i(1+i)^n}{(1+i)^n - 1} \qquad (2-11)$$

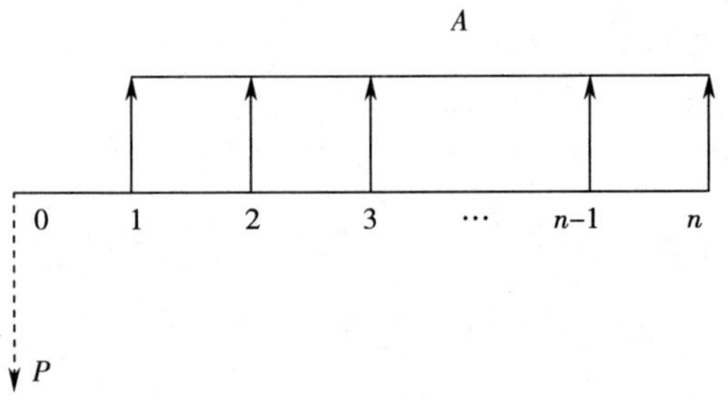

图 2－9　年资本回收额现金流量图

式（2－11）称做年资本回收额计算公式，可表示为 $A = P \cdot (A/P, i, n)$，式中系数 $\frac{i}{1-(1+i)^{-n}}$ 或（A/P，i，n）称做资本回收系数，可以利用年金现值系数的倒数求得。上式也可写做

$$A = P \cdot (A/P, i, n) \qquad (2-12)$$

或

$$A = P \cdot [1/(P/A, i, n)]$$

【例 2－10】　假设以 10% 的利率借款 20 000 元，投资于某个寿命为 10 年的项目，每年至少要收回多少现金才是有利的？

已知 $P = 20\,000$，$i = 10\%$，$n = 10$，求 A。

由年资本回收额式（2－12）可得

$$A = P \cdot \frac{i}{1-(1+i)^{-n}} = P \cdot \frac{i(1+i)^n}{(1+i)^n - 1} = 20\,000 \times \frac{10\%}{1-(1+10\%)^{-10}}$$

$$= 20\,000 \div 6.1446 = 3\,254.89(\text{元})$$

即每年至少要收回 3 254. 89 元现金才是有利的。

2. 即付年金。即付年金（Annuity Due）是指在一定时期内，各期期初等额的系列收付款项，又称先付年金。它与普通年金的区别在于付款时间的不同，如图 2－10 所示。

图 2－10 中，横轴代表时间，用数字标出各期的顺序号，带箭头的竖线表示各时点支付的金额。图中各时点支付用 A 表示的金额即为即付年金。

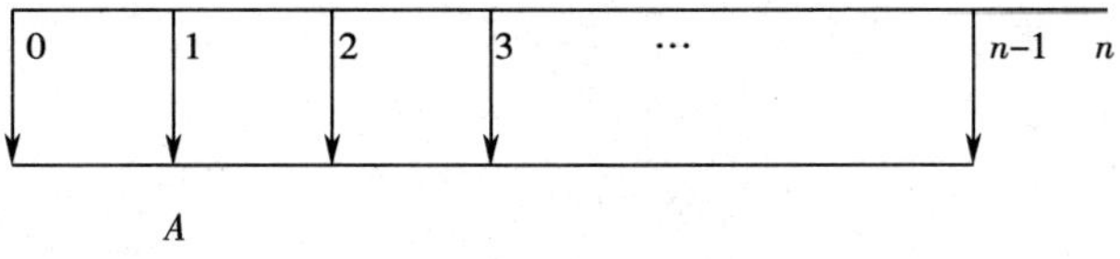

图 2－10　即付年金示意图

（1）即付年金终值的计算。即付年金的终值是其在最后一期期末时的本利和，是各期收付款项的复利终值之和。即在一个时间序列中，在利率为 i 的情况下，连续在每个计息期的期初收入（支出）一笔等额的资金 A，求 n 年后由各年的本利和累计而成的总额 F。其现金流量如图 2－11 所示。

从图 2－11 可以看出，n 期即付年金和 n 期普通年金的付款次数相同，但由于付款时间的不同，n 期即付年金终值比 n 期普通年金终值多计算一期利息。各期期初年金 A 相对于第 n 期期末的本利和如表 2－5 所示。

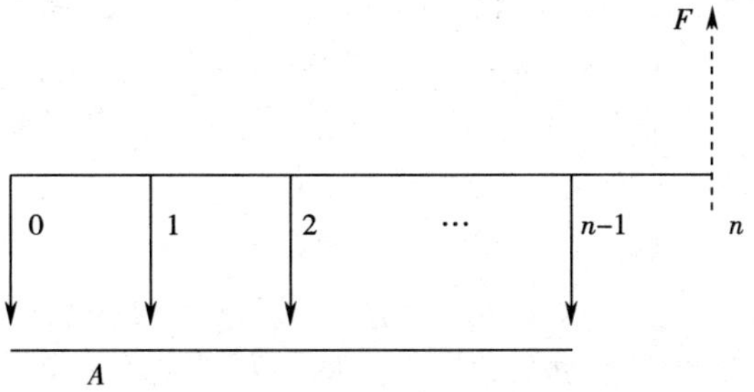

图 2－11　即付年金终值现金流量图

表 2－5　即付年金复利终值计算表

期数	0	1	2	…	$n-2$	$n-1$
每期期末年金	A	A	A	…	A	A
n 期期末年金终值	$A(1+i)^n$	$A(1+i)^{n-1}$	$A(1+i)^{n-2}$	…	$A(1+i)^2$	$A(1+i)$

即付年金终值的计算公式为

$$F = A(1+i)^n + A(1+i)^{n-1} + A(1+i)^{n-2} + A(1+i)^{n-3} + \cdots + A(1+i)$$

从上式的计算可以看出，在普通年金终值计算的基础上乘以（$1+i$）就是 n 期即付年金的终值。即付年金终值的计算公式为

$$F = A \cdot \frac{(1+i)^n - 1}{i} \cdot (1+i) = A \cdot \frac{(1+i)^{n+1} - (1+i)}{i}$$

$$= A \cdot \left[\frac{(1+i)^{n+1} - 1}{i} - 1\right] \qquad (2-13)$$

式（2－13）中方括号内的内容称做“即付年金终值系数”，它是在普通年金终值系数的基础上，期数加1，系数减1所得的结果。通常记做［（F/A，i，$n+1$）－1］。其值可以通过查阅“年金终值系数表”得出（$n+1$）期的数值，减去1后便可得出对应的即付年金终值系数的数值。因此可用如下公式计算先付年金的终值。

$$F = A \cdot [(F/A, i, n+1) - 1] \qquad (2-14)$$

【例2－11】 某人于每年初存入某农信社500元，年利率为8%，存期为5年，第5年末的本利和为多少？

已知 $A=500$，$n=5$，$i=8\%$，求 F。

此项目现金流量如图2－12所示，第5年虚线表示第5年末的本利和为多少。

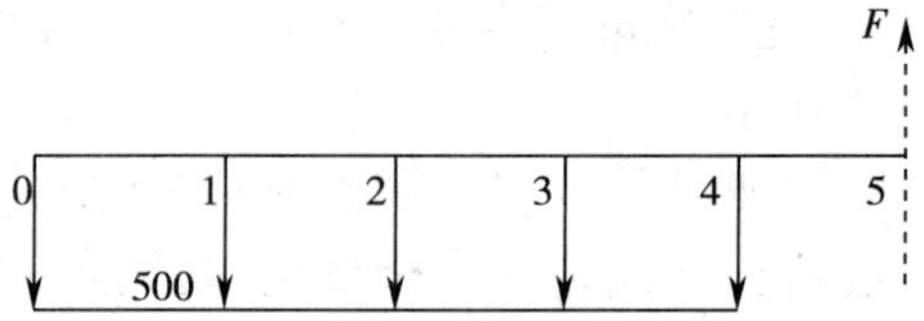

图2－12 【例2－11】现金流量图

由即付年金终值计算公式（2－14）可得

$$F = A \cdot [(F/A, i, n+1) - 1] = 500 \times [(F/A, 8\%, 5+1) - 1]$$

$$= 500 \times (7.3359 - 1) = 500 \times 6.3359 = 3\ 167.95(\text{元})$$

即第5年末的本利和为3 167.95元。

（2）即付年金现值的计算。n期即付年金现值与n期普通年金现值的付款期限相同，但由于其付款的时间不同，即付年金是在期初付款而普通年金是在期末付款，因此，n期即付年金现值比n期普通年金现值少折现一期。其现金流量如图2－13所示。

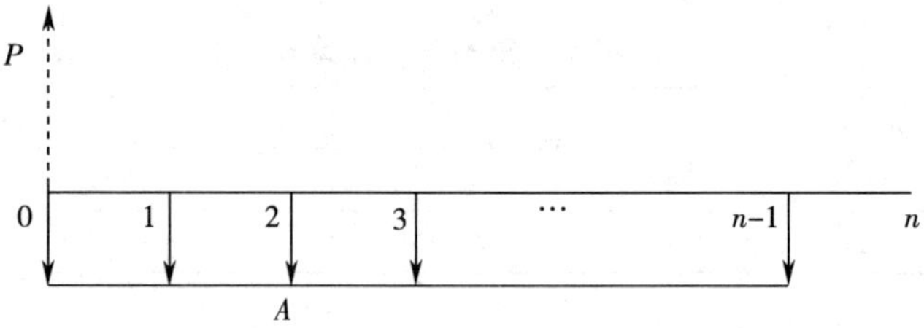

图2－13 即付年金现值现金流量图

各期期初年金 A 相对于期初的现值如表2－6所示。

表 2-6 即付年金复利现值计算表

期数	0	1	2	3	…	n-1
每期期末年金	A	A	A	A	…	A
年金现值	A	$A(1+i)^{-1}$	$A(1+i)^{-2}$	$A(1+i)^{-3}$	…	$A(1+i)^{-(n-1)}$

即付年金现值的计算公式为

$$P = A + A(1+i)^{-1} + A(1+i)^{-2} + A(1+i)^{-3} + \cdots + A(1+i)^{-(n-1)}$$

从上式的计算可以看出，在普通年金现值计算的基础上乘以（$1+i$）就是 n 期即付年金的现值。其计算公式为

$$P = A \cdot \frac{1-(1+i)^{-n}}{i} \cdot (1+i) = A \cdot \frac{(1+i)-(1+i)^{-(n-1)}}{i}$$

$$= A \cdot \left[\frac{1-(1+i)^{-(n-1)}}{i} + 1\right] \qquad (2-15)$$

式（2-15）中方括号内的内容称做“即付年金现值系数”，它是在普通年金现值系数的基础上，期数减 1，系数加 1 所得的结果。通常记做［（P/A，i，$n-1$）+1］。其值可以通过查阅“年金现值系数表”查出 $n-1$ 期的值，加上 1 后便可得出对应的即付年金现值系数的数值。因此可用式（2-16）计算先付年金的现值。

$$P = A \cdot [(P/A, i, n-1) + 1] \qquad (2-16)$$

【例 2-12】 5 年分期付款购物，每年初付款 600 元，假设某农信社年利率为 5%，该项分期付款相当于一次性现金支付的购买价格是多少？

已知 $A=600$，$n=5$，$i=5\%$，求 P。

此项目现金流量如图 2-14 所示，第零年虚线表示期初的购买价格为多少。

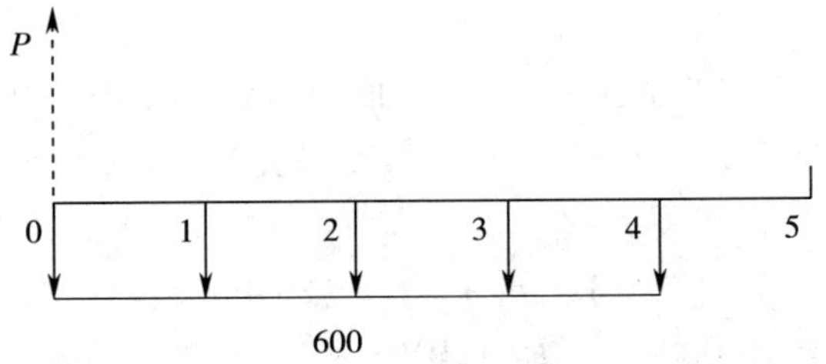

图 2-14 现金流量图

由即付年金现值的计算公式（2-16）可得

$$P = A \cdot [(P/A, i, n-1) + 1] = 600 \times [(P/A, 5\%, 5-1) + 1]$$

$$= 600 \times (3.5460 + 1) = 600 \times 4.5460 = 2\,727.6(\text{元})$$

即该项分期付款相当于一次性现金支付的购买价格是 2 727.6 元。

3. 递延年金。递延年金（Deferred Annuity）又称延期年金，是指在最初若干期没有收付款项的情况下，后面若干期等额的系列收付款项。它是普通年金的特殊形式，凡不是从第一期开始的年金都是递延年金。其现金流量如图 2-15 所示。

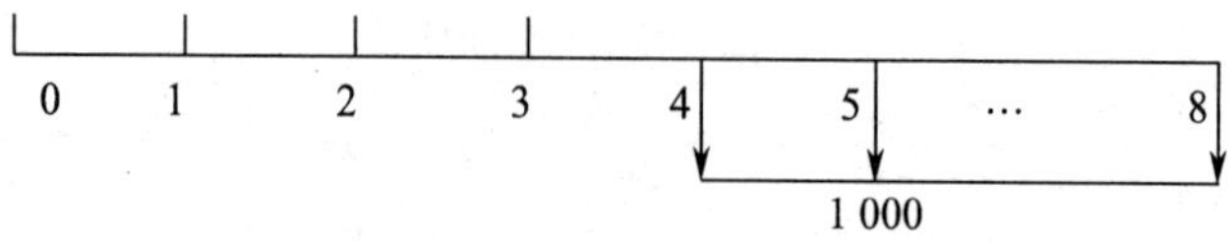

图 2－15 递延年金现金流量图

从图 2－15 中可以看出，前 3 期没有发生支付，一般用 m 表示递延期数，本例的 $m=3$。第一次支付发生在第 4 期期末，连续支付 5 次，即 $n=5$。

延期年金终值的计算与普通年金终值计算类似，若利率为 10%，其终值为

$$F = A\cdot(F/A,i,n) = 1\ 000\times(F/A,10\%,5)$$
$$= 1\ 000\times 6.1051 = 6\ 105.1(\text{元})$$

延期年金现值的计算方法有两种。

第一种方法：是把递延年金视为 n 期普通年金，求出递延期末（图 2－15 中 3 的位置）的现值，然后再将此现值调整到第一期期初（图 2－15 中 0 的位置）。

$$P = A\cdot(P/A,i,n)\cdot(P/F,i,m) \qquad (2-17)$$

第二种方法：是假设递延期中也进行支付，先求出（$m+n$）期的年金现值，然后将并未支付的递延期（m）的年金现值予以扣除，即可得出最终结果。

$$P = A\cdot[(P/A,i,m+n)-(P/A,i,m)] \qquad (2-18)$$

【例 2－13】 某企业年初存入一笔资金，从第 4 年末起每年取出 10 000 元，至第 9 年取完，年利率为 10%。

要求：计算最初一次存入的款项是多少？

已知 $A=10\ 000$，$m+n=9$，$m=3$，$i=10\%$，求 P。

根据公式（2－17）可得

$$P = A\cdot(P/A,i,n)\cdot(P/F,i,m) = 10\ 000\times(P/A,10\%,6)\times(P/F,10\%,3)$$
$$= 10\ 000\times 4.3553\times 0.7513 = 32\ 721.37(\text{元})$$

或根据公式（2－18）可得

$$P = A\cdot[(P/A,i,m+n)-(P/A,i,m)]$$
$$= 10\ 000\times[(P/A,10\%,9)-(P/A,10\%,3)]$$
$$= 10\ 000\times(5.7590-2.4869) = 3\ 2721(\text{元})$$

即最初一次存入的款项应是 3 2721 元。

4. 永续年金。永续年金（Perpetual Annuity）是指无限期等额收付的特种年金，可视为普通年金的特殊形式，即期限趋于无穷的普通年金。在实际经济生活中，并不存在无限期永远支付的永续年金，但可以将利率较高、持续期限较长的年金如存本取息视同永续年金计算。其现金流量如图 2－16 所示。

永续年金没有终点，所以就没有终值，只能计算其现值。其现值的计算可以通过普通年金现值的计算公式导出：

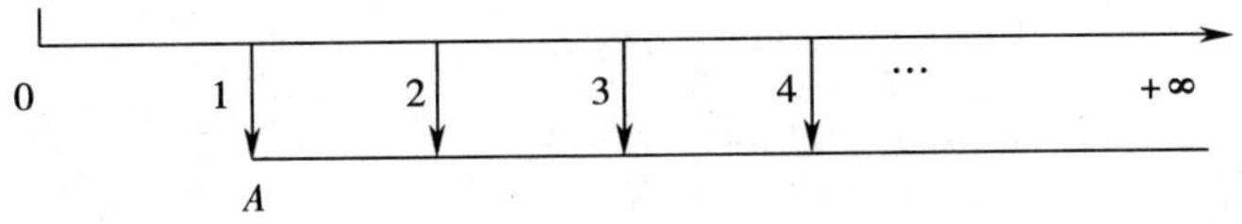

图2－16 永续年金现金流量图

$$P = A \cdot \frac{1-(1+i)^{-n}}{i}$$

当 $n \to +\infty$ 时，$(1+i)^{-n}$ 的极限为0，故上式可写成

$$P = A \cdot \frac{1}{i} \qquad (2-19)$$

【例2－14】 某企业持有的B公司的股票每年每股股利收益为5元，假定该企业打算长期持有该股票，而且B公司的预期效益良好，在利率为10%的情况下，要求对该股票投资进行估价。

这是一个求永续年金现值的问题，即假设该股票每年股利固定且持续较长时间，计算出这些股利的现值之和，即为该股票的估价。

已知 $A=5$，$i=10\%$，求 P。

根据公式（2－19）可得

$$P = A \cdot \frac{1}{i} = \frac{5}{10\%} = 50(\text{元})$$

该股票的估价为50元。

（五）公式应用中应注意的问题

前面介绍的资金时间价值计算的有关公式汇总于表2－7中。在6个基本公式中，又以复利终值（或现值）公式为最基本的公式，其他公式都是在此基础上经初等数学运算得到的。在具体运用公式时应注意下列问题。

1. P 发生在第一个 A 的前一个计息周期时点（与第一个 A 相隔一个计息周期），F 与最后一个 A 在同一时点发生。

2. 理清公式的来龙去脉，灵活运用。复利计算公式是以复利终值公式 $F=P\cdot(1+i)^n$ 作为基本公式，根据相应的定义，并运用数学方法推导所得，各公式之间存在内在联系，用系数表示如下：

$$(F/P,i,n) = \frac{1}{(P/F,i,n)};(F/A,i,n) = \frac{1}{(A/F,i,n)};(P/A,i,n) = \frac{1}{(A/P,i,n)}$$

掌握各系数之间的关系，便于进行等值换算。但应注意，只有在 i、n 等条件相同的情况下，上述关系才能成立。

3. 利用公式进行资金的等值计算时，要充分利用现金流量图。现金流量图不仅可以清晰准确反映现金收支情况，而且有助于准确确定计息期数，使计算不致发生错误。

表 2－7　复利计算基本公式一览表

支付方式	复利系数		已知	所求	复利计算公式
一次支付序列	终值系数	$(1+i)^n$或$(F/P, i, n)$	P	F	$F=P\cdot(1+i)^n$
	现值系数	$(1+i)^{-n}$或$(P/F, i, n)$	F	P	$P=F\cdot(1+i)^{-n}$
等额支付序列	年金终值系数	$\frac{(1+i)^n-1}{i}$或$(F/A, i, n)$	A	F	$F=A\cdot\frac{(1+i)^n-1}{i}$
	年金现值系数	$\frac{1-(1+i)^{-n}}{i}$或$(P/A, i, n)$	A	P	$P=A\cdot\frac{1-(1+i)^{-n}}{i}$
	偿债基金系数	$\frac{i}{(1+i)^n-1}$或$(A/F, i, n)$	F	A	$A=F\cdot\frac{i}{(1+i)^n-1}$
	资本回收系数	$\frac{i}{1-(1+i)^{-n}}$或$(A/P, i, n)$	P	A	$A=P\cdot\frac{i}{1-(1+i)^{-n}}$

（六）时间价值计量中的特殊问题

1. 贴现率（Discount Rate）的推算。对于一次性收付款项，根据其复利终值（或现值）的计算公式可得贴现率的计算公式为

$$i=\left(\frac{F}{P}\right)^{1/n}-1 \qquad (2-20)$$

因此，若已知 F、P、n，不用查表便可直接计算出一次性收付款项的贴现率（利率）i。

【例 2－15】 现有 1 600 元，欲在 12 年后使其达到原来的 2 倍，选择投资机会时最低可接受的报酬率为多少？

已知 $F=1\ 600\times2=3\ 200$，$P=1\ 600$，$n=12$。

根据式（2－20）可得

$$i=\left(\frac{F}{P}\right)^{1/n}-1=\left(\frac{3\ 200}{1\ 600}\right)^{1/12}-1=\sqrt[12]{2}-1=0.06$$

或根据式（2－4），可得

$$3\ 200=1\ 600\times(1+i)^{12}$$
$$(1+i)^{12}=2$$
$$(F/P,i,12)=2$$

通过查“复利终值系数表”，在 $n=12$ 的行中寻找 2，对应的 i 值为 6%，即（F/P，6%，12）＝2。

所以 $i=6\%$，即投资机会的最低报酬率为 6%，才能使现有货币在 12 年后达到原来的 2 倍。

【例 2－15】中的第二种计算方法是利用了系数表来进行贴现率的推算。对于一次性收付款项，若应用查表法求 i，可先计算出 F/P 的值，设其为 α，然后查复利终值系数

表；或计算 P/F 的值，设其为 α，然后查复利现值系数表。若系数能够直接在表中查到，此法较为简单；若不能直接查到，还需采用内插法来进行计算。

永续年金贴现率（利率）i 的计算很方便。若 P、A 已知，则根据公式 $P=A/i$，即可得到 i 的计算公式为

$$i = A/P \tag{2-21}$$

普通年金贴现率（利率）的推算较为复杂，无法直接套用公式，而必须利用有关的系数表，有时还会涉及内插法的运用。下面着重对此加以介绍。

根据普通年金终值 F、年金现值 P 的计算公式可推算出年金终值系数 $(F/A, i, n)$ 和年金现值系数 $(P/A, i, n)$ 的算式为

$$(F/A,i,n) = F/A \tag{2-22}$$

$$(P/A,i,n) = P/A \tag{2-23}$$

根据已知的 F、A 和 n，可先求出 F/A 的值，然后通过查"年金终值系数表"，有可能在表中找到等于 F/A 的系数值，只要读出该系数所在列的 i 值，即为所求的 i。

同理，根据已知的 P、A 和 n，可先求出 P/A 的值，然后通过查"年金现值系数表"，就有可能求出 i 值。必要时可采用内插法求得。

若已知 P、A、n，计算 i，可按下列程序进行。

（1）计算出 P/A 的值，设 $P/A=\alpha$。

（2）查普通年金现值系数表。沿着已知 n 所在行横向查找，若恰好能找到某一数值等于 α，则该数值所在的列相对应的利率便为所求的 i 值。

（3）若无法找到恰好等于 α 的系数值，就应在表中 n 行中找与 α 最接近的两个左右临界系数值，设为 β_1、β_2（$\beta_1>\alpha>\beta_2$，或 $\beta_1<\alpha<\beta_2$）。读出 β_1、β_2 所对应的临界利率 i_1、i_2，然后进一步运用内插法。

（4）在内插法下，假定利率 i 同相关的系数在较小的范围内线性相关，因而可以根据临界系数 β_1、β_2 和根据临界利率 i_1、i_2 计算出 i，其公式为

$$\begin{matrix} i_1 & \quad & \beta_1 \\ i & \quad & \alpha \\ i_2 & \quad & \beta_2 \end{matrix}$$

$$\frac{i_1 - i}{i_1 - i_2} = \frac{\beta_1 - \alpha}{\beta_1 - \beta_2}$$

$$i = i_1 + \frac{\beta_1 - \alpha}{\beta_1 - \beta_2}(i_2 - i_1) \tag{2-24}$$

【例 2-16】 某企业于第一年初借款 20 000 元，每年年末还本付息额均为 5 000 元，连续 5 年还清。问借款利率为多少？

已知 $P=20\ 000$，$A=5\ 000$，$n=5$，求 i。

根据式（2-23）可得

$$(P/A,i,n) = P/A = 20\ 000 \div 5\ 000 = 4$$

查 $n=5$ 的年金现值系数表。在 $n=5$ 一行中无法找到恰好为 α 的系数值，只能在该

行找大于和小于 α 的临界系数值，分为 $\beta_1=4.1002>4$，$\beta_2=3.9927<4$。同时读出临界利率为 $i_1=7\%$，$i_2=8\%$。则

$$\frac{7\%-i}{7\%-8\%}=\frac{4.1002-4}{4.1002-3.9927}$$

$$i=7\%+\frac{4.1002-4}{4.1002-3.9927}\times(8\%-7\%)\approx 7.93\%$$

对于即付年金利率 i 的推算，仍可遵照上述方法。先求出 F/A 的值，令 $\alpha=(F/A)+1$，然后沿 $n+1$ 所在的行横向在普通年金终值系数表中查找，若恰好等于找到的 α，则该系数值所在列对应的利率便为所求的 i，否则需查找临界系数值和对应的临界利率，并应用内插法求出利率 i。

2. 期间（Number of Period）的推算，其原理和计算步骤与贴现率（利率）i 的推算类似。现以普通年金为例，说明在已知 P、A、i 的情况下，推算期间 n 的基本步骤。

（1）计算出 P/A 的值，并设 $P/A=\alpha$。

（2）查普通年金现值系数表。沿着已知 i 所在列纵向查找，若恰好能找到某一数值等于 α，则该数值所在的行相对应的 n 值即为所求的期间值。

（3）若无法找到恰好等于 α 的系数值，就应在该列中找与 α 最接近的上下两个临界系数值，设为 β_1、β_2 以及相对应的临界期间 n_1、n_2，然后进一步运用内插法求 n。其公式为

$$n=n_1+\frac{\beta_1-\alpha}{\beta_1-\beta_2}(n_2-n_1) \tag{2-25}$$

【例 2-17】 某农村合作金融机构拟购置一台柴油机，更新目前使用的汽油机，每年可节约燃料费用 600 元，但柴油机价格较汽油机价格高出 2 100 元，若利息率为 12%，问柴油机应使用多少年才合算？

已知 $P=2\ 100$，$A=600$，$i=12\%$，求 n。

根据式（2-23）可得

$$(P/A,i,n)=P/A=2\ 100\div 600=3.5$$

查 $i=12\%$ 的年金现值系数表。在 $i=12\%$ 一列中无法找到恰好为 α 的系数值，只能在该列找大于和小于 α 的临界系数值，分别为 $\beta_1=3.6048>3.5$，$\beta_2=3.0373<3.5$。同时读出临界期间值为 $n_1=5$，$n_2=4$。则

$$\frac{5-n}{5-4}=\frac{3.6048-3.5}{3.6048-3.0373}$$

$$n=5+\frac{3.6048-3.5}{3.6048-3.0373}\times(4-5)\approx 4.82(\text{年})$$

柴油机使用 4.82 年以上才合算。

上述在贴现率以及期间推算的过程中，均有共同的特征，那就是对系数表的运用。系数表除了能够在已知利率、期限的条件下查找系数外，还能有以下用途（见表 2-8）。

表 2-8 系数表的用途

系数表名称	用途
复利终值系数表	(1) 已知现值、期间、利率，计算终值 (2) 已知终值、现值、期间，推算利率 (3) 已知终值、现值、利率，推算期间
复利现值系数表	(1) 已知终值、期间、利率，计算现值 (2) 已知终值、现值、期间，推算利率 (3) 已知终值、现值、利率，推算期间
年金终值系数表	(1) 已知年金、利率、期间，计算终值 (2) 已知终值、利率、期间，计算年金 (3) 已知年金、终值、期间，推算利率 (4) 已知年金、终值、利率，推算期间
年金现值系数表	(1) 已知年金、利率、期间，计算现值 (2) 已知现值、利率、期间，计算年金 (3) 已知年金、现值、期间，推算利率 (4) 已知年金、现值、利率，推算期间

3. 名义利率与实际利率的换算。前面讨论的有关计算均有一个假定，那就是利率均为年利率，每年复利一次。但实际上，复利的计息期间不一定是一年，有可能是半年、季度、月份或日。比如某些债券半年计息一次；有的抵押贷款每月计息一次；银行之间拆借资金均为每天计息一次。当每年计息次数超过一次时，给出的年利率称做名义利率（Nominal Interest Rate），每年只复利一次的年利率才是实际利率（Effective Interest Rate）。

对于一年内多次复利的情况，可采用两种方法计算时间价值。

第一种方法是运用计算公式将名义利率调整为实际利率，然后按实际利率计算时间价值。其计算公式是

$$i = (1 + r/m)^m - 1 \qquad (2-26)$$

式中：i 表示实际利率，r 表示名义利率，m 表示每年复利次数。

【例 2-18】 本金 1 000 元，投资 5 年，年利率为 8%，每季度复利一次，计算到期本利和。

已知 $P=1\,000$，$n=5$，$r=8\%$，$m=4$。

根据公式（2-26）可得

$$i = (1 + r/m)^m - 1 = (1 + 8\%/4)^4 - 1 = 8.24\%$$

$$F = P(1 + i)^n = 1\,000 \times (1 + 8.24\%)^5 = 1\,485.73(\text{元})$$

5 年后到期本利和为 1 485.73 元。

此种方法在计算过程中的缺点是经过调整的实际利率往往带有小数点，不利于查表进行计算。因此还可以尝试采用其他方法。

第二种方法是不计算实际利率，而是直接调整有关指标，通过调整，利率变为 r/m，期数相应变为 $m \times n$。此种做法可以直接利用系数表进行计算，容易操作。其计算公式为

$$F = P(1 + r/m)^{m \times n} \tag{2-27}$$

利用【例 2－18】的有关数据，用第二种方法计算本利和。可以看做利率为 2%，期数为 20 期，本金 1 000 元，求本利和。

根据公式（2－27）可得

$$F = P(1 + r/m)^{m \times n} = 1\,000 \times (1 + 8\%/4)^{5 \times 4} = 1\,000 \times (1 + 2\%)^{20}$$
$$= 1\,000 \times 1.4859 = 1\,485.9(\text{元})$$

本利和为 1 485.9 元

第二节　投资风险价值

风险是一个非常重要的财务概念。任何决策都有风险，这使得风险观念在理财中更具有普遍意义。财务活动经常是在有风险的情况下进行的，承担风险，就要求得到相应的额外收益。投资者由于冒风险进行投资而要求的超过资金时间价值的额外收益，就称为投资的风险价值，也称为风险收益或风险报酬。企业理财时，必须研究风险，计量风险并设法控制风险，以求最大限度地扩大企业财富。因此，有人说："时间价值和风险价值是财务管理中最重要的两个基本原则"，也有人说："时间价值是理财的第一原则，风险价值是理财的第二原则"。

那么，什么是风险？投资的风险如何计量？特定的风险需要多少报酬来补偿？这些是本节主要讨论的内容。

一、风险的概念与类别

如果企业的一项行动有多种可能的结果，其将来的财务后果是不肯定的，就是有风险。如果这项行动只有一种结果，就是没有风险。例如，现将一笔钱购买国债，可以确定在约定的期限后可以得到本利和，几乎没有风险。这种情况在企业投资中是很少见的，它的风险固然小，但报酬也很低，很难称之为真正意义上的投资。

（一）风险的概念

风险（Risk）是指某一行动的结果具有多样性。在风险存在的情况下，人们只能实现估计到采取某种行动可能导致的结果，以及每种结果出现可能性的大小，而行动的真正结果如何，事先无法预知。例如在预计一个投资项目报酬时，不可能十分精确，也没有百分之百的把握，而且可能会发生人们预想不到同时还无法控制的变化，这就是风险。

风险是事件本身的不确定性，具有客观性。例如，无论企业还是个人，投资于国库券，其收益的不确定性较小；如果投资于股票，则收益的不确定性就大得多。

（二）风险的类别

1. 风险按投资主体的不同，分为市场风险和公司特有风险两类。

市场风险又被称为系统性风险或不可分散风险，是影响所有资产的、不能通过风险

分散而消除的风险。这部分风险是由那些影响整个市场的风险因素所引起的。这些因素包括宏观经济形势的变动、国家经济政策的变化、税制改革、企业会计准则改革、世界能源状况、政治因素等。

公司特有风险又被称为非系统性风险或可分散风险，是指可以通过资产组合而分散掉的风险。它是由于某种特定原因对某种特定资产收益率造成影响的可能性。它是特定企业或特定行业所特有的，与政治、经济和其他影响所有资产的市场因素无关。

2. 按诱发风险原因的不同，可将农村合作金融机构的风险分为如下八类。

（1）信用风险。信用风险又称为违约风险，是指债务人或交易对手未能履行合同所规定的义务或信用质量发生变化，从而给银行带来损失的可能性。

对大多数银行来说，信用风险几乎存在于银行的所有业务中。信用风险是银行最为复杂的风险种类，也是银行面临的最主要的风险。

（2）市场风险。市场风险是指因市场价格（包括利率、汇率、股票价格和商品价格）的不利变动而使银行表内和表外业务发生损失的风险。

市场风险包括利率风险、汇率风险、股票价格风险和商品价格风险四大类。

（3）操作风险。操作风险是指由不完善或有问题的内部程序、人员及系统或外部事件所造成损失的风险。操作风险可以分为人员、系统、流程和外部事件所引发的四类风险，并由此分为七种表现形式：内部欺诈，外部欺诈，聘用员工做法和工作场所安全性有问题，客户、产品及业务做法有问题，实物资产损坏，业务中断和系统失灵，执行、交割及流程管理不完善。

操作风险存在于银行业务和管理的各个方面，并且具有可转化性，即可以转化为市场风险、信用风险等其他风险。

（4）流动性风险。流动性风险是指无法在不增加成本或资产价值不发生损失的条件下及时满足客户的流动性需求，从而使银行遭受损失的可能性。

流动性风险包括资产流动性风险和负债流动性风险。资产流动性风险是指资产到期不能如期足额收回，不能满足到期负债的偿还和新的合理贷款及其他融资需要，从而给银行带来损失的可能性。负债流动性风险是指银行过去筹集的资金特别是存款资金由于内外因素的变化而发生不规则波动，受到冲击并引发相关损失的可能性。

（5）国家风险。国家风险是指经济主体在与非本国居民进行国际经济与金融往来中，由于他国经济、政治和社会等方面的变化而遭受损失的可能性。国家风险通常是由债务人所在国家的行为引起的，超出了债权人的控制范围。

国家风险可分为政治风险、社会风险和经济风险三类。

国家风险有两个特点：一是国家风险发生在国际经济金融活动中，在同一个国家范围内的经济金融活动不存在国家风险；二是在国际经济金融活动中，不论是政府、银行、企业，还是个人，都可能遭受国家风险所带来的损失。

（6）声誉风险。声誉风险是指由于意外事件、银行的政策调整、市场表现或日常经营活动所产生的负面结果，可能对银行的这种无形资产造成损失的风险。

（7）法律风险。法律风险是指银行在日常经营活动中，因为无法满足或违反相关的商业准则和法律要求，导致不能履行合同、发生争议/诉讼或其他法律纠纷，而可能给银行造成经济损失的风险。

（8）战略风险。战略风险是指银行在追求短期商业目的和长期发展目标的系统化管理过程中，不适当的未来发展规划和战略决策可能威胁银行未来发展的潜在风险。主要来自四个方面：银行战略目标的整体兼容性；为实现这些目标而制定的经营战略；为这些目标而动用的资源；战略实施过程的质量。

二、风险衡量

风险客观存在并广泛影响着企业的财务和经营活动。因此正视风险并量化风险程度，对风险进行较为准确的衡量，便成为企业财务管理中的一项重要工作。但由于风险本身不易计量，要计算在一定风险条件下的投资收益，通常会采用概率论的方法，通过概率分布的确定、期望值以及离散程度的计算来进行衡量。

（一）确定概率分布

在经济活动中，某一事件在相同条件下可能发生也可能不发生，这类事件称为随机事件。概率就是用百分数或小数来表示随机事件发生可能性大小的数值。必然发生为1，不可能发生为0。例如，抛一个硬币，50%的机会是正面朝上，那就有50%的机会是反面朝上。如果把所有可能的实践或结果都列示出来，且每一事件都给予一种概率，把它们列示在一起，便构成了概率分布（Probability）。上例的概率分布如表2-9所示。

表2-9　概率分布表

可能出现的结果（i）	概率（P_i）
正面朝上	0.5 = 50%
反面朝上	0.5 = 50%
合　计	1.00 = 100%

概率分布必须符合以下两个要求：

（1）所有的概率 P_i 都应在0和1之间，即

$$0 \leqslant P_i \leqslant 1 \qquad (2-28)$$

（2）所有的结果概率之和应等于1，即

$$\sum_{i=1}^{n} P_i = 1 \qquad (2-29)$$

这里 n 为可能出现的结果的个数。

（二）计算期望值

期望值是一个概率分布中的所有可能结果，以各自相应的概率为权数计算的加权平均值，是加权平均的中心值，是反映集中趋势的一种量度。通常用符号 $\overline{E}$ 表示，其计算公式如下：

$$\overline{E} = \sum_{i=1}^{n} x_i P_i \qquad (2-30)$$

【例2-19】 某农村合作金融机构有两个投资机会，甲投资机会是一个高科技项目，该领域竞争很激烈，如果经济发展迅速，并且该项目搞得好，取得较大市场占有率，利润会很大，否则利润会很小甚至亏损。乙投资机会是一个老产品且是必需品，销售前景可以准确预测出来，假设未来的经济情况只有三种：繁荣、正常、衰退，有关的概率分布和预期报酬率如表2-10所示。

表2-10 甲、乙投资机会报酬率的概率分布

经济情况	发生概率	甲的预期报酬率	乙的预期报酬率
繁荣	0.3	90%	20%
正常	0.4	15%	15%
衰退	0.3	-60%	10%
合计	1.0	—	—

要求：计算并分析应进行哪一项投资。

根据式（2-30）可得

$$\overline{E}_{甲}=\sum_{i=1}^{n}x_iP_i=0.3\times0.9+0.4\times0.15+0.3\times(-0.6)=15\%$$

$$\overline{E}_{乙}=\sum_{i=1}^{n}x_iP_i=0.3\times0.2+0.4\times0.15+0.3\times0.1=15\%$$

从计算结果看，两种方案的期望报酬率相同，是否可以认为两个项目是等同的？还需要进一步了解哪种投资方案的风险程度小，在期望报酬相同条件下风险小的方案才应是最优方案。如何反映风险程度的大小呢？还需要了解概率分布的离散情况，即计算标准离差和标准离差率。

（三）离散程度

离散程度是用以衡量风险大小的统计指标。一般说来，离散程度越大，风险越大；离散程度越小，风险越小。反映随机变量离散程度的指标通常有平均差、方差、标准差、全距，常用的主要有标准离差、标准离差率。

1. 标准离差。标准离差（Standard Deviation）也称均方差，是各种可能的报酬率偏离期望报酬率的综合差异，是反映离散程度的一种量度。其计算公式为

$$\sigma=\sqrt{\sum_{i=1}^{n}(X_i-\overline{E})^2\cdot P_i} \tag{2-31}$$

【例2-20】 仍以【例2-19】中的数据为例，计算甲、乙两个方案预计报酬率与期望报酬率的标准离差。

根据公式（2-31）可得

$$\sigma_{甲}=\sqrt{\sum_{i=1}^{n}(X_i-\overline{E})^2\cdot P_i}$$

$$=\sqrt{(0.9-0.15)^2\times0.3+(0.15-0.15)^2\times0.4+(-0.6-0.15)^2\times0.3}$$

$$=58.09\%$$

$$\sigma_{乙} = \sqrt{\sum_{i=1}^{n}(X_i - \overline{E})^2 \cdot P_i}$$

$$= \sqrt{(0.2-0.15)^2 \times 0.3 + (0.15-0.15)^2 \times 0.4 + (0.10-0.15)^2 \times 0.3}$$

$$= 3.87\%$$

从计算结果可以看出，甲方案的标准离差为58.09%，乙方案的标准离差为3.87%，在期望值均为15%的情况下，乙方案的标准离差较小，意味着风险小，所以应选择乙方案。

在这里需要注意的是：标准离差是以绝对数衡量决策方案的风险，在期望值相同的情况下，标准离差越大，风险越大；反之，标准离差越小，风险越小。

2. 标准离差率。标准离差率（Rate of Standard Deviation）是标准离差同期望值之比，通常用符号 V 表示，其计算公式为

$$V = \sigma \div \overline{E} \times 100\% \tag{2-32}$$

标准离差是一个反映随机变量离散程度的绝对值指标，若期望值相同，可以比较不同方案的 σ，但它不能用来比较期望值不同方案的风险程度。对于期望值不同方案的风险程度的比较，只能借助于标准离差率这一相对指标。在期望值不同的情况下，标准离差率越大，风险越大；反之，标准离差率越小，风险越小。

【例 2-21】 仍以【例 2-19】中的有关数据为依据，分别计算甲、乙投资机会的标准离差率。

根据公式（2-32）可得

$$V_{甲} = 58.09\% \div 15\% \times 100\% = 387.27\%$$

$$V_{乙} = 3.87\% \div 15\% \times 100\% = 25.8\%$$

根据计算结果可知，乙方案风险较小。

在此例中甲投资机会和乙投资机会的期望报酬率均为15%，可以直接根据标准离差来比较两个项目的风险水平。但若比较项目的期望报酬率不同，则一定要计算标准离差率才能进行比较。

通过上述方法将决策方案的风险加以量化后，决策者便可据此作出决策。对于独立方案，决策者可以根据其标准离差（率）的大小，与设定的可接受的此项指标的最高限值对比，然后作出选择；对于多方案择优，决策者的行动准则应是选择低风险高收益的方案，即选择标准离差最低，期望收益最高的方案。然而高收益往往伴随高风险，低收益方案的风险程度较低，究竟应作何选择，要权衡期望收益与风险，而且还要视决策者对风险的态度而定。喜欢冒风险的人可能会选择风险高但同时收益也高的方案，厌恶风险的人可能会选择期望收益与风险均较低的方案。

三、风险收益率

资金的时间价值是投资者在无风险条件下进行投资所要求的收益率。它是以确定的收益率为计算依据，也就是以肯定的收益为条件的。但是企业的理财活动总是处于或大或小的风险之中，风险程度的大小虽然能够通过标准离差衡量，但它不能准确计算出企

业冒风险投资所获得的报酬的大小，即风险收益率。因此，我们还需要运用一个指标将对风险的评价转化为收益率指标，这个指标是风险价值系数。

风险收益率、风险价值系数和标准离差率之间的关系可用以下公式表示。

$$R_r = b \cdot V \tag{2-33}$$

式中：R_r表示风险收益率，b 表示风险价值系数，V 表示标准离差率。

在不考虑通货膨胀的情况下，投资的总收益率 R 可表示为：

$$R = R_F + R_r = R_F + bV \tag{2-34}$$

式中：R 表示投资报酬率，R_F表示无风险报酬率。

无风险报酬率就是加上通货膨胀补贴后的资金时间价值，西方一般把投资于国库券的报酬视为无风险报酬率。

风险价值系数是将标准离差率转化为风险报酬的一种系数。其数学意义是指该项投资的风险收益率占该项投资的标准离差率的比率。

在实际工作中，关于风险价值系数的确定，有如下几种方法。

1. 根据以往的同类项目加以确定。风险价值系数 b，可以参照以往同类投资项目的历史资料，运用前述有关公式来确定。例如，某企业准备进行一项投资，此类项目含风险报酬率的投资报酬率为 20% 左右，其报酬率的标准离差率为 120%，无风险报酬率为 8%，则由公式（2－34）可得

$$b = \frac{R - R_F}{V} = \frac{20\% - 8\%}{120\%} = 10\%$$

需要注意的是，此种方法必须是在历史资料比较充分的情况下才能使用。

2. 由企业领导或企业组织有关专家确定。这种方法的使用是因为缺乏历史资料，所以就由企业领导，如总经理、财务副总经理、总会计师、财务主任等根据经验加以确定，也可由企业组织有关专家确定。实际上，风险价值系数的确定，在很大程度上取决于各公司对风险的态度。敢于承担风险的公司往往把 b 值定得低些；反之，较为稳健的公司常常将 b 值定得高些。

3. 由国家有关部门组织专家确定。国家有关部门如财政部、国家银行等组织专家，根据各行业的条件和有关因素，确定各行业的风险价值系数，由国家定期公布，作为国家参数供投资者参考。

四、风险对策

风险对策是在风险识别和风险评估的基础上，根据投资主体的风险态度，制定应对风险的策略和措施。

（一）常用的风险对策

任何一个投资项目都会有风险，如何面对风险，人们有不同的选择。一是不畏风险，为了获取高收益而甘愿冒高风险；二是一味回避风险，绝不干有风险的事，因此也就失去了获得高收益的机会；三是客观地面对风险，采取措施，设法降低、规避、分散或防范风险。即使是作第一种选择，也不是盲目地冒风险，而是要尽可能地降低、

规避、分散或防范风险。就投资项目而言，应对风险的常用策略和措施有以下几个方面。

1. 风险回避。风险回避是投资主体完全规避风险的一种做法，即断绝风险的来源。对于投资项目的决策而言，风险回避就意味着否决项目或推迟项目的实施。例如，风险分析显示某产品的市场存在严重风险，若采取回避风险的对策，就会作出缓建或放弃项目的决策。这样在规避风险损失的同时也丧失了获取潜在收益的可能性。因此，只有在对风险的存在和发生，对风险损失的严重性有把握的情况下才可考虑采用风险回避对策。一般来说，风险回避可用于以下情况：（1）风险可能造成的损失相当大，项目实现的收益根本无法抵补，且发生的频率相当高；（2）风险损失无法转移，或者其他风险防范对策的代价非常昂贵；（3）存在可以实现同样目标的其他方案，且风险较低；（4）投资主体厌恶风险。

2. 风险控制。风险控制是针对风险采取的防止风险发生，减少风险损失的对策。风险控制不是放弃风险，而是通过制订计划和采取各项有效措施来降低风险出现的可能性或减少风险造成的损失。风险控制是绝大多数项目广泛采用的主要风险对策。

风险控制必须根据项目的具体情况提出有针对性的措施。通常，风险控制措施可以按控制阶段分为事前控制、事中控制和事后控制。事前控制的目的在于降低风险出现的概率，事中控制和事后控制的目标主要是为了减少风险损失的程度。

3. 风险转移。风险转移是指通过一定的方式将可能面临的风险转移给他人，以降低甚至减免投资主体的风险程度。风险转移有两种方式：一是将风险源转移出去，二是将风险损失转移出去。就投资项目而言，第一种方式实质上是风险回避的一种特殊形式。如向专业性保险公司投保；采取合资、联营、增发新股、发行债券、联合开发等措施实现风险共担；通过技术转让、特许经营、战略联盟、租赁经营和业务外包等方式实现风险转移。风险转移的主要形式是保险和合同。

4. 风险自留。风险自留就是投资主体将风险损失留给自己承担。风险自留适用于以下两种情况。

（1）已知有风险，但由于冒风险可能获得相应的利益，必须保留和承担这种风险，如股票投资，投资者知道投资股票有风险，但冒风险可能获得高额收益，所以还要保留和承担该风险。

（2）已知有风险，但若采取某种风险对策措施，其费用支出高于自留风险的损失，投资主体常常会自动自留风险。

（二）制定风险对策的原则

在制定风险对策时，应遵循以下原则。

1. 针对性。总体而言，投资项目可能涉及的风险因素多种多样。就某一个具体投资项目而言，由于其具有自身的特点，就要求风险对策的制定应该具有针对性，要针对特定项目的主要或关键风险因素，制定相应的风险对策。

2. 可行性。风险对策的制定应立足于现实，提出的风险防范对策应切实可行。这种可行包括技术、人力、物力、财力等多方面。

3. 经济性。应对风险是要付出代价的，如果实行风险对策的费用远远高过风险损失，则该对策就毫无意义可言。因此，在制定风险对策时一定要考虑其经济性，对风险对策所付出的代价和风险可能造成的损失进行权衡。

【复习思考题】

1. 资金时间价值的含义。
2. 预付年金和普通年金在计算终值和现值时有何联系？
3. 名义利率和实际利率如何换算？
4. 如何利用现值公式推算贴现率和期间？
5. 理解风险的含义及对财务管理的意义。
6. 风险程度如何衡量？

【经典案例】

瑞士的惊异——1 250 亿美元巨额账单

设想你突然收到一张你事先不知道的 1 250 亿美元的巨额账单！而这确实发生在瑞士田西纳镇（Ticino）的居民身上。纽约布鲁克林法庭判决田西纳镇应向一群美国投资者支付这笔钱。这些投资者向布鲁克林法庭提出就他们声称与内部交换银行（田西纳镇的一个小银行）破产有关的损失诉讼。田西纳镇的居民知道这一诉讼，却以为是件小事，因而自然被这账单惊呆了。他们的律师声称，若高级法院支持这一判决，为偿还债务，所有的田西纳镇居民都不得不在其余生中靠吃麦当劳等廉价快餐度日。

田西纳镇的问题源自 1966 年的一笔存款。斯蒂林·格兰威尔·黑根不动产公司在内部交换银行存入 6 亿美元的维也纳石油与矿藏选择权。存款协议要求银行按每周 1% 的利率付款（银行第二年即破产）。1994 年 10 月，纽约布鲁克林法庭作出判决，从存款日到田西纳镇对银行清算之间的 7 年中，田西纳镇以每周 1% 的复利计息，而在银行清算后的 21 年中，按 8. 54% 的年利率计息。

从这个故事中，我们认识到，原来钱这个东西，是随着时间的不同，价值是不断变化的。更确切地说，是购买力不断变化。这就是财务管理的一个基本概念——资金的时间价值。

【知识链接】

通货膨胀与保值贴补

当通货膨胀率很高时，实际利率将远远低于名义利率。由于人们往往关心的是实际利率，因此若名义利率不能随通货膨胀率进行相应的调整，人们储蓄的积极性就会受到很大的打击。比如在 1988 年，中国的通货膨胀率高达 18. 5% ，而当时银行存款的利率远远低于物价上涨率，所以在 1988 年的前三个季度，居民在银行的储蓄不仅没给存款者带来收入，就连本金的实际购买力也在日益下降。老百姓的反应就是到银行排队取款，然后抢购，以保护自己的财产，因此就发生了1988年夏天银行挤兑和抢购之风，银行存款急剧减少。

针对这一现象，中国的银行系统于1988年第四季度推出了保值存款，将名义利率大幅度提高，并对通货膨胀所带来的损失进行补偿。表A给出了1988年第四季度到1989年第四季度中国的银行系统三年保值存款的年利率、通货膨胀补贴率和总名义利率，其中总名义利率等于年利率和通货膨胀补贴率之和。保值贴补措施使得存款实际利率重新恢复到正数水平。以1989年第四季度到期的三年定期存款为例，从1988年9月10日（开始实行保值贴补政策的时间）到存款人取款这段时间内的总名义利率为21.5%，而这段时间内的通货膨胀率，如果按照1989年的全国商品零售物价上涨率来计算的话，仅为17.8%，因此实际利率为3.7%。实际利率的上升使存款人的利益得到了保护，他们又开始把钱存入银行，使存款下滑的局面很快得到了扭转。

表A　　中国的银行系统对三年定期存款的保值率　　单位：%

季度	年利率	通货膨胀补贴率	总名义利率
1988年第四季度	9.71	7.28	16.99
1989年第一季度	13.14	12.71	25.85
1989年第二季度	13.14	12.59	25.73
1989年第三季度	13.14	13.64	26.78
1989年第四季度	13.14	8.36	21.50

资料来源：《中国金融年鉴（1990）》。

（资料来源：中华金融学习网，2010-07-29）

第三章 流动性风险管理

【本章概要】

流动性风险是指金融机构在不增加成本或资产价值不发生损失的条件下，无法及时满足客户流动性需求的可能性。与市场风险、信用风险和操作风险相比，流动性风险的成因更加复杂和广泛，通常被视为一种综合性风险。本章需要了解的是流动性风险的含义、特征、表现与危害，以及为什么要加强流动性风险管理，还有如何应对与控制流动性风险的问题；理解从内部诱因和外部因素两个方面进行考虑的影响金融机构流动性的因素；重点掌握流动性风险的测度问题。

【要点提示】

1. 了解金融机构流动性风险管理的概念、特征、表现；
2. 掌握影响金融机构流动性的内部因素和外部因素；
3. 理解衡量流动性风险的财务指标和信息指标；
4. 熟悉流动性风险管理的指导原则、策略以及建立应急预案；
5. 把握流动性风险的报告与监控。

【重要概念】

流动性风险　　核心存款　　流动性缺口　　存贷款比率

【本章架构图】

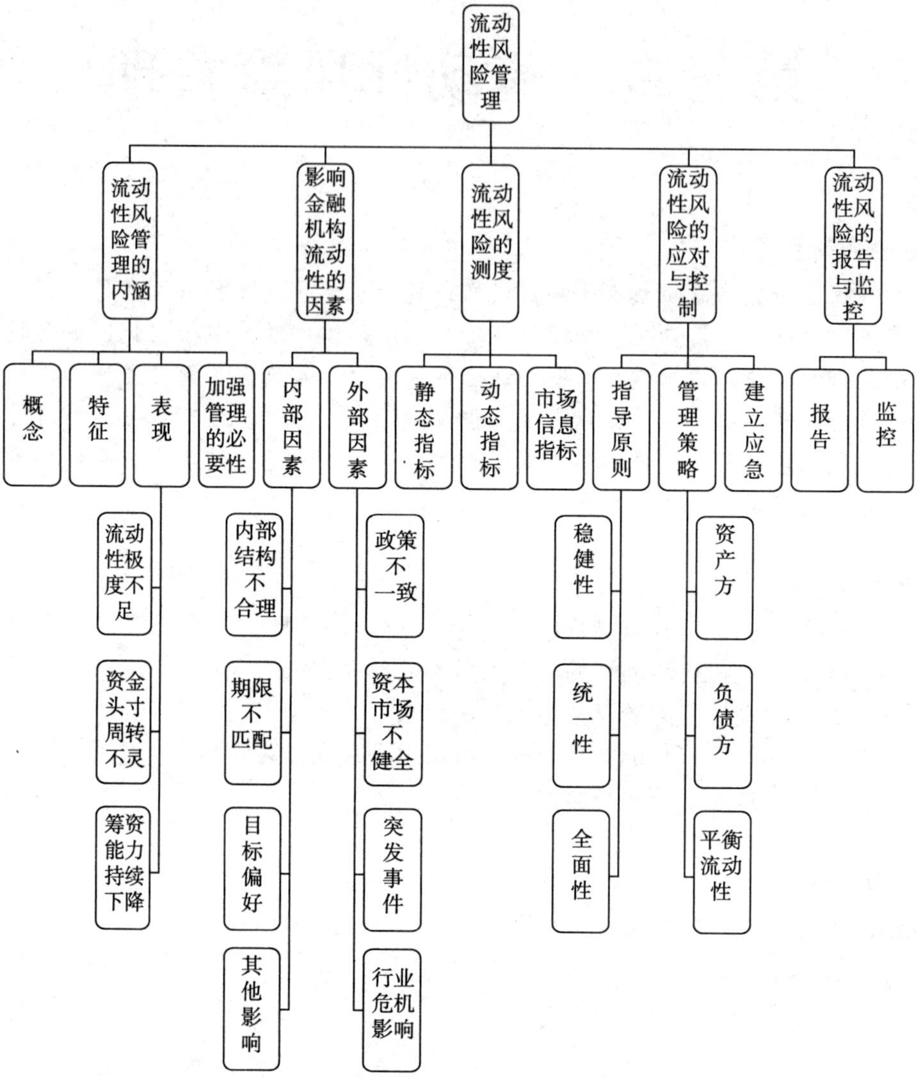

第一节　流动性风险管理的内涵

一、流动性风险内涵

关于流动性风险的定义，不同组织或机构的表述略有不同。巴塞尔委员会的表述是“流动性风险是指银行无力为负债的减少或资产的增加提供融资，即当银行流动性不足时，它无法以合理的成本迅速增加负债或变现资产获得足够的资金，从而影响其盈利水平。在极端情形下，流动性不足会造成银行的清偿问题”；大通曼哈顿银行认为，流动性风险是银行不能满足其客户提款，申请新贷款或偿付到期债务的要求；原第一芝加哥银行认为，流动性风险即银行不能及时地履行其现在和未来的金融义务；JP 摩根认为，流动性风险是银行不能以合理的利率筹集到期限相同或相近的资金为其资产组合提供融资的风险；中国工商银行对流动性风险的表述是“流动性风险是指因无法以合理的成本及时筹集到客户和交易对手当前和未来所需资金而对本行经营所产生的风险”。

尽管这些定义在表述上略有差异，但基本上都反映了流动性含义中隐含的时间、成本和数量这三个基本要素。简而言之，流动性风险是指机构在需要筹集资金时因无法满足时间、成本和数量中某一个或多个条件的要求而导致损失的风险。

从需求——供给框架来看，最理想的一种状态就是一家机构的流动性供给等于流动性需求，即机构的流动性供给与需求达到均衡，此时，机构的资产配置达到最佳水平。然而，现实中两者存在不均衡却是常态，这种不均衡可以表现为流动性供给小于流动性需求，即流动性不足；也可以表现为流动性供给大于流动性需求，即流动性过剩。传统上，人们一直从流动性不足的角度来定义流动性风险，如前面给出的不同组织或机构关于流动性风险的表述，无一例外都强调其是流动性不足而导致的风险。

近年来，由于国内连续出现了货币供给增长速度大于 GDP 增长速度，流入银行系统的现金高于中央银行资金回笼规模，银行体系的存款大于贷款，部分银行出现流动性资产过剩等现象，流动性过剩的问题成为人们关注的热点。“流动性过剩风险”的概念也开始频频见诸报端。值得一提的是，目前国内关于流动性过剩问题的探讨大多基于宏观层面，主要针对经济金融领域的存差扩大、货币供给、外汇储备、通货膨胀等问题进行分析。我们知道，一国流动性过剩的直接后果就是容易刺激资产价格上涨，出现经济泡沫，因此流动性过剩是宏观经济政策制定者必须关注的重要问题之一。

实践中，金融机构更为关注的是因流动性不足而导致的风险，这主要是因为：

（1）在市场化条件下，由于受利润最大化目标的驱动，单个机构较少会出现流动性大量过剩的现象。

（2）相对于流动性过剩而言，流动性不足对金融机构的负面影响更大。它不仅会影响到机构的盈利水平，在极端的情况下，它还可能导致机构出现清偿问题。

（3）长期的、持续的流动性过剩会导致机构的盈利下降甚至出现亏损，进而导致机构流动性被侵蚀，最终形成流动性不足的局面，换句话说，机构流动性过剩的影响最终有可能通过进一步转化为流动性不足而表现出来。

金融机构面临两类流动性风险：一种与特定的产品或市场相关，另一种与金融机构的总体资金状况相关。前者是指由于不充足的市场深度或由于市场流动性的中断，而不能或不轻易以之前的市场价来支付保证金的风险。金融机构面临流动性风险往往意味着其持有的资产流动性差和对外融资能力枯竭，如果金融机构没有足够的现金支付到期的债务，就会被迫出售资产，如果资产的流动性差，该资产就很难以正常的价格出售，金融机构就会因此遭受损失，如果金融机构根本无法出售资产，它就必须依赖对外融资来支付到期债务，而如果对外融资的渠道也丧失了，那么该金融机构就会因无法履行到期债务而宣布倒闭。1990 年 2 月，Drexel Burnham Lambert 的倒闭就是一例，当时由于该机构持有流动性极差的资产，而且外部融资能力枯竭，所以尽管其持有的流动性差的资产的预期未来收益率很高，但是不能满足存款人提现需要而被宣布倒闭。

二、流动性风险特征

1. 面临流动性风险是金融机构经营的正常态势。流动性问题是银行经营过程中随时都会面临的一个普遍问题，流动性风险可能会在正常时期发生，也可能会在危机时期发生，面临流动性风险是金融机构经营的正常态势。因此，要求金融机构的流动性风险管理要具有日常化的特征。

2. 极端的流动性风险是其他各种风险的最终表现。流动性风险经常与信用风险、市场风险和操作风险等联系在一起，任何其他系统性风险和非系统性风险都有可能转化为流动性风险，极端的流动性风险是各种风险的最终表现。金融机构的危机，不管其最初的诱因是资产质量低下，投资失败还是市场的意外波动，最终都表现为流动性的丧失。透过诸多金融业危机的案例也可发现，导致一家机构陷入危机的往往是支付困难，而不是资不抵债。

由于流动性风险通常是和其他风险掺杂在一起的，从而增加了对其管理的难度，很难清楚地界定和计量流动性风险损失。

3. 流动性风险具有极强的传染性。流动性风险的传染机制有两条：其一是接触性传染，即由于金融机构之间存在着各种密切而复杂的经济关系，一旦其中某个机构出现流动性问题，必然通过资金或业务联系影响到其他机构。例如，1984 年大陆伊利诺伊银行发生危机时，美国政府对其采取了积极的救助，其原因就在于当时有 2 000 多家代理行在该行有存款，其中有 66 家银行在该行的存款占其自有资本的比例超过 50%，如果听任大陆伊利诺伊银行倒闭，估计会有 50 到 200 家银行陷入困境或倒闭。其二是非接触性传染。金融机构的经营与金融市场的运作都特别依赖于公众的信心，公众的信任是金融业的最终基础、存款人愿意将资金存放在银行是因为他们相信存款将会受到保护和有回报，银行一旦失去公众的信任，就容易在公众中产生恐慌心理。更为严重的是，这种恐慌心理一旦出现就具有一种自我强化、自我放大的机制，即使市场参与者之间并没有任何资金联系或接触，流动性风险仍能快速传染开来。正是由于这种极强的传染性，对流动性风险加以管理，不仅是金融机构自身的要求，也是监管当局的核心工作。

三、我国金融机构流动性风险表现及危害

根据其表现及危害程度，大致可将流动性风险划分为以下几种情形：

1. 流动性极度不足。流动性的极度不足会导致金融机构破产，这类流动性风险是一种致命的风险。但这种极端情况往往是其他风险导致的结果。例如，某大客户的违约给银行造成的重大损失可能会引发流动性问题和人们对该银行前途的疑虑，这足以触发大规模的资金抽离，发生挤兑，或导致其他金融机构和企业为预防该银行可能出现违约而对其信用额度实行封冻，原有的资金链出现严重断裂。这两种情况均可引发该银行严重的流动性危机，甚至破产。

2. 表现为金融机构的短期资产价值不足以应付短期负债的支付或发生未预料的资金外流。相对于流动性极度不足而言，这里的流动性风险主要表现为临时性的、局部性的，还不足以导致金融机构整体发生危机，但若不能及时化解，这类风险可能会迅速扩散、恶化，最终转化为流动性极度不足。为了应对这类流动性风险，金融机构或者通过降价以迅速出售资产，或者通过承受更高的成本以获取外部融资，无论采用何种方式，都会给金融机构带来损失。

3. 筹资能力持续下降。相对于前两种情形而言，这类流动性风险主要表现为流动性供给的持续下降，假定流动性需求不发生明显的变化，这类风险会有一个长期潜伏、渐变的过程，即风险随着金融机构筹资能力下降过程的拉长而变大，因而，这类流动性风险具有较强的隐蔽性。这里所说的筹资既包括金融机构的外部行动如借款，也包括金融机构的内部行动如资产出售。机构的筹资能力主要取决于两个方面：其一是市场流动性状况，它取决于资金充裕程度、利率水平及波动性、寻找交易对手的难易程度等；其二是金融机构自身的流动性状况，即在一定时期内的资金需求及其稳定性，债务发行的安排，自身财务状况、偿付能力、市场对该机构的看法等。在这些内部因素中，有的与金融机构信用等级有关，有的则与其筹资政策有关。若市场对其信用情况的看法恶化，筹资活动将会更为困难。若金融机构的筹资力度突然加大，或次数突然增多，或出现意想不到的变化，那么市场看法就可能转变为负面。因此，金融机构筹资能力实际上是市场流动性和机构流动性两方面因素共同作用的结果。

就单个金融机构而言，从筹资能力的持续下降到资金头寸周转不灵、最终到流动性极度不足，这实质上是流动性风险从隐性到显性、从低到高的渐次递进过程，在这一过程中，流动性风险的危害性也呈逐步放大的趋势。当然有时候我们很难清晰地去判断机构流动性风险所处的阶段，而且，并不是所有的机构流动性风险都会完整地经历这个递进过程。

四、加强流动性风险管理的必要性

随着金融机构经营环境的变迁，资产、负债结构的变化和信息技术的发展，流动性风险管理的重要性日益凸显。

1. 与日俱增的银行产品现金流量的不确定性，需要加强流动性风险管理。对于银行等金融机构来说，金额和期限不确定的资产、负债和资产负债表外业务和产品不断增加，流动性风险随之增大，为适应这一经营形势变化，需要相应加大流动性风险管理。

2. 资本市场迅速发展，银行增加使用批发市场、资本市场的资金，而这些资金对信用水平及价格风险的反应较敏感。传统上，银行依赖零售业务和存款作为主要的资金来源。这些存款通常是稳定且成本低的资金来源。但事实表明，银行核心存款占资产的百分比正逐渐下降。通过对市场资源的利用，银行虽然可以从不同资金提供者获得各种期限的资金，实现资金来源的多样化，资金市场上更多的选择向银行提供了更大的灵活性，便于银行进行现金流和流动性需求的管理，但是，对市场资金来源的依赖程度增加，使银行更多的暴露于对价格和信用评级都很敏感的资金提供者。因此，银行必须主动进行流动风险管理。

3. 随着资金提供者从相对的信用中性向信用敏感转变，银行开始转向资产证券化和其他表外战略来满足自身的资金需要。这些表外业务既可以提供流动性，也可以增加流动性风险，取决于具体的交易及当时的利率水平。银行资产负债表外业务的增长，使现金流量管理的复杂程度大大增加，在银行流动性管理和分析中也变得日益重要。

4. 科技的不断创新，使提款和转拨资金更快捷，同样加剧了流动性风险管理的挑战，电子货币、智能卡、个人银行、网上银行及无线银行等新科技产品，改变了银行客户获取和划拨资金的方式和速度，银行需要对新兴技术在产品中运用给流动性风险管理带来的影响进行持续的监测和评估。

第二节 影响金融机构流动性的因素

一、影响金融机构流动性的内部因素

金融机构之所以存在流动性风险，归根结底是其流动性供给与需求不均衡所致。导致金融机构流动性供求不平衡的原因有很多，下面我们从内部因素和外部因素两个方面分别进行探讨：

（一）资产或负债的内部结构不合理

流动性供给和需求不仅来自于资产方，也来自于负债方，如果金融机构资产或负债的结构不合理，会直接影响到流动性供给与需求的平衡。以农村合作金融机构为例，其资产主要包括现金资产、贷款、证券投资和固定资产四大类。其中，现金资产具有非盈利性和高流动性，如果这类资产比重过低，会导致其支付困难；反过来，比重过高又会削减收益。相对于现金资产而言，贷款的流动性相对较低，但它却是农村合作金融机构获取利润的最重要来源。农村合作金融机构进行证券投资的目的一般不在于盈利性，而在于增加流动性和为存款提供保障。固定资产的流动性和盈利性都较弱，但它却是支撑机构经营的重要物质基础。通常情况下，这四类资产间应保持一个合理的结构，这一结构一旦被打乱，就可能导致流动性风险。

同理，如果金融机构负债结构合理，不仅有短期负债，也有一定比例的长期负债；不仅有常规的资金来源（如吸收存款），还可以随时获取主动型负债（如同业拆借），那么其流动性状况就会比较理想；反之，如果负债结构不合理，如短期负债比率过高或偿付期限过于集中会导致机构的流动性需求增大；或者，过于依赖吸收存款，缺乏主动筹资的能力，会导致机构的流动性供给不足。

（二）资产和负债的期限不匹配

金融机构的流动性风险不仅来自于其资产或负债单方面结构的不合理，还会来自于资产和负债之间在期限结构上的不匹配。金融机构不同于工商企业的重要特征之一是其高资产负债率，这就决定了管理流动性始终是金融机构的核心工作。从理论上讲，由于绝大部分资产都是通过负债来支撑的，农村合作金融机构应该使其资产与负债的偿还期

大体保持一致，这样，在负债到期时，资产也正好到期，收回的资金就可以满足债务的偿付需求。然而在实践中，这种情形却很难出现。以农村信用社为例，其资金来源主要是各种存款和其他借入资金，其中大部分存款和借入资金都是短期的，但资金运用却以中长期贷款为主，两者间存在着显著的不匹配。一旦机构的存款或其他负债无以为继，或资产到期时无法收回，就会发生流动性风险。

（三）金融机构的经营目标偏好

盈利性与流动性的矛盾是产生机构流动性风险的深层次原因。假如机构把所有的资金都运用于现金资产或易变现资产上，那么流动性风险几乎没有发生的可能，但金融机构是以利润最大化为经营目标的，它不可能为了回避流动性风险而放弃盈利，而只能以承担尽量小的流动性风险为代价，最大限度地获得利润。追求盈利不仅是金融机构经营总目标的要求，也是其加强自身实力、巩固信誉、提高竞争力的基础。金融机构的决策必须满足使其资产价值达到最大化的准则。如果一家机构满足于追求短期利益，而忽视对流动性风险的防范，会导致挤兑风潮、停业倒闭的恶果；而局限于高流动性战略，则必然会坐失良机，导致经营亏损和资不抵债的结局。可见，金融机构的经营目标偏好也会影响流动性风险。

（四）其他风险的影响

大多数情况下，流动性风险往往表现为一种派生风险，它并不完全是由流动性资产安排不当引起的，一旦其他各种风险长期积累潜伏而得不到及时控制，最终就将以流动性风险的形式爆发出来，也就是说，流动性风险与其他各类风险并不是孤立存在的，它们之间有着密切的联系，各类风险都有形成流动性风险的可能。例如，2004 年中航油因资金不足，无法满足其石油期权交易的保证金要求，同时还面临着债权人的追债，不得不申请破产保护，从而导致 5.5 亿美元的巨亏。显而易见，中航油的流动性风险主要诱因就是市场风险，即中航油在石油期权交易中导致的巨额亏损。同样，1998 年海南发展银行因支付危机而被迫关闭，究其原因，就在于因经营管理不善而形成信用风险，导致其大量贷款无法收回，资金链因而断裂。

二、影响金融机构流动性的外部因素

（一）中央银行货币政策和监管政策的不一致

中央银行货币政策和监管政策的不一致也制约着金融机构流动性管理措施的实施。在我国中央银行的两大职能中，制定和实施货币政策，进行宏观经济调控，一直优先于金融监管。但货币政策与监管政策并不是时时处处完全一致的，有时存在着显著的矛盾。按照监管要求，商业银行必须逐步达到资产负债比例管理规定的水平，但作为调控宏观经济水平的货币政策往往要求商业银行增加信贷投放，并且对信贷投向提出"指导性意见"，而这可能降低商业银行流动性指标的水平。由于货币政策优先于金融监管，中央银行考虑到实际情况，对商业银行资产负债比例监控指标的要求不得不软化，日久天长，商业银行只把这些指标作为一种参考性的意见。

（二）资本市场不健全

从理论上说，资本市场发展水平与商业银行流动性水平是一种既相互矛盾，又相互依赖的关系。资本市场越发达，商业银行负债领域面临的竞争越激烈，对负债的流动性管理会越困难。但从资产角度看，发达的资本市场又会增加商业银行资产的流动性，便利商业银行资产流动性的管理。最终结果如何，要看对资产和负债两方面影响的净值。我国资本市场的发展状况与商业银行流动性存在着显著的相关关系，股票和长期国债市场升温，会同时伴随着银行一般存款增幅明显下降，同业存放款项增幅扩大。由于我国股票市场投机性强，非理性波动较大，致使我国商业银行负债结构的波动也较大，而同时资本市场不发达也增加了商业银行资产流动性管理的难度，加之我国实行严格的分业经营制度，不允许商业银行从事证券和保险业务，即使是国债投资，对总量和品种也有严格的限制，致使商业银行资产结构单一，不能自主地进行多样化组合，流动性管理的空间和回旋余地狭窄，这也妨碍了商业银行流动性管理措施的有效实施。

（三）突发性事件

一些突发性事件往往也是导致金融机构流动性风险的重要因素。例如1999年3月至4月间，郑州市3名男青年在互联网上发布“交通银行郑州分行行长携款潜逃”的谣言，因而引发大量不明真相的储户到交通银行郑州分行营业网点大额提取现金、提前支取现金、销户，给交通银行造成直接损失1 252万元，间接损失2 050万元。再如2001年，“9·11”事件发生后仅一周之内，美国最大的财产保险公司AIG就赔付5亿美元，第二大寿险公司MetLife赔付3亿美元，CAN金融保险集团赔付2.3亿美元。全球几家大型的再保险公司也损失惨重，Munich再保险、瑞士再保险、伦敦劳合保险、通用再保险等公司更是元气大伤。巨额的赔付导致许多保险公司的流动性下降，美国“股神”巴菲特曾表示，他旗下的再保险公司要花数年时间才能缓过来。

（四）行业性危机的影响

流动性风险具有很强的传染性，它可由一个主体传染给另一个主体，也可从一个市场蔓延到另一个市场。因此，一家原本经营正常的机构也会因其他机构或整个行业的流动性危机而遭受损失。1995年8月俄罗斯爆发的支付危机就是一个突出的例子。在1994年至1995年初，俄罗斯储蓄银行向银行同业市场投放了大量的资金，导致市场交易量上升。但随着俄罗斯国债市场的繁荣，储蓄银行逐渐从银行同业市场撤离资金，转而投向国债市场。作为最大的资金供应人，储蓄银行的资金撤离从根本上改变了同业拆借市场的资金供应态势。1995年8月，资金短缺使几家大中型银行无法及时提供资金进行结算，由此爆发危机。市场信贷资金规模比平常水平减少了5%，隔夜拆借年利率达到200%~1 000%。这场危机最终导致150家银行被迫停业。

第三节 流动性风险的测度

流动性风险是由于未来的资金需求和资金来源的不确定性而引起的。若要有效控制流动性风险，就必须科学地识别和测算已知的和潜在的资金需求，测算资金的需求规模和时间，通过分析、测算，使农村合作金融机构对自己的流动性状况有充分的了解，以便随时解决可能出现的流动性风险。目前，绝大多数农村合作金融机构是根据其资产与负债的有关数据和信息来测算其流动性风险的，还有一些农村合作金融机构除了计算财务比率外，也将市场融资环境、本机构的市场形象、信用级别与融资成本等作为衡量流动性风险的参考标准。

目前市场流动性的计量用四个指标进行描述，市场即时性、市场宽度、市场深度和市场弹性，也即流动性的四维。

市场即时性是指证券交易的速度，是指一定量的证券在对价格影响一定的条件下达成交易所需要的时间。即时性反映的是流动变现性速度方面的特征。

市场宽度是指市场交易价格偏离市场有效价格的程度。它反映的是流动性价格方面的特征。在任何一个市场中，如果投资者为获得流动性愿意接受极为不利的条件，那么该类交易一般都能够得到迅速执行。因此，流动性都是在交易成本尽可能低的条件下获得的，或者说，在特定的时间内，如果某资产的价格呈刚性，卖方的折价很少或交易的买方溢价很小，则意味着该资产的流动性较强。市场宽度的观测值是做市商的买卖差价，当买卖价差足够小时，市场具有宽度；只有当这个差额为零时，才可以认为这个市场完全达到流动性；如果订单的买卖价差很大，市场缺乏宽度。宽度指标主要用来衡量流动性中的交易成本因素。

市场深度是指在不影响当前价格情况下可成交的交易数量。它反映的是流动性数量方面的特征。当市场具有良好的流动性时，投资者可以以当前市场价格对证券进行大量的买入及抛出的操作。而考察市场深度的指标与某一时点市场经理人委托订单的数量密切相关。订单数量与市场深度成正比，订单越多意味着市场越有深度，反之则相反。市场的价格稳定程度可以由深度指标衡量，在市场深度较大的金融市场中，资产价格的波动受一定规模的交易波动冲击相对较小；而在浅度市场，由于市场承受能力受限，同等规模的交易波动对价格的冲击将较大。

市场弹性是指有资产价格受到交易冲击而产生的波动的消失速度，或者说一定数量的交易导致价格偏离均衡水平后恢复均衡价格的速度。资产价格受到临时性的订单失衡的冲击而发生变化后，新的订单立即大量进入，使市场迅速恢复正常，则该金融市场的弹性较好；当订单流量对价格变化的反应调整缓慢，则该市场缺乏弹性。两次委托的价差较小，则返回需要的时间较短，则市场弹性较好；反之，如果两次委托的价差较大，返回需要的时间较长，则市场弹性不好。

由以上阐述可见，流动性风险的衡量应该是多维的。需要指出的是，这四维指标在衡量流动性时不可能同时存在，可能彼此之间存在冲突。例如，深度和宽度通常很难达成一致，交易数量越多、市场深度越大，往往伴随着买卖差价越大、宽度越小，反之则相反。

在金融市场上，流动性提供方与需求方互相寻找，流动性是交易双边搜索的目标。因此，可以为流动性建立搜索函数，其中可以将流动性的四维指标定义成四个变量。流动性用 L 表示；p 表示交易价格，市场宽度可以以价格差来表示；q 表示交易数量，用来衡量市场深度；t 表示时间表示即时性；r 表示弹性。因此流动性函数可表达为

$$L = f(p,q,t,r)$$

式中：

$$\frac{\partial L}{\partial p} < 0, \frac{\partial L}{\partial q} > 0, \frac{\partial L}{\partial t} < 0, \frac{\partial L}{\partial r} > 0$$

在竞价市场，最主要的流动性提供者是限价订单的提交者，流动性的获取者通常是市价订单的提交者。订单簿中的限价订单通常越多，买卖价差越小，表示市场的流动性就越大。

测量农村合作金融机构的流动性，从理论上看，包含两方面的内容：一是考察储存的流动性，这种流动性可以通过农村合作金融机构资产负债表中的短期资产反映出来；二是考察购买流动性的获得能力，即在需要到期偿付时能否及时以合适价格从其他融资渠道获得流动性的能力。储存流动性能力可以过财务报表的有关项目计算测量，相对较容易，而购买流动性的获得能力涉及的不仅仅是农村合作金融机构本身的声誉、实力和筹资渠道，还同市场信用、金融政策等外界因素有关，这些因素都很难进行数量化的测量。目前农村合作金融机构流动性风险的计量方法可以分为静态指标分析和动态指标分析两个方面。

一、流动性风险计量的静态指标

1．核心存款比率。

$$核心存款比率 = \frac{核心存款}{总存款}$$

核心存款比率集中反映了农村合作金融机构资产负债表中负债方的流动性。按稳定性分类，可将农村合作金融机构存款分为两大类，即核心存款与非核心存款。核心存款是指受季节变化和经济环境的影响小、对利率波动不敏感、较为稳定的存款，是农村合作金融机构低成本的资金来源和稳定运行的保证。因此，核心存款直接关系到农村合作金融机构的流动性水平，是其存款构成中重要的组成部分。

对利率波动不敏感的核心存款大多利率很低，甚至为零，并且对它的重定价次数很有限，不过农村合作金融机构往往通过提供一系列优质服务来补偿存款者的成本变化。一般情况下，核心存款客户的利率弹性较低，对利率的小幅波动不敏感；然而当短期利率迅速上升，导致市场收益曲线向上倾斜时，核心存款与其他高利率存款之间的利差扩大了，由此导致的获得利润差别的扩大会正向激励核心存款客户，使其不满足于当前的利润收益而将资金转投持有较高收益的存款账户。

利率的外部因素对易变性存款的影响较大，如果农村合作金融机构资产中易变性存款所占比重较大，那么，当它受到经济环境变化冲击时，大量的非核心存款将会流失，并导致其急需流动性补充，正常的经营运行难以维持。所以在测算流动性时，不能将此类易流失存款考虑在内。对同类型的金融机构而言，核心存款比率越高说明流动性越稳定。

2．存贷款比率。

$$存贷款比率 = \frac{贷款总额}{核心存款}$$

存贷款比率是用来度量农村合作金融机构储存流动性能力的指标，该比率越小，则其流动性越好，流动性风险相对就越小。同核心存款比率具有同样的性质，即该指标的取值范围取决于农村合作金融机构规模的大小。该比率随农村合作金融机构规模的增大而增高，并且大型农村合作金融机构的存贷比率相对于小型农村合作金融机构通常较高，但是并不意味着大型农村合作金融机构面临的流动性风险要比小型农村合作金融机构大，基于同样的原因：大型农村合作金融机构核心存款的绝对数量很大，基本上可以覆盖突发事件的威胁，另外，大型农村合作金融机构的融资渠道相对于小型农村合作金融机构更加多元化，更容易以较低成本筹集用于偿付的资金，筹资能力较强。

3．贷款占总资产比率。

$$贷款占总资产比率 = \frac{贷款}{总资产}$$

贷款占总资产比率指标是农村合作金融机构资产负债表中重要的反映资产方流动性的指标。贷款是农村合作金融机构作为金融中介在其经营管理中向客户提供的主要产品之一，也是其资金运用的主要渠道，一般而言，贷款是农村合作金融机构的资产中流动性最低的，贷款由于信息不对称和交易成本等因素难以转让。因此，农村合作金融机构总资产结构中贷款所占比重越高，则该机构资产的流动性越低；农村合作金融机构的资产越多元化，贷款所占的比例越低，其流动性水平就越高。贷款占总资产的比率与农村合作金融机构的规模相关，其规模越大则该比率越高，中小农村合作金融机构则相对较低。

贷款占总资产比率有其局限性，主要表现在两方面：一是由于该指标没有把其他资产考虑在内，所以不能单独使用该指标对流动性风险进行估计；二是该指标不能以贷款本身所具备的流动性进行考察。贷款能从以下两方面提供流动性：一是按协议定期偿付的利息和本金本身就提供了流动性；二是农村合作金融机构贷款经过证券化处理之后可以在二级市场上转让，增加其流动性。但是贷款所能提供的流动性规模的估算受呆账风险以及市场转让的不确定性影响较难达到准确计量。

4．流动资产比率。

$$流动资产比率 = \frac{流动性资产}{总资产}$$

该比率着重强调了农村合作金融机构资产负债表中资产方的流动性。流动性资产通常是指期限不超过一年，变现能力强的资产；其主要表现形式为现金、同业存款以及国债等。通过计算流动资产比率，可以判断农村合作金融机构在资产方储存的流动性的情况，该比率越高则意味着其应付未预期潜在的流动性偿付请求能力就越强。

5．流动性指数。

$$I = \sum_{i=1}^{N}\left(w_i \frac{P_i}{P_i^*}\right), \sum_{i=1}^{N} w_i = 1$$

式中：I 为流动性指数；P_i 为资产 i 迅速变现的价格；P_i^* 为资产 i 正常变现的价格；w_i 为资产 i 在总资产中所占的比率。

流动性指数的概念是首先由美联储 Jim Pierce 提出并在实践中发展起来的，它用来考察在金融机构面对突然支付需要而必须急速将资产出售获取资金时，所采用的价格与正常市场情况下的市场公允价值存在着多大的差异，即金融机构在急速变现时所需承受的潜在损失。实际价格与公允价格差异越大，则可以判断该金融机构的流动性就越差。在此基础上，将金融机构中所有资产的两种价格差异通过加权平均的方式纳入指数计算即可以得到流动性指数。因此如果一种资产的流动性越高，那么 $P_i - P_i^*$ 越趋近于零，并且 P_i/P_i^* 越趋近于1；反之，如果资产的流动性很不好，那么 $P_i - P_i^*$ 的金额越大，并且 P_i/P_i^* 越趋近于0。因此将所有资产的 P_i/P_i^* 进行加权平均得出的流动性指数 $\sum_{i=1}^{N}\left(w_i \frac{P_i}{P_i^*}\right)$必然存在于（0，1）之间，根据以上叙述可知该指数越高越趋近于1，则金融机构的总体资产的流动性越好。

二、流动性风险计量的动态指标

流动性风险主要是由于资金的一种动态的运动而产生的风险，因此对于流动性管理本身就应该是一个动态过程。而前面所述的静态的流动性衡量指标可以看做是基于当前时点，对于之前一段时期金融机构流动性管理状况的事后统计，基于对流动性静态指标的考察、衡量，农村合作金融机构可以进行现状分析与趋势预测并提出相应的策略安排以应对在未来一段时期内可能出现的流动性问题。因此，只有考察一段时间内资金的运作情况并在此基础上预测其发展趋势才能全面反映农村合作金融机构流动性状况。

1．流动性缺口。流动性缺口是农村合作金融机构流动性管理中最基本的日常使用的指标，是指在未来一定时期内，农村合作金融机构潜在的资金需求与资金供给的差额。可以表示为

$$流动性缺口 = 流动性供给 - 流动性需求$$

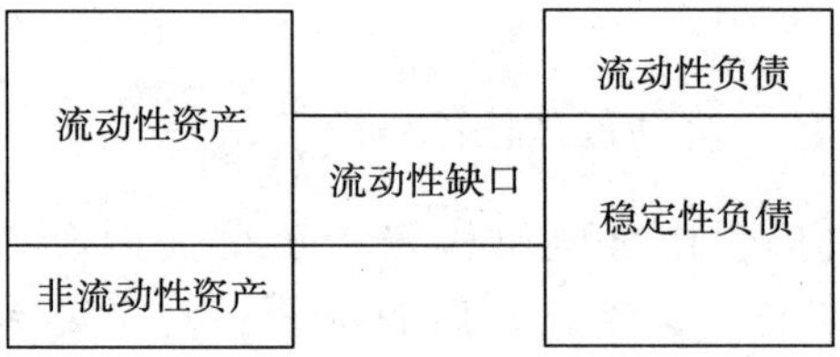

流动性缺口计算指标使用的是当前的资产负债状况，那么得到流动性缺口是静态的概念，反映了过去一段时间内农村合作金融机构的流动性状况。如果对农村合作金融机构的资产负债进行动态预测，之后再计算流动性缺口，则得到的是动态的流动性缺口的概念，反映未来一段时间内的流动性状况。目前发达国家大型商业银行常用的预测流动性缺口的方法主要是资金来源与运用法以及资金结构。资金来源与运用法需要对流动性

来源渠道结构及应用方向加以考察。农村合作金融机构的流动性供给可以由以下来源构成：客户存款、客户偿还贷款、非存款服务性收入、从货币市场上借款以及出售银行资产等。而流动性需求及资金运用包括以下方面：客户贷款、客户提取存款、运营费用和赋税、偿还存款之外的借款、向股东支付红利等。资金结构法将农村合作金融机构的资产及负债分成四类，资产可以分为流动性资产与非流动性资产两种。而负债分为流动性负债和稳定性负债两种。这样，可以看出流动性负债促使农村合作金融机构形成流动性需求，而流动性资产构成其流动性供给。按流动性特征对农村合作金融机构的资产和负债分类后，可以计算出流动性缺口的金额等于流动性资产与流动性负债之差。当流动性资产大于流动性负债时流动性正缺口形成，表示流动性风险较低，农村合作金融机构的流动性充裕；反之，则有流动性负缺口，此时它必须提高警惕以避免不可预计的风险。

2．融资缺口。融资缺口为预测的资金总需求量与预测的稳定资金来源的差额。

融资缺口 = 预测的资金总需求量 − 预测的稳定资金来源

它通常被视为一种不稳定的融资，因此，农村合作金融机构不得不通过非稳定负债对其进行融资。

三、衡量流动性风险的一些市场信息指标

流动性衡量指标通常根据资产负债表中的相关项目进行计算，并以此来衡量流动性。这些指标虽然都能够直观，相对简单、准确地反映在一段期间内农村合作金融机构的流动性状况；但它们存在共同的缺陷，即这些用来计算流动性的指标都是存量性质的，而非流量性质。它们在定量分析现有流动性状况时忽略了农村合作金融机构从金融市场获得流动性的能力。虽然农村合作金融机构的信誉、规模、在市场上的地位、形象和实力等指标都不容易以量化的形式体现，但是它们都对农村合作金融机构的流动性获取能力有着重要影响。因此，在用量性的指标考察流动性风险时，还应对市场信息指标进行观察和分析。

1．公众的信心。如果公众对某一农村合作金融机构的信心不足，则该机构在筹集资金方面将会产生困难，并且不容易获得存款的同时，还可能失去现有储户，并面临银行挤兑等流动性危机。

2．农村合作金融机构发行存款证或其他借款的风险加价的幅度。在我国，基于中国人民银行统一制定存款利率，因此不存在风险加价幅度。但是可以从银行间存款额增减变动反映出存款人在选择银行时，对某银行的态度的变化以及银行流动性风险状况。

3．资产出售损益。农村合作金融机构为偿付到期的还款请求及取款请求，而不惜在重大亏损条件下出售资产的情况是该机构面临流动性风险增大的标志之一，并且如果该类事件发生的频率较高，则该农村合作金融机构存在较大的流动性风险。

4．满足资信好的客户的资金需求的能力。对于能给其带来优厚利润的客户，农村合作金融机构总是不吝惜提供更好的金融服务，当多个贷款条件相同的客户提出贷款请

求时，它会优先考虑好的客户，因满足好客户的贷款要求的能力成为表达其流动性风险的信息指标之一。

5. 向中央银行借款情况。虽然农村合作金融机构都期望在危急时刻能够从中央银行获取资金，然而使用中央银行的应急贷款标志着农村合作金融机构的流动性出现了问题，会对其的声誉造成非常不利的影响，其他机构会收回信用额度并减少对该机构的风险敞口，进而进一步加剧融资压力。

6. 票据的贴现或转贴现。当一家农村合作金融机构发行票据时，其他金融机构是否愿意对该机构的票据进行贴现或转贴现的态度反映了该机构的资金实力及行业形象。若该机构的贴现或转贴现的要求被拒绝，则可能给市场参与者的信息是该机构的市场形象和资金实力受到怀疑，有可能发生流动性风险。

7. 资信评级。市场评级机构为市场参与者提供金融机构资信信息，金融机构的资信评级水平提高，则意味着金融机构的市场地位提高，经营稳定性增强；若评级降低，则意味着该金融机构可能在经营管理、投资等方面出现问题，其市场地位降低。农村合作金融机构评级的降低会直接导致筹资成本增大，从而流动性风险也必然增大。

8. 中间业务情况。中间业务是现阶段农村合作金融机构普遍开展的业务，也是利润收益率较高的业务。中间业务开展的情况能够反映农村合作金融机构的资金实力及其市场形象。

第四节　流动性风险的应对与控制

一、流动性风险管理的指导原则

（一）稳健性原则

流动性风险是金融机构经常面临的主要风险之一，尤其是当金融机构不能及时提供充足的现金来满足客户提取存款的要求和支付到期债务时，就会面临着流动性危机，这种危机很容易导致金融机构的破产。基于这一认识，在过去相当长的时期里，金融机构把流动性风险的管理仅定位于如何保持充足的流动性上，把流动性与盈利性割裂开来，甚至单纯地把流动性置于盈利性之上。

随着金融理论与实践的发展，人们越来越深刻地认识到，过剩的流动性同样不利于金融机构的发展，流动性风险管理应该兼顾风险防范和价值最大化，并要坚持流动性与盈利性的协调统一。为此，金融机构必须准确估算其流动性的需求和供给，合理安排头寸，提高资金配置水平，尽可能使流动性的供给与需求趋于均衡。

（二）统一性原则

从一家机构内部管理的角度来看，与信用风险、市场风险等不同的是，某一个分支机构的流动性风险会危及整个机构的安危，流动性风险具有典型的系统性特征。因此，流动性风险管理应坚持一级法人管理的原则，即总行要对所有的分支机构负总责，整个机构的流动性风险管理实行自上而下、逐级管理、层层负责的方式。

为此，金融机构应成立专门的流动性风险管理组织架构，如国内部分银行在总行层面成立专门的资产负债管理委员会或资产负债管理部，在分支机构层面设立相对应的资产负债管理部门，实行垂直管理、层层负责的管理体制。此外，金融机构还应该保证在流动性风险管理的政策、流程及风险衡量标准等方面达到高度的统一，以利于在机构整体层面上把握和管理流动性风险。

（三）全面性原则

金融机构既存在流动性需求，也存在流动性供给；金融机构流动性需求和供给既来自于资产方，也来自于负债方，还来自于表外；金融机构的流动性风险既可能来源于正常经营条件下不利因素的影响，也可能来源于突发性事件等因素的影响。因此，金融机构的流动性风险管理应坚持全面、综合的原则，既要考虑流动性供给的变化，又要考虑流动性需求的变化；既要考虑资产方的流动性状况，又要考虑负债方的流动性状况，还要考虑表外业务的流动性状况；既要考虑正常经营条件下的流动性风险管理，又要考虑到非正常经营条件下的应急措施等。

二、流动性风险的管理策略

（一）从资产方满足和维持流动性供给的措施

资产流动性管理策略的基本思路是通过持有流动性强的资产以及合理安排资产的期限结构来保持金融机构的流动性，当需要流动性时，将选择一些资产出售，换取现金以满足需求，即通过将非现金资产转换为现金以获取流动性，因而这种策略通常也被称为资产转换策略。

1. 持有适量的流动性资产。巴塞尔委员会按流动性高低将银行资产分为四大类。第一类是最具流动性的资产，如现金及在中央银行的公开市场操作中可用于抵押的政府债券，这类资产可用于从中央银行获得流动性支持，或者在市场上出售、回购或抵押融资；第二类是其他可在市场上交易的证券，如股票和同业借款，这些证券是可以出售的，但在不利的情况下可能会丧失流动性；第三类包括银行可出售的贷款组合，如可证券化的贷款，值得注意的是，一些贷款组合虽然有可供交易的市场，但在流动性分析框架内却可能被视为不能出售；第四类资产的流动性最差，包括实质上无法进行市场交易的资产，如无法出售的贷款、房产、在子公司的投资、存在严重问题的信贷资产等。

2. 证券投资组合的安排。根据投资目的的不同，农村合作金融机构从事的证券投资活动可以大致分为三类：第一类是投资类，这类证券通常会持有到期；目的是获取利息或股息；第二类是交易类，购买这类证券的目的是为了通过短线交易获取价差收益；第三类是随时可供出售类，持有这类证券的目的在于可通过随时出售获取流动性。虽然农村合作金融机构持有前两类证券的主要目的是获取投资收益，但通过合理安排，也可以提供一定程度的流动性。例如采用证券抵押的方式进行回购或借款、投资类证券的到期收回、交易类证券的出售等方式，都可以提供流动性。

3. 贷款证券化。通过证券化的方式把那些未到期的贷款售出，以提前收回资金，也是农村合作金融机构管理流动性的一种重要方法。

4. 合理安排资产的期限结构。农村合作金融机构应保持资产在期限结构上的多元化，长短期搭配合理，尽可能使资产的到期期限呈均匀分布，这样就可以在不同的时点上都能通过到期资产的回收获取流动性，防止因某个期限资产的到期集中导致其他时段内出现流动性不足。

（二）从负债方满足和维持流动性供给的策略

负债流动性管理认为流动性问题是对外支付能力的问题，它既可以通过保持一定数量的现金资产或可变现资产的方式来解决，也可以通过管理负债方的流动性来解决。负债方的流动性管理包括：

1. 扩大负债的流动性来源。通过负债方来管理流动性的关键在于要能够从市场上及时获取成本合理的资金。因此，丰富的融资渠道和筹资工具是农村合作金融机构实施负债管理的前提。农村合作金融机构常用的筹资渠道除吸收存款以外，还包括向中央银行借款、同业拆借、发行可转让的大额定期存单、发行债券、回购等。随着金融创新的不断发展，更多的金融工具被开发并逐步应用于金融机构的流动性风险管理中，如中期票据、存款票据、银行投资协议、市政再投资票据、经济零售存款、外国货币融资等。

2. 提高负债的稳定性。农村合作金融机构负债按稳定性程度可分为核心负债和非核心负债，前者是其最稳定的资金来源。核心负债所占比率越大，它的流动性状况越好。农村合作金融机构可以通过合理的网点布局、高质量的服务、更优惠的条件等方式稳定并逐步提高负债的稳定性。

3. 合理安排负债结构。与资产方的流动性管理一样，农村合作金融机构也可以通过合理安排负债的期限结构，如保持负债到期期限的均匀分布，防止流动性风险的发生。此外，负债结构的合理安排还应考虑到客户的类型。通常，零售负债和批发负债对风险的敏感度存在明显差异。在存款保险制度下，存款人特别是小额存款人对金融机构的信用和利率变化不是非常敏感，但股票、基金和其他投资渠道和回报水平的变化则会对个人存款产生较大的影响。小额存款人的供款意愿主要取决于其金融知识和经验、金融机构的地理位置和服务水平等。一般而言，这类存款往往是核心存款的主要组成部分；而批发存款人则相反，对金融机构的信用和利率高度敏感，这部分资金来源的稳定性相对较差。因此，农村合作金融机构应合理安排资金来源，建立分散化的融资渠道。

4. 提高市场融资能力。提高市场融资能力是农村合作金融机构实施主动型负债管理的前提条件，主要措施包括建立并保持良好的信誉、加强对自身的宣传和推介、提升知名度、保持与债权人和资产出售市场的密切联系、积极开拓新的筹资渠道等。

（三）平衡流动性管理策略

平衡流动性管理策略强调将资产和负债两者结合在一起，统筹考虑农村合作金融机构的流动性风险，而不是仅着眼于资产或负债单方面的流动性管理。农村合作金融机构根据外界环境的变化，动态地调整资产负债结构，通过资金来源和资金运用相结合来保证其流动性。具体举措是以资金来源的种类和期限长短来决定资金运用的种类和归还期限，使资产结构和负债结构相匹配。例如，流动性强的资产对应于稳定性较低的负债，流动性弱的资产对应于稳定性较高的负债。这种匹配不仅体现在数量上的相对应，还体现在资产和负债结构伸缩上保持同向变化。这样，农村合作金融机构在实际业务中就可通过“偿还期转化”，将非稳定性负债沉淀的余额用于长期盈利资产，从而获得更多盈利来防范流动性风险。

三、建立流动性风险的应急预案

金融机构应该有针对流动性风险的应急计划，在计划中应包括处理流动性危机的策略以及弥补在紧急情形下现金流量不足的程序。

（一）危机处理方案

处理流动性危机的方案应包括几个部分，其中最重要的是有关管理部门的协调问题。一份好的应急方案应规定各个部门沟通或传输信息的程序，同时要明确在危机情况下各自的分工和应采取的措施。

方案的另一项内容是在危机情况下对资产和负债处置的措施。与正常状态相比，危机状态下资产和负债处置的力度更大，可能会出售一些在正常情况下不出售的资产，以增加现金流入；还可能会增加存款利率，以吸引更多的存款，减少现金流出。

规划的内容还包括与债权人、债务人或表外业务的交易对手保持密切的关系。当危机逐步上升时，农村合作金融机构必须牺牲部分客户的利益以维持自身生存所必需的流动性。所以，农村合作金融机构需要根据债务人和交易对手的重要程度将这些客户分成几个档次，以决定在危机的不同阶段重点保证哪些客户的需求。在危机阶段，与债权人的关系变得非常重要。如果农村合作金融机构在平时与债权人尤其是大额贷款提供者长期保持良好的关系，它将会更有把握保持其可靠的资金来源。

在规划中还要明确的是与传媒的关系。出色的公共关系有利于树立良好的公众形象，可以防止或缓冲挤兑等不利谣言的传播，防止问题变得更坏。

（二）备用流动性

应急方案还应包括在紧急状态下弥补现金流量不足的工作程序。农村合作金融机构的此类资金有几种来源，包括原先未使用的信贷额度和本国中央银行的支援。根据危机的严重程度，它可以选择使用其中的一种或多种渠道。应急方案应尽可能明确银行能从上述渠道中获得的资金数额，以及在何种情形下可以使用上述渠道。

第五节　流动性风险的报告与监控

一、流动性风险的报告

金融机构应建立明确的流动性风险沟通与报告机制，以确保决策者随时掌握机构的流动性状况，尤其是当机构流动性头寸发生显著变化时，必须确保管理者能够迅速了解情况。此外，定期或不定期提供机构整体的流动性报告也是监管当局的要求。

在正常条件下，所有涉及流动性头寸的部门都需要每日报告，然后在机构整体的层面进行汇总，形成最终报告递交给管理层。部门的报告可以采取书面形式，也可以通过内部信息系统直接传递，后一种方式越来越受到欢迎。在异常情况下。如市场发生较大波动、出现了对本机构不利的流言等，需要采取实时报告的形式，以便管理层能随时了解事态的进展，及时应对可能出现的流动性风险。

业务层面提供的流动性报告主要内容包括本部门流动性缺口的变动情况、影响因素分析和未来趋势预测等内容；在机构整体层面形成的流动性报告不仅包括上述内容，还应就本机构的资产负债表信息、收入信息、资产质量、某些流动性风险度量指标及监测指标等内容进行披露，并对这些内容进行必要的分析；此外，在报告中适时列一份最有可能提取资金以及对资金最为敏感的债权人的详细清单也是非常有用的。

根据金融机构的流动性报告就可以推算出不同季节和时间的资金流动性变化，判断潜在的存款规模和将来各种不同时间段的资金流量，为下一步的投资决策提供依据，尽量做到在保持足够流动性的前提下，实现最大的盈利。

二、流动性风险的监控

（一）流动性风险的预警信号

大多数情况下，机构流动性风险是一个逐渐产生的过程。在此过程中，与机构有关的许多信号都能反映其流动性状况，金融机构应做好对这些信号的监测。

1. 内部信号。内部信号是指金融机构内部的有关风险、盈利和资产质量及其他将对流动性产生中长期潜在影响的信号。如银行的某项或多项业务或产品的风险增加；资产或负债过于集中；资产质量下降；盈利水平下降；资产快速增长，但其资金来源为市场大宗融资等。

2. 外部信号。包括媒体、社会公众、评级机构、投资者等主体在内的外部评价是外部信号的最主要来源。外部评价有时是以直接的方式表现出来，例如，市场上出现负面传言，机构的外部评级下降，受到监管当局的批评，等等；有时则表现为间接的方式，如机构的股价下跌，机构发行的可流通债券的交易量上升，且买卖价差增大等。

3. 融资信号。融资信号来自于金融机构的负债稳定性和融资能力等方面的变化，如存款大量流失；债权人要求提前兑付；融资交易对手开始要求抵押物且不愿提供中长期融资；融资的利率成本上升；无法从同业融资，愿意提供融资的对手数量减少，单笔融资的金额显著上升；被迫从市场上购回已发行的债券；等等。

（二）流动性风险的监测指标

流动性风险的监测和其他风险一样，也是一个动态的过程，它不仅包括对流动性风险的变化情况进行及时的跟踪和监测，也包括对已采取的流动性风险管理措施的监测和反馈，设置监测指标是通行的做法。例如银监会针对商业银行流动性风险的监管设置了三类指标，并给出了监测预警值，以流动性比率为例，如果某银行的流动性比率小于25%，则意味着其面临着较大的流动性风险，会受到监管当局的制裁。

监测指标	指标值
流动性比率	大于等于25%
核心负债依存度	大于等于60%
流动性缺口率	大于等于-10%

随着流动性风险度量技术的发展，金融机构将流动性风险的度量与监测有效地结合了起来，运用相关的流动性风险度量指标，可以随时监测流动性风险的变化。更进一步，金融机构还可根据流动性风险的历史数据和自身的经验，选择若干监测指标，确定各指标的预警阈值和权重系数。

【复习思考题】

1. 什么是流动性风险？流动性风险有哪些特征？为何要加强流动性风险管理？
2. 流动性风险的来源有哪些？
3. 流动性风险管理要遵从的指导原则是什么？
4. 衡量流动性风险的财务指标有哪些？如何正确估算银行的流动性缺口？
5. 应该如何应对中央银行货币政策和监管政策的不一致？

【经典案例】

2007年8月美国“次级债风波”爆发后，市场风险迅速在欧美房地产市场、信贷市场、债券市场和股票市场间相互传染。金融机构间信心缺失导致的“信贷紧缩”，很快从美国蔓延到欧洲，以银行间同业拆借为主要流动性来源的英国北岩银行由此出现了融资困难。2007年9月14日、15日和17日，北岩银行发生了挤兑事件，这是“次级债风波”影响欧洲金融业的标志性事件。

挤兑危机对北岩银行的影响

（一）股价超跌，被收购风险激增

北岩银行挤兑危机是“次级债风波”传染至英国的标志性事件，此种特殊含义引起了股票市场的深度担忧。受此影响，北岩银行股价在挤兑发生后一路下跌，已经不能准确反映其企业价值。10月1日北岩银行收盘价为132.1便士，创下挤兑事件发生以来的最低点，较2007年2月9日1 251便士的年内最高价下跌了89.44%，跌幅远远大于同期富时综合指数和富时银行指数的变化。超跌一方面减少了并购成本，另一方面增加了股权投资的预期收益，使得北岩银行成为众多潜在收购者的目标，10月12日，查德·布兰森（Richard Branson）控制的英国维珍集团（Virgin Group）正式宣布组建由维珍集团金融分支Virgin Money、美国AIG保险公司、美国风险基金公司WLRoss、英国投资公司Toscafund以及香港第一东方投资集团组成的财团，收购英国北岩银行。收购本身不仅给北岩银行长期发展带来了不确定性，而且让北岩银行的股价波动性显著增强，这种易变性增加了北岩银行危机恢复过程中的风险。

（二）评级下调，企业声誉受损

突发性的挤兑危机使得北岩银行声誉受到了较大打击，市场不仅对其次级按揭业务产生了极大担忧，并开始怀疑其全部资产的健康状况和整个银行的风险控制能力。这种市场担忧直接反映在其信用评级的整体下调上，穆迪对北岩银行金融实力的评价仅为C－，惠誉将北岩次级债券的评级下调为BBB＋，DBRS更是将北岩的前景评级降为负面（NEG）。声誉受损的北岩银行不仅面临着更大的业务开展困难，并在股票市场上遭到了市场分析师的普遍冷遇，据Bloomberg的统计，2007年仅有6.25%的分析师建议“买进”北岩股票，56.25%的分析师建议“持有”，37.5%的分析师则建议“卖出”，考虑到此项统计包含了危机前的信息，实际上危机发生后市场对北岩银行更为不信任。从各大投行和研究机构的最新报告来看，北岩银行作为金融机构面临着较为严重的“信用危机”。

（三）盈利预期走弱，长期成长受制

虽然短期的流动性困境直接导致了北岩银行的挤兑危机，但危机对北岩银行的影响却并不局限于短期。管理层的变动、经营模式的可能转变、市值的大幅缩水、业务重新开展的较大困难和客户的信任缺乏使得企业的长期稳健发展受到较大负面影响。在2007年整体数据相比2006年将大为逊色的基础上，2008年的成长预期还会继续下滑。预计2008年北岩银行每股收益将从2007年的0.628继续下降到0.471，每股现金流量也将从2007年的1.502降至1.149，销售额、净资产收益率和总资产回报率也都将有所下降，而2008年的企业价值也将从2007年的84.7继续降至78.5，下降幅度预计为7.3%。

【知识链接】

一、证券公司的流动性风险

证券公司的流动性风险主要来自于代客理财、自营证券业务、新股（或债券）发行及配股承销业务、客户信用交易等方面。在代客理财及证券自营业务中，证券公司所持证券越易于变现，遭受损失的可能性就越小，流动性风险也就越小。而证券的变现能力因证券质地、变现时机等不同而有区别，一般来说，热门股票、债券比冷门股票、债券的流动性风险要小，牛市比熊市的证券流动性风险要小。当然由于证券市场的多变性，证券的“冷”与“热”，市场的“牛”与“熊”是相对的、可转换的。但无论如何，投资于证券就不可能完全避免流动性风险。

在新股（或债券）发行中，证券公司的流动性风险首先取决于发行人经营及财务状况、盈利能力等。发行人的基本面越好，越有利于证券发行，证券公司的流动性风险越小，反之可能越大。其次取决于证券公司采取的是何种承销方式。如果采取的是助销、代销承销方式，由于发行余额部分将退回给发行人，证券公司则无流动性风险，如果采取的是余额包销方式，则证券公司将面临流动性风险。再次取决于证券发行条件，诸如发行额、发行价格、票面利率、期限等，发行条件越优惠越有利于证券发行，证券公司的流动性风险越小，反之则相反。最后取决于发行时市场环境的宽松程度。

至于配股发行或增股发行，1998 年以前的承销经验使我国不少证券公司形成一种思维定式，认为配股承销不存在太大的市场风险，所以只要将项目争取到手就达到了目的。证券公司配股业务的利润主要来自于承销佣金和出售包销流通股配股余股的差价收入，市场好时后者的收益可能远远高于承销费收入，因此以前承销商总希望多一些社会公众股东漏配，多剩余一些流通股余股。事实上这种现象只是短缺经济的产物，本不可能在市场经济条件下普遍长久存在。市场是瞬息万变的，就是在配股预案（配股价范围）公布到配股实施这段时间，市场也可能发生很大的变化。在后来的股市低迷时期，主承销商按照承销合同规定的配股价配股遇到极大障碍，配股认购率低，证券公司被迫包销余股，占用巨额资金，造成流动性风险。随着证券市场规模的扩大、监管机制的建立和日益完善，流动性风险将成为证券公司承销业务中的一种重要风险。

信用交易作为一种证券交易方式，杠杆效应非常突出，但高收益伴随着高风险。证券公司在客户进行证券买卖时，以客户提供的部分现金或有价证券作为担保为前提，为其代垫所需的现金或有价证券，客户进行信用交易时所缴纳的保证金比率越低，则越刺激投资者购买证券，并可能使居民存款大量转移到证券市场，一旦证券行情下跌，客户所持证券平仓所得也有可能不足以弥补证券公司所融资金，而给证券公司造成损失。如遇证券价格大幅下挫、交投清淡，平仓计划甚至难以落实，也就根本不可能偿还向证券公司的借款，从而给证券公司造成沉重资金压力，严重的还将导致证券公司资金链的中断，流动性风险急剧上升。

尽管证券公司流动性风险是客观存在的，但此种风险从特征上看具有一定的可控性。所谓可控性，是指证券公司按照一定的方法，设计特定的制度，对风险进行事前的识别预测，防范化解。具体办法包括：分析证券市场风险的性质、产生条件、识别证券市场存在的各种不确定性的因素；通过事后的统计和实时的监控建立证券市场风险的技术性参数，估价和预测证券市场风险的水平；确定并调整证券投资组合。此外，通过制定证券市场的交易规则，对市场实施有效的监管，也可以实现对流动性风险的控制。证券市场流动性风险的可控性还表现在证券公司可以通过交易活跃的证券二级市场进行有价证券与货币资金的转换。在证券到期前，通过出售证券中风险或防止风险进一步扩大，从而使风险相对固定。

二、保险公司的流动性风险

保险公司的流动性主要来源于自有资金及保费收入、利息、股息、租金及其他收入，另外就是出售金融证券、不动产或其他资产得到的现金。流动性对保险公司关系重大，由于保险事故具有极强的偶然性、突发性、破坏性，还由于人类生活、活动日益呈群体性、扩散性等特点，并且企业生产经营越来越大型化、规模化、现代化，风险损失发生的频率及严重程度有不断上升的趋势，巨灾风险时有发生，它可能在一夜之间要求保险人提供巨额赔偿，此时如果保险企业仅在账面资产上具有相应的偿付能力，但不能及时转化为现金赔偿，那么它所担负的社会责任就难以及时兑现，无法起到稳定社会经济生活应有的作用，甚至导致保险企业本身因为流动性不足而倒闭。保险公司的流动性来源可从保费收入及资产变现两方面加以考察，由于收入可控性差，并且在短时间内不可能大幅增长以满足对流动性即及时足额支付保险金或赔偿金的需求，所以我们就主要从保险基金的不同运用形式进行分析。

从世界范围看，保险基金有以下主要运用形式：（1）购买债券和投资股票。保险基金一般有一定比例用于购买国债、地方政府债券、金融债券及公司债券、股票等可在二级市场流通的证券，这部分资产的流动性风险在于所持证券行情大幅下跌，以致不能顺利变现。（2）投资不动产。保险基金进行不动产投资一般是用于直接建造、购买并自行经营的房地产，其流动性风险更大，故仅适合于长期性保险基金的运用。（3）贷款。保险公司可以向需要资金的单位和个人提供融资，但由于不存在信贷资产二级市场或二级市场不发达，信贷资产流动性差、风险较大。（4）存款。这部分资金运用的风险较小，但收益相对较低，所以将保险基金用于存款，主要是作为保险公司正常赔付或寿险保单到期给付的支付准备。除此之外，保险基金还可用于投资各类基金、同业拆解等。保险公司的流动性风险与其他各类资产的性质有关，大小也各异。

三、证券投资基金管理机构的流动性风险

对于证券投资基金管理机构来说，投资基金是利用专家理财、专家管理的优势，通过发行基金券，集中投资者的资金，主要从事有价证券等金融工具投资的一种利益共享、风险共担的金融中介组织。从世界经验看，开放性基金已取代封闭式基金成为基金发展的主流，而其流动性风险亦更突出。按规定，开放式基金管理人在正常情况下必须以基金净产值为基准承担赎回义务，因此必须日均持有相当数额的现金以备基金持有人赎回。一般情况下，投资者能够及时在适当价位将所持基金变现，但是如果基金管理人因面临巨额赎回而暂停赎回甚至无法赎回的极端情况时，基金投资者就有可能不能以当日单位基金净值金额赎回。如果投资者选择延迟赎回，则要承担后续赎回日单位基金资产净值下跌的危险，这就是开放式基金的流动性风险所在。由于开放式基金面临随时赎回的压力，其资产流动性必然远高于封闭式基金。由于目前我国股市没有做空机制，开放式基金在市场出现波动时，会表现出助涨助跌的特征。同时，由于缺乏类似于股票期权这样的对冲避险工具，给开放式基金的风险管理带来很大压力。一旦市场出现下跌行情，投资者大量赎回，开放式基金管理人除了应付资产缩水的风险外，还得应付持有人赎回的巨大变现压力和流动性风险。

（资料来源：宋清华、李志辉：《金融风险管理》，北京，中国金融出版社，2001）

第四章　筹资管理

【本章概要】

本章主要讲述筹资的分类、筹资的渠道与方式。了解吸收直接投资的概念、种类；吸收直接投资的出资方式，吸收直接投资的条件，吸收直接投资的评价。重点掌握股票的含义与分类，股票的性质，股票价值、价格与股价指数，普通股股东的权利与义务，股票发行的条件、程序、发行价格的确定，股票上市的条件及普通股筹资的优缺点。熟悉优先股的性质，发行动机和种类。了解认股权证的含义与特点，认股权证的基本要素和价值。把握短期借款的种类，同业拆借、中央银行借款、回购协议的特点。熟悉存款的分类和业务的创新。掌握债券的性质和种类，债券的基本要素，债券的发行条件、发行程序，债券发行价格的确定，债券筹资方式的优缺点。

【要点提示】

1. 了解筹资的动机、分类、渠道、方式；
2. 掌握普通股的含义、权利、股票发行价格的确定及优缺点；
3. 理解债券的性质、基本要素、发行价格的确定及优缺点；
4. 熟悉吸收直接投资的出资方式、优缺点；
5. 把握存款的分类及业务创新。

【重要概念】

筹资　　权益资金　　负债资金　　普通股　　优先股　　债券

【本章架构图】

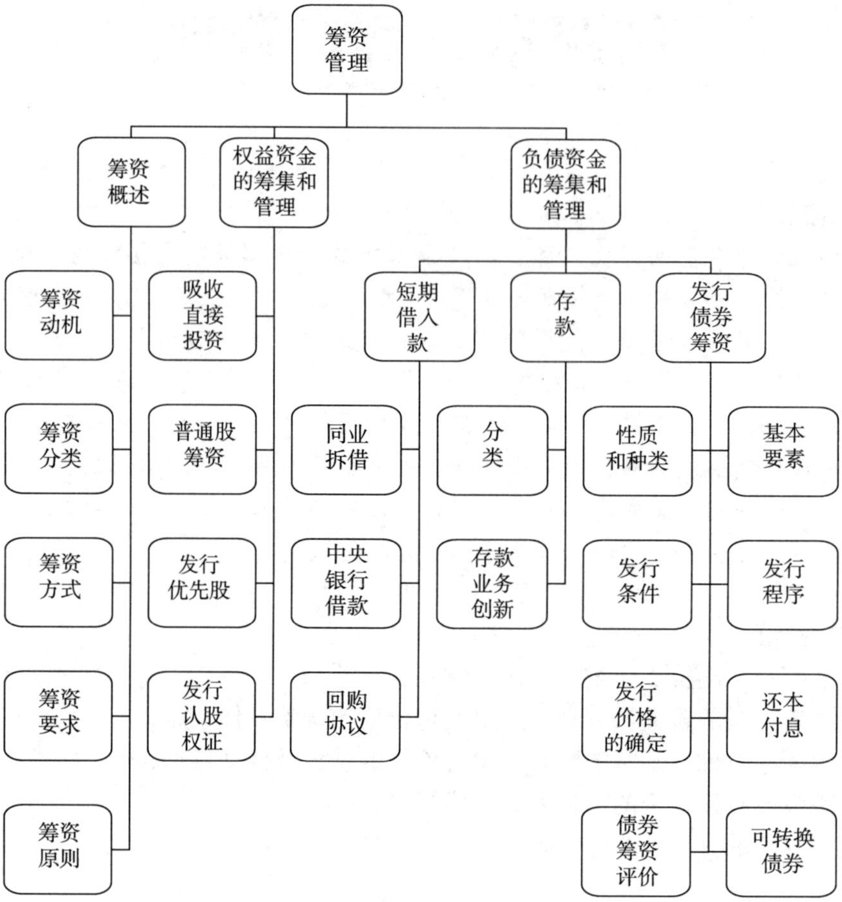

第一节　筹资概述

一、筹资的动机

企业持续的经营活动，会不断地产生对资金的需求，需要及时、足额筹措和集中所需资金。同时，企业因开展对外投资活动和调整资本结构，也需要经济有效地筹集和融通资金。企业进行资金筹集，首先必须了解筹资的具体动机，把握筹资的渠道与方式，遵循筹资的基本要求。

1. 扩张筹资动机。扩张筹资动机是企业因扩大经营规模或追加对外投资的需要而产生的筹资动机。具有良好发展前景、处于成长时期的企业通常会产生这种筹资动机。扩张筹资动机所产生的直接结果，是企业资产总额和筹资总额的增加。

2. 偿债筹资动机。偿债筹资动机是企业为了偿还某项债务而形成的借款动机，即借新债还旧债。偿债筹资有两种情形：一是调整性偿债筹资，即企业虽有足够的能力支付到期旧债，但为了调整现有的资本结构，仍然举债，从而使资本结构更加合理；二是恶化性偿债筹资，即企业现有的支付能力已不足以偿付到期旧债，而被迫举债还债。

3. 混合筹资动机。企业因同时需要长期资金和现金而形成的筹资动机，即混合筹资动机。通过混合筹资，企业既扩大资产规模，又偿还部分旧债，也就是说，在这种筹资中混合了扩张筹资和偿债筹资两种动机。

二、筹资的分类

为了有效地进行筹资管理，可按不同标准对筹资进行分类。

（一）按所筹资金性质分类

按所筹资金的来源渠道不同，可分为权益筹资和负债筹资。

1. 权益筹资。权益筹资所筹资金为权益资本，其主要特征是：

（1）所有权归出资者所有，出资者按出资额享有资产收益、参与经营管理的权利，并以出资额对企业债务负有限责任；

（2）可以长期占用，属“永久性资本”，形成企业法人财产权，在其存续期间，除依法转让外，不得以任何方式抽回；

（3）不需要还本付息，因而风险较小；

（4）通过吸收直接投资、发行股票、保留收益等方式筹措形成。

2. 负债筹资。债权性筹资所筹资金为负债资金，与权益资本比较具有以下特征：

（1）负债资金代表一定的债权债务关系；

（2）债权人不享有参与经营管理的权利；

（3）在约定期限享有使用权，到期还本付息，有筹资风险；

（4）负债利息在成本中列支，有利于提高权益资本的收益率；

（5）通过借款、吸收存款、发行债券等方式筹措形成。

需要指出的是，在特定条件下，负债资金可以转化为权益资本，但权益资本一般不能转化为负债，了解这一点，对企业资本结构调整有一定意义。

（二）按所筹资金的使用期限分类

按所筹资金的使用期限，分为短期筹资和长期筹资。

1. 短期筹资。短期筹资是对短期资金的筹集。短期资金是使用期不超过一年的资金，主要满足企业经营过程中的波动性流动资产需要。对于农村合作金融机构短期筹资主要有同业借款和向中央银行借款等方式。

2. 长期筹资。长期筹资是对长期资金的筹集。长期资金是使用期限在一年以上的资金，主要用于购置固定资产、无形资产、长期贷款、对外长期投资；以及垫支于经常性占用的永久性流动资产需要。长期资金主要通过直接吸收投资、发行股票和债券等方式筹集形成。长期资金对企业稳定经营和持续发展具有重要意义。

（三）按所筹资金的范围分类

按所筹资金的范围，分为内源筹资和外源筹资。

1. 内源筹资。内源筹资是把企业内部积累作为筹资来源，是对一定时期净收益的留置和分配，包括提取公积金和保留收益。因为牵涉到收益分配，所以内源筹资通常和企业的利润分配政策相联系。采用内源筹资方式简便易行，不直接支付使用费，也不发生筹资费，较为经济，有利于企业的长期发展。因此，在筹资政策上，应先考虑内源筹资，再安排外源筹资。

2. 外源筹资。外源筹资是利用外部来源筹集资金，除企业内部积累外，其余都属于外源筹资。显然，外部资金具有供应量大，渠道宽，方式多的特征。企业筹资有较多的选择。但是外部筹资往往限制条件多，使资金的使用受到约束。

（四）按照筹资的结果是否在资产负债表上得以反映，分为表内筹资和表外筹资

表内筹资是指可能引起资产负债表中负债与所有者权益发生变动的筹资。

表外筹资是指不会引起资产负债表中负债与所有者权益发生变动的筹资。

三、筹资的方式

筹资方式是指企业筹集资金所采取的具体形式，体现着资金的属性。正确认识筹资方式的种类及每种筹资方式的属性，有利于企业选择合适的筹资方式，实现最佳的筹资组合。

金融企业可以利用的筹资方式主要有以下几种。

1. 吸收直接投资。吸收直接投资是企业以协议等形式吸收国家、其他企业、个人和外商等直接投入的资金，形成企业资本金的一种筹资方式。吸收直接投资不以股票为媒介，是非股份制企业筹措自有资本的一种基本方式。

2. 发行股票。股票是股份有限公司为筹措自有资本而发行的有价证券，是持股人拥有公司股份的凭证。发行股票是股份有限公司筹措自有资本的主要方式。

3. 吸收存款。存款是农村合作金融机构筹资的主要方式，但客户向其提供这种负债的多少和期限取决于客户本身，不是由农村合作金融机构决定的，所以是一种被动型负债，是其负债经营时所采取的主要筹资方式。

4. 短期借入款。短期借入款是农村合作金融机构一种持久地增加资金来源的手段。在所有流动性需要都由二级准备金来满足的条件下，短期借入款使银行可以持有较高比例的流动性较差的生息资产。短期借入款虽然使农村合作金融机构可以保持较高的流动性，但其成本也较高。农村合作金融机构的短期借入款主要包括同业拆借、中央银行借款、回购协议等。

5. 发行债券。发行债券是债务人为筹集借入资金而发行的，约定在一定期限内向债权人还本付息的有价证券。发行债券是企业筹集借入资金的重要方式。

6. 发行短期融资券。短期融资券在西方又称为商业本票，是企业为筹措短期资金而发行的无担保短期期票。发行短期融资券是企业筹资短期借入资金的一种方式。

7. 联营。联营是指各企业之间根据平等互利的原则，通过协商一致，共同采取某种

经营方式的联合经营。随着改革开放政策的不断深化，我国部门、地区等“条条”、“块块”的分割已经开始被打破，跨地区、跨部门、跨行业、跨所有制的横向经济联合有了很大的发展。企业之间通过联营，可以集中多方面的资金，扩大经营范围，以至建立规模较大的经济联合体，同时还可以进行技术、劳动力、资源等生产要素的联合，发挥各方面的优势，增加企业的活力和竞争能力。因此，联营是企业为扩大经营规模而筹集资金的一种重要方式。

8. 内部积累。内部积累是指企业在税后利润中按规定比例提取的盈余公积金、公益金和未分配利润等。企业通过内部积累的方式筹集资金，既有利于满足扩大企业经营规模的资金需求，又能够减少企业的财务风险。因此，内部积累是各企业长期采用的一种筹资方式。

四、筹资的要求

筹资是一种复杂的经济行为，受诸多因素的影响，为使企业筹资达到预期目的，必须综合分析各种因素，围绕企业价值最大化管理目标，开展筹资活动，具体要求如下。

1. 合理确定筹资规模，提高用资效果。合理确定筹资规模是筹资管理的重要环节，不论通过何种渠道，采取何种方式筹集资金，都应本着量体裁衣原则，预先测定资金需求量，使筹资量与需要量相平衡。筹资量不足无法满足需要，达不到筹资目的；反之，筹资量过剩，会造成资金闲置，降低资金利用效果。为此，企业财务人员必须根据筹资目的需要，采用科学的方法，正确预测筹资规模，使筹资量既能实现筹资目的，又能避免浪费，提高用资效果。

2. 认真选择筹资方式，降低资本成本。在确定了筹资规模的基础上，还应研究筹资方式的选择。企业筹集和使用资金都要付出一定的代价，即平常所说的资本成本。企业筹资方式多种多样，不同的筹资方式，其资本成本、筹资风险以及难易程度也不相同，因此，要综合考虑分析各种筹资方式加以选择，求得筹资方式的最佳组合，以便使企业的综合资本成本达到最低。

3. 及时组织资金供应，保障投放需要。企业在筹资过程中，不仅要求数量的平衡，还要做到时机适当。过早筹资，会使资金闲置，降低资金的利用效果；反之，筹资滞后，跟不上投资需要，会影响投资项目的进度。总之，两者都会造成浪费，因此必须按投资需要，把握好筹资时机，组织资金供应，保证资金及时到位。

4. 科学安排资本结构，防范财务风险。企业的资本结构由权益资本和负债构成，它们是两类不同性质的资金，负债过多，会带来偿债压力，引发财务风险，负债过低，则不能充分利用财务杠杆的作用。这就要求企业财务人员认真分析影响这两者比例的有关因素，选择安排适合本企业的目标资本结构，使之既可以降低财务风险，又可以提高权益资本的收益率。

5. 严格遵守筹资法律法规，维护经济秩序。市场经济是法制经济。为了保证市场主体的企业之间契约的公正和遵守，克服市场自身的局限性和消极方面，达到公平竞争，需要有法律的规范和保障，企业筹资活动属于经济行为，必须受到经济法律的约束。用来规范筹资行为的条款通常包含在一些基本的经济法律之中，如《商业银行法》、《公司法》、《税法》、《证券法》等，为此，企业在筹资过程中，必须自觉遵守有关法律规范，履行约定责任，依法筹资，维护市场经济秩序，保障社会经济的有序运行。

五、筹资原则

企业筹资决策涉及筹资方式、筹资数量、筹资结构、筹资风险、筹资成本等。其中筹资方式受到筹资环境的制约，外部的筹资环境和企业的筹资能力共同决定了企业的筹资方式；筹资数量受到企业筹资战略的影响，反映了企业发展战略目标；筹资结构取决于企业所处的发展阶段，是企业通过控制和利用财务风险来实现企业价值最大化的决策，它和企业的经营风险以及财务风险的大小有关。企业筹资应当有利于实现企业顺利健康成长和企业价值最大化。企业筹资制度必须在宏观筹资体制的框架下作出选择，因此受到国家金融政策的约束。

具体来说，企业筹资应遵循以下基本原则。

1. 规模适当原则。企业筹资规模受到资本限额、企业债务契约约束、企业规模大小等多方面因素的影响，且不同时期银行的资金需求量并不是一个常数。企业财务人员要认真分析经营状况，采用一定的方法，预测资金的需求数量、企业合理确定筹资规模。这样，既可以避免因资金筹集不足，影响生产经营的正常进行，又可防止资金筹集过多，造成资金闲置。

2. 筹措及时原则。企业财务人员在筹集资金时必须熟知资金时间价值的原理和计算方法，以便根据资金的需求情况，合理安排资金的筹集时间，适时获取所需资金。这样，既能避免过早筹集资金形成资金投放前的闲置，又能防止取得资金的滞后，错过资金投放的最佳时间。一般来说，期限越长，手续越复杂的筹款方式，其筹款时限越差。

3. 来源合理原则。资金的来源方式和资金市场为企业提供了资金的源泉和筹资场所，它反映资金的分布状况和供求关系，决定着筹资的难易程度。不同来源的资金，对企业的收益和成本有不同影响。因此，企业应认真研究资金来源渠道和资金市场，合理选择资金来源。

4. 方式经济原则。在确定筹资数量、筹资时间、资金来源的基础上，企业在筹资时还必须研究筹资方式。企业筹集资金必然要付出一定的代价，不同筹资方式条件下的资金成本有高有低。为此，就需要对各种筹资方式进行分析、对比，选择经济、可行的筹资方式。与筹资方式相联系的问题是资金结构的问题，企业应确定合理的资金结构，以便降低成本，减少风险。

第二节　权益资金的筹集和管理

一、吸收直接投资

吸收直接投资是指企业以协议等形式吸收国家、其他企业、个人和外商等直接投入资金，形成企业资本金的一种筹资方式。吸收投资与发行股票、留存收益都是企业筹集自有资金的重要方式，发行股票要有股票做媒介，而吸收直接投资则无须公开发行证券。吸收直接投资中的出资者都是企业的所有者，他们对企业具有经营管理权。企业经营状况好，盈利多，各方可按出资额的比例分享利润，但如果企业经营状况差，连年亏损，甚至被迫破产清算，则各方要在其出资的限额内按出资比例承担损失。

（一）吸收直接投资的种类

1. 吸收个人投资。个人投资是指社会个人或本企业内部职工以个人合法财产投入企业，这种情况下形成的资本称为个人资本。吸收个人投资一般具有以下特点：参加投资的人员较多，每人投资的数额相对较少，以参与企业利润分配为目的。

2. 吸收法人投资。法人投资是指法人单位以其依法可以支配的资产投入企业，这种情况下形成的资本称为法人资本。吸收法人投资一般具有如下特点：发生在法人单位之间，以参与企业利润分配为目的，出资方式灵活多样。

3. 吸收国家投资。国家投资是指有权代表国家投资的政府部门或机构以国有资产投入企业，这种情况下形成的资本称为国有资本。吸收国家投资是国有企业筹集自有资金的主要方式之一。根据《企业国有资本与财务管理暂行办法》的规定，国家对企业注册的国有资本实行保全原则。企业在持续经营期间，对注册的国有资本除依法转让外，不得抽回，并且以出资额为限承担责任。吸收国家投资一般具有如下特点：产权归属国家，资金的运用和处置受国家约束较大，在国有企业中采用比较广泛。

（二）吸收投资者的出资方式

企业在采用吸收投资方式筹集资金时，投资者可以用现金、厂房、机器设备、材料物资、无形资产等作价出资，其具体方式如下。

1. 吸收现金投资。现金投资是企业吸收直接投资所乐于采用的形式。企业有了现金，可用于购置资产、支付费用，比较灵活方便。因此，企业一般争取投资者以现金方式出资。对现金出资比例由有关法律法规作出规定，或由融资各方协商确定。

2. 吸收实物投资。以实物投资主要是投资者以房屋、建筑物、设备等固定资产和原材料、燃料、产品等流动资产作价投资。一般来说，企业吸收的实物应符合如下条件：确为企业科研、生产、经营所需，技术性能比较好，作价公平合理。

实物出资所涉及的实物作价方法应按国家的有关规定执行。

3. 以工业产权出资。以工业产权出资是指投资者以专有技术、商标权、专利权等无形资产所进行的投资。一般来说，企业吸收的工业产权应符合以下条件：能帮助研究和开发新的高科技产品；能帮助生产出适销对路的高科技产品；能帮助改进产品质量，提高生产效率；能帮助大幅度降低各种消耗；作价比较合理。

企业在吸收工业产权时应特别谨慎，进行认证的可行性研究。因为以工业产权投资实际上是把有关技术资本化了，把技术的价值固定化了，而技术具有时效性，因其不断老化而导致价值不断减少甚至完全丧失，风险较大。

4. 以土地使用权出资。投资者也可以用土地使用权来进行投资。土地使用权是按有关法律法规和合同的规定使用土地的权利。企业吸收土地使用权投资应符合如下条件：

企业科研、生产、销售活动所需的，交通、地理条件比较适宜，作价公平合理。

（三）吸收直接投资的条件

企业采用吸收直接投资方式筹措自有资本，必须符合一定的条件要求，主要有以下几个方面。

1. 采用吸收直接投资方式筹措自有资本的企业，应当是非股份制企业，包括国有企业、集体企业、合资或合营企业等，股份制企业按规定应以发行股票的方式取得自有资本。

2. 企业通过吸收直接投资而取得的实物资产或无形资产，必须符合企业生产经营、科研开发的需要，在技术上能够消化应用。在吸收无形资产投资时，应符合法定比例。我国现行法律法规规定企业吸收无形资产投资的比例一般不超过注册资本的20%，如果情况特殊，含有高新技术，确需超过20%的，应经审批部门批准，但最高不得超过30%。

3. 企业通过吸收直接投资而取得的非现金资产，必须进行公正合理的估价。

（四）吸收直接投资的评价

1. 吸收直接投资的优点。在我国，吸收直接投资是最早也是普遍采用的企业筹资方式。与其他筹资方式比较，具有以下优点。

（1）有利于增强企业信誉。吸收直接投资所筹资本属权益资本，与负债比较可以提高企业信誉，增强举债能力。

（2）有利于尽快形成生产能力。可以直接获得现金和各种生产要素，尽快形成生产能力。

（3）有利于降低财务风险。根据企业盈利状况向投资者分配利润，具有灵活性，不会形成财务负担。

2. 吸收直接投资的缺点。采用吸收直接投资也有不利之处，主要表现在以下两个方面。

（1）资金成本较高。一般而言，采用吸收直接投资方式筹集资金所需负担的资金成本较高，特别是企业经营状况较好和盈利能力较强时，更是如此。因为向投资中支付的报酬是根据其出资的数额和企业实现的利润的多寡来计算的。

（2）容易分散企业控制权。采用吸收直接投资方式筹集资金，投资者一般都要求获得与投资数量相适应的经营管理权，这是接受外来投资的代价之一。如果外部投资者的投资较多，则投资者会有相当大的管理权，甚至会对企业实行完全控制，这是吸收投资的不利因素。

二、普通股筹资

（一）股票的含义与分类

1. 股票的含义与性质。股票是指股份公司为筹集权益资本发行的，表示股东按其持有股份享受权益和承担义务，可转让的书面凭证。其通常具有以下几方面含义：一是股票所筹资金属于公司资本；二是股票代表股东的权利地位；三是股票可以转让，是有价证券。其性质包括以下几点。

（1）法定性。股票是经过国家主管部门核准发行的，具有法定性。

（2）收益性。投资者凭所持有的股票，有权按公司章程从公司领取股息和分享公司的经营红利，股票持有者还可以利用股票获取差价和保值。

（3）风险性。认购股票必须承担一定的风险，因为股票盈利要随着股份有限公司的经营状况和盈利水平上下浮动，并且受到股票市场的行情影响。

（4）参与性。股票持有者有权出席股东大会，选举公司的董事会，参与公司的机构内部决策，权力大小取决于其持有的股票份额的多少。

（5）无限期性。在股份有限公司存续期间，股票是一种无限期的法律凭证，它反映着股份有限公司之间比较稳定的经济关系。

（6）可转让性。股票是流动性较高的证券，股票可以在股票市场上作为买卖对象和抵押品随时转让。

（7）价格波动性。股票的波动性是指股票价格经常与股票票面价值不一致。

2. 股票的分类。根据不同标准，可以对股票进行不同的分类，现介绍几种主要分类方式。

（1）按股东权利和义务分类。以股东享受权利和承担义务大小，可将股票划分为普通股股票和优先股股票。

普通股股票简称普通股，是指股份公司发行的享受管理权，但股利不固定的股票。一般情况下股份有限公司只发行普通股，它的股利随公司生产经营状况和管理当局股利分配政策的变化而变化。

优先股股票是指公司分派股利和分派剩余资产过程中顺序优先于普通股的股票。优先股股东不享有经营管理权，也不具有表决权或表决权利受到限制。优先股一方面不需要偿还本金，是公司自有资本的一种筹集方式；另一方面按固定利率支付股利，又具有债券性质。

（2）记名股票和无记名股票。按股票票面上有无记名，可把股票分为记名股票和无记名股票。

记名股票是指股票票面上记载有股东的姓名或名称，并将其记入股东名册的一种股票。公司向发起人、国家授权投资机构法人发行的股票应为记名股票，向社会公众发行股票可以是记名股票也可以是无记名股票。记名股票的转让、继承需办理过户手续。

无记名股票是在股票上不记载股东姓名的股票，股东名称或姓名也不记入公司的股东名册。无记名股票的转让、继承无须办理过户手续，由持有人认购即实现了股权转移。无记名股票属于向社会公众发行的股票，按《股票发行与交易管理暂行条例》规定，其发行数不少于拟发行股本总数的25%。

（3）面值股票和无面值股票。按股票票面上有无金额为标准，可分为面值股票和无面值股票。

面值股票是公司发行的标有每股金额的股票，持有这种股票的股东以持有股票票面金额之和表示占公司总资本的份额，用来确定其对公司享有权利、承担义务的大小。

无面值股票是指股票票面上不记载每股金额，仅注明每股金额占公司全部资产的比例，其价值随公司财产价值的增减而增减。

（4）按股票发行时间的先后分类。以发行时间的先后为标准，可将股票分为始发股和新发股。

始发股是公司设立时发行的股票。

新发股是公司增资时发行的股票。

无论是始发股还是新发股，其发行条件、发行目的、发行价格都不尽相同，但是股东的权利和义务却是相同的。

（5）按发行对象和上市地区分类。以发行对象和上市地区为标准，可将股票分为A股、B股、H股和N股等。

在我国内地，有A股、B股。A股是以人民币认购和交易的股票。B股是以人民币标明票面金额，以外币认购和交易的股票。另外，还有H股和N股，H股为在香港上市的股票，N股是在纽约上市的股票。

（二）股票的价值、价格与股价指数

1. 股票价值。股票价值是用货币衡量的作为获利手段的价值。股票价值有以下四种形式。

（1）票面价值，通常指面值，是股份有限公司在其发行的股票上标明的票面金额。

（2）账面价值，又称净值，是股票包含的实际资产价值。

（3）清算价值，是股份有限公司进行清算时，股票每股所代表的实际价值。

（4）市场价值，是股票在股票市场进行交易过程中具有的价值。

2. 股票价格。股票价格有广义和狭义之分。狭义的股票价格就是股票交易价格。广义的股票价格则包括股票的发行价格和交易价格两种形式。

股票交易价格的特点包括如下两点。

（1）事先的不确定性。股票交易价格总处在不断变动之中，而且这种变动是连续的、非间断性的，这与其他价格形式明显不同。

（2）股票交易价格的市场性。股票交易价格一般不受其发行价格的制约，也不受股份有限公司直接支配，而是取决于股票市场的供求关系，随市场供求关系的变化而变化。

3. 股价指数。股价指数，亦即股票价格指数，是指金融机构通过对股票市场上一些有代表性的公司发行的股票价格进行平均计算和动态对比后得出的数值，它是用于表示多种股票平均水平及其变动并衡量股市行情的指标。根据股价指数反映的价格走势所涵盖的范围，可以将股价指数分为反映整个市场走势的综合性指数和反映某一行业或某一类股票价格走势的分类指数。例如，恒生指数反映的是中国香港股市整体走势，而恒生国企指数反映的是在中国香港上市的H股价格走势，恒生红筹股指数则反映中国香港股市中红筹股的价格走势。按照编制股价指数时纳入指数计算方位的股票样本数量，可以将股价指数划分为全部上市股票价格指数和成份股指数。前者是指将指数所反映出的价格走势所涉及的全部股票纳入指数计算范围，如上海证券交易所发布的上海证券交易所综合指数，就是把全部上市股票的价格变化都纳入计算范围，上海证券交易所工业股价格指数、商业股价格指数等则分别把全部的工业类上市股票和商业类上市股票纳入各自的指数计算范围。例如，深圳证券交易所成份股指数，就是从深圳证券交易所全部上市股票中选取40只，计算得出的一个综合性成份股指数。通过这个指数，可以近似地反映出全部上市股票的价格走势。深圳证券交易所发布的工业股成份股指数，是从深圳证券交易所全部上市的工业股中选取20只成份股为代表计算得出的。在编制成份股指数时，为了保证所选样本具有充分的代表性，国际上惯用的做法是，综合考虑样本股的市价总值及成交量在全部上市股票中所占的比重，并要充分考虑到所选样本股公司的行业代表性。指数公布后，还要根据市场变化状况定期或不定期地更换样本股。

编制股价指数时通常采用以过去某一时刻（基期）部分有代表性的或全部上市公司的股票行情状况为标准参照值，将当期部分有代表性的或全部上市公司的股票行情状况与标准参照值相比的方法。股价指数的计算方法有简单算术平均法、综合平均法、几何平均法和加权平均法等。

（三）普通股股东的权利

普通股股票的持有人是普通股股东，其一般具有如下权利。

1. 公司管理权。普通股股东具有对公司的管理权。对大公司来说，普通股股东成千上万，不可能每个人都直接对公司进行管理，普通股股东的管理权主要体现为在股东大会选举董事会成员时有选举权和被选举权。

通过选出的董事会代表所有股东对企业进行控制和管理。具体来说，普通股股东的管理权主要体现为如下几个方面。

（1）投票权。普通股股东有权投票选举公司董事会成员并有权对修改公司章程、改变公司资金结构、批准出售公司重要资产、吸收或兼并其他公司等重大问题进行投票表决。

（2）查账权。从原则上来讲，普通股股东具有查账权。但由于保密的原因，这种权利常常受到限制。因此，并不是每个股东都可以自由查账，但股东可以委托会计师事务所代表其去查账。

（3）阻止越权经营的权利。当公司的管理当局越权经营时，股东有权阻止。

2. 分享盈余权。分享盈余也是普通股股东的一项基本权利。盈余的分配方案由股东大会决定，每一个会计年度由董事会根据企业的盈利数额和财务状况来决定分发股利的多少并经股东大会批准通过。

3. 出让股份权。股东有权出售或转让股票，这也是普通股股东的一项基本权利。股东出让股票的原因可能有以下几点。

（1）对公司的选择。有的股东由于与管理当局的意见不一致，又没有足够的力量对管理当局进行控制，便出售其股票而购买其他公司的股票。

（2）对报酬的考虑。有的股东认为现有股票的报酬低于自己所期望的报酬，便出售现有的股票，寻求更有利的投资机会。

（3）对资金的需求。有的股东由于一些原因需要大量资金，不得不出售其股票。

4. 优先认股权。优先认股权是普通股股东拥有的权利，普通股股东可优先于其他投资者购买公司增发股票的权利。当公司增发普通股股票时，原有股东有权按持有公司股票的比例，在一定期限内以低于市价的认购价格购买新股。

优先认股权的存续期分为附权期和除权期两部分。附权期是从公司宣布配股之日起至配股登记日止；除权期是从配股登记日至到期日。附权期内的股票称为“附权股票”，优先认股权附在股票上进行交易，股票交易价格中包含优先认股权的价值，这时股票价格会上升；除权期内的股票称为“除权股票”，原来的附权股票价值就分为股票的价值和优先认股权价值两部分。这既可以作为发行普通股的一种促销手段，又能维持原股东在公司的控制权。

5. 剩余财产要求权。当公司解散、清算时，普通股股东对剩余财产有要求权。但是，公司破产清算时，财产的变价收入，首先要用来清偿债务，然后支付优先股股东，最后才能分配给普通股股东。所以，在破产清算时，普通股股东实际上很少能分到剩余财产。

（四）股票的发行

股票的发行是利用股票筹集资金的一个最重要问题，现简介如下。

1. 股票发行的条件。按国际惯例，股份公司发行股票必须具备一定的条件，取得发行资格，并在办理必要手续后才能发行。下面对我国股票发行的条件作适当说明。

（1）新设发行。新设的股份有限公司申请公开发行股票，应当符合下列条件：①生产经营符合国家产业政策；②发行普通股限于一种，同股同权，同股同利；③在募集方式下，发起人认购的股份不少于公司拟发行股份总数的35%；④发起人在近3年内没有重大违法行为；⑤证监会规定的其他条件。

（2）改组发行。国有企业改组设立股份有限公司申请公开发行股票，除应当符合上述情况下的各种条件外，还应当符合下列条件：①发行前一年末，净资产在总资产中所占比例不低于30%，无形资产在净资产中所占比例不高于20%，但证监会另有规定的除外；②近3年连续盈利；③国有企业改组设立股份有限公司公开发行股票的，国家拥有的股份在公司拟发行股本总额中所占比例，由国务院或国务院授权的部门规定；④必须采取募集方式。

（3）增资发行。股份有限公司增资申请发行股票，必须具备下列条件：①前一次发行的股份已募足，并间隔1年以上；②公司在近3年内连续盈利，并可向股东支付股利；③公司在最近3年内财务会计文件无虚假记载；④公司预期利润率可达同期银行存款利率。

（4）定向募集发行。这是指定向募集公司申请发行股票。这种形式除应符合“（1）”和“（2）”所列条件外，还应当符合下列条件：①定向募集所得资金的使用与招股说明书所述的用途相符，并且资金使用效益良好；②距最近一次定向募集股份的时间不少于12个月；③从最近一次定向募集到本次公开发行期间没有重大违法行为；④内部职工股权证按照规定范围发放，并且交国家指定的证券机构集中托管；⑤证监会规定的其他条件。

股票发行分为新设发行、改组发行和增资发行等形式。股份公司发行股票必须符合《中华人民共和国证券法》（以下简称《证券法》）和《股票发行与交易管理暂行条例》等规定的发行条件。

2. 股票发行程序。股票发行的基本程序如下：（1）作出新股发行决议；（2）公司做好新股发行的准备工作，编写必备的文件资料和获取有关的证明材料；（3）提出发行股票申请；（4）提交有关机构审核；（5）签署股票承销协议；（6）公布招股说明书；（7）按规定程序招股；（8）认股人缴纳股款；（9）向认股人交割股票等。

3. 股票发行价格。股票的发行价格有等价、时价和中间价 3 种。等价是指以股票面额为发行价格，即股票的发行价格与其面额等价，也称平价发行或面值发行。时价，是指以公司原发行同种股票的现行市场价格为基准来选择增发新股的发行价格，也称市价发行。中间价是取股票市场价格与面额的中间值作为股票的发行价格。以中间价和时价发行都可能是溢价发行，也可能是折价发行。值得注意的是，我国《公司法》规定公司发行股票不准折价发行，即不准以低于股票面额的价格发行。

根据我国《证券法》的规定，股票的发行价格由发行人与承销的证券公司协商确定。发行公司应当参与公司经营业绩、发展潜力、净资产、发行数量、行业特点、股市状态等，提供定价分析报告，说明确定发行价格的依据。

实际工作中股票发行的定价方式主要有以下几种。

（1）协商定价方式。该方式由发行人与主承销商协商确定股票发行价格，由中国证监会核准。

（2）一般的询价方式。该方式是在对一般投资者上网发行和对机构投资者配售相结合的发行方式下，发行人和主承销商事先确定发行量和发行底价，通过向机构投资者询价，并根据机构投资者的预约申购情况确定最终发行价格，以统一价格向机构投资者配售和对一般投资者上网发行。

（3）累计投标询价方式。该方式是指在发行过程中，根据不同价格下投资者的认购意愿确定发行价格的一种方式。通常，主承销商将发行价格确定在一定的区间内，投资者在此区间内按照不同的发行价格申购认购数量，主承销商将所有投资者在同一价格之上的收购量累计计算，得出一系列在不同价格之上的总收购量。最后，主承销商按照总收购量超过发行量的一定倍数（超额认购倍数）确定发行价格。

（4）上网竞价方式。上网竞价发行是指发行人和主承销商利用证券交易所的交易系统，由主承销商作为新股的唯一买方，以发行人宣布的发行底价为最低价格，以新股实际发行量为总的卖出数，由投资者在指定的时间内竞价委托申购，发行人和主承销商以价格优先的原则确定发行价格并发行股票。

采用上述定价发行方式中的任何一种，发行人和主承销商事先都要协商出一个发行底价或者发行价格区间。这一发行底价或发行价格区间可以采用下列方法来确定。

第一，市盈率定价法。市盈率定价法是指依据注册会计师审核后的发行人盈利预测计算发行人的每股收益，然后根据二级市场的平均市盈率、发行人的行业情况、发行人的经营状况及其成长性等因素拟定发行市盈率，最后依据发行市盈率与发行人每股收益的乘积决定发行价格。

其计算公式为

$$发行价格 = 每股收益 \times 发行市盈率 \tag{4-1}$$

每股收益的确定方法有两种：一是完全摊薄法，即用发行当年预测净利润除以总股本，直接得出每股净收益。二是加权平均法，其计算公式为

$$每股收益 = \frac{发行当年预测净利润}{发行前总股本数 + 本次公开发行股本数 \times \frac{12 - 发生月数}{12}} \tag{4-2}$$

市盈率又称本益比（P/E），是指公司股票价格与公司盈利的比率。发行市盈率通常根据二级市场的平均市盈率、发行公司所处行业的情况（同类行业公司股票的市盈率）、发行公司的经营状况及其成长性等拟定。其计算公式为

$$市盈率 = \frac{每股市价}{每股净收益} \tag{4-3}$$

第二，净资产倍率法。净资产倍率法又称资产净值法，是指通过资产评估和相关会计手段确定发行公司拟募股资产的每股净资产值，然后根据证券市场的状况将每股净资产值乘以一定的倍率，以此确定股票发行价格的方法。净资产倍率法在国外常用于房地产公司或资产现值要重于商业利益的公司的股票发行，但在国内一直未采用。以此种方法确定每股发行价格不仅应考虑公平市值，还需考虑市场所能接受的溢价倍数。以净资产倍率法确定发行股票价格的计算公式是

$$发行价格 = 每股净资产值 \times 溢价倍数 \tag{4-4}$$

第三，竞价确定法。投资者在指定时间内通过证券交易所交易网络，以不低于发行底价的价格并按限购比例或数量进行认购委托，申购期满后，由交易场所的交易系统将所有有效申购按照“价格优先、同价位申报时间优先”的原则，将投资者的认购委托由高价位向低价位排队，并由高价位到低价位累计有效认购数量，当累计数量恰好达到或超过本次发行数量的价格，即为本次发行的价格。

如果在发行底价上仍不能满足本次发行股票的数量，则底价为发行价。发行底价由发行公司和承销商根据发行公司的经营业绩、盈利预测、项目投资的规模、市盈率、发行市场与股票交易市场上同类股票的价格及影响发行价格的其他因素共同研究协商确定。由于在此种方法下，价格大户操纵发行价格，因此，经试验后即停止使用了。

第四，现金流量折现法。现金流量折现法又称贴现现金流量定价法，该方法是通过预测公司未来盈利能力，据此计算公司净现值，并按一定的折现率折算，从而确定股票发行价格的方法。其基本要点是：首先是用市场接受的会计手段预测公司每个项目未来的净现金流量的净现值，以公司的净现值除以公司股份数，即为每股净现值。采用此法应注意两点：其一，由于未来收益存在不确定性，发行价格通常要对上市每股净现值折让20%～30%；其二，用现金流量折现法定价的公司，其市盈率往往远高于市场平均水平，但是这类公司发行上市时套算出来的市盈率与一般公司发行的市盈率之间没有可比

性。这一方法在国际主要股票市场通常用于对新上市公路、港口、桥梁、电厂等基建公司的股票发行的定价。这类公司的特点是前期投资大，初期回报不高，上市时的利润一般偏低，如果采用市盈率法发行定价则会低估其真实价值，而对公司未来收益（现金流量）的分析和预测能比较准确地反映公司的整体和长远价值。

（五）股票上市

股票上市指股份有限公司公开发行的股票经批准在证券交易所进行挂牌交易。

1. 股票上市的条件。公司公开发行的股票进入证券交易所交易必须受严格的条件限制。根据《中华人民共和国公司法》、《中华人民共和国证券法》和《股票发行与交易管理暂行条例》的有关规定，股份有限公司申请其股票上市，必须符合以下条件：其股票经国务院证券管理部门批准已经公开发行；发行后的股本总额不少于人民币5 000万元；开业时间在3年以上，最近3年连续盈利，原国有企业依法改建而设立的，或者在《公司法》实施后新组建成立、其主要发起人为国有大中型企业的股份有限公司，成立时间可连续计算；持有股票面值达人民币1 000元以上的股东不少于1 000人，向社会公开发行的股份达公司股份总数的25%以上；公司股本总额超过人民币4亿元的，其向社会公开发行股份的比例为10%以上；公司在最近3年内无重大违法行为，财务会计报告无虚假记载；国务院规定的其他条件。

具备上述条件的股份有限公司经申请，由国务院或国务院授权的证券管理部门批准，其股票方可上市。股票上市公司必须公告其上市报告，并将其申请文件存放在指定的地点供公众查阅。股票上市公司还必须定期公布其财务状况和经济状况，每年定期公布财务会计报告。

2. 股票上市的暂停与终止。上市公司有下列情形之一的，由证券交易所决定暂停其股票上市交易：公司股本总额、股权分布等发生变化不再具备上市条件；公司不按规定公开其财务状况，或者对财务会计报告作虚假记载，可能误导投资者；公司有重大违法行为；公司最近3年连续亏损。

上市公司有下列情形之一的，由证券交易所决定终止其股票上市交易：公司股本总额、股权分布等发生变化不再具备上市条件，在证券交易所规定的期限内仍不能达到上市条件；公司不按照规定公开其财务状况，或者对财务会计报告作虚假记载，且拒绝纠正；公司最近3年连续亏损，在其后一个年度内未能恢复盈利；公司解散或者被宣告破产；证券交易所上市规则规定的其他情形。

3. 股票上市可为公司带来的益处。

（1）有助于改善财务状况。公司公开发行股票可以筹得自有资金，能迅速改善财务状况。并有条件得到利率更低的贷款。同时，公司一旦上市，就可以在今后有更多的机会从证券市场上筹集资金。

（2）利用股票收购其他公司。一些公司常用出让股票而不是付现金的方式去其他企业进行收购。被收购企业也乐意接受上市公司的股票，因为上市公司的股票具有良好的流通性，持股人可以很容易将股票出手而得到资金。

（3）利用股票市场客观评价企业。对于已上市的公司来说，每日每时的股市，都是对企业客观的市场估价。

（4）利用股票可激励员工。上市公司利用股票作为激励关键人员的手段是卓有成效的，既能了解股票的准确价值，也可使员工的股票得以兑现。

（5）提高公司知名度，吸引更多顾客。股票上市公司为社会所知，并被认为经营优良，这会给公司带来良好的声誉，从而吸引更多的顾客，扩大公司的销售。

4. 股票上市可对公司产生的不利影响。

（1）使公司失去隐私权。一家公司转为上市公司，其最大的变化是公司隐私权的消失。国务院证券监督管理机构要求上市公司将关键的经营情况向社会公众公开。

（2）限制经理人员操作的自由度。公司上市后其所有重要决策都需要经董事会讨论通过，有些对企业至关重大的决策则需股东大会投票决定。股东们通常以公司盈利、分红、股价等来判断经理人员的业绩，这些压力往往使得企业经理人员注重短期效益而忽略长期效益。

（3）公开上市需要很高的费用。这些费用包括资产评估费用、股票承销佣金、律师费、注册会计师费、材料印刷费、登记费等。这些费用的具体数额取决于每一个企业的具体情况、整个上市过程的难易程度和上市数额等因素。公司上市后尚需花费一些费用为证券交易所、股东等提供材料，以及聘请注册会计师、律师等。

（六）普通股筹资的优缺点

1. 普通股筹资的优点。

（1）没有固定利息负担。公司有盈余，并认为适合分配股利，就可以分给股东；公司盈余较少，或虽有盈余但资金短缺或有更有利的投资机会，就可以少支付或不支付股利。

（2）没有固定到期日，也不用偿还。利用普通股筹集的资金是永久的资金，除非公司清算才需偿还。它对保证企业最低的资金需要有重要的意义。

（3）筹资风险小。由于普通股没有到期日，不用支付固定的利息，此种筹资实际上不存在不能偿付的风险，因此风险最小。

（4）能提高公司的信誉。普通股股本与留存收益构成公司所借入一切债务的基础。有了较多的自有资金，就可为债权人提供较大的损失保障，因而，普通股筹资既可以提高公司的信用价值，同时也为使用更多的债务资金提供了强有力的支持。

（5）筹资限制少。利用优先股或债券筹资，通常有许多限制，这些限制往往会影响公司经营的灵活性，而利用普通股筹资则没有这种限制。

2. 普通股筹资的缺点。

（1）资金成本较高。一般来说，普通股筹资的成本要大于债务资金。这主要是因为股利要从净利润中支付，而债务资金的利息可在税前扣除，另外，普通股的发行费用也比较高。

（2）容易分散控制权。利用普通股筹资，出售了新的股票，引进了新的股东，容易导致公司控制权的分散。

此外，新股东分享公司未发行新股前积累的盈余，会降低普通股的每股净收益，从而可能引起股价的下跌。

三、发行优先股

（一）优先股的性质

各国的有关法律一般都规定，允许股份有限公司设置优先股。从公司章程规定的有关条款看，优先股是介于普通股和债券之间的资金来源，是一种混合性证券，其特征也介于普通股和债券之间。

1. 优先股具有普通股的某些特征。优先股与普通股相同的地方，主要表现在以下几个方面：

（1）优先股所筹资本属于权益资本，多数情况下，没有到期日；

（2）优先股的股利在税后利润中支付；

（3）优先股没有筹资风险，当公司没有足够盈利支付股利时，可以不支付，而且无破产之忧；

（4）优先股股东也是以其投资对公司的债务承担有限责任。

2. 优先股具有类似债券的特征。优先股与债券的相似之处主要有以下几个方面：

（1）优先股的股利固定，一般不受公司经营状况和盈利水平的影响；

（2）优先股一般不具有参与公司经营管理权；

（3）当公司章程中规定有赎回条款时，优先股具有还本特征；

（4）当公司章程中规定有转换条款时，优先股可以像债券那样转换为普通股。

（二）发行优先股的动机

企业发行优先股的动机包括：防止股权分散化、调剂现金余缺、改善资金结构、维持举债能力。

（三）优先股的种类

依据公司章程的有关规定，对优先股可进一步分类。

1. 按支付股利能否累积分类，可划分为累积优先股和非累积优先股。

（1）累积优先股，指优先股股利如当年因盈利不足不敷分派或不予分派时，未发或未发足的股利，可以累积到以后年度一并如数补付，并优先于普通股股利的分派。多数情况下，优先股均为累积优先股。

（2）非累积优先股，指优先股如当年未能获得分派股利，则以后也无补发要求权。

2. 按是否可以参加额外股利分配分类，可划分为参加优先股和不参加优先股。

（1）参加优先股，指公司盈利较多时，按规定取得固定股利之后，还可以同普通股一起参加剩余利润的分配，分得额外股利的优先股。在公司章程中，参加分享额外收益的条款很少提供。

（2）不参加优先股，是指能取得固定股利，不能参加剩余利润分配的优先股，是优先股的常见形式。

3. 按是否可以赎回分类，可划分为可赎回优先股和不可赎回优先股。

（1）可赎回优先股，指优先股发行若干年后，公司可按预先约定的价格和一定方式，将其逐渐赎回的优先股。通常赎回价格高于股票票面价格，算是对股东的一种补偿。由于赎回的决定权在公司，因此赎回总是在有利于公司的情况下进行的。如市场利率较低，公司可用其他方式筹集较低成本的资金，公司不愿再受优先股约定条件的限制等。

（2）不可赎回优先股，指公司没有赎回权利的优先股。当然，不可赎回并非指公司不可以从市场上按市价收回。在优先股中，不可赎回优先股是主要形式。

4. 按是否可以转换分类，可划分为可转换优先股和不可转换优先股。

（1）可转换优先股，指在公司章程规定的期限内，按股东意愿可以按票面价格一定比例转换为普通股的优先股。

（2）不可转换优先股，指不具有转换为普通股权利的优先股。

（四）优先股股东的权利

优先股股东的权利包括：优先分配股利权、优先分配剩余财产权、部分管理权。

（五）优先股筹资评价

1. 优先股筹资的优点。从公司财务角度看，采用优先股筹资方式，具有以下优点：

（1）优先股从根本上说属于权益资本，没有固定到期日，是永久资金来源，可以为公司举债提供保证；

（2）优先股一般不具有参与经营管理权，如果公司既想筹集权益资本，又要维护原股东的控制权，采用优先股筹资是最恰当的；

（3）优先股股利虽然固定，但盈利不足支付时，可以暂不支付，具有一定的灵活性；

（4）优先股股利固定，也具有杠杆作用；

（5）优先股的可赎回性和可转换性，使之具有调整资本结构功能。

2. 优先股筹资的缺点。优先股筹资的缺点主要是：

（1）优先股通常有些保护条款，这些条款会形成对公司管理者的限制；

（2）优先股股利支付虽然灵活，但毕竟要支付，会形成公司的财务负担；

（3）优先股的资本成本也较高。

四、发行认股权证

（一）认股权证的含义与特点

认股权证是由股份公司发行的，能够按特定的价格，在特定的时间内购买一定数量该公司股票的选择权凭证。

认股权证的特点：

1. 认股权证作为一种特殊的筹资手段，对于公司发行新债券或优先股股票具有促销作用；

2. 持有人在认股之前，既不拥有债权也不拥有股权，只拥有股票认购权；

3. 用认股权证购买普通股股票，其价格一般低于市价。

(二) 认股权证的种类

1. 按允许购买的期限长短，分为长期认股权证与短期认股权证。

2. 按认股权证的发行方式不同，分为单独发行认股权证与附带发行认股权证。

(三) 认股权证的基本要素

认股权证的基本要素包括：认购数量、认购价格、认购期限、赎回条款。

(四) 认股权证的价值

认股权证的价值有理论价值与实际价值之分。其理论价值可用下式计算：

认股权证理论价值 = 普通股市场价格 - 普通股认购价格 × 认股权证换股比率

影响认股权证理论价值的主要因素有：换股比率、普通股市价、执行价格、剩余有效期间。

认股权证的实际价值是认股权证在证券市场上的市场价格或售价。认股权证的实际价值大于理论价值的部分称为超理论价值的溢价。

(五) 认股权证的作用

为公司筹集额外现金，促进其他筹资方式的运用。

第三节 负债资金的筹集和管理

一、短期借入款

短期借入款是农村合作金融机构一种持久地增加资金来源的手段。在所有流动性需要都由二级准备金来满足的条件下，短期借入款使其可以持有较高比例的流动性较差的生息资产。短期借入款虽然使它可以保持较高的流动性，但其成本也较高。农村合作金融机构的短期借入款主要包括同业拆借、中央银行借款、回购协议等。

(一) 同业拆借

同业拆借（Inter Bank Offered Credit）指金融机构相互之间的资金融通。一般均为短期，常常是今日借，明日还。同业拆借市场最早出现在美国。其形成的根本原因在于法定存款准备金制度的实施。

同业拆借是指金融机构之间利用资金融通过程的时间差、空间差、行际差来调剂资金而进行的短期借贷。同业拆借作为临时调剂性借贷行为，具有以下特点：

(1) 期限短。同业拆借的交易期限较短，属临时性的资金融通。我国目前同业拆借期限最长不超过4个月。

(2) 利率相对较低。一般来说，同业拆借利率是以中央银行再贷款利率和再贴现率为基准，再根据社会资金的松紧程度和供求关系由拆借双方自由议定的。由于拆借双方都是商业银行或其他金融机构，其信誉比一般工商企业要高，拆借风险较小，加之拆借期限较短，因而利率水平较低。

（3）同业拆借的参与者是商业银行和其他金融机构。

金融机构在进行同业拆借活动时，必须遵循以下原则：

（1）自主性原则。同业拆借是一种信用行为，在进行拆借资金交易时，必须承认和尊重市场主体（交易双方）的权利和义务，严格遵循自愿协商、平等互利、自主成交的原则，维护市场经营者的合法权益，形成平等竞争的有序环境，保证资金的合理流动。

（2）偿还性原则。对拆出方来说，由于拆出的是本行暂时闲置不用的资金，有一定期限限制，因此必须按期收回。对拆入方来说，拆入资金只是拥有一定期限内的资金使用权，并不拥有长期使用的权利，也不改变资金的所有权，因而必须到期如数偿还。

（3）短期性原则。同业拆借的典型特征之一是期限短，属一种短期融资。从拆出方看，拆出的资金是银行的暂时闲置资金，从数量和期限上都具有不确定性，因而其资金运用必须是短期的。就拆入方而言，向同业拆入资金主要是解决临时性储备不足的资金需要，如因清算联行汇差而出现的临时性头寸不足和头寸调度方面的突发性资金需求等。因此拆入方也应坚持拆入资金的短期性原则，一旦贷款收回或存款增加，就应立即归还这种借款。

（二）中央银行借款

农村合作金融机构融通资金的另一条途径，就是向中央银行借款。主要有两种形式：中央银行借款和再贴现。

1. 中央银行借款。农村合作金融机构向中央银行借款可以是信用借款，也可以是抵押借款。我国目前农村合作金融机构向中央银行申请的借款皆为信用借款，主要有以下三种。

（1）年度性借款，主要用于解决农村合作金融机构因经济合理增长而引起的年度信贷资金不足。其期限一般为一年。

（2）季节性借款，主要解决农村合作金融机构因信贷资金先支后付或存贷款季节性下降上升等因素引起的暂时资金不足。

（3）头寸借款，主要解决农村合作金融机构因资金头寸不足而造成的临时性资金短缺。期限在七天以内。

2. 再贴现。再贴现是金融机构将持有的未到期汇票向中央银行卖出的票据转让行为。由于我国再贴现业务起步较晚，中国人民银行总行对再贴现业务作了一些具体规定：

（1）再贴现的对象：是在人民银行及其分支机构开立账户的商业银行、政策性银行及其分支机构。对非银行金融机构再贴现，须经中国人民银行总行批准。

（2）再贴现的票据：是金融机构已办理贴现，但票据未到期、票式完整、经具有承兑资格的银行承兑的商业汇票。

（3）再贴现的期限与利率：再贴现期限从其再贴现之日起至汇票到期日止，一般为3个月，最长不得超过4个月。其再贴现率一般低于再贷款利率。

（4）再贴现总量：对人民银行各级分支机构的再贴现实行限额管理，任何时点均不得突破，也不得与其他再贷款限额相互串用。

（5）再贴现的金额：按贴现汇票的票面金额扣除再贴现利息计算。

（三）回购协议

回购协议指的是在出售证券的同时，与证券的购买商达成协议，约定在一定期限后按原定价格购回所卖证券，从而获取即时可用资金的一种交易行为。

1. 回购协议是由借贷双方签订协议，规定借款方通过向贷款方暂时售出一笔特定的金融资产而换取相应的即时可用资金，并承诺在一定期限后按预定价格购回这笔金融资产的安排。其中的回购价格为售价另加利息，这样就在事实上偿付融资本息。

2. 回购协议实质上是一种短期抵押融资方式，那笔被借款方先售出后又购回的金融资产即是融资抵押品或担保品。

3. 回购协议分为债券回购和股票回购两种。两种形式都是融资的手段，而且一贯都被认为是比较安全且回报高而快的方式。

4. 回购协议有两种：一种是正回购协议，是指在出售证券的同时，与证券的购买商签订协议，协议在一定期限后按照约定价格回购所出售的证券，从而及时获取资金的行为；另一种是逆回购协议（Reverse Repurchase Agreement），是指买入证券一方同意按照约定期限和价格再卖出证券的协议。

5. 回购协议的期限一般很短，最常见的是隔夜拆借，但也有期限长的。此外，还有一种“连续合同”的形式，这种形式的回购协议没有固定期限，只在双方都没有表示终止的意图时，合同每天自动展期，直至一方提出终止为止。

6. 回购协议方式具有以下特点：

（1）将资金的收益与流动性融为一体，增大了投资者的兴趣。投资者完全可以根据自己的资金安排，与借款者签订“隔日”或“连续合同”的回购协议，在保证资金可以随时收回移作他用的前提下，增加资金的收益。

（2）增强了长期债券的变现性，避免了证券持有者因出售长期资产以变现而可能带来的损失。

（3）具有较强的安全性。回购协议一般期限较短，并且又有100%的债券作抵押，所以投资者可以根据资金市场行情变化，及时抽回资金，避免长期投资的风险。

（4）较长期的回购协议可以用来套利。如银行以较低的利率用回购协议的方式取得资金，再以较高利率贷出，可以获得利差。

在美国，回购协议市场的利率一般以联邦储备资金拆借市场的利率为基准，但经常会略低一些。回购协议作为重要的短期资金融通方式，已越来越受到重视。

7. 回购协议方式借款的原因。

（1）回购协议借款是银行推行负债储备管理的有利工具之一，尤其是大银行喜好用回购协议调整储备金头寸。

（2）回购协议所获借款无须提交储备金，这就降低了回购协议借款的实际成本。

（3）由于回购协议下有政府债券等金融资产作担保，应付的利息稍低于同业拆借。

（4）回购协议的期限弹性佳。回购协议的期限虽多为一个营业日，但也有长达几个月的，而且双方可签订连续合同。在协议不产生异议的情况下，协议可自动展期。因此，回购协议为农村合作金融机构提供了一种比其他可控制负债工具更容易确定期限的工具。

二、存款

存款业务是对存款客户的一种负债，是农村合作金融机构最重要的资金来源。客户向农村合作金融机构提供这种负债的多少和期限，在某种程度上都取决于客户本身，而不是由农村合作金融机构所决定的，从这种意义上说，农村合作金融机构吸收的存款是一种被动型负债业务。

（一）存款的分类

农村合作金融机构存款按不同的分类标准，有不同划分方式，按存款人的性质不同，可划分为个人存款、公司存款和政府存款；按存款存取时间的长短，可划分为长期存款、定期存款、储蓄存款和其他存款；按照存款方式的不同，可划分为活期存款、定期存款和储蓄存款。

1. 活期存款。活期存款是相对于定期存款而言的，是农村合作金融机构的传统存款业务，不规定存取期限，存户可随时提取，农村合作金融机构有随时兑付的义务。活期存款构成了农村合作金融机构的重要资金来源，也是其创造信用的重要条件，由于活期存款可用支票随时提存，存取数量大，流通速度快，农村合作金融机构只向客户免费或低费提供服务，一般不支付或较少支付利息。

2. 定期存款。定期存款是相对于活期存款而言的，是客户与农村合作金融机构事先约定期限，到期才能支取的存款。这种存款凭存单提取，存单可分为可转让和不可转让两种。因为定期存款具有稳定性而且时间比较长，从而为农村合作金融机构提供了稳定的资金来源，对其长期放款与投资具有重要意义。

3. 储蓄存款。储蓄存款是个人为积蓄货币和取得利息收入而开立的存款账户，储蓄存款又可分为活期和定期。

（1）活期存款。客户凭存折或银行卡及预留密码可在银行营业时间内通过银行柜面或通过银行自助设备随时存取现金。

活期存款通常1元起存，客户可凭存折或银行卡在全国各网点通存通兑。

①计息金额。存款的计息起点为元，元以下角分不计利息。利息金额算至分位，分以下尾数四舍五入。分段计息算至厘位，合计利息后分以下四舍五入。除活期存款在每季结息日时将利息计入本金作为下季的本金计算复利外，其他存款不论存期多长，一律不计复利。

②计息时间。从2005年9月21日起，我国对活期存款实行按季度结息，每季度末月的20日为结息日，次日付息。

③计息方式。除活期和定期整存整取两种存款外，国内银行的通知存款、协定存款、定活两便、存本取息、零存整取、整存零取6个存款种类，只要不超过中国人民银行同期限档次存款利率上限，计、结息规则由各银行自己把握。

银行除仍可沿用普遍使用的每年360天（每月30天）计息期外，也可选择将计息期全部化为实际天数计算利息，即每年为365天（闰年为366天），每月为当月公历的实际天数。

上述6种存款具体采用何种计息方式由各银行决定，储户只能选择银行，不能选择计息方式。

中国人民银行将计结息方式选择权下放到银行，意味着对于同一存款种类，各家银行之间将会出现计息方式的差异，从而使储户的最终利息收入并不相同。

人民币存款计息的通用公式：

$$利息=本金\times实际天数\times日利率$$

人民币存款利率的换算公式：

$$日利率（‱）=年利率（\%）\div360$$

$$月利率（‰）=年利率（\%）\div12$$

积数计息法：按实际天数每日累计账户余额，以累计积数乘以日利率计算利息。目前，各家银行多使用积数计息法计算活期存款利息。

计算公式为

$$利息=累计计息积数\times日利率$$

式中：

$$累计计息积数=每日余额合计数$$

日期	存入金额	支取金额	余额	日数	积数
1999-03-01	200		200	3	600
1993-03-04		50	150	31	4 650
1993-04-05		100	50	1	50
1993-04-06	100		150	58	8 700
清户 1993-06-03		150	0		计息积数和 14 000

逐笔计息法：按预先确定的计息公式逐笔计算利息。目前，各家银行多使用逐笔计息法计算整存整取定期存款利息。

计息期为整年（月）的，计息公式为

$$利息=本金\times年（月）数\times年（月）利率$$

计息期有整年（月）又有零头天数的，计息公式为

$$利息=本金\times年（月）数\times年（月）利率+本金\times零头天数\times日利率$$

（2）定期存款。整存整取最为常见，是定期存款的典型代表。

①存款利率。定期存款利率视期限长短而定。

②到期支取的定期存款计息。

案例：某客户在2007年1月8日存入一笔12 345.67元的1年期整存整取定期存款，假定年利率为3.00%，一年后存款到期时，他从银行取回的全部金额是多少？

③逾期支取的定期存款计息。超过原定存期的部分，除约定自动转存外，按支取日挂牌公告的活期存款利率计付利息，并全部计入本金。

案例：某客户2006年2月28日存入10 000元，定期整存整取6个月，假定利率为2.70%，到期日为2006年8月28日，支取日为2006年9月18日。假定2006年9月18

日活期储蓄存款利率为0.72%。

④提前支取的定期存款计息。支取部分按活期存款利率计付利息，提前支取部分的利息同本金一并支取。

⑤存期内遇有利率调整，仍按存单开户日挂牌公告的相应定期存款利率计息。

（二）存款业务的创新

银行面对竞争激烈的存款市场，对存款业务进行了一些创新，设立多种灵活方便并支付利息的存款账户，为客户提供更多的选择，充分满足存款者对安全性、流动性及盈利性的要求，从而争取更多的存款客户。这类业务比较重要的有：

1. 可转让定期存单。可转让定期存单存款是定期存款的一种主要形式，但与前述定期存款又有所区别。可转让定期存单存款的明显特点是：存单面额固定，不记姓名，利率有固定也有浮动，存期为3个月、6个月、9个月和12个月不等。存单能够流通转让，以能够满足流动性和盈利性的双重要求。

2. 可转让支付命令存款账户。它实际上是一种不使用支票的支票账户。它以支付命令书取代了支票。通过此账户，银行既可以提供支付上的便利，又可以支付利息，从而吸引储户，扩大存款。

开立这种存款账户，存户可以随时开出支付命令书，或直接提现，或直接向第三者支付，其存款余额可取得利息收入。由此满足了支付上的便利要求，同时也满足了收益上的要求。

3. 自动转账服务存款账户。这一账户与可转让支付命令存款账户类似，是在电话转账服务基础上发展而来。发展到自动转账服务时，存户可以同时在银行开立两个账户：储蓄账户和活期存款账户。银行收到存户所开出的支票需要付款时，可随即将支付款项从储蓄账户上转到活期存款账户上，自动转账，即时支付支票上的款项。

4. 掉期存款。掉期存款指的是客户在存款时把手上的本币兑换成其所选择的外币，将外币以定期存款形式存入银行。到期满时，客户先将外币存款连本带息兑换成本币后才提取。存款期限由一个月至一年不等。

三、发行债券筹资

（一）债券的性质和种类

1. 债券的性质。企业债券是依照法定程序发行的，约定在一定期限内还本付息的有价证券。按我国《公司法》和国际惯例，股份有限公司和有限责任公司发行的债券称公司债券或公司债。利用发行债券筹集生产经营资金是当今世界各国常用的做法。

债券代表持券人和企业间的债权债务关系，发行债券所筹资金属于负债资金。债券作为一种筹资手段与一般债务筹资比较，具有以下几个方面的特征。

（1）流动性。债券具有较强的变现能力，即流动性。这是因为，债券是一种有价证券，有固定的利率，便于计算投资收益率，期满后可以收回本金，这样，持券人在需要资金时可以到证券市场转让或到银行机构作抵押取得贷款。

（2）契约性。债券是一种契约性债务凭证，债券发行的所有事项均在契约中予以规定，包括债券发行方式、利息支付、偿还方式、担保品，并规定了相应的保障条款，有的契约中还规定了赎回和转换条款，而其他负债筹资方式没有这么复杂。

（3）法律约束性。一般债务的法律限制较小，发行债券的限制较为明显，如发行债券的资格、发行的数额、利率、发行程序等，在有关法律中均有明确规定。这意味着发行债券要比其他债务筹资受到更多更严格的限制，而这些限制的目的是为了保护投资者利益。

（4）弹性。债券的弹性表现在有的债券契约中有赎回和转换条款，公司可在一定条件下购回所发行的债券或将债券转换为普通股，赋予了债券调整资本结构的功能，使债券筹资具有了灵活性。

2. 债券的种类。企业债券主要有以下几种类型。

（1）按有无抵押担保分类。

①有担保债券，指企业以特定财产作为担保发行的债券。所谓特定财产包括不动产、动产和有价证券。其中以不动产为质物的债券称为抵押债券，以动产和有价证券为质物的债券称为质押债券，又称流动抵押债券。以有价证券为质物的，大多又需要资金，但又不愿出售持有证券的公司发行，其目的是为了保持对附属公司或其他公司的控制权。有担保债券如不能到期偿还，则持券人可行使抵押权或质权，拍卖该特定财产作为补偿。

②信用债券，又称无担保债券，指不以任何物品作为抵押，完全凭借公司信用发行的债券。通常只有那些信誉良好、声名卓著的公司才可以发行，信用债券的资产索偿权与一般债权人一样，没有特定资产作保证，但有一个限制，就是公司此后不得将资产抵押给其他债权人。

（2）按是否记名分类。

①记名债券，指券面上记有持券人姓名或名称的债券。记名债券只对记名人还本，持券人凭印鉴领取利息，记名债券的转让要办理过户手续。

②无记名债券，指券面上不记有持券人姓名或名称的债券。债券的还本付息仅以债券为凭即见票还本付息。无记名债券的转让，只需将债券交付受让人后即发生效力。

（3）按能否转换为普通股分类。

①可转换债券，指按契约规定，在一定条件下可转换为普通股的公司债券。这种债券具有选择权，所以利率比普通债券要低。

②不可转换债券，指不具有转换选择权的公司债券。

（4）按本金偿还方式分类。

①一次偿还债券，又称期满偿还债券，这种债券的本金于到期日一次全部偿还。

②分次偿还债券，指本金分次偿还的债券。其又可具体分为定时偿还和随时偿还两种类型。这种分散还本的做法可以减轻企业集中还本的支付压力。

③偿债基金债券，指契约中附有偿债基金条款的债券。这种债券不仅可以保证持券人的权益，而且能减轻债券到期日企业偿还本金的现金压力。

（5）按债券持有收益分类。

①固定利率债券，指发行时就已确定利率并记于债券票面的债券。

②浮动利率债券，这种债券的利率在发行时不固定，而是随着市场利率变化作相应调整，从筹资角度看，浮动利率债券不仅可以获得长期资金，而且在整个使用期不必负担过高的利率，通常在未来利率不确定的情况下使用。

③参与分红债券，又称参与公司债券，这种债券利率较低，但公司有超额盈余时，可以参加盈余分配，实际上，这种债券较为少见。

④收益债券，这种债券的偿本义务由公司负责，但利息并不按期支付，需视公司盈余多寡而定，只有公司有能力支付利息时才支付。对公司而言，发行收益债券可以不必承担固定的利息负担，减少财务风险，通常是在公司财务上发生困难，整顿改组，挽救危机时才发行。

（二）债券的基本要素

1. 债券的面值。债券的面值包括两个基本内容：一是币种，二是票面金额。面值的币种可用本国货币，也可用外币，这取决于发行者的需要和债券的种类。债券的发行者可根据资金市场情况和自己的需要选择适合的币种。债券的票面金额是债券到期时偿还债务的金额，通常印在债券上，固定不变，到期必须足额偿还。

2. 债券的期限。债券都有明确的到期日，债券从发行之日起，至到期日之间的时间差为债券的期限。在债券的期限内，公司必须定期支付利息，债券到期时，必须偿还本金，也可按规定分批偿还或提前一次偿还。

3. 债券的利率。债券通常都载明利率，一般为固定利率和浮动利率两种。债券上标注的利率一般是年利率，在不计复利的情况下，面值与利率相乘可得出年利息。

4. 债券的价格。理论上，债券的面值就应是它的价格，事实上并非如此。由于发行者的种种考虑或资金市场上供求关系、利息率的变化，债券的市场价格常常脱离它的面值，有时高于面值，有时低于面值，但其差额并不很大，不像普通股那样相差甚远。也就是说，债券的面值是固定的，它的价格却是经常变化的。发行者计息还本，是以债券的面值为根据，而不是以其价格为根据。

（三）债券的发行条件

按照国际惯例，企业发行债券要符合一定的条件。根据我国《公司法》规定，股份有限公司、国有独资公司和两个以上的国有企业或其他两个以上的国有投资主体投资设立的有限责任公司具有发行债券的资格。发行公司债券应当符合下列条件：（1）股份有限公司的净资产额不低于人民币 3 000 万元，有限责任公司的净资产额不低于人民币 6 000万元；（2）累计债券总额不超过公司净资产额的 40%；（3）最近 3 年平均可分配利润足以支付公司债券 1 年的利息；（4）筹集的资金投向符合国家产业政策；（5）债券的利率不得超过国务院限定的利率水平；（6）国务院规定的其他条件。

此外，发行可转换为股票的公司债券，除了具备发行债券的条件外，还应当符合股票发行条件。

（四）债券的发行程序

企业发行债券有如下几个基本程序。

1. 作出发行决议。公司发行债券，必须对发行的主要事项，包括发行总额、票面金额、利率、发行价格、偿还期限等作出决议，根据我国《公司法》规定，股份有限公司、有限责任公司发行债券，由董事会制订方案，股东会作出决议。国有独资公司发行债券，应由国家授权的投资机构或国家授权的部门作出决议。

2. 评定债券等级。债券发行决议作出后，企业应聘请具有从业资格的评信机构评定债券的信用等级，以便为证券管理部门审批提供依据。

3. 提出申请批准。公司按规定作出发行债券决议并取得信用评级后，应向国家证券管理部门报请批准。申请应提交公司登记证明、公司章程、公司债券募集办法、资产评估和验资报告、信用等级等有关文件。

4. 公告债券募集办法。公司发行债券申请经批准后，应当公告募集办法。募集办法中应载明公司名称，债券总额和票面金额，债券的利率，还本付息的期限和方式，债券发行的起止日期，公司净资产额，已发行的尚未到期的公司债券总额，债券的承销机构等主要事项。

5. 发售债券。债券的发售一般分为私募发行和公募发行两种方式。

私募发行是面向少数特定投资者发行，如发行单位职工、发行单位产品用户以及与发行人有密切业务往来的机构投资者。私募发行一般采取直接发售方式。这种发行方式因受到限制，故很少采用。

公募发行是向社会广泛的不特定的投资者发行，因为面向社会公众，发售工作量大，一般需要证券机构协助。证券机构承销债券有代销和包销两种方式。代销是发行公司委托承销机构代为向社会销售债券，承销机构按发行条件，在约定期限内尽力推销，到截止日期，未售出部分退回发行公司，承销机构不承担发行风险。包销是由承销机构按发行条件向社会推销债券，到截止日期，未售出部分由承销机构认购，并按约定的时间向发行公司支付全部债券款。发行公司采用包销方式，承销机构要承担部分发行风险。

6. 收缴债券款，登记债券存根簿。企业发行债券应当在规定的时间结束，公开发行债券应当在截止日期后向承销机构收缴债券款项，同时在置备的公司债券存根簿上进行登记。

（五）债券发行价格的确定

多数情况下，企业债券是按票面价值发行，亦称等价发行。但也有按高于票面价值或低于票面价值，即溢价发行或折价发行的情况。这是因为，债券利率是参照市场利率制定的，一经印制，便固定不变。而从印制到债券发行，市场利率可能会发生变化，如果发生变化，则应根据市场利率变化情况调整发行价格，以保证投资者获得与当时市场利率相当的收益率。

在按期付息到期一次还本，且不考虑发行费用的情况下，债券发行价格的计算公式为

$$债券发行价格 = \frac{票面金融}{(1+市场利率)^{n}} + \sum_{t=1}^{n} \frac{票面金额 \times 票面利率}{(1+市场利率)}$$

或

$$债券发行价格 = 票面金额 \times (P/F,i_1,n) + 票面金额 \times i_2 \times (P/A,i_1,n)$$

式中：n 表示债券期限，t 表示计息期数。

【例4-1】 华北公司发行面值1 000元的10年期债券，票面利率为10%，每年付利息一次，发行时市场利率有以下3种不同情况。

1. 市场利率与票面利率一致，也是10%，则

$$1\ 000 \times (P/F,10\%,10) + 1\ 000 \times 10\% \times (P/A,10\%,10) = 1\ 000(元)$$

此时，发行价格与面值相同，为等价发行。

2. 市场利率为15%，比印制时上升20%，则

$$1\ 000 \times (P/F,15\%,10) + 1\ 000 \times 10\% \times (P/A,15\%,10) = 749(元)$$

此时，发行价格低于面值，为折价发行。

3. 市场利率为5%，比印制时降低20%，则

$$1\ 000 \times (P/F,5\%,10) + 1\ 000 \times 10\% \times (P/A,5\%,10) = 1\ 386(元)$$

此时，发行价格高于面值，为溢价发行。

如果企业发行不计复利、到期一次还本付息的债券，则其发行价格的计算公式为

$$债券发行价格 = 票面金额 \times (1 + i \times n)(P/F,i,n)$$

【例4-2】 华西公司发行面值为1 000元债券，票面年利率为6%（不计复利），期限10年，到期一次还本付息。已知目前市场利率为5%，则其发行价格为

$$债券发行价格 = 1\ 000 \times (1 + 6\% \times 10) \times 0.6139 = 982.24(元)$$

（六）债券的还本付息

1. 债券的偿还。债券偿还时间按其实际发生与规定的到期日之间的关系，分为到期偿还、提前偿还与滞后偿还三类。

（1）到期偿还。到期偿还是指当债券到期后还清债券所载明的义务，又包括分批偿还和一次偿还两种。

（2）提前偿还。提前偿还又称提前赎回或收回，是指在债券尚未到期之前就予以偿还。只有在企业发行债券的契约中明确规定了有关允许提前偿还的条款，企业才可以进行此项操作。提前偿还所支付的价格通常要高于债券的面值，并随到期日的临近而逐渐下降。具有提前偿还条款的债券可使企业融资有较大的弹性。当企业资金有结余时，可提前赎回债券；当预测利率下降时，也可提前赎回债券，而后以较低的利率发行新债券。

赎回债券有三种形式：强制性赎回、通知赎回和选择性赎回。

①强制性赎回，又有偿债基金和赎债基金两种形式。

偿债基金主要是为分期偿还未到期债券而设。它要求发行人在债券到期前陆续偿还债务，因而缩短了债务的有效期限，同时分散了还本付息的压力，这样在某种程度上减少了违约的风险。但另一方面，在市场看好时（如市场价格高于面值），强制性赎回使投资人遭受损失，举债公司要给予补偿，通常的办法是提高赎回价格。

赎债基金同样是举债人为提前偿还债券设立的基金，与偿债基金不同的是，赎债基金是债券持有人强制举债公司收回债券。举债人只能从二级市场上购回自己的债券，其主要任务是支持自己的债券在二级市场上的价格。

②通知赎回是指举债公司在到期日前准备赎回债券时，要提前一段时间向债券持有人发出赎债通知，告知赎回债券的日期和条件。债券持有人有权将债券在通知赎回日期之前赎回举债公司，债券持有人的这种权利称为提前赎回优先权。

③选择性赎回是指举债公司有选择债券到期前赎回全部或部分债券的权利。选择性赎回的利息率略高于其他同类债券。

通知赎回中对于债券持有人，还有一种提前赎回选择权，指债券持有人有权选择在债券到期前某一或某几个指定日期、按指定价格把债券赎回举债公司，这和选择性赎回的选择主体正好相反。

（3）滞后偿还。债券在到期日之后偿还称为滞后偿还。这种偿还条款一般在发行时便订立，主要是给予持有人延长持有债券时间的选择权。滞后偿还有转期和转换两种形式。

转期：指将较早到期的债券换成到期日较晚的债券，实际上是将债务的期限延长。其常用的办法有两种：直接以新债券兑换旧债券，用发行新债券得到的资金来赎回旧债券。

转换：通常指股份有限公司发行的债券可以按一定的条件转换成本公司的股票。

2. 债券的付息。债券的付息主要表现在利息率的确定、付息频率和付息方式三个方面。利息率的确定有固定利率和浮动利率两种形式。债券付息频率主要有按年付息、按半年付息、按季付息、按月付息和一次性付息（利随本清、贴现发行）五种。付息方式有两种：一种是采取现金、支票或汇款的方式，另一种是息票债券的方式。

（七）债券筹资评价

采用发行债券方式筹集资金，财务主管人员应对其优缺点有充分的认识，并根据企业的具体情况进行抉择。

1. 债券筹资的优点。

（1）债券的利息在税前支付，因此可以享受到免税优惠。

（2）债券的利息固定，一般不参加超额盈余的分配，从而提高权益资本的收益率或每股收益，即通常所说的财务杠杆利益。

（3）债券成本低于权益资本的成本。

（4）债券持有人没有参与企业经营管理权，有利于保持股东对企业的控制权。

（5）如果是可赎回债券或可转换债券，则具有调整资本结构的作用。

2. 债券筹资的缺点。

（1）债券不属于永久性资金，必须到期还本付息，如果企业经营状况不佳，会发生支付困难，有较大的财务风险。

（2）债券限制性条款较多，可能会对以后资金筹措产生不利的影响。

（八）可转换债券

1. 可转换债券的性质。可转换债券赋予持有者一种特殊的选择权，即按事先约定在一定时间内将其转换为公司股票的选择权，在转换权行使之前属于公司的债务资本，权利行使之后则成为发行公司的所有权资本。

2. 可转换债券的基本要素。

（1）基准股票，又称相关股票，即可转换债券的标的物，一般是发行公司的普通股。

（2）票面利率，可转换债券的利率一般低于普通债券，因为其持有人有一种特殊的选择权。

（3）转换价格，转换价格是指可转换债券在转换期内转换成普通股的每股价格。转换价格一般高于发行当时相关股票价格的10% ~30%，在转换期内，随着股票分割或股利分配要调整其转换价格。

转换价格 = 债券面值/转换比率

（4）转换比率。转换比率是指每份可转换债券可转换成普通股的股数。

转换比率 = 转换普通股股数/可转换债券数

（5）转换期限。转换期限是指可转换债券转换成股票的起始日至结束日。一般有两种规定：一种是发行公司制定一个特定的转换期限，另一种是不限制转换的具体期限。

3. 可转换债券筹资的优缺点。

可转换债券筹资的优点：

（1）可转换为普通股，有利于稳定股票市价；

（2）利率低于普通债券，可节约利息支出；

（3）可增强筹资灵活性。

可转换债券筹资的缺点：

（1）若股价低迷，公司面临兑付债券本金的压力；

（2）存在回售风险。

【复习思考题】

1. 农村合作金融机构如何选择合适的筹资方式？
2. 简述优先股的特征。
3. 简述普通股的特征及普通股股东的权利。
4. 农村合作金融机构申请公开发行股票，应符合哪些条件？
5. 债券发行价格如何确定？
6. 债券的基本要素有哪些？

【经典案例】

花旗银行在日本的成功

花旗银行在日本的成功很大程度上应归功于其融资部门与数百家日本的贸易公司、制造商、保险公司建立了业务联系，这个商业化的融资机构首次在东京对客户推出24小时全天服务，营业额达10亿美元。花旗银行也是首批推出日元利率互换的银行之一，这也为在东京建立外汇交易市场奠定了稳固的基础。此外，花旗银行在货币期权交易方面也处于领先地位。花旗银行根据对客户提供的服务类别以及应用非传统还是传统的业务服务方式来对其新创设的金融业务进行划分。在进行传统业务的过程中，花旗银行总是辅以其特有的专门技术和其他分支的成功经验，以确保其在新的市场上占有一席之地。花旗银行的复合货币账户（简称“复合货币”）就是一个显著的例子。这一业务原为花旗银行在香港的分支机构所创，经过其日本机构修改后，适应了当地的需求。这种复合货币账户不但使客户在六种自由货币中随意选择进行存款，还可以代为客户保管黄金。此外，花旗银行在日本还推出其他一些创新的金融业务和服务，包括信函和电话通知账户、使用客户的本国语言为客户提供服务，以及根据客户多币种账户存款的收支情况自动调整授信额度等。近几年来，花旗银行又在日本市场推出了被称为“一揽子”的业务和一种叫做“高度安全”的业务，作为一种可以避免损失的担保存款业务。它除能确保客户原有的日元资金不因汇率变动而损失外，还可使客户的资金在运动中实现最大的价值。1990 年，花旗银行又在当地进一步拓展其日元和外币存款业务，尽可能增加存款者的收入。花旗银行在日本的金融创新是没有局限性的，位于东京奥地麦齐的花旗银行弗莱格奇波分行有一个自动出纳系统，可随客户用英语、日语两种语言办理支付现钞、转账和接受存款等项业务，闭路电视显示屏遍布于分行的各个角落，随时向客户提供利率、汇率以及有关银行业务与服务方面的信息。花旗银行在日业务的30%是通过电话办理的。经过一年的调查，银行意识到，越来越多的客户愿意用打电话的方式代替直接到银行办理业务，于是开办了电话办理业务，并广泛地宣传客户可以免费使用长途电话来办理业务，这项业务吸引了大量的客户。同时，通过电话和信函手段办理业务使一年中到银行办理业务的人数减少了30%。客户愿意与超越传统营业方式的银行进行业务往来的愿望为花旗银行带来了不少益处。首先，它利于花旗银行在整个日本市场推广其业务，寻觅新客户，而不像以前那样只在东京地区设立机构，拓展业务。其次，它使花旗银行以比传统银行网络更低廉的运营费用来吸引和服务于客户。

另外，花旗银行成功地将它应用于世界各地的信用卡业务的处理方式加以修改，介绍到日本以满足当地的需要，花旗银行因引入此项业务而迅速占有了大量的市场份额。在这一过程中，花旗银行充分利用了它所持有的现存和潜存客户的内部资料，并通过信函与这些客户建立联系，吸引新客户。花旗银行通过信函方式拓展业务取得的成功，很大程度上归功于其所占有的这些资料。这个被称为西蒂贝丝的资料管理系统，掌握着那些潜在的客户的姓名、地址以及其他一些有价值的信息，有一半以上的日本家庭资料被纳入这一信息系统。由于这些资料的内容总是不断地根据客户对银行业务推广信函的最新反应加以修正，因而银行可以按照客户对某项业务的关切程度来建立他们的档案资料。通过这种方式，银行可以获得更多的客户信息并降低运营费用。花旗银行深入的市场调查也是其在日本业务不断拓展的关键。在他们进行的调查中，一些注意了解客户对开立账户手续的满意程度，另一些则调查客户对诸如电话服务中心所提供服务的满意程度，还有一些则试图了解为何有些客户停止使用他们的账户或仅仅保持低水平的收支业务。花旗银行还建立了所谓服务的“监视系统”，这一系统既有助于更有效地实施内部管理，也可以确保提供更好的服务使客户满意。目前，总共有 50 多个这样的“监视系统”在进行工作，监视的项目包括诸如客户排队等待办理业务的时间长短，客户使用银行各种线路打入电话是否遇到麻烦，以及客户对银行提供账户说明是否及时地反映等。

分析提示：

在金融自由化的条件下，银行失去了法规垄断保护的特权，环境的变化使银行完全丧失了传统的市场主导地位。为了生存和发展，现代商业银行必须改变传统的经营方式，研究服务对象、市场的需求，从而发展自己的客户关系来巩固和扩大自己的市场份额。商业银行提供的有形产品与无形服务属于链式结构，互不分隔，具有叠加性。产品和服务的无形性使商业银行的营销业具有无形性，其营销的重点应该是：树立忠实、可信、安全、实力雄厚的形象，通过信息渠道加强与客户的联系，建立高效的服务网络，通过信息沟通和服务使客户知道银行能够为他们做些什么，银行也能知道客户需要做什么。

思考题：

1. 花旗银行在日本（世界最难进入的市场之一）确立了什么样的金融发展战略方针？

2. 花旗银行作为在日本最大的外资机构之一，其面向消费者价值取向的主要特征与中国企业经常提倡的“以人为本”的经营方针有何异同？

3. 花旗银行在日本的成功经验对中国商业银行在未来的市场竞争中有何借鉴意义？

（资料来源：中华金融学习网，2008－01－13）

【知识链接】

Ⅰ 托普发展借壳川长征上市案例简析

1998年1月12日，长征机床股份有限公司（以下简称川长征）董事会发布公告：（1）公司董事会与四川托普科技发展公司（以下简称托普发展）达成股权转让协议，由川长征购买托普发展持有的成都托普科技股份有限公司（以下简称托普科技）1 050万股法人股，购买价格为每股7.42元，川长征采用现金方式购买，共计支付人民币7 791万元，收购完成后，川长征持有托普科技1.85%的股权，处于绝对控股地位；（2）经自贡市国有资产管理局批准同意，从国有资产保值增值基金中借给川长征7 791万元，作为本次购买托普科技法人股的资金来源；（3）经四川省人民政府同意，川长征的主营业务由机床研究、生产、销售调整为计算机软件开发、计算机硬件、网络产品、应用电子技术产品、机床产品的研究、开发、生产和销售。

1998年4月8日，托普发展和自贡市国有资产管理局分别发布公告，自贡市国资局将其持有的川长征的全部国家股股权共计4 262.43万股转让给托普发展，转让价格为每股2.08元人民币，转让完成后托普发展共持有川长征48.37%的股权，成为其第一大股东。

将两次公告结合起来阅读，不难发现这是一起通过资本运作达到借壳上市目的的典型案例。一般的借壳上市是先收购后注资，而本案例的特色在于托普发展先对川长征注入优质资产，再将其收购，因此，有必要对其做深入分析。

一、重组各方的基本情况

1. 川长征：其前身为1966年由北京第一机床厂内迁包建的长征机床厂，是国家以机械制造金属切削加工为主业的机电工业重点骨干企业，1987年起实行股份制试点，三次发行社会公众股，1992年更名为长征机床股份有限公司，1995年11月公司在深交所挂牌上市。截至1997年底，公司总资产41 163.46万元，净资产18 515.93万元，总股本为8 812.43万股，其中国家股4 246.43万股，法人股1 050万股，社会公众股3 500万股，每股净资产2.101元，每股收益0.011元。

2. 托普发展：该公司成立于1992年，为民营企业，主营计算机应用软件及行业应用软件，1997年1月国家科委将以托普集团为主兴建的西部软件园确定为国家四大软件产业基地之一。到1997年底，公司总资产5亿元，1997年实现产值2.5亿元，销售收入3亿元，利税4 500万元。

3. 托普科技：1992年由托普发展等五家企业以募集方式设立，成立时公司总股本1 300万股，其中法人股900万股，个人股（职工内部）400万股，托普发展拥有61.5%的股权。公司是以软件为核心，集计算机硬件、通信、应用电子技术产品于一体的高科技企业，是成都西部软件园的核心骨干企业。截至1997年11月底，公司总资产10 472.66万元，净资产7 568.82万元，1997年1至11月实现净利润2 366.36万元。

4. 自贡市国有资产管理局：为自贡市执行国有资产管理职能，实现国有资产保值增值的政府机构，本次收购行为发生前自贡市国资局共持有川长征国家股4 262.43万股，占该公司总股本的48.37%。

二、重组各方的交易动机

1. 托普发展：买壳上市，实现高科技与金融资本的结合，获得高速发展所需的金融支持。

托普发展主营业务属于高技术的朝阳产业，五年来以惊人的超高速发展，形成了自己的技术、产品和市场。今后几年公司将承担起一系列国家级和省部级的科技攻关项目和应用工程系统开发项目，并且与许多著名的国际计算机公司如IBM、微软等签订了合作开发项目协议。公司的长期发展目标是建成国内最大的软件中心和工程中心，争取到2000年产值达到50亿元，2010年产值达到500亿元，在2050年，争取赶上国际一流的高科技企业，产值达到500亿美元。

要实现这些宏伟目标，光有产品和技术是不够的，作为高科技企业，随着规模的不断扩大，资金瓶颈的制约作用将越来越明显，拓宽融资渠道是托普发展的当务之急。但作为民营企业，托普发展获得上市指标难度较大，因此买壳上市则不失为一条现有条件下的变通之计。

为什么选择川长征作为收购对象？托普发展的考虑因素如下：一是川长征领导层迫切希望通过资产重组，使公司获得新生；二是川长征生产的数控机床市场前景看好，而托普的计算机软件优势正好可发挥作用；三是同为四川省内企业，可以得到政府大力支持；四是川长征的总股本不过8 812 万股，国家股也只有4 262 万股，使托普发展的收购成本不会很高，另一方面也有利于托普发展将来的股本规模扩张。

2. 川长征：脱胎换骨，进入高科技产业，实现主业的根本性转换。

川长征原主营业务为机床行业。在近几年我国机械工业不景气的背景下，机床行业成为机械工业中最困难的行业。而川长征作为机床行业的骨干企业，虽然各项指标均在同行业企业中名列前茅，但是，受行业整体不景气影响，自1995 年挂牌上市以来，公司的经营业绩每况愈下，主营利润逐年递减，1997 年亏损476 万元，每股收益也由1994 年的0.26 元降为0.01 元，净资产收益率也相应由9.64%降为0.50%，从未获得配股资格。川长征面临着彻底改组、产业调整及二次创业的紧迫课题。

由于计算机行业是典型的高科技、高成长行业，选择该行业作为公司未来发展的方向将为公司开辟广阔前景。通过收购成都托普科技股份有限公司的股权，川长征正式进入计算机行业，实现了业务和产品的调整，公司的资产质量也大大得到改善。

3. 自贡市国有资产管理局：盘活国有资产存量优化资源配置，达到国有资产的保值增值。

自贡市国资局作为川长征的国家股股东，也是其第一大股东，川长征业绩的连年滑坡使该公司占有的国有资产难以保值增值，本次重组国资局将其持有的川长征国家股按净资产值转让出去，并且每股增收0.50 元的无形资产补偿费，不但使国有资产从实物形态转化为货币形态，而且获得了净资产值之外的溢价，达到了保值增值目的。

三、本次资产重组的几个特点

1. 民营企业借壳上市的典型案例。改革开放以来，我国民营企业的发展非常迅速，成为支撑我国经济增长的重要力量，但在目前国家重点扶持国有企业改革的前提下，民营企业在发展中缺乏强有力的政策及融资支撑。让优秀的民营企业通过收购上市公司壳资源达到上市目的，不但体现了股市的优胜劣汰，而且有力地支持了民营企业的发展。托普发展收购川长征借壳上市可以说在这方面作了一个有益的尝试。

重组完成后，川长征的股权结构发生了巨大变化，国家股数为0，托普发展的民营机制的先进之处有效地嫁接到川长征之中，公司董事会亦随之进行了改组，托普发展有三人进入董事会，一人进入监事会，其中一人任公司董事长兼总裁。以上转变有助于消除国有企业机制弊端。

2. 借壳上市的特殊形式：先注资后收购。本案例的一大特点是托普发展先将其优质资产托普科技注入川长征之中，再将川长征收购。这是本案例中的精妙之笔，它解决了几个难题：一是解决了川长征拿不出现金收购托普科技的难题，在自贡市国资局还是川长征第一大股东的时候，川长征向国资局借钱收购托普科技符合保值增值基金的使用规定，一旦川长征被收购则借不到这笔资金；二是减少了托普发展收购川长征支付的现金数量，虽然收购川长征总的交易金额为10 997.069 万元，而托普发展实际只拿出3 206.069万元现金。

3. 政府支持为重组成功提供了有力保障。本次资产重组可以说处处体现着政府的支持，换言之，若没有政府的支持本次重组不可能成功。这些支持主要有三方面：一是自贡市国资局同意借钱给川长征收购托普科技的股权；二是四川省政府同意川长征变更主业；三是中国证监会同意豁免托普发展因受让川长征股份而应履行的有关收购要约义务。也正因为政府的大力支持，促成了这次重组案例的成功。

4. 重组中资产的合理定价方法。资产定价是企业并购的核心问题，在我国，由于目前上市公司的国家股和法人股不能上市流通，对国家股和法人股的收购往往采用协议转让的方式。本次资产重组涉及两次股权交易，一次是川长征收购托普科技的法人股1 050万股，一次是托普发展收购川长征全部4 262.43 万股国家股，两次交易的定价方式是不同的，前一次的收购价是定为每股净资产 1.9 倍（若按市盈率法计算，则市盈率约为5.62 倍），后一次的收购价等于每股净资产值加 0.50 元的无形资产补偿费。可以说这两种定价方式是比较合理的，因为资产的价值最终取决于其盈利能力，即未来获得的现金流的贴现值。托普科技的资产的盈利能力强，溢价收购是完全合理的，也值得借鉴。

（资料来源：百度文库）

Ⅱ 全国银行间同业拆借市场

我国银行间同业拆借市场的发展经历了一个曲折的过程。1984 年，以中央银行为领导、专业银行为主体、其他金融机构并存的金融体系在我国逐步形成，中央银行、专业银行以及其他金融机构之间及其内部的信贷资金运行体制也逐步形成。到 10 月份，中央银行确立了“统一计划、划分资金、实贷实存、相互融通”的信贷资金管理体制，明确鼓励金融机构之间资金的横向余缺调剂。一些地区开始出现同业拆借活动。不过，拆借量很小，不足以形成规模市场。

1986 年，全国银行间同业拆借市场真正开始启动。1986 年 1 月，国务院发布了《中华人民共和国银行管理暂行条例》，明确规定专业银行的资金可以相互拆借。从此，同业拆借活动开始在全国迅速展开，并建立了以广州、重庆、武汉、沈阳、成都等城市为中心的有形同业拆借市场。同业拆借冲破了信贷资金配置的“条块分割”和“地区封锁”，改变了“向上要钱多，自筹资金少”的传统状况，使得信贷资金在一个地区，一个系统有进也有出，加速了资金的周转。1987 年，同业拆借市场得到长足发展，拆借量达 2 300 亿元。

1988 年 3 月，中国人民银行试图通过融资公司和证券公司等中介机构进行同业拆借市场操作。但是，问题随之出现：一些机构拆借资金不还，或用拆借资金进行固定资产投资等。10 月，中国人民银行提出对融资公司进行清理整顿。1989 年初，中国人民银行决定撤销融资公司，同时指出中国人民银行要加强对资金市场的监管。

1990 年 3 月，中国人民银行发布《同业拆借管理试行办法》（以下简称《试行办法》），首次比较系统地对同业拆借市场运作做了规定。《试行办法》规定：同业拆借是银行与非银行金融机构之间相互融通短期资金的行为，拆借资金只能用于弥补票据清算、联行汇差和解决临时性周转需要，不得用于发放固定资产投资贷款，还规定了资金拆入比例与拆借利率等。《试行办法》对同业拆借市场的发育起到了一定的规范作用。经过整顿，同业拆借市场重新起步发展。1989 年和 1990 年的同业拆借量基本稳定下来，达 2 300 亿元左右。此后，股票与房地产投资日渐升温，社会上出现了乱设金融机构、乱集资、乱提高利率和乱拆借的现象。1992 年下半年和 1993 年初愈演愈烈。同业拆借市场再次陷入混乱。

1993 年 6 月，中国人民银行再次对同业拆借市场进行整顿。在整顿的同时，中国人民银行加强了对同业拆借市场的管理。中国人民银行相继下发了一系列管理规定，对同业拆借市场的规范起了良好作用。央行的整顿有效地限制了一些违规拆借行为。1995 年，中国人民银行进一步提出"有堵有疏"的管理办法，通过建立计算机交易网络，将各地分散的同业拆借活动纳入统一的同业拆借市场。11 月，中国人民银行决定撤销各商业银行的融资中心、资金市场等同业拆借中介机构，并从 1995 年第四季度起着手建立全国统一的同业拆借市场。

1996 年 1 月 3 日，在中国人民银行总行的组织领导下，依托中国外汇交易中心的计算机网络，12 家商业银行总行和 15 家融资中心开始进行人民币联网拆借交易，全国统一的同业拆借市场正式建成，并首次生成中国银行间同业拆借市场利率（CHIBOR）。3 月 29 日起，参与联网交易的商业银行总行和融资中心分别增至 20 家和 35 家。

新建成的全国银行间同业拆借市场实行二级架构：一级交易网的主体是经中国人民银行批准，具有独立法人资格的商业银行总行和经改造的各地融资中心。目前，一级网络会员共有 55 家，利用中国外汇交易系统的交易网络进行全国联网交易。二级网络由 35 个融资中心组织当地金融机构就地交易。一级网络与二级网络同步运行，融资中心不断地促成本辖区的资金融通，并将差额拿到一级网络平衡。一级网络中，商业银行总行一般只能自营；融资中心除了自营外，还能代理当地二级市场的金融机构参与一级市场网络的交易。

鉴于黑市利率的存在，自 1996 年 1 月全国统一的银行间同业拆借市场开始运行之日起，中央银行就对同业拆借利率实行上限管理。同时，还对各融资中心实行了拆借资金的限额控制。经过半年多的运行，同业拆借市场表现出很强的活力，交易日趋活跃，交易量稳定增加，利率稳中有降。鉴于全面放开拆借市场利率的时机已经成熟，央行宣布，自 6 月 1 日起全面放开拆借市场利率，不再实行上限管理的直接控制方式，利率水平由市场供求决定。这一举措推动了同业拆借市场的进一步发展，并为今后的利率市场化改革奠定了基础。作为我国现行利率体系中市场化程度最高的一个指标，同业拆借市场利率已成为反映我国社会资金供求状况的重要参考指标。

（资料来源：中华金融学习网，2010－07－28）

第五章　长期投资管理

【本章概要】

本章主要就长期投资决策问题进行阐述。长期投资主要是长期债权投资及固定资产投资。贷款是还本付息的信用活动。严格地说，这并不是投资活动，但它具有将本求利的投资特征，因此也将其与长期投资决策一并阐述。首先，我们强调贷款是农村合作金融机构的核心资产业务，贷款利息收入是其主要收入。农村合作金融机构贷款业务总体上可分为企业贷款和个人贷款两大类，并分别介绍了两类贷款的分析决策方法。其次，阐述了证券投资决策问题，强调证券投资是实现资产的收益并保持相应流动性的有效途径。对银行证券投资的种类、特点、原则、方式及影响因素进行了深入探讨，并提出了可行的证券投资策略。最后，对农村合作金融机构固定资产投资决策问题进行了阐述，从其固定资产的分类、项目资金流量估算到固定资产投资决策指标的计算均作了详细的介绍，并对固定资产投资经常遇到的投资方案比选问题给出了有针对性的优选决策方法。

【要点提示】

1. 掌握企业贷款分析与决策方法；
2. 掌握个人贷款分析与决策方法；
3. 掌握证券投资的种类、特点、原则、方式、影响因素及投资策略；
4. 了解固定资产投资项目资金流量估算；
5. 掌握固定资产投资决策方法。

【重要概念】

长期投资　贷款　贷款担保　贷款定价　证券　证券投资　固定资产资金流量　投资回收期　净现值　内部收益率　互斥方案　独立方案

【本章架构图】

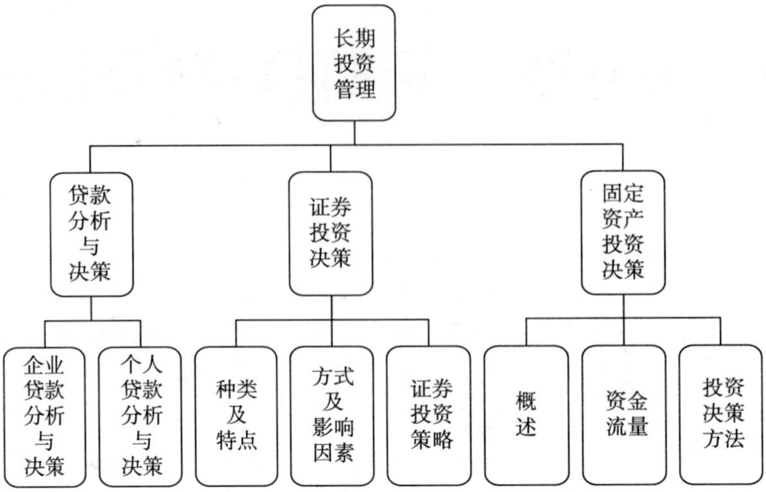

长期投资是指不准备随时变现、持有时间在一年以上的投资。这类投资一般不准备在短期转让出去或不作为调度资金的手段。它是除短期投资以外的投资，短期投资和长期投资的区别主要体现在投资的目的、回收期和变现能力的不同上。包括长期债权投资、长期股权投资及固定资产投资，长期债权投资又可分为债券投资和其他债权投资。农村合作金融机构的对内固定资产投资主要表现为网点的增设、购置新的设备等。农村合作金融机构的对外投资主要是证券投资，这是其资产业务中仅次于贷款的一项重要业务。大多数国家立法限定商业银行证券投资的范围。因为商业银行实际上不能算是真正的投资机构，虽然商业银行主要目的也是以营利为主，但实际上它更注重的是保证资金安全，降低投资风险。

第一节　贷款分析与决策

贷款是指金融机构依法把货币资金按一定的利率贷放给客户，并约定期限由客户偿还本息的一种信用活动。广义的贷款指贷款、贴现、透支等贷出资金的总称。贷款是农村合作金融机构的资产业务，也是其业务的核心。农村合作金融机构通过贷款的方式将所集中的货币资金投放出去，可以满足社会扩大再生产对补充资金的需要，促进经济的发展；同时，农村合作金融机构也可以由此取得贷款利息收入，增加自身的积累。农村合作金融机构贷款业务总体上可分为企业贷款和个人贷款两大类，由于贷款对象的不同其分析与决策方法有一定的差别。

一、企业贷款分析与决策

（一）企业贷款种类

社会再生产对信贷资金的需求是多层次的，为了适应不同的资金需求，贷款种类也多种多样。科学地划分贷款种类能够准确反映信贷资产的分布和信贷结构，有利于执行贷款政策，加强贷款管理，对提高农村合作金融机构和借款企业的盈利水平有重要作用。根据我国《贷款通则》和《贷款风险分类指导原则》，对银行贷款的主要分类方法有以下几种。

1. 按贷款期限长短分。可分为长期贷款（5 年以上）、中期贷款（1～5 年）、短期贷款（1 年及 1 年以下，3 个月以上）和临时贷款（不足 3 个月）。

2. 按贷款保障不同分。可分为信用贷款、担保贷款和票据贴现。信用贷款是指以借款人的信誉发放的贷款。其特征就是债务人无须提供抵押品或第三方担保仅凭自己的信誉就能取得贷款，并以借款人信用程度作为还款保证。担保贷款是指保证贷款、抵押贷款和质押贷款。保证贷款，系指由借款人、贷款人以外的第三人承诺在借款人不能偿还贷款时，按照约定承担一般保证责任或者连带责任而发放的贷款；抵押贷款，系指根据《中华人民共和国担保法》，以借款人或第三人的财产作为抵押发放的贷款；质押贷款，系指根据《中华人民共和国担保法》按质押方式以借款人或第三人的动产或权利作为质物发放的贷款。票据贴现是指借款人将未到期商业票据（银行承兑汇票或商业承兑汇票）转让给银行，取得扣除贴现利息后的资金。商业银行把票据转让给同行叫转贴现，接受方银行如果票据太多，影响放贷获利，就把票据转让给中央银行叫再贴现。

3. 按贷款的性质分。可分为自营贷款、委托贷款和特定贷款。自营贷款是指银行以合法方式筹集资金，自主发放的贷款。委托贷款是指由政府部门、企事业单位及个人等委托人提供资金，由贷款人（即受托人）根据委托人确定的贷款对象、用途、金额、期限、利率等代为发放、监督使用并协助收回的贷款。特定贷款是指经国务院批准并对贷款可能造成的损失采取相应补救措施后责成国有独资商业银行发放的贷款。

4. 按收入确认方式分。可分为一次性偿还贷款和分期偿还贷款。一次性偿还贷款是在贷款到期时一次偿还本金，而利息则根据约定，或在贷款到期时一次支付，或在整个贷款期间分期支付。分期偿还贷款是按季、按月以相等金额还本付息。

5. 根据贷款的风险状况分。可分为正常、关注、次级、可疑和损失贷款。正常贷款，是指借款人能够履行合同，对贷款本息的按时足额偿还有充分把握的贷款。关注贷款，是指尽管借款人目前有能力偿还贷款本息，但存在一些可能对偿还产生不利影响因素的贷款。次级贷款，是指借款人的还款能力出现明显问题，完全依靠其正常营业收入无法足额偿还贷款本息，即使执行担保，也可能会造成一定损失的贷款。可疑贷款，是指借款人无法足额偿还本息，即使执行担保，也肯定要造成较大损失的贷款。损失贷款，是指在采取所有可能的措施或一切必要的法律程序之后，本息仍然无法收回，或只能收回极少部分的贷款。

以上五类贷款中，次级、可疑、损失贷款为不良贷款。银行至少每半年对全部贷款进行一次分类。对不良贷款应严密监控，加大分析和分类的频率，根据贷款的风险状况采取相应的管理措施。

（二）企业信用分析

农村合作金融机构的效益主要来自于借款企业的按时还本付息。因此，在借贷行为发生之前必须对借款企业进行信用分析，以便确定企业的未来还款能力大小。影响企业未来还款能力的因素主要有财务状况、现金流量、信用支持以及非财务因素等。企业的财务状况和现金流量构成企业第一还款来源，而信用支持为第二还款来源，非财务因素虽不构成直接还款来源，但会影响企业的还款能力。

1. 财务状况分析。对借款企业的财务状况分析就是农村合作金融机构对借款人的财务报表中有关数据资料进行的确认、比较、研究和分析，借以掌握借款人的财务状况，分析借款人的偿债能力，预测借款人的未来发展趋势。在具体分析过程中，财务报表仅仅是数据，关键是要透过数据发现是否存在影响贷款安全的风险隐患，从而得出借款企业有无还款能力的结论。财务报表分析是把整个财务报表的数据，分成不同部分和指标，并找出有关指标的关系，以达到认识企业偿债能力、盈利能力和抵抗风险能力的目的。农村合作金融机构在信贷审查中把握的一条重要原则是，针对借款人存在的风险因素提出控险措施，若风险在可承受范围内则可予以贷款支持，否则不予支持。

（1）借款人的利润表审查。在对借款人利润表进行分析和审查之前，可能需要对利润表的结构进行必要的调整。以便分析各层次利润，如毛利润、营业利润、税前/后利润及与销售净额的比率。以存货作为营运周期主要部分的贷款对象，重点分析毛利润，同时结合考察主营业务成本增长率。对于以成本控制为成败关键的贷款对象，重点分析营业利润。调整后可以进行各种百分比计算和分析。主要指标是：毛利润率、营业利润率、净利润率、股利发放率、直接成本和费用比率、销售费用和管理费用比率。任何一个衡量借款人维持和发展能力的指标都是盈利比率，那些利润年年稳定的借款人对农村合作金融机构来说风险最小。

（2）借款人资产负债表审查。在对借款人资产负债表进行审查时，可以借助以下三个比率指标进行：营运效率、杠杆比率和流动比率。

①营运效率。企业的资产管理可以通过对其营运效率的分析来评价。营运效率包括的指标是：总资产周转率、存货周转天数、应收账款回收期、应付账款周转期、固定资产周转率、资产报酬率、权益报酬率等。

②杠杆比率。资产负债率、负债与所有者权益比率和负债与有形资产比率这三个比率会帮助农村合作金融机构分析借款企业的资本结构和资本的杠杆作用程度。

③流动比率。流动性是企业迅速将其资产变现以偿付流动负债的能力。衡量流动性的指标有：流动比率和速动比率。

（3）现金流量分析。农村合作金融机构在分析企业的经营状况时，应重点进行现金流量分析。现金流量分析不局限于现金流量表，还要与资产负债表、损益表等结合起来对照分析，相关数据是否统一，可互相解释，这样才能全面而深刻地揭示企业的偿债能力、盈利能力、管理业绩和经营活动中存在的问题。现金流量分析应集中在：借款人的现金来源和用途有哪些，是否围绕其主营业务；是否存在现金流不足或为负情况，其主要原因何在；借款人未来的现金需求如何；借款人未来的经营活动产生的现金流是否稳定等。而且还应注意现金的性质，如公积金、公益金有很多专业性质或专门用途，不能用来还款。只有“自由现金流”可直接用于还款。另外，货币资金中有多少已用于质押，用于承兑汇票保证金，对正确分析企业短期偿债能力很重要。

①还款来源分析。从企业利润表上看，无论是否收到现金，销售都表现为收入，而应收账款告诉我们有多少销售是应收而未收的现金；即使未向存货的供应商付款，销售成本也已包括了存货的成本；费用包括非现金项目，如折旧和对或有项目预提的准备等。即使利润表上所有的项目都代表现金，农村合作金融机构也不能期望企业用净利润代替现金，因为企业会将一部分利润投资于再生产。因此，只有现金才能偿还贷款，净利润不是现金，只是会计报表上的数字反映。现金可能来自各种渠道，利润只是来源之一，其他包括出售财产、注入资本、借款和贷款展期等。农村合作金融机构需要确定现金流量和流向，分析引起现金流出入的原因。通过现金流量分析可以了解借款人当期收到多少现金，支付多少现金，有多少现金余额等，得到定量的信息；而且通过这种分析，还会得知这些现金来自于哪些活动，借款人过去偿还债务的能力及实际还款状况如何。

②现金流量分析。现金流量包括现金流入量、现金流出量和现金净流量；现金净流量为现金流入量和现金流出量之差。计算方法为

$$\text{现金净流量} = \text{经营活动的现金净流量} + \text{投资活动的现金净流量} + \text{融资活动的现金净流量}$$

通过对借款人现金流量的分析，可以发现借款人在经营的哪一个环节出了问题，是什么原因引起的，这是农村合作金融机构判断借款人还款能力的直接指标。不同财务活动现金流量计算的有关科目如表5－1所示。

表5－1　　不同财务活动现金流量计算有关科目表

现金净流量	现金流入	现金流出
经营活动的现金净流量	销货现金收入 利息与股息的现金收入 增值税销项税款和出口退税 其他业务现金收入	购货现金支出 营业费用现金支出 支付利息 缴纳所得税 其他现金业务支出
投资活动的现金净流量	出售证券（不包括现金等价物） 出售固定资产 收回对外投资本金	购买有价证券 购置固定资产
融资活动的现金净流量	取得短期与长期贷款 发行股票或债券	偿还借款本金的现金（利息支出在经营活动的现金支出中计算分配现金股利）

2. 担保分析。贷款担保是指农村合作金融机构在发放贷款时，要求借款方提供担保，以保障贷款债权实现的法律行为。之所以要求其提供担保，是为了提高借款偿还的可能性和降低经营风险，它为农村合作金融机构提供了一个可以影响或控制的潜在的还款来源，在一定条件下担保会变成现实的还款来源。因此，在发放贷款时，农村合作金融机构会尽可能要求借款企业为借款提供相应的担保。农村合作金融机构应当依据《中

华人民共和国担保法》等有关的法律、法规和本机构的有关规定，严格审查担保的合法性、有效性和可靠性。

（1）贷款担保的种类。按担保方式不同分为：抵押、质押、保证和附属合同。

①抵押。抵押是指借款人或第三人在不转移财产占有权的情况下，将财产作为债权的担保。当借款人不履行借款合同时，农村合作金融机构有权以该财产折价或以拍卖、变卖该财产的价款优先受偿。通常可以作为抵押物的财产有银行存款、可出售的证券、应收账款、存货、机器设备、建筑物、土地、股份等。

②质押。质押是指借款人或第三人将其动产或权利移交农村合作金融机构占有，将该动产或权利作为债权的担保。当借款人不履行借款合同时，农村合作金融机构有权将该动产或权利折价出售来收回借款，或者以拍卖、变卖该动产或权利的价款优先受偿。质押分动产质押和权利质押。按照《担保法》的规定，可以充当权利质押的质物有：汇票、支票、本票、债券、存款单、仓单、提单；依法可以转让的股份、股票；依法可以转让的商标专用权，专利权、著作权中的财产权；依法可以质押的其他权利。

③保证。保证是指农村合作金融机构、借款人和保证人约定，当借款人不履行债务时，由保证人按照约定履行债务或者承担责任。

④附属合同。附属合同是由借款人的其他债权人签署的同意对贷款负第二责任的协议，其作用是为农村合作金融机构提供对其他债权人的债务清偿优先权。

（2）贷款担保的管理。农村合作金融机构依法获得担保，还要对担保进行管理，这是防范贷款风险的第二重保证。

①对抵押和质押的管理。农村合作金融机构在对抵押品进行管理时要注意以下几个问题：一是确认抵押物的占有和控制情况。以避免抵押贷款“有名无实”。二是分析抵押物的流动性。抵押物的流动性强，农村合作金融机构贷款的安全性就高。三是抵押物的价值评估。农村合作金融机构在评估抵押物的价值时，要采取谨慎和保守的态度。四是抵押物的变现价值。五是抵押率。

质押的管理类似于抵押的管理。

②保证的管理。农村合作金融机构要求借款人签订保证协议的目的是进一步提高贷款的安全性，因此，需要考察保证人的以下几个方面：一是保证人担保资格。《担保法》规定，保证人必须具有一定的资格，国家机关、学校、幼儿园、医院等以公益为目的的事业单位、社会团体不得作为保证人。二是保证人的担保能力。三是保证人的保证意愿。四是保证人与借款人之间的经济联系。五是保证的法律责任。

3. 借款企业的非财务因素分析。要做到对企业的全面信用分析，仅靠财务指标是远远不够的，必须对各种非财务因素进行认真分析，从中发现隐含的风险，及时采取防范措施，将贷款风险降到最小。相对于财务因素分析而言，非财务因素则因其信息量大、隐含信息丰富和动态发展等特点更能有助于信贷人员发现潜在风险，把握贷款质量。企业的非财务因素主要有以下几个方面：一是企业外部环境。作为社会经济的微观单位，企业不可避免地与外界环境保持着密切的联系，同时也受到外界环境的制约，因此对企业外部环境的分析是保证贷款成功的首要因素。二是企业核心竞争力。企业在市场上的表现以及将来的还贷可能性归根结底是由企业所拥有的核心竞争力决定的。所谓核心竞争力，概括说来就是企业保持持续市场竞争优势、无法被竞争对手轻易模仿的能力，包括企业开发的独特产品、独特的技术和独特营销手段等。三是企业经营管理水平。企业的经营过程中充满着风险，无论是在贷前、贷中还是贷后，农村合作金融机构都必须对企业管理水平密切关注，其中尤为重要的是企业的核心领导层素质。优秀的领导组织往往能在关键时刻扭转逆势，不恰当的领导组织也能将蒸蒸日上的企业搞垮。四是企业发展前景。农村合作金融机构对企业的贷款其实是一种远期收益，即收回贷款本息都将是在贷款后一段时间才发生，其风险也由此而来。因此企业的发展前景对于农村合作金融机构贷款尤其是长期贷款十分重要。五是信誉状态。企业的信誉对贷款质量的意义毋庸置疑，即使经营再好的企业，如果赖账不还，也将给农村合作金融机构带来信用风险。

（三）企业贷款定价

贷款定价是银行根据自身的资金成本、贷款费用、贷款风险和盈利目标，结合借贷市场资金供求状况和客户合作关系等因素，综合确定贷款利率。银行贷款的成本包括支付的利息以及用于吸引存款、维持贷款和处理问题贷款的费用。为贷款确定一个合理的价格是银行获得贷款业务利润的基础，也是与借款人能否达成该项贷款业务的关键。我国的存贷款利率一直由中央银行统一制定并颁布实施，严格的利率管制直接导致了银行产品定价能力的不足，产品价格不能对市场变动作出迅速准确的反应。随着我国利率市场化改革的推进，银行对产品价格缺乏敏感性和定价能力不足的问题日益突出，成为利率市场化改革的一大瓶颈。在这种背景下，研究银行的贷款定价体系，优化贷款定价方法与策略，对于提高我国银行核心竞争力具有重要的意义。

1. 影响贷款定价的因素。在宏观经济运行中，按照一般的价格理论，影响贷款价格的主要因素是信贷资金的供求状况。然而，由于信贷资金是一种特殊的商品，其价格的决定比较复杂，既有宏观因素又有微观因素的影响。在贷款业务的实际操作中，银行作为贷款供给方在贷款定价时所应考虑的因素是多方面的。

（1）资金成本。银行的资金成本主要是吸收存款的资金成本，它是决定贷款价格的主要因素。因此，银行贷款定价不得不实行“高进高出、低进低出”策略。银行的资金成本分为资金平均成本和资金边际成本。资金的平均成本是指资金的利息费用总额除以平均负债余额，表明每一单位债务的平均成本率，即每单位资金的平均利息费用率。主要用来衡量银行过去的经营状况，如果银行的资金来源构成、利率、费用等不变，银行可以资金平均成本来对新贷款定价。资金的边际成本是指每增加一单位可用于投资、贷款的资金所需要支付的借入成本。在资金来源结构变化，尤其是在市场利率的条件下，以它作为新贷款定价的基础较为合适。

（2）风险成本。信贷风险是客观存在的，银行需要在预测贷款风险的基础上为其承担的违约风险索取补偿。由于贷款的期限、种类、保障程度及贷款对象等不同，贷款的风险程度也有所不同，不同风险程度的贷款，银行为此所花费的管理费用或对可能产生的损失的补偿费用也不同。这种银行为承担贷款风险而花费的费用，称为贷款的风险费用，也是贷款的风险成本。银行在贷款定价时必须将风险成本纳入贷款价格之中。一笔贷款的风险程度受多种复杂因素的影响，如贷款的种类、用途、期限、贷款保障、借款人信用、财务状况、客观经济环境的变化等。所以，要精确地预测一笔贷款的风险费用显然是比较困难的。在实践中，为了便于操作，银行通常根据历史上某类贷款（如按信用等级水平）的平均费用水平并考虑未来各种新增因素后来确定贷款风险费用率。

（3）交易成本。交易成本又称为贷款费用，银行向客户提供贷款，需要在贷款之前和贷款过程之中做大量的工作，如进行信用调查、分析、评估、对担保品进行鉴定、估价、管理，对贷款所涉及的各种材料、文件进行整理、归档、保管。所有这些工作，都需要花费人力、物力，发生各种费用。在贷款定价时，应将这些费用考虑进去，作为构成贷款价格的一个因素。以使贷款主要的利差收入足以弥补所有的业务费用。

（4）借款人的信用。借款人的信用是指借款人的还款能力和意愿。包括借款人在银行的存款情况、借款人使用银行服务的情况等。借款人的信用越好，贷款风险越小，贷款价格也应越低。如果借款人信用状况不好，过去的偿债记录不能令人满意，银行就应以较高的价格和较严格的约束条件限制其借款。

（5）银行贷款目标收益率。贷款是银行主要的资金运用项目，贷款收益率目标是否能够实现，直接影响到银行总体盈利目标的实现，因此，在贷款定价时，必须考虑能否在总体上实现银行的贷款收益率目标。当然，贷款收益率目标本身应当制定得合理，过高的收益率目标会使银行贷款价格失去竞争力。在保证贷款安全和市场竞争力的前提下，银行应力求使贷款收益率达到或高于目标收益率。

（6）贷款供求状况。市场供求状况是影响价格的一个基本要素。贷款作为一种金融商品，自然也受这一规律的制约。这里的贷款需求是指借款人某一时期希望从银行取得贷款的数量；贷款供给是指所有银行在该时期内能够提供的贷款数量。当贷款供大于求时，贷款价格应当降低；当贷款供不应求时，贷款价格应当适当提高。

（7）客户从其他途径融资的成本。由于金融市场的日臻完善，借款人可以从许多途径筹集资金。例如，商业票据市场、债券市场以及可选择的众多商业银行和其他金融机构等。在贷款定价时应考虑市场利率水平及借款人在金融市场上筹资的成本，如果定价太高，就有可能失去客户。

（8）可贷资金。可贷资金是指银行投入到贷款之中的资本金数量，这部分资金量恰好是银行对其贷款组合和业务融资而必须借入的资金数量。因此，可贷资金减少了银行的利息开支，从而对贷款的定价产生直接的影响。然而太侧重于可贷资金，可能在提高资产报酬率的同时降低银行的股本报酬率，因此银行应把如何有效地利用资本金纳入贷款定价所考虑的范围之中。

（9）同业竞争利率。在银行的贷款定价制度中，银行能否及时地了解同业竞争者的定价状况十分重要。银行往往通过市场调查来取得同业竞争者的定价信息。市场调查要取得良好的效果，其内容应包括同业不同竞争者对各种信贷产品的不同定价，并需每年更新一次。在贷款定价时，银行如果不考虑竞争环境的影响，从而使贷款利率过分低于当前的市场价格水平，只能意味着银行贷款定价的失败。因此银行在对贷款定价时，必须在市场竞争因素与盈利两者之间寻找较为理想的平衡点。

（10）客户给银行带来的整体利润。这一因素将银行的信贷客户作为一种整体关系来考虑。换言之，银行不仅要考虑从某项具体贷款中赚取了多少利润，而且还要考虑银行能从客户与银行的所有业务往来中赚取多少利润。

针对上述因素，银行在贷款定价的实践过程中，应根据自身的特点，有侧重点地考虑影响贷款定价的有关因素并确定适当的定价策略。

2. 贷款价格的构成。在西方商业银行中贷款利率是贷款价格的主要组成部分，但不是唯一部分，银行从贷款中获得的收益除利息外，还有许多非利息因素，一般而言，这些非利息因素有贷款承诺费、补偿余额和隐含价格等。

（1）贷款利率。贷款利率是一定时期内借款客户向贷款人支付的贷款利息与本金的比率。它是贷款价格的主要内容。根据贷款使用情况，贷款利率分为年利率、月利率和日利率；一般利率、优惠利率及惩罚利率等；固定利率和浮动利率。

（2）承诺费。承诺费是银行因签约保证随时提供信贷而收取的费用。它是对已作出承诺但没有贷出的款项所收取的费用。因而，承诺费构成了贷款价格的一部分。承诺费的收取方式一般是按承诺的全部贷款金额或未用贷款金额的一定百分比收取。

（3）补偿余额。补偿余额是借款客户应银行的要求而保持在银行的一定数量的活期存款和低利率定期存款。它通常作为银行同意贷款的一个条件而写入贷款协议中。它的使用是银行变相提高贷款利率的一种方式，是贷款价格的一个组成部分。补偿余额的计算分为两个部分：一部分是按实际贷款余额计算的补偿余额；另一部分是按已承诺而未使用的限额计算的补偿余额。

（4）隐含价格。隐含价格是指贷款定价中的一些非货币内容。银行在决定给客户贷款后，为了保证客户能偿还贷款，常常在贷款协议中加上一些附加性条款。附加条款可以是禁止性条款，即规定融资限额及各种禁止事项，也可以是义务性的，即规定借款人必须遵守的特别条款。附加条款不直接给银行带来收益，但可以防止借款人经营状况的重大变化，给银行利益造成损失，因此，它也可以视为贷款价格的一部分。

3. 贷款定价的方法。贷款定价是一项复杂的系统工程，要确定合理的贷款价格，需要仔细权衡各种因素，全面考虑各种条件。随着我国利率市场化改革的推进，银行贷款定价的自主权逐步扩大。各银行应借鉴国外银行贷款定价的基本方法，在实践中不断改进和修订，建立适合我国金融环境的贷款定价方法，逐步提高本行在贷款市场上的竞争能力。

国际上有代表性的贷款定价方法主要有成本加成法、基准利率加点法、客户盈利性分析法、价格先导定价方法、交易利率定价法等。我们认为：第一，贷款定价方法可以灵活运用并进行创新。如前所述几种西方商业银行贷款定价方法，各有其适用的范围。因此，对贷款的定价可根据实际情况采取相应的定价方法，而总的原则是吸引更多客户并获得利润最大化。第二，贷款定价方法只有在一定的条件下才能顺利运作。利率市场化是贷款实行定价的必要条件，但能否很好运用贷款定价方法，还需要其他条件的配合，如要求有成熟的金融市场，银行经营管理者及时对利率变化作出反应，金融监管充分有效等。根据不同贷款定价方法的适用性，结合对贷款定价的内外部条件分析，现阶段我国银行贷款定价有以下基本方法。

（1）扩展的成本加成法。该方法是以国际上普遍运用的成本加成法为基础，再结合客户综合贡献和市场竞争因素的调整得出。基本公式为

贷款价格 = 基本贷款利率 + 调整值

=（资金成本 + 经营成本 + 风险成本 + 预期收益）/

［EAD ×（1 - 营业税税率）］+（客户综合贡献调整值 + 市场竞争调整值）

具体计算方法如下：

①计算资金成本。资金成本是指信贷部门从资金营运部门获得可贷资金所需支付的成本，反映本行资金营运的平均收益率，也代表本行资金运用的机会成本。资金成本可根据内部资金转移定价系统提供的对应期限产品的内部资金转移价格确定。计算公式为

资金成本 = 对应期限产品内部资金转移价格 × 该笔贷款占用资金日均余额

对于到期一次还款的，贷款占用资金日均余额 = 贷款金额。

对于分期还款方式的，计算公式为

贷款占用资金日均余额 =（$\sum$ 每期还款前贷款余额 × 该期天数）÷ 贷款存续期天数

②计算经营成本。经营成本是指银行发放贷款和维持与贷款客户的借贷关系所需要的非利息性成本，包括人员工资、设备成本及其他未被补偿的相关费用。计算经营成本的基本方法是分贷款产品核算成本费用率，依赖于管理会计系统提供的数据支持。计算公式为

经营成本 = 相应贷款产品的成本费用率 × 该笔贷款日均余额

对于到期一次还款的，贷款日均余额 = 贷款金额。

对于分期还款方式的，计算公式为

贷款日均余额 =（$\sum$ 每期还款前贷款余额 × 该期天数）÷ 贷款存续期天数

③计算风险成本。在内部评级法投入使用后，可根据对应信用等级客户的违约率和对应贷款产品、贷款方式的违约损失率和风险敞口计算预期损失（风险成本）。计算公式为

预期损失 = 违约率 × 违约损失率 × 风险敞口

目前国内领先银行已基本完成内部评级法初级法的开发，进入实施阶段，各风险因素可按如下方法取值：根据内部评级系统中客户信用等级与违约概率的映射关系取得有关数值；违约损失率按照监管当局给定的标准，根据交易的性质（包括是否有抵押品及其类型）确定违约损失率的大小。风险敞口根据监管当局制定的标准测算，表内项目的风险敞口为名义贷款额，表外项目风险敞口为账面金额乘以信用转换因子，信用转换因子分别为 0、20%、50%、75%、100%。

④计算预期收益。预期收益是指银行经营管理贷款所应取得的目标利润，可根据既定的最低资本回报率和经济资本来确定，计算公式如下：

预期收益 = 最低资本回报率 × 经济资本

式中：最低资本回报率通常由银行的董事会决定。

在建立经济资本计量模型之前，可采用系数法测算，即

经济资本＝风险敞口×对应产品的经济资本分配系数

分品种经济资本分配系数是在对相同风险属性的资产进行分类的基础上，主要依据各类资产的风险状况、回报水平和全行资产组合管理策略等因素综合设定。

⑤客户综合贡献调整值。客户综合贡献调整值是在考虑客户对银行历史综合贡献的基础上对贷款定价的一种修正，在计算客户对银行的存款、贷款、中间业务等贡献的基础上确定。

来自客户的总收入＝存款账户收入＋实际贷款收入＋中间业务收入

客户总支出＝存款利息支出＋经营成本支出＋风险成本支出

客户历史综合贡献＝客户的总收入－客户的总支出

根据客户综合贡献确定相应的利率调整值。

⑥市场竞争调整值。市场竞争调整值是在对市场利率和同业报价进行分析的基础上确定，以保证贷款定价具有竞争力。银行应通过市场调查及时了解当前的市场价格水平和同业竞争者的定价情况。在进行贷款定价决策时，需要在市场竞争因素与盈利目标两者之间寻找较为理想的平衡点。

（2）基准利率加点定价法。该定价方法是选择某种基准利率，如以银行间市场债券利率或银行间同业拆借利率等利率为“基价”，根据信用等级、风险程度等确定不同水平的利差，在基准利率基础上加上可能的违约成本和资金成本确定，用公式表达为

贷款利率＝基准利率（1＋系数）

目前，我国银行业贷款成本的准确分摊很难做到，我国货币市场基准利率的确立，为规避成本核算问题提供了替代方法。以基准利率加点模式为基础，运用《巴塞尔新资本协议》内部评级法（IRB法）的风险计量方法，以基准利率和风险溢价为主要参数，可以将该模式优化为

贷款利率＝货币市场基准利率＋风险溢价＋期望利润率

公式中各主要参数设定如下：①以银行间市场债券利率作为基准利率。可选用一定平滑时段，比如以1个月期限的银行间债券市场利率代替贷款成本，这样就能规避当前银行成本分摊困难的矛盾。②贷款风险溢价。贷款风险溢价主要依据贷款的风险评级与分类、贷款的预期损失率和非预期损失率确定。目前，我国大部分银行贷款采取五级分类法，也缺少风险管理基础数据的历史积累，因此，可采用外部评级法和专家打分法相结合的方式，给出不同信用等级的违约概率、违约损失率及资本分配系数表；资本期望回报率可取我国上市银行年平均资本收益率指标。③期望利润率。参照同业和本行近几年的平均利润率，管理决策者先给定本行一个期望利润率区间。在该区间范围内，客户经理可结合综合贡献度情况，自行给定每一笔贷款的期望利润率。

基准利率加点模式是“外向型”的，表现出更强的市场导向。通过这种模式制定出的贷款价格更贴近市场，从而更具市场竞争力。但基准利率加点模式在确定“风险加点”幅度时，需充分考虑银行的资金成本和可能的违约成本等。由于对资金成本重视不够，有时可能导致占有市场而失去利润的结果。

（3）客户利润分析定价法。以此方法为每笔贷款定价时，需考虑客户与本行的整体关系，即全面考虑客户与银行各种业务往来的成本和收益，在此基础上根据银行目标利润给客户贷款定价，用公式表示为

$$\sum(\text{贷款额} \times \text{利率} \times \text{期限}) \times (1 - \text{营业税及附加率}) + \text{其他服务收入} \times (1 - \text{营业税及附加率}) \geqslant \text{为该客户提供服务发生的总成本} + \text{银行的目标利润}$$

银行根据目标利润期望和预计的贷款损失率等指标可计算出盈亏平衡点和某一目标利润额的平均贷款利率。客户盈利分析模型通过差别定价，既能稳定客户，又能通过其他利润点弥补贷款损失。这种定价方法要求银行的会计核算系统能实现“分客户核算”和“分产品核算”，准确地核算银行为客户服务提供的总成本。

与基准利率加点模式相比，客户利润分析定价模式也要考虑客户信用、资金成本、利润目标、市场竞争因素、时间的长短、贷款规模大小、有无担保、选择性条款（还款期限、方式改变）、逆向选择等一系列因素的影响，但是侧重点不一。客户利润分析定价法是更为理想的定价策略，它体现了银行“以客户为中心”的经营理念。它摈弃了“就事论事”的思维框架和“以业务为中心”的传统经营模式，试图从银行与客户的全部业务往来关系中寻找最优的贷款价格。采用这种模式有可能得出富有竞争力的贷款价格。而客户盈利分析模型以银行的会计信息系统能够实现对客户分开核算为前提，要求财务管理信息系统在银行的全面推广和应用。目前，我国一些银行在推行和尝试财务管理信息系统，意欲建立以明细客户为核算对象的信息提供渠道，虽然还处于起步阶段，但代表着未来的发展方向。

二、个人贷款分析与决策

个人贷款是指贷款人向符合条件的自然人发放的用于个人消费、生产经营等用途的本外币贷款。属于商业银行的零售业务。第二次世界大战后，个人贷款在西方国家普遍兴起，经过几十年的发展，已成为一项重要的贷款业务。战后西方个人贷款迅速发展的主要原因在于：一是各金融机构之间竞争日趋激烈，认识到零售业务的重要性；二是战后西方经济发展比较稳定，个人收入提高，人们乐于利用贷款进行消费；三是各种征信机构大量出现，使银行可以方便、快捷地了解借款人的信用状况。我国从1999年起允许所有商业银行开办消费信贷业务。现在个人贷款业务已经形成多渠道、多方向、多样化的发展格局。个人贷款及其产业的发展，得益于中国金融发展硬环境和软环境不断改善，相对于信贷利用率极高的西方国家来说，我国的个人贷款仍有极大的发展潜力。中国银行业监督管理委员会结合多年来我国银行业金融机构个人贷款的具体实践，借鉴国际银行业贷款风险管理的成熟经验，于2010年2月12日发布了《个人贷款管理暂行办法》，为规范银行业金融机构个人贷款业务行为，有效防范风险，促进个人贷款业务健康发展，提升信贷资产管理的精细化水平提供了依据。

（一）个人贷款种类

目前，我国不同的银行根据自身的业务特点不同，其个人贷款的种类和形式有一定的差别，但归纳起来大体上有以下十类：

1. 个人住房消费信贷。它是指贷款人向借款人发放的用于购买自用的各类型住房贷款，具体有以下几种形式：

（1）个人住房公积金贷款。个人住房公积金贷款是国家为职工提供的政策性低息住房贷款，是指按时足额缴存住房公积金的借款人，在购买、建造、大修自住住房时，以其所购（建）住房或其他具有所有权的财产作为抵押物或质押物，或由第三人为其贷款提供保证并承担偿还本息连带责任，向住房公积金管理中心申请的以住房公积金为资金来源的住房贷款。个人住房公积金的适用对象是具有公积金贷款资格的企业职工。此项贷款具有政策补贴性质，贷款利率较低，贷款最高额度有限制。

（2）个人住房组合贷款。凡符合个人住房商业性贷款条件的借款人同时缴存住房公积金，在办理个人住房商业性贷款的同时还可向银行申请个人住房公积金贷款，即借款人以所购本市城镇自住住房作为抵押物可同时向银行申请个人住房公积金贷款和个人住房商业性贷款，这两种贷款合并起来称为个人住房组合贷款。其特点是贷款金额较大，平均利率较低。

（3）个人住房商业性贷款。个人住房商业性贷款又称为个人住房按揭贷款，是银行信贷资金所发放的自营贷款，指具有完全民事行为能力的自然人，购买本市城镇自住住房时，以其所购产权住房为抵押物，作为偿还贷款的保证而向银行申请的住房商业性贷款。这种贷款的特点是贷款利率较高，但仍低于生产性贷款利率。

2. 个人住房装修贷款。个人住房装修贷款是指银行运用信贷资金向居民发放的用于自有住房装饰装修的人民币担保贷款。用于支付家庭装潢和维修工程的施工款，相关的装潢材料款、厨卫设备款等。贷款的对象为具有完全民事行为能力的自然人。借款人必须提供有效的质押、抵押或第三方保证担保。

3. 个人汽车消费贷款。个人汽车消费贷款是指借款人在购买消费类自用车（不含二手车）时已支付一定比例金额的首期款项、不足部分由银行向其发放并直接支付给汽车经销商的人民币贷款。一般个人汽车消费贷款期限原则上不应超过 3 年；优质客户个人汽车消费贷款期限最长不超过 5 年。

4. 个人助学贷款。个人助学贷款包括国家助学贷款、生源地助学贷款和一般商业性助学贷款三种。

国家助学贷款是由政府主导、财政贴息、财政和高校共同给予银行一定风险补偿金，银行、教育行政部门与高校共同操作的，帮助高校家庭经济困难学生支付在校学习期间所需的学费、住宿费及生活费的银行贷款。国家助学贷款是信用贷款，学生不需要办理贷款担保或抵押，但需要承诺按期还款，并承担相关法律责任。生源地信用助学贷款是指国家开发银行等金融机构向符合条件的家庭经济困难的普通高校新生和在校生发放的，学生和家长（或其他法定监护人）向学生入学户籍所在县（市区）的学生资助管理中心或金融机构申请办理的，帮助家庭经济困难学生支付在校学习期间所需的学费、住宿费的助学贷款。

从大的方面来说，上学期间由国家贴息的助学贷款都是国家助学贷款。在就读高校办理的叫高校助学贷款，在户籍所在地向经办银行申请的助学贷款叫生源地助学贷款。它们之间没有什么区别，最终都是为了帮助贫困家庭学生解决学费和住宿费。

商业助学贷款是贷款银行对正在接受非义务教育学习的学生或直系家属或法定监护人发放的商业性贷款，贷款只能用于学生的学杂费、生活费以及其他与学习有关的费用支出。这种贷款财政不贴息，但在人民银行利率政策规定的范围内适当给予优惠，各商业银行、信用社均可开办。

5. 个人旅游贷款。个人旅游贷款是指贷款人向借款人发放的，用于本人或家庭共有成员支付特约旅游单位旅游费用的人民币贷款。旅游费用指特约旅游单位经办且由贷款人指定的旅游项目所涉及的交通费、食宿费、门票、服务及其相关费用组成的旅游费用总额。

6. 个人商业（商铺）用房贷款。个人商业（商铺）用房贷款是指贷款人向借款人（自然人）发放的用于购买一手商业用房的贷款。这里商业用房主要指商场、商铺等具有营业性收入的营业场所，不含办公用房、工业厂房。借款人必须提供有效的质押、抵押或第三方保证担保。

7. 个人小额存单质押贷款。小额存单质押贷款是储户以未到期的定期储蓄存款作质押，向银行申请一定金额的贷款业务。主要是为解决储户短期资金周转困难，通过向银行贷款周转，避免因提取未到期的定期存款而蒙受利息损失。

8. 个人投资经营贷款。个人投资经营贷款是指由银行发放的用于解决借款客户在经营过程中所需资金周转的贷款。适用对象为在中国境内具有完全民事行为能力的自然人，包括个人独资企业，即依法在中国境内设立，由一个自然人投资，财产为投资人个人所有，投资人以其个人财产对企业债务承担无限责任的经营实体。借款人在签订借款合同之前应向银行提供银行认可的财产抵押、质押或第三方不可撤销的连带责任保证，担保人必须签订书面担保合同。

9. 个人大额耐用消费品贷款。个人大额耐用消费品贷款指银行对在特约经销商处申请购买个人大额耐用消费品的借款人发放的人民币担保贷款。大额耐用消费品是指单价在3 000元以上（含3 000元），10万元以下（不含10万元），正常使用寿命在两年以上的家庭耐用消费品。包括家用电器、家具、健身器材、乐器等。

10. 个人抵（质）押循环贷款。个人抵（质）押循环贷款是银行根据个人客户的信用状况和客户提供的银行认可的抵押、质押物情况，为其提供的一种融资便利产品，借款人在银行核定的额度内可循环周转使用贷款。

（二）个人信用分析

个人信贷种类较多，其特点是贷款金额小、客户数量大，还款来源严重依赖借款人的收入。由于个人的经济状况、财务状况变化比较大，决定了消费贷款的违约率比较高。这就要求银行在发放贷款之前严格把关，进行全面的个人财务与资信分析，选择有偿还能力的客户。如果银行发放贷款时不够审慎，使还款违约率超过一定的限度，就会影响银行的经营效益。银行对个人的财务分析至少应该包括三个方面的内容：分析未来的还款来源或抵押品；分析负债和费用；综合分析。

1. 分析未来的还款来源或抵押品。分析未来的还款来源或抵押品，界定资产的所有权和确定资产的价值、稳定性和流动性，通过纳税申报表上的信息确定客户的收入。

（1）还款来源——收入分析。收入分析的关键在于确定客户所有的收入来源，并通过纳税申请表、雇主咨询、审核必要的资产所有权和收据等手段，核实收入金额的准确性及稳定性。银行审查的收入范围包括工资和其他经常收入（包括客户的工资、佣金、奖金和小费）、利息收入、股息收入、应收赡养费、退休基金收入、失业救济和社会保障福利。其中，工资和其他经常收入是第一还款来源，是重点审查对象；利息和股息收入是第二还款来源。

（2）抵押品——资产分析。在进行客户资产分析时，银行必须关注三个问题。一是作为贷款抵押品或担保品的资产变现时能否保值，二是资产是否有现成的市场，三是客户是否拥有并控制着这些资产。

①流动资产分析。流动性资产具有较强的变现能力，是偿还贷款的重要来源，银行评估该类资产的重点是资产的价值、稳定性和流动性。同时也要确定借款人对流动资产的所有权和控制权。对于财务报表中那些已剔除了负债的净资产，银行需要确定这些资产的实际价值以及对应的负债。包括：现金、大额可转让存单和储蓄存单、可转让证券。债券有政府债券和公司债券两种，在所有的有价证券中，国库券是最安全的，政府债券和公司债券一般以附息债券的形式出现，这些债券通常都有全国性或者地方性的交易市场，可以在需要的时候在公开市场上售出。根据经验，BBB 级及以上的企业债券，政府债券的市场变现能力比较好，可被用做还款来源。如果企业债券能够在全国性证券交易所进行交易，其现值的确定应该与股票完全一致。政府债券作为还款来源时，其现值的评估宜使用相对保守的价格。

②不动产分析。首先要确定该财产是否真实存在并属于该客户。如果银行决定接受这些财产作为贷款的抵押，则应该取得这些不动产的所有权和其他一些留置权的所有权证明书。需要注意的是，将这些不动产作为还款来源的风险非常大，一方面，市场情况瞬息万变，变现的速度和财产的价值会不断发生变化；另一方面，这些不动产往往是客户的家产，一旦主要还款来源丧失时，这部分权益的出售可能会受到限制，或根本无法售出。在没有进行正式评估时，客户往往会高估不动产的价值，并以其获得贷款的需要，很少以真实的市场价格为依据。

③应收贷款分析。应收贷款是客户向其他人或企业实体贷款后形成的资产，它往往也构成客户的主要资产。银行是否需要或者需要花多少时间来审查应收贷款取决于两个条件：应收贷款的数量规模和客户是否提出将应收贷款作为还款来源。如果应收贷款占客户总资产的比重小于 10%，可以不进行应收贷款分析；如果客户将应收贷款的收回作为还款的主要或唯一来源，银行必须对应收贷款进行分析。如果客户以应收贷款的收回作为收入来源而非直接的还款来源，则要考察其还款安排，并评估这种收入的持续性。

④人寿保险。人寿保险有两种主要方式：终身人寿保险和定期人寿保险。定期寿险

没有退保金额，而终身寿险则有退保金额，如果客户在财务报表上填有人寿保险的退保金额，一定要确定其保险是终身寿险。

⑤退休基金。作为社会保障的重要组成部分，每个人几乎都被纳入各层次的养老保险或者退休计划中，政府允许养老保险或者退休计划的参加者在缴纳所得税前将收入存入退休基金，这些养老保险或者退休计划的既得收入即形成客户的财产。大部分养老基金限制参加者在退休年龄之前提取资金，提前提取资金要承受高额罚金和税金，迫使大多数参加者将资金存到退休之时，一般情况下，只要客户愿意支付罚金和税金，还是可以提前提取这部分资产的，因此部分资产只能部分地计入财务报表的所有者权益。在实际工作中，每个银行用来评估这种退休基金价值的政策有所不同，一种普遍的做法是，将退休基金变现后的价值评估为账户总价值的50%。

⑥私人财产。私人财产的价值通常对银行的贷款分析没有明显作用，因为大多数客户都会大大高估其私人财产的价值。如果个人财务报表中私人财产占客户总资产的比例很大，就需要更仔细地分析。一般来说，私人财产没有任何抵押价值，其出售后不能作为可靠的还款来源。然而也有少数私人财产，如汽车、游艇、马、艺术品或珠宝，具有稳定的价值，可作为抵押品或者还款来源，但银行也必须考虑这些资产的变现能力。通常，越不常用的私人财产，越难以出售，其价格在被迫出售时会大打折扣。

⑦其他资产。在客户的财务报表上，银行可能发现较常见的特殊资产，包括营业资产、合营公司资产、退税、奖金和佣金。对此银行需要核查客户资料的真实性。

2. 分析负债和费用。通过分析负债和费用，确定财务报表内容的准确性和完整性，明确客户的还款方式，并估计担保贷款和限制性贷款的影响。

在分析客户的负债科目时，银行需特别注意以下几点：一是客户是否列出其所有的负债？二是哪些负债有资产作担保？三是客户对哪些票据进行了背书，担保或联合承兑？四是有什么悬而未决的诉讼或要求牵涉到客户？五是客户的杠杆率有多高？六是负债中有无拖欠？七是客户有无任何商业上的负债？

银行可以比较容易地验证客户列出的负债金额，并可以要求客户提供信贷报告，找出作为抵押的资产。但是，银行很难查出客户没有填在财务报表中的在其他金融机构的借款，大多数情况下，客户负债情况是否真实有赖于客户的诚信。

（1）信用卡分析。分析的重点在于信用卡的信贷限额以及信用卡金额。

较为审慎的客户一般只使用2～3张信用卡，并逐月付清余额。这类客户的信用风险较小。缺乏审慎态度的客户常常拥有很多信用卡，并且每月只支付每张信用卡的最小限额，对于这种情况下产生的债务，银行一定要分析所有信用卡都用到最大限度时对客户财务状况的影响。

（2）营业负债分析。如果客户是独资企业主，银行还需要查看所有的营业负债，与企业经营有关的负债可能会被当做个人债务。在审查营业负债时需考虑以下几点：贷款余额是多少？贷款何时到期？还款来源是什么？哪些资产被用做抵押品？目前是否需要还款？营业负债可通过信贷报告或所得税纳税申请表来核实，但最准确的方法是与贷款人联系。

（3）其他贷款和负债分析。大多数个人财务报表在负债部分都留出空行以便客户填写其他贷款和负债，客户可在此列入不完全符合上述分类标准的债务。例如学费贷款、对合伙人的债务等。银行对负债的分析，首先需要确定负债是否被客户全部正确地列示出来，然后评估这些负债对客户未来还款能力的影响。

（4）其他信息。银行对客户个人财务的分析，不仅包括资产、收入、负债，也包括银行需要了解的其他信息，最常见的有资产所有权、营业投机风险、作为担保人和联合承兑人的义务以及其他可能产生未来负债的行为。

①共有权。大多数情况下，共有权是指丈夫和妻子对资产共同享有的权利，有时也指与其他合伙人共享资产的所有权。如果客户计划用于抵押的资产是共有资产，意味着该资产变现时会受到限制。

②偶然负债和或有负债。客户是否对某些债务进行了背书、担保或联合承兑，当这些债务的主债务人违约时，客户就要偿还这些债务。银行必须调查清楚，客户是否牵涉什么未决诉讼或其他控告；审查在计划的贷款期限内是否存在分期付款尾期的一笔未付大额款项，或者客户是否有拖欠的负债。

3. 综合分析。运用财务报表所获得的信息来综合评价客户的流动资金状况。通过对财务报表中的每个项目所进行的个别分析，银行可以了解许多关于客户的财力活动的情况以及客户的所有财务决策，然而这些信息必须经过有效的组织才能发挥作用。综合分析就是将从客户的财务报表中获得的每项信息有机地组织起来，从而达到以下目的：一是确定贷款的潜在抵押品或还款来源；二是更清楚地了解客户资产的流动性；三是确定流动负债（在未来12月内要偿还的负债）的金额；四是计算出一个更准确的所有者权益数据；五是分析客户的速动比率和所有者权益与资产比率。

综合分析的结果常常通过调整后的资产负债表反映出来，银行需要通过调整资产负债表最终完成对客户的分析，该表简明登记了银行从客户的个人财务报表调查中获得的信息，可以帮助信贷员发现并分析所需的重要信息，为是否向该客户发放个人贷款提供最终的决策依据。

在调整后的资产负债表中，资产按流动性强弱排列并分为两类：一是流动资产——易变现，可能成为主要或第二还款来源的资产；二是其他可变现资产——流动性较强，仍可售出或通过其他途径变现的资产。负债主要列出客户的短期债务和下一年要偿还的债务。这种对比有助于对短期债务与长期债务之间的比例关系进行预测，评估客户的所有现金流量。通过比较流动资产总额和流动负债总额，可以迅速分析出正常收入丧失后客户偿还短期负债的能力。运用调整后的资产负债表中的数据，能够计算出更准确的所有者权益以及所有者权益与资产比率。

比率分析是分析客户现金流量状况的一个有效工具，审查个人财务报表最有效的两个比率是速动比率和调整后的所有者权益与资产比率。运用比率时必须注意：比率只是一个有用的工具，比率本身并不能说明产生现状的原因。只有对数据的背景资料以及客户的财务决策进行详细的了解，才能发现比率背后的问题。

①速动比率。个人财务报表中的资产通常按流动性强弱顺序排列，可转让证券是容

易变现的资产，不动产变现要经过将该资产出售和收回账款两个过程。速动比率强调了资产变现的这种时间差异，说明了当客户遇到危机时的清偿能力。速动比率的计算公式为

$$速动比率 = \frac{现金 + 可转让证券}{流动负债}$$

通常，速动比率为 1 或高于 1 被认为是合理的，因为它说明了每 1 元流动负债至少有 1 元流动资产保证。需要注意的是：速动比率只是反映客户财力的一个指标，任何一项信贷决策都不能仅依靠一个比率或一条信息来决定。

②调整后的所有者权益与资产比率。调整后的所有者权益与资产比率说明了客户个人完全占有的可变现资产的比重，可以了解客户的融资杠杆率以及债权人得到偿还的最低资产额。

调整后的所有者权益与资产比率计算公式为

$$调整后的所有者权益与资产比率 = \frac{调整后的所有者权益}{调整后的资产总额}$$

根据经验，如果客户完全占有的资产超过 50%，表明该客户拥有很强的财力；如果客户完全占有的资产比例低于 50%，银行必须对所有的流动性资产再次进行仔细的检查。

（三）个人贷款定价

我国银行的个人贷款主要是以期限长短确定差别利率。个人住房贷款利率按法定贷款利率（不含浮动）减档执行；目前，个人住房贷款期限一年以上的贷款实行浮动利率，利率随中国人民银行基准利率的调整而调整。住房贷款利率实行下限管理，下限利率水平为相应期限档次贷款基准利率的 0.9 倍，上限放开，贷款银行可根据借款人信用状况等因素上浮。汽车消费贷款利率按法定贷款利率执行，允许浮动；其他消费贷款利率按中国人民银行有关规定执行。个人住房贷款可采用等额本息还款法和等额本金还款法；汽车消费贷款实行等额本金还款法；其他消费贷款计息和还款方式按中国人民银行规定执行。我国对个人住房消费贷款中的住房公积金贷款利率也是采用这种方法定价的，即在 3 个月整存整取存款利率的基础上加点执行。我国的金融法规不允许贷款银行提出补偿金额的要求，贷款后借款人可以全额使用该笔贷款本金，贷款银行不得要求借款人在存款账户中将贷款本金留存一定比例或一个固定数额。下面介绍几种对我国银行个人贷款定价有一定借鉴意义的国际上常用的个人贷款定价方法。

1. 年百分率法。年百分率相当于对贷款额进行全额支付时的内生报酬率。它考虑了贷款以多快的速度被偿还，以及客户在整个贷款期内所能真正使用的信贷额。

【例 5－1】 贷款 1 000 元，1 年期分月偿还。年百分率为 12%。银行该笔贷款的融资费用是多少？

可以通过年百分率表查找，融资费用是 66.20 元。或者应用普通年金现值计算公式直接计算出来：

$$1\,000 = A \times [1 - (1 + 12\% \div 12) - 12] \div 12\% \div 12 = A \times (P/A, 1\%, 12)$$

$$A = 88.85(元)$$

$$融资费用 = 88.85 \times 12 - 1\ 000 = 66.20(元)$$

2. 单一利率法。当客户分期偿还贷款时，银行首先确定出不断减少的贷款余额，然后以贷款余额决定客户应付的利息额。

同年百分率法一样，单一利率法也是根据借款人所能真正利用他所购买的信贷时间的长短而调整。如果客户是逐步偿还贷款，单一利率法首先定出不断减少的贷款余额，然后用上一期的贷款余额计算下一期的利息。

【例 5－2】 贷款 2 000 元，1 年期，利率 12%。现有两种偿还方式：一是到期一次利随本清；二是本金按季等额偿还。到期一次利随本清由于是按单利计算，利息总额为 240 元。第二种偿还方式的计算如表 5－2 所示，利息总额为 150 元。

表 5－2　　本金按季等额偿还计算表　　单位：元

季度	偿还本金	支付利息	偿还总额	贷款余额
第一季度初				2 000
第一季度末	500	60	560	1 500
第二季度末	500	45	545	1 000
第三季度末	500	30	530	500
第四季度末	500	15	515	0
合计	2 000	150	2 150	

上述两种方式中，第二种方式支付的利息看起来比第一种少 90 元，第二种偿还方式对客户来说比较合算，但如果我们计算两种偿还方式的实际利率，得出的结论可能就不一样了。由于现值都是 2 000 元，终值不同，实际利率肯定有差别，分析如下：

将第一种方式的终值按季复利，求实际利率（i）：

$$2\ 240 = 2\ 000 \times (1 + i)^4$$

$$i = 2.8737\%$$

第二种方式每次偿还的现金流量不相等，应分别计算，实际利率为

$$2\ 000 = 560 \times (1 + i)^{-1} + 545 \times (1 + i)^{-2} + 530 \times (1 + i)^{-3} + 515 \times (1 + i)^{-4}$$

$$i = 3\%$$

计算结果表明，第二种偿还方式的实际利率比第一种偿还方式的要高一些。

3. 贴现率法。客户收到的贷款额是名义贷款额减去所有应付利息后的余额。

前两种方法要求客户在贷款期内逐步偿还利息和本金，贴现率法则要求客户一开始就支付利息。在这种情况下，首先要减去利息，客户收到的贷款额是减去了应付利息后的净额。

【例 5－3】 客户 2006 年 12 月 1 日以银行定期存单 50 000 元申请贴现。该存单 2002 年 5 月 1 日存入，5 年期，年利率 12.06%，贴现率 7.254%。

$$贴现利息 = 50\ 000 \times (1 + 5 \times 12.06\%) \times 152 \times 7.254\% \div 360 = 2\ 454.83(元)$$

$$实付贴现金额 = 50\ 000 \times (1 + 5 \times 12.06\%) - 2\ 454.83 = 77\ 695.17(元)$$

客户可使用的资金是 77 695.17 元，贷款到期时客户必须偿还 80 150 元（即存单终

值）。借款人实际承担的利率为 7.4832%。计算过程如下：

贴现实际利率 = 贴现利息 ÷ 实付贴现金额 × 基础天数 ÷ 贴现期天数

= 2 454.83 ÷ 77 695.17 × 360 ÷ 152 = 7.4832%

4. 追加贷款率法。在分期付款情况下，如果客户所有的应付利息都被追加在每一期的贷款本金上，这种运用应付利息与客户实际利用金额来计算贷款利率的方法，即为追加贷款率法。

【例 5－4】 客户申请一笔 3 000 元贷款，银行要求 8% 的追加贷款率以及 12 个月等额分期付款，该客户应付款总额等于 3 240 元（即 3 000 元 + 240 元），相应的每月需支付 270 元（即 3 240 元 ÷ 12），这一支付额相当于由 250 元月贷款本金和 20 元月利息构成。如前所述，在每月分期还本付息贷款条件下，借款人一年平均获得的资金只有名义贷款额的 50%，本例中客户实际所能运用的资金额为 1 500 元，其近似实际贷款利率大约为 16%，具体计算如下：

实际贷款利率 = 应付利息 ÷ 年平均贷款额 = 240 ÷ 1 500 = 0.16 或 16%

尽管追加贷款率法与单一利率法都是以客户实际利用的资金为基础来计算实际利率，但只有当贷款在年末一次性支付全额时，追加贷款利率才会与单一利率相等。否则，在分期付款条件下接受利率追加法的客户，其支付的实际贷款利率会远远高于名义上的贷款利率。

5. 补偿余额要求。为了降低信用风险，许多银行要求获得个人贷款的客户必须在其账户中保留相当于贷款额一定百分比的存款，这种存款被称为补偿存款余额。

作为发放个人贷款的附加条件，补偿余额要求提高个人贷款的实际成本，因为借款人不能全额使用贷款，其实际使用的贷款额等于名义贷款额扣除存款余额后的金额，相应地，客户所支付的实际利息必然高于贷款协议上的名义利率。

【例 5－5】 某客户申请一笔利率为 10% 的 1 年期 2 000 元贷款，银行要求在贷款期内将贷款额的 10% 即 200 元（即 2 000 元 × 10%）存入该客户在银行的存款账户中。客户最终得到的贷款额为 1 800 元（即 2 000 元 － 200 元）。按照 10% 的名义贷款利率，客户应支付利息 200 元（即 2 000 元 × 10%）。但是客户的真实或实际贷款利率不是 10%，而是 11.11%，具体计算如下：

有补偿余额要求实际贷款利率 = 贷款应付利息额 ÷ 实际贷款额

= 200 ÷ （2 000 － 200） × 100% = 11.11%

显然，银行在个人贷款合同中增加补偿余额的附加条件，实际上提高了银行的实际贷款收益，从而使客户的借款成本上升。

第二节 证券投资决策

银行的资金运用安排，第一是准备金，第二是放款，第三就是投资。银行的投资主要是指证券投资，即把资金投放于各种长短期不同（主要是短期）的证券，以实现资产的收益并保持相应的流动性。我国对金融业实行分业经营、分业管理，证券投资作为银行运用资金的重要途径，是其主要的资产业务，也是银行收入的重要来源。从银行的发展来看，特别是近年来，随着西方各国资产证券化趋势不断加强，证券投资在其业务经营中的重要性已日益明显。

证券是各类经济权益凭证的统称，是用来证明证券持有者有权按其所载取得相应收益的证书。从广义上讲，证券有无价证券和有价证券两大类。无价证券上标明供货数量，但它并不代表价值。有价证券则标明票面金额，代表一定的价值。有价证券可以分为两类：一是物品证券，如货运单、提单等；二是货币证券，如债券和股票等。其中能在证券市场上买卖的只有属于资本证券的股票和债券。

证券投资则是指为了获取一定收益而承担一定风险，对有一定期限规定的证券的购买行为。它包含收益、风险和期限三个要素，其中收益与风险成正比，期限则影响着投资的收益率与风险的大小，因此也制约着银行对不同环境、不同收益率、不同风险度的证券投资的选择。

一、证券投资的种类及特点

近年来，随着金融市场上不断出现新的投资工具和银行经营范围的扩大，使得可供银行选择的证券投资种类越来越多。我国一直是对金融业实行严格的分业经营、分业管理的国家。但是，银行可以经营买卖政府债券，代理发行、代理兑付、承销政府债券等业务。因此，就我国来说，银行证券投资的对象仅限于债券投资。

（一）证券投资的种类

我国银行投资证券的种类相对较少，证券资产占总资产比重也比较低。自 2005 年 12 月中国人民银行对银行投资公司债券解禁以后，我国银行可以投资的债券有三类，即政府债券、金融债券和公司债券。

1. 政府债券。政府债券是国家发行的债券，具有安全性高，流通性强，收益稳定，收益免税的特征。是各类债券中信用等级最高的债券。政府债券是国家为了筹措资金面向投资者出具的、承诺在一定时期支付利息和到期还本的债务凭证。政府债券的举债主体是国家。依政府债券发行主体的不同，又可分为中央政府债券和地方政府债券。

（1）中央政府发行的债券。中央政府发行的债券称为国债。与其他类型债券相比较，国债的发行主体是国家，具有极高的信用度，被誉为“金边债券”。为了有效地发展我国的国民经济，增强我国的综合国力，提高人民的生活水平，我国政府有规律性地发行适度规模的政府国债。政府国债可分为普通型国债与特殊型国债。普通型国债主要可分为凭证式国债、记账式国债和无记名（实物）国债三种。特殊型国债主要有定向债券、特种国债和专项国债等。

（2）地方政府债券。地方政府债券（又称为市政债券）是指地方政府根据信用原则、以承担还本付息责任为前提而筹集资金的债务凭证，是指有财政收入的地方政府及地方公共机构发行的债券。地方政府债券所筹集的资金多用于地方基础设施建设和公益事业发展，如交通、通信、住宅、教育、医院和污水处理系统等的建设。同中央政府发行的国债一样，地方政府债券一般也是以当地政府的税收能力作为还本付息的担保。地方政府债券的安全性较高，被认为是安全性仅次于“金边债券”的一种债券，而且，投资者购买地方政府债券所获得的利息收入一般都免交所得税，这对投资者有很强的吸引力。

2. 金融债券。金融债券是银行等金融机构作为筹资主体为筹措资金而面向社会发行的一种有价证券，是表明债务、债权关系的一种凭证。债券按法定发行手续，承诺按约定利率定期支付利息并到期偿还本金。它属于银行等金融机构的主动负债。金融债券的特点从发行目的看，它类似于政府债券，是为了贯彻国家经济政策，完成国家资金管理机构承担的融资任务，而不是为了金融机构自身多赚取利润。但从发行办法看，它又类似于企业债券，既不给各地下达指令性指标，也不做政治动员，完全依靠金融债券自身的特点上市发行。中国人民银行先后批准了多家金融机构发行金融债券，我国金融债券得到长足发展，种类也日益增多，到目前为止主要有央行票据、证券公司债券、商业银行的次级债券、保险公司次级债券、混合资本证券等。由于银行等金融机构在一国经济中占有较特殊的地位，政府对它们的运营又有严格的监管，因此，金融债券的资信通常高于其他非金融机构债券，违约风险相对较小，具有较高的安全性。所以，金融债券的利率通常低于一般的企业债券，但高于风险更小的国债和银行储蓄存款利率。

3. 公司债券。公司债券通常又称为企业债券，是企业依照法定程序发行，约定在一定期限内还本付息的债券。企业债券代表着发债企业和投资者之间的一种债权债务关系。债券持有人是企业的债权人，不是所有者，无权参与或干涉企业经营管理，但债券持有人有权按期收回本息。企业债券与股票一样，同属有价证券，可以自由转让。由于企业主要以本身的经营利润作为还本付息的保证，因此企业债券风险与企业本身的经营状况直接相关。如果企业发行债券后，经营状况不好，连续出现亏损，可能无力支付投资者本息，投资者就面临着受损失的风险。从这个意义上来说，企业债券是一种风险较大的债券。所以，在企业发行债券时，一般要对发债企业进行严格的资格审查或要求发行企业有财产抵押，以保护投资者利益。另一方面，在一定限度内，证券市场上的风险与收益呈正相关关系，高风险伴随着高收益。与其他债券相比，企业债券的主要特点是风险性较大，收益率较高，可以有一定的选择权。

除以上债券可以作为银行投资对象外，还有一些其他证券也可以作为银行投资对象，如大公司发行的商业票据、银行承兑票据、金融期货与期权、资产证券化债券等。在西方发达国家的银行，这些已超过原生金融工具的交易规模。它们为银行开辟了新的投资渠道，也为银行增加了新的投资风险。

（二）证券投资的特点和原则

1. 银行证券投资的特点。银行在其经营活动中，把资金投放在各种长短期不同的证券，以实现资产的收益和保持相应的流动性，银行证券投资业务可以看做银行剩余资金的投资业务。是仅次于贷款的又一大资产业务。它与贷款相比其优点是可在证券市场上自由转让和买卖，具有较高的流动性。证券投资作为一种市场行为，有法律和规定程序的保障，不存在抵押或担保问题。其缺点是要确保法定准备金和银行流动性需要，要满足属于银行市场份额的贷款需求。与贷款业务相比，尽管两者都是资金的运用，有很多相同之处，但是它本身有着自己的特点。这些特点主要有：

（1）主动性。银行在证券投资中，根据市场行情的变化趋势和自己的资金实力，决定购买与否，完全由银行自主决定，完全处于主动地位。

（2）独立性。银行在证券投资中，在多数情况下与债务人是不熟悉的，决定银行是否购买的唯一标准是根据市场推算出的预期收益率，不为人际关系所左右。

（3）参与性。银行在证券投资中，银行只是众多债权人中的一个，对债务人的控制作用是非常有限的，不能起到决定性作用。

2. 证券投资的基本原则。银行在证券投资活动中，一般遵循以下三条基本原则：

（1）效益和风险最佳组合原则。所谓效益和风险的最佳组合，一是在投资风险一定的条件下，尽可能使投资收益最大化；二是在投资收益既定的条件下，尽力使投资风险降到最低限度。

（2）分散投资原则。所谓分散投资，是指银行要将投资资金适时适量地按不同比例，分别投放于若干种类风险程度不同的证券上，以建立科学合理的有效证券组合，将投资风险降到最小限度。

（3）理智投资原则。银行进行证券投资时应该冷静、沉着、慎重，不能盲目跟风，不要过多地受各种传言的影响，要在对各种证券进行细心的研究分析、全面深入分析的基础上科学确定投资对象。

二、证券投资方式及影响因素

（一）证券投资方式

银行证券投资的主要方式有证券套利、证券包销和代理证券发行。

1. 证券套利。证券套利就是利用证券的现货价格与期货价格的差价进行套买套卖，从中获取差额收益的活动。买进现货、卖出期货称之为顺套。卖出现货、买进期货则称之为逆套。不管是顺套，还是逆套，只要能够取得收益就行。

2. 证券包销。证券包销就是指银行对于发行者新发行的证券，按一定的价格全部予以承购，即在证券发行前先按全价付给发行者，再由银行向市场公开发售；发行者按规定付给银行一定包销费用。在发售期间，证券的价格跌落风险完全由银行承担，因而银行应抓住有利时机，及时出售，获得收益。

3. 代理证券发行。代理证券发行就是指银行利用其本身的机构网点和人员等优势，代理发行证券的单位在证券市场上以较为有利的条件发行股票、债券及其他证券，从中收取代理发行手续费的行为。

（二）证券投资影响因素

1. 证券投资收益因素。证券投资的收益来自利息收入和资本收益两个方面。债券的利息收益率一般是固定的，债券到期时还本付息，不发生资本的收益或损失，但如果在二级市场上转手债券，就可能遭受资本的收益和损失。投资决策时应选择有利可图的债券，争取获得最大的收益率。证券投资收益率的计算方法主要有以下几种：

（1）票面的收益率（也叫名义收益率）是指证券票面收益与票面额的比率。票面收益率又可以分为三种类型：第一种是在证券票面上标明的收益率。第二种是票面规定的收益额与票面面额之间的比率，这种证券票面上并未标明收益率，但附有息票，载明每期支付利息的数额，每期剪下息票兑取利息。第三种是预扣利息额/票面金额的比率，这种证券票面上并未标明收益率或利息额，而是通过贴现发行预先扣除应付的利息。

（2）当前收益率。这是债券到期前按当前市场价格出售或购买时的收益率。它体现出债券市场价格对债券收益率的影响。当前收益率等于债券票面收益除以当前市场价格。有价证券的价格并不总与其票面价格相一致，它随着市场行情的变化而变化，往往与债券面值不一致，这时如果仍然使用票面收益率就不能真实反映证券的收益状况。当期收益率考虑了证券市场的价格变化，比票面收益率更接近实际。

以一张面值为100元的债券为例：100元面值，票面收益率为10%的债券，银行以现价90元买入。到期获得10元债券利息收入。其当期收益率为10/90 = 11%，高于票面收益率（10%）

（3）到期收益率是指持券人一直将债券持有到最终期限时的实际收益率，是票面收益率、市场利率、票面价格、购买价格及购买成本等因素综合作用而得到的收益率。票面收益率和当期收益率实际上都只考虑了证券的利息收入，而没有考虑证券的资本收益（或损失）。因此，到期收益率相比而言更为精确和全面。计算方法是

$$到期收益率 = \frac{每期利息 + \dfrac{到期还本(出售价格) - 购入价格}{持券期间}}{\dfrac{购入价格 + 到期还本(出售价格)}{2}} \times 100\%$$

式中：持券期间是指银行实际持有证券的时间，既不是证券的发行日至到期日的时间，也不是银行购入日至到期日的时间。

例如：5年期100元面值，票面收益率为10%的债券，银行以现价90元买入。其当期收益率为11%，到期收益率为［100×10% +（100−90）/5］/［（100+90）/2］= 12.63%，高于票面收益率和当期收益率。

2. 证券投资风险因素。银行证券投资的风险是指银行在进行证券投资中存在的本金或收益损失的可能性。银行要获得投资收益，就必须承担相应的投资风险。一般来说，证券投资的收益与风险之间，存在某种函数关系，即证券投资的风险越大，其收益就越高。而风险越小，收益也越小。这就是所谓的证券投资风险收益同增规律。银行投资所面临的风险主要有信用风险、市场风险、利率风险、通货膨胀风险和流动性风险。

信用风险是指由于证券发行人到期不能付息而使投资人遭受损失的可能性。这种风险主要受证券发行人的经营能力、资本额大小、事业的前途和事业的稳定性等影响。一般说来政府债券信用风险小，特别是中央政府债券，无信用风险可言。对于公司债券来说，风险则有较大差别，有些是可以投资的证券，即信誉较可靠、信用风险不高的证券；有些是只能投机的证券，指那些信誉较差、存在较大信用风险的证券。

市场风险是指由于证券市场和经济形势变化给证券投资人带来损失的可能性。市场风险对于投资者来说是难以预测的，避免市场风险的主要方法是实行资产分散化，即银

行将投资资产分散在多种类型的证券上。因为在证券市场需求量减少时，各种证券需求量的变化是不一样的，有的证券需求量大幅度减少，有的证券需求量只有小幅下降，有的证券需求量保持不变，还有的证券需求量反而上升。因此，通过分散化的证券投资，银行可以减少市场风险。

利率风险是指市场利率的变动影响证券的市场价格，从而给投资者带来损失的风险。一般而言，利率波动从两个方面对银行证券投资带来风险：首先，债券价格与市场利率呈反向变动。固定收益的债券的价格随利率上升而下降，当银行因各种需要而在债券到期前出售时，有可能因市场价格的下降而产生资本损失。其次，银行投资的收益水平会因利率下降而减少。利率风险对持有不同期限的投资者有不同的影响。通常情况下，长期债券对利率变动的敏感性要大于短期债券。利率上升，长期债券持有者遭到的损失大于短期债券；利率下降，长期债券获得的利益要高于短期债券。

通货膨胀风险指由于不可预期的物价波动而使证券投资实际收入下降的可能性。物价水平连续上涨后，货币购买力随之下降，致使货币持有者无形中受损。当然，也使投资者承担通货膨胀的损失。银行投资主要购买的是具有固定利率的债券，当物价上涨率大于所投资证券的税后收益率时，银行的证券投资就产生了实际的损失。不可预期的物价上涨对银行的影响很大，如果在投资决策中没有通货膨胀因素考虑在内的话，当通货膨胀上涨到一定水平，就会严重影响银行的投资收益。

流动性风险又称流动能力风险或变现能力风险。是指将持有证券变卖为现款的速度快慢，因此越易变现，就表示流动能力风险越小；反之，流动能力风险就越大。银行财务管理人员经常会面对盈利性与安全性之间此消彼长的问题，当市场利率和银行对流动性风险的暴露程度发生变化时，对这二者必须每天加以重新评估。因此，财务管理人员在为投资目的选择证券时，必须考虑它的转售市场的广度和深度。

3. 证券投资节税因素。节税也称税收筹划，是指纳税人在既定的税法和税制的框架内，从多种方案中进行科学合理的事前选择和规划，使本企业负税减轻的一种财务管理活动。它是一种合理、合法的纳税行为，而不是利用税法漏洞和措辞上的缺陷来避税，更不是违法的偷税。银行在进行债券投资选择时，可以投资于不同的地区或不同机构，因为它们可能在税收负担上存在着差异。不同的税收优惠政策以及差别税收待遇，为纳税人选择合理的投资方向、减轻税负提供了方便。

此外，我们还需要考虑汇率风险、质押要求、投资期限、持续期等因素，应具体情况具体分析。

银行进行证券投资的最主要目的是获取收益，但是收益和风险往往是并存的，如何处理好收益和风险的关系是银行证券投资的关键。

三、证券投资策略

银行的证券投资活动，应尽可能使投资收益最大化，并尽力使投资风险降到最小限度。投资风险存在于各种证券投资之中，它们随经济环境的变化而不断变化。简单地把资金全部投向一种债券，便要承受巨大的风险，一旦失误，就会全盘皆输。要有效地解决这一难题，科学地进行证券的投资组合就是个比较好的办法。证券投资的风险可分成两部分：可分散风险与不可分散风险。通过有效地进行证券投资组合，可削减甚至消除可分散风险，达到降低风险的目的。这里主要介绍几种常见的证券投资组合方法。

（一）分散投资法

实行分散投资的意义就在于降低投资风险，保证投资者收益的稳定性。因为一旦一种证券不景气时另一种证券的收益可能会上升，这样各种证券的收益和风险相互抵消后，仍然能获得较好的投资收益。证券分散投资包括四种具体的做法：对象分散法，时机分散法，地域分散法，期限分散法。

对象分散法就是银行在证券投资时，应将其投资的资金广泛分布于各种不同种类的投资对象上。具体来说，在证券对象上，可用一部分资金购买政府债券，一部分资金购买公司债券；在行业对象上，应避免将资金集中投放在一个行业上，而应分散投资在各种行业上。即使是在同一个行业也应分资金去购买不同公司的证券，而不应只投资购买一个公司的证券。

时机分散是指由于证券市场瞬息万变，人们很难准确把握证券行市的变化，有时甚至会出现失误，为此在投资时机上可以分散进行。即银行在购买证券时可以慢慢投入，经过几个月或更长时间完成投资。这样可避免由于投资时机过于集中或者把握不准时机而带来的风险。

地域分散法是指银行不仅仅持有某一地区的证券，而应购买国内各个地区乃至于国际金融市场上发行的各国证券。这样做的好处是可以避免由于某一地区政治、经济的动荡而可能出现的投资损失。

期限分散是由于不同时期市场利率的变化方向和变动幅度不同，从而导致不同期限的证券市场的变动方向和变动幅度也大不一样。实行期限分散化，购买不同期限的证券，就可以减少利率变动对银行所持有证券行市的影响，降低利率风险。典型方式是“梯形投资法”，即将全部投资资金分别投放在各种到期期限不同的债券上，使投资者所持有的各种到期期限的债券数额相等的投资方式。

分散化投资法的优点是简便易行，不必对市场利率作出反应，可以保证银行获得各种证券的平均收益率。缺点是缺乏灵活性，流动性不高。当机会到来时，不能把握，错失良机；在满足银行的流动性需要方面有明显的局限性。按照此法，一旦银行面临较高的流动性需要，短期证券变现不足，银行就不得不低价出售长期债券，从而使银行遭受损失。

一些银行为了避免梯形期限法的缺陷，采用了比较灵活的办法。当市场上短期利率上升、短期证券价格下降时，银行用到期证券收回的资金购买短期证券而不是长期证券；当短期利率下降、短期证券价格上升时，再出售短期债券，购买长期证券。这样，从总体上，银行持有的证券在期限上仍然是梯形的，但可以多得一部分收益。此外，有的银行在运用梯形期限法时，往往加大短期证券的比重，使银行资产保持较高流动性。

（二）有效组合法

有效组合法就是根据处理收益与风险关系的一般原则，在证券投资总额一定的情况下，坚持以下两种组合形式：承担的总风险相同但预期收益较高的证券组合，或者是预期收益相同但组合的总风险度最低的证券组合。

一般来讲，随着证券投资数量的增加，组合资产的风险将会下降。因此，如何进行多元化证券组合就显得非常重要。在进行多元化证券组合的过程中，银行必须考虑三个因素：第一，证券组合中每一种证券的风险。各个证券的风险越小，组合的风险越小；各个证券的风险越大，组合的风险越大。第二，证券组合中各种证券的比例。高风险证券所占比例越大，组合的总风险越大。第三，证券组合中各种证券收益的相关度。

（三）期限分离法

期限分离法是一种与分散投资法相反的投资策略。它是将全部资金投在一种期限或者以一种期限为主的证券上。如果银行投资的证券价格大幅度上涨，银行会得到很高的收益；但如果银行投资的债券价格大幅度下降，银行将遭到巨大损失。可见，这种投资方法具有很大的风险，不能保证银行获取中等程度的收益。但银行一旦获利，收益也会很高。期限分离法有三种不同的战略：短期投资战略、长期投资战略和杠铃投资战略。

1. 短期投资战略。短期投资战略是指银行在面临高度流动性需求的情况下，且银行分析认为一段时期内短期利率将趋于下跌，银行把其绝大部分投资资金，全部投放在短期证券上，几乎不购买其他期限的证券。这种投资战略具有高度的灵活性和流动性，当银行需要资金时，可以迅速地把短期证券卖出。但是，这种投资战略的收益性，要取决于证券市场上利息率变动的情况。如果市场上短期利率普遍下跌，短期证券的价格就会上涨，银行就会获得资本收入；反之，如果市场短期利率上升，短期证券价格下降，银行就会遭受损失。

2. 长期投资战略。与短期投资战略相反，长期投资战略是银行将其绝大部分资金投资于长期证券上，几乎不持有任何其他期限的证券。由于长期利率的变化并不频繁，从而长期证券的价格波动不大，银行投资的资本收入和损失不太明显，而且长期证券票面收益率比其他期限的票面收益率都要高，所以这种投资战略可使银行获得较高的收益。但是长期投资战略缺乏短期投资战略的灵活性和流动性，银行需要现金时难以转手，或者在证券转让时可能遭到较大的资本损失。银行一般在其流动性需求较低时才采取这种战略。

3. 杠铃投资战略。该方法把资金分布在短期和长期证券两个组别上，以期获得流动性和盈利性的高效组合。在这种投资战略中，长短期证券的选择由每个银行自己决定，当然这种方法并不是排除中期证券，而只是为数极少而已，主要集中在长短期两头。但长短期也不是平均分配，而是根据市场形式由银行自己作出决定。可以是四六开，也可以是二八开。这种投资法与梯形投资法相比有显而易见的好处：形式灵活，可根据市场利率的变化，证券行情的涨跌而经常进行调整，此外还可为银行提供较高的流动性。采用这种方法，只要银行对市场利率的动向预测准确，就会获得较高的投资收益。但客观上对银行提出了更高的要求，增加了银行投资管理的难度。因为只有银行具备了较高的投资分析水平，能准确地把握市场利率的变化趋势，才能获得较好的投资效果。一旦判断预测失误，与实际情况发生偏离，就会使银行蒙受较大的损失。

（四）计划投资法

计划投资法是指银行根据对证券价格变动趋势的把握，按计划的模式进行投资。此法多用于股票投资，也可以用于公开上市债券，只要遵循高价抛出，低价买进的原则即可。具体有以下几种计划法：分级投资计划法，固定资金计划法，固定比率计划法，变动比率计划法。

如果银行选择公开上市债券为投资对象时，采用分级投资计划法的第一步，就是要确定债券价格变动的某一等级或幅度（如确定为上升或下跌 1 元、2 元或 3 元为一个等级）。当债券价格每下跌一级时，便购进一个单位数量的债券，而当债券价格每上升一级时，便卖出一个单位数量的债券。这样，投资人就可使他的平均买进价格低于出售价格。

固定资金计划法是把债券的投资金额固定在一定的数量上。严格遵循上升时卖出，下跌时买进的原则。具体操作的步骤是：第一，投资人分别购买甲和乙两种债券。第二，把投资于甲债券的资金确定在某一个固定的金额上，并不断地维持这个金额。第二，在固定金额的基础上确定一个百分比，当甲债券上升使所购的甲债券价格总额超过确定的百分比时，就可以出售甲债券的增值部分来购进乙债券，同时确定另一个百分比，当股价下跌使甲债券市价低于这个百分比时，就出售乙债券来购买甲债券，以弥补不足部分。

固定比率计划法是指银行将投资资金分别投放于不同的债券，并使债券金额保持固定比率的一种投资方法。它与固定资金计划法的区别在于：固定资金计划法的立足点是要维持固定的债券市价总额，而不考虑不同债券市价总额的比率关系。而固定比率计划法则正是着眼于维持这个比率。实质上这也是一种投资组合法。它把投资组合的构成简单地分为两个部分。两部分在投资总额中各占多少比率，最终由投资者根据自己的目标决定。

变动比率计划法是银行随着某种债券价格的平均数变动，而相应调整投资总额中不同债券各自所占比率的一种投资方法。它与固定比率计划法的根本区别在于，固定比率计划法要求不同债券的投资比率是不变的，而变动比率计划法则要求是可变的。采用这种方法的具体操作过程是：当某种债券价格的平均数上升到一定幅度时，便相应的卖出一定数额的该种债券，从而使得该种债券在投资总额中的比率减少；反之，当某种债券的价格下降到一定幅度时，则相应买入一定数额的该种债券，使得该种债券在投资总额中的比率增大。

（五）灵活调整法

灵活调整法是针对分散化投资法和期限分离法在投资中资金转换灵活度差的特点，实施一种依情况变化而随机组合、灵活调整的方式。它的基本内容是：灵活调整策略不固守一个模式，而是随着金融市场证券收益率的变化而随时进行调整的投资策略。即当预测长期利率将下降，长期证券价格将上升时，投资者就将投资资金投向长期证券，反之则投向短期证券。

表面看来，灵活调整法与杠铃投资战略比较类似，实际上，两者有很大的区别。在杠铃投资战略中，虽然投资资金也是随着收益曲线的变化而进行调整，但是调整过程仍然以杠铃的另一端保持一定证券为前提，尽管数量可能不是很大。而灵活调整政策则更加主动，只要银行预测某种证券的价格将会上升，资金就可以全部转移到此种证券上，而不必考虑是否还要保留一定数量与之在期限上对称的证券。

灵活调整法完全是银行通过对各类证券收益曲线的分析，预测未来市场利率的变化趋势，从而相机作出投资组合的调整。这种方法主动性强、灵活度大，如果预测准确的话，其收益率可以达到很高程度。但是，这种方法的风险性也相当大，银行对证券收益曲线的预测必须正确，如果发生错误，银行所遭受的损失将是十分惨重的。所以，对于一般的银行来说，如果没有太大的把握，是不会采取灵活调整法的，只有那些资本规模大、投资分析能力强的大银行，才会将其作为增加收入的方法。

（六）证券调换法

证券调换法是指当市场处于暂时性不均衡而使不同证券产生相对的收益方面的优势时，用相对劣势的证券调换相对优势的证券可以套取无风险的收益。调换的主要方法有以下几种。

1. 价格调换。价格调换是指当银行发现市场上有一种证券与自己已持有的证券在票面收益率、期限、风险等级和其他方面都一样，只是市价比较低，就出售已持有的证券来换取这种证券，以赚取价格差异。卖出高价格债券，同时买入质量相同、到期日相同、票面收益率相同、价格较低的债券。

2. 收益率调换。收益率调换是指当银行发现市场上有一种证券与自己已持有的证券在期限、票面价值、到期收益率、风险等级等其他方面都一样，只是票面收益率比较高时，就出售已持有的证券来换取这种证券，以获得证券再投资的收益。

3. 市场内部差额调换。根据不同债券到期受益率的差额，反复买卖证券。市场内部差额调换是指如果两种证券在期限、票面利率、风险等级等各方面，除了其中一项不同外，其他各项都一样，而这项不同将产生不同的价格或者收益影响，就可以将所持有的价格或者收益较差的证券调换为较好的证券。

4. 利率预期调换。当市场利率发生变化时，对不同证券的影响是不同的，根据对利率走势的预测，将因利率变化对收益率产生较差影响的证券调换成产生较好影响的证券。

5. 减税调换。西方国家一般规定，证券交易的收益要缴纳一定的所得税，缴纳方法一般是超额累进制，即收益每增加一个等级，纳税等级就增加一级。比如，1 万元时所得税税率为 5%，5 万元时所得税税率为 7%，10 万元时所得税税率为 10%。如果证券持有者的资本收益超过某一限额，其必须多缴纳所得税。银行为了少缴税额，经常运用减税调换的方式，在银行的资本收益达到或超过某一限额时，将自己手中持有的价格下跌的证券在市场上出售，使银行在资本上受到一定损失，但是银行的资本收益保持在一定的限额之下，适用较低的所得税税率，因而银行可获得更多的净收益。

第三节　固定资产投资决策

一、固定资产投资决策概述

（一）固定资产概念及分类

固定资产是指为生产商品、提供劳务、出租或经营管理而持有的、使用年限超过1年且单位价值较高的有形资产。按照现行会计准则和会计制度的规定，农村合作金融机构的固定资产必须同时具有以下特征：（1）为生产商品、提供劳务、出租或经营管理而持有的；（2）使用年限超过1年；（3）单位价值较高。农村合作金融机构的固定资产投资主要表现为机器设备的投资，如经营业务所使用的计算机设备、ATM设备等的购置与更新；对农村合作金融机构营业网点的增设与改建进行投资等。作为农村合作金融机构持续经营和开展各项业务的实物载体，固定资产在为农村合作金融机构创造良好的经营环境、提高竞争力、拓展业务空间等方面发挥了重要作用，固定资产管理也就构成了农村合作金融机构内部控制体系的重要组成部分。随着金融体制改革的逐步深化，同业竞争的加剧，营业网点和科技设备的投入已逐渐成为农村合作金融机构固定资产投入的主要内容。

农村合作金融机构固定资产的种类很多，按照不同的分类标准，可以划分为不同的类别。主要包括以下几种。

1. 按经济用途和使用情况进行综合分类。可以划分为经营用固定资产、非经营用固定资产、租出固定资产、不需用固定资产、未使用固定资产、土地、融资租入固定资产。

2. 按使用情况分类。可以划分为使用中的固定资产、未使用的固定资产和不需用的固定资产。

3. 按所有权分类。可以划分为自有固定资产和租入固定资产。

农村合作金融机构应当根据固定资产的定义，结合本单位的具体情况，制定适合于本单位的固定资产目录、分类方法、每类或每项固定资产的折旧年限、折旧方法，作为进行固定资产核算的依据。

（二）固定资产投资决策注意事项

1. 完善基础数据信息系统，提高决策的准确性和科学性。丰富的数据信息是正确进行投资决策的前提，包括价值计量与非价值计量的信息，机构内部信息与外部信息，甚至很多非数据信息。农村合作金融机构应从经济、可行的角度出发，以现有财务会计信息系统和其他综合信息系统为基础，对各类资本性投资事项建立辅助核算台账，要对数据进行不同层次、多角度的处理，以生成有价值的数据信息，为提高固定资产投资决策的准确性、有效性和科学性提供数据基础。农村合作金融机构相关职能部门必须经常有目的、有计划地做好各项数据信息的收集工作，对本机构内外的各种动向、事态予以密切关注，在进行具体投资决策时再结合投资项目内容进行专项的补充调查，这样才能作出及时、准确的预测。

2. 遵循科学的投资决策方法和程序。农村合作金融机构营业网点和科技设备的投入往往耗资巨大且未来收益具有不确定性，由于投资项目耗费资金多、影响时间长，且项目投资不可逆转。如果决策失败会对农村合作金融机构的经营业绩造成很大的影响，因此农村合作金融机构在进行投资时必须慎重。同时，对将来收益的测算只是一种估算和判断，估算和判断的精度和准确性，受到人们分析方法自身科学性的制约。因而，方法是否科学就非常重要。一般来说，每一项投资都代表了对某种未来收益的合法要求权。这些收益都能适当地用等价的现金流表示出来。这样，投资可以等同于现金流序列。如营业网点是否值得设立，可以通过测算网点未来的现金流，通过对投资项目进行成本收益分析和资本测算后，给出合理的结论。具体是通过固定资产投资的资金流量分析和采用一些专门的评价方法来完成，因此，在进行投资之前需要对投资项目进行考察，看投资的收益是否高于或等于投资所要求的收益。要做到这一点，首先要预测考察期内产品的增量现金流量，选择合适的折现率；然后选取适当的方法对新产品进行估算和可行性进行评价；最后根据评估结论进行投资决策。

3. 建立事后评价考核机制和责任体系。评价考核包括对投入项目和对投资管理责任主体的考评两个方面的内容。通过对项目本身的考评，可以起到总结投资管理经验，完善投资决策体系的作用。投资管理责任主体层次较多，包括基础信息责任人、预测责任人、决策方案责任人和审批责任人等，分别对基础信息的正确性，预测数据的准确度，决策方案的规范性与科学性以及决策方案选择的科学性承担责任。

二、固定资产投资的资金流量

固定资产投资的资金流量，是指投资项目从筹建开始，经过项目咨询、可行性研究、施工建设、竣工验收和正式投入使用，到项目寿命期终结为止的资金流入和资金流出数量，它是以货币为度量单位集中反映建设项目整个寿命期内的运转和经营情况，因此，又称现金流量。不同的固定资产投资项目资金流量的特点和复杂程度不尽相同，如科技设备的投入资金流量相对简单，而对营业网点的增设与改建则比较复杂。投资项目资金流量主要反映项目投入产出的价值变化，均可表现为资金的流出和流入。

（一）资金流量有关概念

1. 资金流入量。投资项目资金流入量是指项目整个寿命期内各种产出的价值量，简称现金流入，包括营业收入、回收固定资产残值、回收流动资金、其他现金流入等。营业收入是指项目投入使用后每年所取得的全部营业收入，如贷款利息收入、存款资金收益、中间业务收益等，它是经营期主要的现金流入量项目。项目建设期内，收入数量较少，较为零星分散，一般不予考虑，视同没有资金流入。回收固定资产残值是指投资项目的固定资产在终结点报废清理时所回收的价值。回收流动资金主要是指项目寿命期终了时，不再经营，以前投入的尚可收回的流动资金部分，回收后作为项目的资金流入。回收流动资金和回收固定资产残值统称为回收额。一般在项目最后一年发生。其他现金流入指以上三项指标以外的现金流入量项目。

2. 资金流出量。项目资金流出量，即项目整个寿命期内各种投入资源的价值量，包括建设投资（含更新改造投资）、流动资金投资、经营成本、各项税款、其他现金流出等。建设投资是指在建设期内按一定经营规模和建设内容进行的固定资产投资、无形资产投资和开办费投资（又称递延资产投资）等项目投资的总称，它是建设期发生的主要现金流出量。流动资金投资是指在完整的投资项目中发生的用于经营及周转的营运资金投资，又称为垫支流动资金。建设投资与流动资金投资合称为项目的原始总投资。经营成本是指在经营期内为满足正常经营而使用现实货币支付的成本费用，又称为付现的经营成本或付现成本。它是经营阶段主要的现金流出量项目。各项税款是指项目投产后依法缴纳的、单独列示的各项税款。其他现金流出是指不包括以上现金流出项目的现金流出。

3. 净资金流量。项目净资金流量是指投资项目寿命期内各年度资金流入量与资金流出量的差额。

累计净资金流量，是指项目各年净资金流量的代数和。一般按年度累计，它是计算静态投资效益的依据。

项目资金流量分析，是通过编制项目资金流量表，对项目整个寿命期内的全部资金流动情况进行的系统分析。这有助于我们清楚了解项目从建设到投入使用的全部经营概况，正确判断项目的盈利水平和偿还能力，并为后面的动态分析打下基础。项目资金流量带有较强的时间性，具体地说，其某项资金流入或流出，是具体时间内的资金流入或流出。因此，在利用有关资金流量概念时，要注意其时间界限。一般为年度、经营期、项目整个寿命期，与此相对应，有年资金流量、年净资金流量、经营期资金流量、项目寿命期资金流量等概念。一般投资项目按时间可分为两个阶段：建设期和经营期。这两个时期一起构成项目的计算期，也称项目寿命期。在建设期，因为要投资建设，所以各年的现金流都是负的，净现金流量一般小于或等于零；在经营期内的净现金流量则多为正值。

（二）项目资金流量估算内容及要求

1. 项目资金流量估算基本内容。项目资金流量来源于各种财务数据。因此，项目资金流量估算即为投资项目各种财务数据的估算。投资项目财务数据估算，是指在项目建设的必要性、可行性评估的基础上，按照项目评估的原则和要求，调查、采集、鉴别、审定及测算一系列与建设项目有关的财务数据，为投资项目效益估算提供基本依据的工作。包括：项目寿命期及折旧估算、项目成本估算、项目收益估算、项目资金流量估算等。项目财务数据估算的有关内容虽然各具相对独立性，但它们之间又有内在的必然联系。因此，数据的估算具有客观的规律性。一般来说，估算从确定项目寿命期开始，依次估算固定资产折旧、成本、收入及税金、利润等数据。

项目寿命期（又称项目计算期）是拟建项目的固定资产形成和有效使用的整个时期。由性质不同且紧密衔接的两个时期组成。首先是固定资产形成期，除了一些仅通过购买即可完成的投资项目外，凡是必须经过一个建设过程才能完成的投资项目，其固定资产形成期就是项目的建设期。其次是固定资产有效使用期，即项目的经营期。建设期可根据项目的性质、规模、建设条件及主管部门的有关规定确定。如果主管部门没有确定项目的合理工期，也可按项目的预计建设进度确定，即按投资项目的具体工序及其相互关系，用网络计划方法来确定。项目经营期一般较多地运用投资项目经济寿命期这一指标来估算。投资项目经济寿命期是指项目从投入使用开始，到设备继续使用已不经济时为止所经历的时间。投资项目经济寿命期充分考虑到了固定资产尤其是机器设备的无形损耗。投资项目经济寿命期的估算主要有以下两种方法。

（1）折旧率法。折旧率法是指根据主要设备的折旧率来确定设备经济寿命期的方法。其计算公式为

$$设备经济寿命期 = \frac{设备原值}{设备年折旧额}$$

这里有两点需要说明：一是把投资项目经济寿命期转换为设备经济寿命期。这在前面已作说明，即实际上投资项目寿命期就是由设备使用寿命期直接确定的。二是名曰折旧率法，而公式中并没有出现折旧率。这是因为，设备的折旧额是根据折旧率计算的，并且只有当设备的折旧率充分考虑了技术进步因素时，公式预测的寿命期才是真正的经济寿命期。

（2）设备最佳更新期法。以主要设备的最佳更新期作为项目的经济寿命期，这种方法叫设备最佳更新期法。设备最佳更新期法的基本原则是：设备在使用过程中的年平均经济成本由设备的折旧额和操作维修费用构成。根据余额递减折旧法的原理，设备在使用过程中的折旧费会逐年降低。但与此同时，由于设备的技术性能下降，维修费用则不断增加。随着设备的使用，年平均成本将会下降，直到最低点，然后又将上升。这个最低点所对应的设备使用年份就是设备的经济寿命期。据此用高等数学原理，即可求导得出下述公式。

$$项目经济寿命期(设备最佳更新期) = \sqrt{\frac{2 \times 主要设备原值}{主要设备维修年均递增额}}$$

除此之外，一些部门还对投资项目的经济寿命期作了规定，这些规定也可作为估算项目经济寿命期的依据。

项目成本是项目经营过程中所耗费的资源价值和必要劳动价值的货币表现。成本估算是项目财务估算的一项重要工作，因为成本是财务数据的一项重要指标。它可以衡量经营管理水平的高低，是农村合作金融机构经济效益评估的重要依据。

经营成本是指总成本费用扣除固定资产折旧费、无形资产及递延资产摊销费和长、短期负债利息净支出以后的全部费用。为满足新建项目财务现金流量分析的需要，应根据总成本费用计算经营成本费用。其计算公式为

经营成本 = 总成本费用 − 固定资产折旧费 − 摊销费 − 长、短期负债利息净支出

投资项目收益估算是在项目成本估算的基础上，对项目的收入和效益情况进行估算。

项目收入是指项目投产后在一定时期内营业或提供劳务而取得的收入。

项目销售税金及附加是指新建项目经营期内因营业或提供劳务而发生的增值税、消

费税、营业税、资源税、城市维护建设税及教育费附加，是损益表和财务现金流量表的一个独立项目。

利润是企业为社会提供剩余产品的货币表现，是企业获得经济效益的标志。一般企业的利润总额包括营业利润、投资净收益及营业外收支净额。其计算公式为

利润总额 = 营业利润 + 投资净收益 + 营业外收支净额

在项目资金流量估算时，一般只计算营业利润，在缺乏可靠依据情况下，可以不考虑投资净收益和营业外收支净额。

将以上数据估算出来后便可编制有关表格，限于篇幅这里仅介绍项目资金流量表。项目资金流量表是反映项目寿命期内各年资金流量变化的数字表格，是各种效益指标计算的依据和基础。

2. 项目资金流量估算基本要求。项目财务数据估算是一项十分繁琐、政策性和技术性要求较高的工作。只有遵循有关基本原则和要求，才能保证工作的规范化，最终实现科学化，从而使估算的数据真实可靠。其基本要求如下：

（1）数据充分、尊重科学。数据充分、尊重科学是就财务数据估算的数量和方法而言的。它是由项目评估性质决定的，项目评估是投资决策的工具，而决策就是一种决定。决定就必然包含着取舍，就必须对决策对象有着详细、全面而又准确的认识。拟建项目是复杂的系统工程，对此进行质的描述，绝非一两项或一二十项数据所能完成的。虽然财务数据并不构成拟建项目数据的全部。但它是其主要组成部分，只有数量充足的财务数据，才能认识拟建项目的盈利能力，才能进行经济效益的分析和考核，从而方能作出科学的投资决策。要达到这一要求，仅有主观上的重视是不够的，还必须有科学的方法作基础。一方面，对财务数据估算所运用的各项数据，应该运用科学方法加以审核、鉴别和分析，以确认其可用性。另一方面，评估人员应该充分吸收运用现代调查方法、统计方法、预测方法、经济数学模型等科学方法进行财务数据估算。使财务数据真实可信，同时，又可提高评估工作效率，节省时间和费用。

（2）真实准确、客观可信。真实准确、客观可信是就财务数据估算的态度和质量而言的。项目财务数据估算最终为投资决策服务。其真实可靠程度如何，直接决定着投资的效益。从这个意义上说，财务数据估算的真实可靠程度，是投资决策的生命线。一方面，财务数据估算时，应因地制宜。因为项目建设和生产过程中的财务数据，受地理位置、自然环境、地质条件、工人素质、市场状况等多种因素的影响，即便是设计要求相同的建设项目，其财务数据也会千差万别。因此，要求评估人员进行财务数据估算时，应充分考虑建设项目的实际情况，不可不顾客观实际而随意估算或类推数据。另一方面，财务数据估算时会收集大量同类工程或企业的有关数据，应切实注意其可比性。不可盲目乱用，更不可不加分析随便运用。

（3）合理确定项目的投入和产出。估计投资项目所需要的支出以及该项目每年的产出会涉及很多变量。必须注意它们对净现金流量的影响。在确定投资项目相关的现金流量时，一是要注意附加效应。即要以投资对投资主体所有的经营活动产生的整体效果为

基础分析，而不是孤立地考察某一项目。因为当农村合作金融机构采纳一个新项目时，该项目可能对农村合作金融机构的其他项目或部门产生有利或不利的影响。若该项目的投入会引起银行其他经济活动收入的减少，则计算现金流量时应减去这部分减少额；若该项目的投入会引起其他项目的增加，则计算净现金流量时应加上这部分增加额。二是要注意区分相关成本和非相关成本。相关成本是指与特定决策有关的，在分析评价时必须加以考虑的成本。如差额成本、未来成本、重置成本、机会成本都属于相关成本。而沉没成本、过去成本、账面成本等往往是非相关成本。若将非相关成本纳入成本总额中，会使一个有利的项目变得无利可图，从而造成决策失误。

（4）遵守规章制度。遵守规章制度是就财务数据大部分为成本、费用、税金、利润等数据进行财务数据估算时，必须遵守国家及有关部门制定的财税制度、金融制度、会计制度、价格政策和税收政策等，只有这样，估算出的财务数据才具有合法性，才能够使用。

（三）资金流量表的编制

资金流量表中的各项数据均来源于前面的估算。表中投资项目不同时期各年的净资金流量计算如下：

项目年净资金流量计算公式为

$$NCF_t = (CI - CO)_t$$

式中：NCF_t 为第 t 年的净资金流量；CI 为第 t 年的资金流入量；CO 为第 t 年的资金流出量；t 为项目年序。

1. 建设期净资金流量的简化计算公式：

$$建设期年净资金流量 = -年投资额$$

或

$$NCF_t = -I_t(t = 0,1,\cdots,s,s \geqslant 0)$$

式中：I_t 表示第 t 年原始投资；s 表示建设期年数

2. 经营期净资金流量的简化计算公式：

$$\begin{aligned}经营期某年净现金流量 =&（该年营业收入 - 该年付现成本）\times（1 - 所得税税率）\\&+ 该年折旧、摊销额 \times 所得税税率 + 该年回收额\end{aligned}$$

或 $NCF_t = (S_t - Z_t) \times (1 - T) + D_t \times T + R_t$

式中：S_t 表示第 t 年营业收入；Z_t 表示第 t 年付现成本；T 表示所得税税率；D_t 表示第 t 年折旧摊销额；R_t 表示第 t 年回收额

【例 5-6】 某农村合作金融机构准备新建一网点以扩大该机构的服务范围。现假设有一方案，该方案需投资 24 000 元，固定资产采用直线计提法折旧，建设期 1 年，网点的使用期限为 5 年，5 年后的残值收入为 4 000 元，5 年中每年营业收入为 20 000 元，付现成本第一年为 8 000 元，以后随着设备的陈旧，将逐年增加修理费 600 元，除此之外，还需垫支营运资金 3 000 元。假设所得税税率为 40%，试计算该方案的现金流量。

首先计算该方案每年的折旧额：

$$每年折旧额 =（24\ 000 - 4\ 000）/5 = 4\ 000（元）$$

下面用表 5-3 显示的资料计算该方案的净资金流量。

表 5－3　　方案的营业净资金流计算表　　单位：元

项目 \ 年数	1	2	3	4	5
营业收入（1）	20 000	20 000	20 000	20 000	20 000
付现成本（2）	8 000	8 600	9 200	9 800	10 400
折旧（3）	4 000	4 000	4 000	4 000	4 000
税前净利润（4）＝（1）－（2）－（3）	8 000	7 400	6 800	6 200	5 600
所得税（5）＝（4）×40%	3 200	2 960	2 720	2 480	2 240
税后净利（6）＝（4）－（5）	4 800	4 440	4 080	3 720	3 360
现金流量（7）＝（3）＋（6）	8 800	8 440	8 080	7 720	7 360

并结合初始资金流和最终资金流编制该方案的全部净资金流量如表 5－4 所示。

表 5－4　　方案资金流量表　　单位：元

项目 \ 年数	0	1	2	3	4	5
一、资金流入		20 000	20 000	20 000	20 000	27 000
1. 营业收入		20 000	20 000	20 000	20 000	20 000
2. 固定资产残值						4 000
3. 营运资金收回						3 000
二、资金流出	27 000	11 200	11 560	11 920	12 280	12 640
1. 固定资产投资	24 000					
2. 营运资金垫支	3 000					
3. 付现成本		8 000	8 600	9 200	9 800	10 400
4. 所得税		3 200	2 960	2 720	2 480	2 240
三、年净资金流量	－27 000	8 800	8 440	8 080	7 720	14 360
四、累计净资金流量	－27 000	－18 200	－9 760	－1 680	6 040	20 400

三、固定资产投资决策方法

固定资产的投资决策的分析评价，需要采用一些专门方法，目前主要是两大类，即动态分析法和静态分析法，又称为贴现法和非贴现法。前者常用的评价方法有净现值法、现值指数法、内含报酬率法、动态回收期法；后者包括会计收益率法、静态回收期法。贴现法考虑了货币时间价值，在理论上较为成熟，适用范围较广，是一种较为科学的方法。非贴现法计算简便，容易理解，但未考虑货币时间价值，在实务上可以以前者为主，以后者为辅进行投资决策。

（一）静态分析法

静态分析是以静止的观点来分析项目的获利能力和偿还能力。这种分析简易、方便。其特点是不考虑资金的时间价值因素，项目的成本和收益等资金流量，是采用建设和经营期内每年发生的资金支出与收入数值，不需要进行等值换算。而且衡量项目的获利能力主要是按照项目投入使用后达到的某一代表年份的获利水平来进行分析的。因此，这种静态分析有一定的局限性，即不能准确地反映项目的获利能力。但是，由于这种方法简便、直观，能迅速为决策者提供信息，因而对于一般的技术改造项目，在作初步可行性研究时也是可行的。

1. 投资利润率。投资利润率是指项目达到设计生产能力后的一个正常生产年份的年利润总额（所得税前利润或者所得税后利润）或生产期内年平均利润总额与项目总投资的比率。其计算公式如下：

$$投资利润率=\frac{年利润总额或年平均利润总额}{总投资}\times 100\%$$

式中：年利润总额应为100%达到设计能力年份的利润总额。如果项目各年利润有波动，则应用年平均利润总额。项目总投资包括固定资产投资、建设期利息和流动资金投资。

项目投资利润率大于或等于标准或平均投资利润率时项目才是可行的。

2. 投资利税率。投资利税率是指项目达到设计生产能力后的一个正常生产年份的年利税总额或项目生产期内年平均利税总额与总投资的比率。公式如下：

$$投资利税率=\frac{年利税总额或年平均利税总额}{项目总投资}\times 100\%$$

式中：年利税总额是指项目在正常生产年份的销售利润和销售税金及附加之和。

3. 投资收益率。投资收益率是指项目达到设计生产能力后一个正常年份的利润总额或年平均利润总额和固定资产折旧（包括大修理基金）之和与项目总投资的比率。其计算公式如下：

$$投资收益率=\frac{年利润总额或年平均利润总额+固定资产折旧}{投资总额}\times 100\%$$

以上各种比率指标在财务收益分析中主要用于粗略估计项目的盈利水平。通过对这些比率的分析，可使我们迅速了解项目是否有盈利，其水平如何，是否再作进一步的分析。它们求出的结果均应大于行业基准水平或平均水平，高出越多表明项目效益越好。

【例5-7】 某投资项目建设期为3年，第一年以自有资金投入1 200万元；第二年以自有资金投入1 000万元；第三年投入900万元。该项目使用寿命为20年。经营期年营业收入2 600万元，总成本费用1 600万元，其中：固定资产折旧160万元。税金及附加为产品销售收入的15%，流动资金800万元，问：该项目的静态盈利指标是多少？

$$\begin{aligned}总投资 &= 建设投资总额+流动资金\\ &= 1\,200+1\,000+900+800=3\,900(万元)\\ 正常年份利润 &= 年营业收入-年总成本费用-年销售税金\\ &= 2\,600-1\,600-2\,600\times 15\%=610(万元)\\ 正常年份利税 &= 年产品销售收入-年总成本费用\\ &= 2\,600-1\,600=1\,000(万元)\end{aligned}$$

根据以上数据，可以计算静态盈利指标：

$$投资利润率 = \frac{正常年份利润总额}{总投资} \times 100\% = \frac{610}{3\ 900} \times 100\% = 15.64\%$$

$$投资利税率 = \frac{正常年份利税总额}{总投资} \times 100\% = \frac{1\ 000}{3\ 900} \times 100\% = 25.64\%$$

$$投资收益率 = \frac{年利润总额 + 固定资产折旧}{投资总额} \times 100\% = \frac{610 + 160}{3\ 900} \times 100\% = 19.74\%$$

4. 静态投资回收期。投资回收期也叫投资返本年限。它是指以项目收益回收项目投资所需要的时间。一般从建设开始年份算起，它是反映项目清偿能力的指标，同时也在一定程度上反映了项目效益的好坏。所谓静态投资回收期是指不考虑资金时间价值的情况下计算的投资回收期。其基本公式如下：

$$I - \sum_{t=1}^{P_t} (CI - CO)_t = 0$$

式中：I 为项目总投资；P_t 为投资回收期；$(CI - CO)_t$ 为第 t 年的净资金流量；t 为项目年序。

以上公式只是投资回收期的定义公式，无法直接利用该公式求出投资回收期。实际工作中，一般做法是根据上述定义利用项目资金流量表来进行计算。具体有两种办法：

（1）年资金净流量相等。这种情况是一种年金形式，其计算方法如下：

$$静态投资回收期 = \frac{原始投资额}{每年现金净流量}$$

【例 5－8】 某农村合作金融机构准备从甲、乙两种设备中选购一种，甲设备购价为 35 000 元，投入使用后，每年现金净流量为 7 000 元，乙设备购价为 36 000 元，投入使用后，每年现金净流量为 8 000 元。试用回收期法决策该农村合作金融机构应选购哪种设备？

$$甲设备回收期 = \frac{35\ 000}{7\ 000} = 5(年)$$

$$乙设备回收期 = \frac{36\ 000}{8\ 000} = 4.5(年)$$

计算结果表明，乙设备的回收期比甲设备短，该农村合作金融机构应购买乙设备。

（2）年资金净流量不等。在这种情况下，应把每年的资金净流量逐年加总，根据累计资金净流量来确定回收期，计算方法如下：

表中的累计净资金流量改变符号的年份即为投资回收年份。然后再用下列公式进行精确计算：

$$静态全部投资回收期 = \begin{matrix}累计财务净现金流\\量出现正值的年份数\end{matrix} - 1 + \frac{上年累计财务净现金流量的绝对值}{当年财务净现金流量}$$

投资回收期是一个绝对经济效益指标。计算出来后必须与标准投资回收期相比较，只有当计算出的投资回收期大于标准投资回收期时，项目才是可行的，标准投资回收期一般由国家及行业主管部门制定。

【例 5－9】 某投资项目资金流量资料如表 5－5 所示，从建设期开始的项目投资回收期为：

表 5 - 5　　项目资金流量计算表　　单位：万元

年份	1	2	3	4	5	6	7	8
资金流入			240	360	360	360	360	420
资金流出	210	160	160	240	240	240	240	240
净资金流量	-210	-160	80	120	120	120	120	160
累计净资金流量	-210	-370	-290	-170	-50	70	190	350

$$\text{投资回收期} = 6 - 1 + \frac{50}{120} = 5.42(\text{年})$$

或：投资回收期 =6 -1（年） $+\frac{50}{120}\times 12$（月） =5 年零 5 个月。

投资回收期这一指标的优点是计算简便，容易理解。既反映项目清偿能力，又反映项目的效益水平，但也有一定的缺点。第一，只注意项目回收投资的速度，没有直接说明项目的盈利能力；第二，不能全面反映项目整个寿命期的盈利水平；第三，标准投资回收期难以合理确定。这些不足使投资回收期指标只能作为辅助性指标与其他指标结合起来使用。

（二）动态分析法

动态分析法是以动态的观点，来考虑资金的时间价值因素，用现值进行比较分析。从而衡量项目的获利水平，与静态分析相比，这种动态分析方法能较全面和客观地反映建设项目整个寿命期内真实的财务状况及经济效益，保证决策的正确性。目前，在国内外得到广泛应用，尤其是对投资量较大时间较长的项目。尽管这一方法应用起来比较繁琐，为了减少投资风险，确保决策正确性，必须在静态分析的基础上进行动态分析。现在计算机应用已十分普遍，也给这一方法的应用创造了有利条件。

1. 净现值及净现值率。净现值是指以一定的折现率，将项目各年的净资金流量换算到项目建设起点的现值之和。它是反映项目在计算期内盈利能力的动态评价指标，是根据项目资金流量表计算的绝对数指标。其公式如下：

$$FNPV = \sum_{t=1}^{n}(CI - CO)_t a_t = \sum_{t=1}^{n}(CI - CO)_t (1 + i)^{-t}$$

式中：$FNPV$ 为项目净现值；a_t 为项目某年的折现系数，可以查表，也可直接用公式计算；$(CI-CO)_t$ 为第 t 年的净资金流量；i 为折现率（基准收益率）；n 为计算期（即项目寿命期）；计算期从 1 开始编号（也可从 0 开始编号），资金流量均在年末发生。

净现值计算步骤：

第一，测定投资方案每年的资金流出量和资金流入量，计算资金净流量。

第二，设定投资方案采用的折现率。确定的方法可以是：一是行业或部门基准收益率。二是以社会平均资本成本率为标准，社会平均资本成本率也就是货币时间价值中无风险最低报酬率。三是以投资者希望获得的预期最低投资报酬率为标准，这就考虑了投资的风险报酬因素以及通货膨胀因素。

第三，将每年的资金净流量折现后相加即可得出项目财务净现值。

计算出的财务净现值既可能大于零也可能小于零。如果大于零（即为正值），则说明项目的投资收益水平大于基准收益水平的要求，项目是可行的，越大，表明项目效益越好。如果小于零（即为负值），则说明项目的投资收益水平低于基准收益水平，项目是不可行的，负数的绝对值越大，则项目效益越差。

财务净现值指标在单个项目方案评价时是用得很广泛的一个指标，但在多方案比选时，则用得不多。原因在于不同方案的净现值不一定可比。要使不同方案的净现值可比，必须是项目寿命期相同，基准收益率相同，建设期相同等。如果这些无法统一，则不能用净现值来进行比较，而要用财务净现值率这一相对指标来比较。

【例5－10】 某农村合作金融机构计划购买一台新型设备，新设备价款为30 000元，购入时支付60%，余款下年付清，按20%计息。设备使用年限6年，报废后估计有残值收入3 000元。使用新设备后，每年新增利润5 000元。当时的银行存款利率为12%。试问用净现值法分析该机构能否购买新设备？

机器购入使用后：

$$每年折旧费 = (30\ 000 - 3\ 000) \div 6 = 4\ 500(元)$$

$$每年现金净流量\ NCF = 利润 + 折旧 = 5\ 000 + 4\ 500 = 9\ 500(元)$$

（1）未来现金净流量现值：

每年NCF：9 500×（P/A，12%，6）＝39 058.30（元）

第一年利息费：30 000×40%×20%＝2 400（元）

$$2\ 400 \times (P/A, 12\%, 1) = 2\ 142.96(元)$$

残值收入：3 000×（P/F，12%，6）＝1 519.8（元）

现金净流量现值合计：38 435.14（元）

原始投资额现值合计：28 714.8（元）

（2）原始投资额现值：

目前支付额:30 000×60%＝18 000（元）

下年支付额:30 000×40%＝12 000（元）

$$12\ 000 \times (P/A, 12\%, 1) = 10\ 714.8(元)$$

（3）净现值＝38 435.14－28 714.8＝9 720.34（元）

该方案净现值为9 720.34元，说明该方案的报酬率大于资本成本率12%，方案可行。

净现值法简便，其主要的优点在于：

第一，实用性强，能基本满足年限相同的互斥投资方案的决策。

第二，能灵活地考虑投资风险。净现值法只要在所采用的贴现率中包括要求的投资风险报酬率，就能有效地考虑投资风险。

净现值法也具有明显的缺陷，主要表现在：

第一，不能说明方案本身报酬率的大小。

第二，所采用的贴现率不明确。如果两方案采用不同的贴现率贴现，采用净现值法一般不能够得出正确结论。同一方案中，如果要考虑投资风险，则所要求的风险报酬率也不易确定。

第三，在独立投资方案决策时，如果各方案的原始投资额不相等，有时无法作出正确决策。

第四，净现值有时也不能对寿命期不同的独立投资方案和互斥投资方案进行直接决策。某项目尽管净现值小，但其寿命期短；另一项目尽管净现值大，但它是在较长的寿命期内取得的。两项目由于寿命期不同，因而净现值是不可比的。

净现值率是一个相对指标，又称现值指数，指的是项目财务净现值与项目总投资现值之比。即项目单位投资现值的净现值，一般用符号 *FNPVR* 表示。它常与财务净现值结合一起使用。其计算公式如下：

$$FNPVR = \frac{FNPV}{I_p} \times 100\%$$

式中：I_P 为投资总额的现值。折现时应与项目净现值同步折现。

该公式计算结果的判别标准与净现值一样只要大于零即可，越大则表明项目效益越好。净现值率解决了不同投资方案的比较编序问题。实际工作中常有这样的情况：两个方案，投资大的方案其净现值也大，投资小的方案其净现值也小。哪个方案较好？这种情况下就应该用净现值率这一指标去衡量，只有净现值率高的方案才是较好方案。

从现值指数的计算公式可见，现值指数的计算结果有三种：大于1、等于1、小于1。若现值指数大于1，方案可行，说明方案实施后的投资报酬率高于预期报酬率；若现值指数小于1，方案不可行，说明方案实施后的投资报酬率低于预期报酬率。现值指数越大，方案越好。

【例5-11】　有两个独立投资方案，有关资料如表5-6所示。

表5-6　　**净现值计算表**

项目	方案A	方案B
所需投资额现值	30 000	3 000
现金流入量现值	31 500	4 200
净现值	1 500	1 200

从净现值的绝对数来看，方案A大于方案B，似乎应采用方案A；但从投资额来看，方案A的投资额大大超过了方案B。所以，在这种情况下，如果仅用净现值来判断方案的优劣，就难以作出正确的比较和评价。按现值指数法计算：

A方案现值指数 = 31 500 ÷ 30 000 = 1.05

B方案现值指数 = 4 200 ÷ 3 000 = 1.40

计算结果表明，B方案的现值指数大于A方案，应选择B方案。

现值指数法也是净现值法的辅助方法，在各方案原始投资额相等时，实质上就是净现值法。由于现值指数是未来现金净流量现值与所需投资额现值之比，是一个相对数值法，反映了投资效率，所以，用现值指数法来评价独立投资方案，可以克服净现值法不便于对不同的独立投资方案进行比较和评价的缺点，从而使对方案的分析评价更加合理、客观。现值指数法有时不能适应互斥投资方案的决策要求，同时与净现值法一样，也没有提供反映投资方案实际报酬率的数值。

2. 动态投资回收期。动态投资回收期是按现值法计算的投资回收期。其理论公式如下：

$$I_P - \sum_{t=1}^{P_t}(CI - CO)_t a_t = 0$$

式中：I_P 为总投资的现值；P_t 为动态投资回收期（自建设开始年算起）；$(CI - CO)_t$ 为第 t 年的净资金流量；a_t 为第 t 年的折现系数；t 为项目年序。

用上式只能找出项目动态投资回收期的年份，如果要进一步精确到月份，则要结合下式来求，原理与求静态投资回收期相类似。

（1）年现金净流量相等。在这种年金形式下，假定经历几年所取得的未来现金净流量的年金现值系数为（P/A，i，n），则

$$(P/A,i,n) = \frac{\text{原始投资额现值}}{\text{每年现金净流量}}$$

计算出年金现值系数后，通过查年金现值系数表，即可推算出回收期 n。

【例 5－12】 假定资本成本率为 9% 时，第 6 年年金现值系数为 4.486，第 7 年年金现值系数为 5.033。这样，由于甲设备系数为 5，乙设备系数为 4.5，相应的回收期运用内插法计算，得知甲设备 $n=6.94$ 年，乙设备 $n=6.03$ 年。

（2）年现金净流量不等。在这种情况下，应把每年的现金净流量逐一贴现并加总，根据累计现金净流量现值来确定回收期。其计算公式如下：

$$\text{动态全部投资回收期} = \frac{\text{累计财务净现值出}}{\text{现正值的年份数}} - 1 + \frac{\text{上年累计财务净现值的绝对值}}{\text{当年财务净现值}}$$

与静态投资回收期相比，动态投资回收期的优点是考虑了资金流入与流出的时间因素，缺点是计算繁琐。如果投资回收期不长，折现率不大时，则两种投资回收期差别不大，而不会影响项目或方案的选择。因此，只有在静态投资回收期较长的情况下，才有必要计算动态投资回收期。对计算结果的判别与静态回收期相同。只要小于基准回收期，则表明投资项目是可行的。

【例 5－13】 某投资项目资金流量资料如表 5－7 所示，从建设期开始的项目动态全部投资回收期为

$$\text{项目动态全部投资回收期} = 7 - 1 + \frac{52.959}{54.282} = 6.98\ \text{（年）}$$

表 5－7 单位：万元

年数	1	2	3	4	5	6	7	8
资金流入			240	360	360	360	360	420
资金流出	210	160	160	240	240	240	240	240
净资金流量	－210	－160	80	120	120	120	120	160
折现系数	0.8929	0.7972	0.7118	0.6355	0.5674	0.5066	0.4523	0.4039
净资金流量现值	－187.500	－127.551	56.942	76.262	68.091	60.798	54.282	64.621
净现值累计额	－187.500	－315.051	－258.109	－181.846	－113.755	－52.959	1.322	65.944

3. 内部收益率。内部收益率，又称投资内含报酬率。是指项目计算期内各年资金流入现值总额与资金流出现值总额相等，而净现值为零时的折现率。即项目各年净资金流量现值累计等于零时的折现率。它是项目本身所固有的，而不是人为确定的，因此称为内部收益率。它本身便是一个特定的折现率，能直接看出项目的获利能力，可直接与目标收益率比较，因此，更适合于方案或项目的评价。财务内部收益率用符号 FIRR 表示，为了能较好地理解内部收益率的概念，我们有必要分析一下折现率与净现值的关系。

由净现值定义公式，我们可以看出，若把净现值作为因变量，把折现率作为自变量，由于折现率变化时，净现值也随之变化，方向相反。利用这种关系，我们可得如下关系曲线图（见图 5 - 1）。

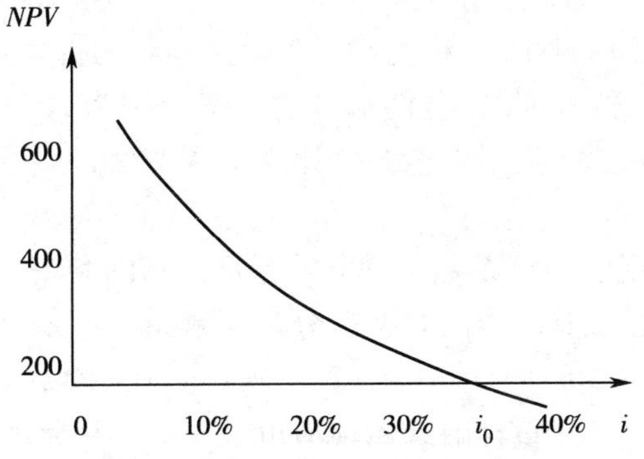

图 5 - 1　折现率与净现值关系图

图 5 - 1 表明，随着 i 的增大，NPV 的值逐渐下降，NPV 为零时，函数曲线与 X 轴相交，即（$i=i_0$），我们称 i_0 为内部收益率，即使净现值为零时的折现率，以 $FIRR$ 表示。因此，由净现值公式，我们可得出内部收益率的理论公式。即

$$FNPV = \sum_{t=1}^{n}(CI - CO)_t(1 + FIRR)^{-t} = 0$$

式中：$(CI-CO)_t$ 为第 t 年的净资金流量，$FIRR$ 为内部收益率。

不过该公式只是表明内部收益率概念，直接用它来计算内部收益率是困难的，实际工作中根据不同情况可以采用不同的方法计算。

（1）年资金净流量相等。每年资金净流量相等是一种年金形式，通过查年金现值表，可计算出未来现金净流量，并令其净现值为零，有

每年现金净流量 × 年金现值系数 - 投资额现值 = 0

计算出净现值为零时的年金现值系数后，通过查年金现值系数表，即可找出相应的贴现率 i，该贴现率就是方案的内含报酬率。

【例 5 - 14】　某农村合作金融机构拟购入一台新设备，购价为 158 500 元，贷款一次付清，使用年限 4 年，无残值收入，该方案的最低投资报酬率为 12%（以此作为贴现率）。使用新设备后，估计每年现金净流量为 50 000 元。试用内含报酬率法评价该方案是否可行。

令：50 000×年金现值系数－158 500＝0

得：年金现值系数＝158 500÷50 000＝3.170

现已知方案的使用年限为4年，年金现值系数为3.170。查年金现值系数表，可查得：时期4，系数3.170所对应的利率为10%，由此可以确定，方案的内含报酬率为10%，低于最低投资报酬率12%，所以不宜采用。

需要指出的是，如果计算出来的年金现值系数不能刚好等于年金现值系数表中的数字，就无法确定相应贴现率是多少。在这种情况下，需要采用内插法来进行计算。

【例5－15】 某农村合作金融机构拟实施A方案，投资60 000元，可使用10年，每年现金净流量为15 000元，计算A方案的内含报酬率。

$$年金现值系数 = 60\ 000 \div 15\ 000 = 4.000$$

查年金现值系数表上时期10的横行中，没有4.000的折算系数，只有与4.000相邻的两个折算系数：4.193和3.682，它们对应的利率分别为20%和24%。由于4.000是介于4.193和3.682之间的，为了更精确地计算出A方案的内含报酬率，可采用内插法加以计算。方法如下：

将计算出来的年金现值折算系数4.000，需要计算的利率$X\%$，以及从表中查得的与4.000相邻的两个系数及其对应的利率，分别列示如下：

20%	$X\%$	24%
4.193	4.000	3.682

$$4.193 - 4.000 = 0.193$$

$$4.193 - 3.682 = 0.511$$

$$X\% = 20\% + (0.193 \div 0.511) \times (24\% - 20\%) = 21.51\%$$

计算结果表明，年金现值折算系数4.000对应的利率为21.51%，也就是说，A方案的内含报酬率为21.51%。

（2）年资金净流量不相等。如果投资方案的每年资金净流量不相等，各年资金流量的分布就不是年金形式，不能采用直接查年金现值系数表的方法来计算内含报酬率，而要通过试算法来求其近似值。具体步骤如下：

首先，列表试算。即根据财务资金流量表中的净资金流量，以不同的折现率（i）进行试算。可考虑从基准收益率开始。如果某一折现率使得净资金流量现值为零，该折现率即为内部收益率。一般情况下很少有在试算阶段就找出使净现值为零的折现率。这一步只能找出使净现值一正一负且接近于零的两个折现率。

其次，用“内插比例法”求出内部收益率的近似值。通过试算，我们可以得出NPV_1和NPV_2两个从不同方面接近于零的净现值，以及与之对应的i_1和i_2一小一大两个折现率。然后便可用下列公式求出内部收益率。为了避免误差过大，试算用的两个相邻的高低折现率，一般不应超过2%，同时，$FNPV_1$与$FNPV_2$必须为一正一负，否则无法使用这一公式，也不可能求出$FIRR$。计算公式如下：

$$FIRR = i + \frac{(i_2 - i_1) FNPV_1}{FNPV_1 + FNPV_2}$$

式中：i_1 为试算后较小折现率；i_2 为试算后较大折现率；$FNPV_1$ 为在折现率为 i_1 时的净现值，一般为正值；$FNPV_2$ 为在折现率为 i_2 时的净现值，一般为负值。计算时取绝对值。

对求出的内部收益率指标可作如下判别：

如果求出的 $FIRR<0$，说明该项目的全部投资不仅无利可图，连本都无法收回。

如果求出的 $FIRR=0$，若是自有资金则表明进行改造无利可图，若是借款则说明该项目的收益仅够还本，无法付息。

如果求出的 $FIRR>0$，则有两种情况，若是内部收益率大于零但小于基准收益率，表明尽管项目有效益，但效益水平达不到要求。只有内部收益率大于基准收益率，项目才是可行的。当然，$FIRR$ 越大，项目效益越好。

【例 5－16】 某投资项目的净资金流量依次为－320 万元、－450 万元、200 万元、350 万元、350 万元、400 万元，年序编号从 0 开始。

当 $i_1=20\%$ 时，$NPV_1=109.84$ 万元，$i_2=45\%$ 时，$NPV_2=-240.18$ 万元，则

$$FIRR=20\%+(45\%-20\%)\times\frac{109.84}{109.84+240.18}=27.8\%$$

当 $i_2=28\%$ 时，$NPV_2=-39.4$ 万元，$i_1=25\%$ 时，$NPV_1=10.1$ 万元，得

$$FIRR=25\%+(28\%-25\%)\times\frac{10.1}{10.1+39.4}=25.6\%$$

内部收益率是项目可接受的资金成本的最高临界点。同时，内部收益率可视为该项目的最大收益率。它是反映项目获利能力的一个重要的动态指标，它可用来直接计算投资项目的实际投资效益，并可作为选择项目的可靠评价指标；但也有一定的局限性，如计算较复杂、不便于理解，对于衡量内部收益率高低的基准收益率难以正确规定，实际应用中，遇到某种项目在整个寿命期内出现多次资金流量正负值符号的变化现象，即资金流量不是正常分布，就会产生多个内部收益率，难以判别真实的项目投资收益率大小。

在实际工作中，也可能出现按净现值评估与按内部收益率评估的结果发生矛盾的现象。这种情况下，就要用投资现值收益率或净现值率指标来进行综合评价。

内部收益率的主要优点在于：

第一，内部收益率反映了投资项目可能达到的报酬率，易被高层决策人员所理解。

第二，对于独立投资方案的决策，如果各方案的原始投资额不同，可以通过计算各方案的内部收益率，并与现值指数法结合，反映各独立投资方案的获利水平。

内部收益率的主要缺点在于：

第一，计算复杂，不易直接考察投资风险大小。

第二，在互斥投资方案决策时，如果各方案的原始投资额不相等，一般无法作出正确的决策。产生这种现象的原因，主要是由于内部收益率假设项目营运中各期产生的现金流量，都要求按该报酬率取得并贴现回收，造成内部收益率高的项目净现值反而很低的现象。

（三）投资方案的优选决策方法

实际工作中，农村合作金融机构完全可能同时面对几个可供选择的贷款或投资项目方案，但由于资金限制，只能择优而投之。这就产生了方案选择的问题。为了使贷款或投资效益最优，就必须采用科学的方法对各个项目或方案进行比较选择。这便是农村合作金融机构项目评估工作中的方案比选。它是在有明确的投资目标及若干个备选方案的条件下进行的，是财务管理工作中的重要任务。方案比选除了可用前面所介绍的指标来衡量比较外，还有以下比较方法。这些方法与投资项目方案的类型有关。

投资项目方案的类型很多，按照相互之间的关系，基本上可以分为互斥方案与独立方案。独立方案是指在经济上互不相关的方案，即一个方案的取舍并不影响另一方案的取舍决策。互斥方案指的是同一项目的各个方案彼此是互相替代的，方案选择具有排他性，选择了一个方案，就不能再选择其他任何一个方案。还有另一种方案的类型，就是互补方案，也就是一个方案的取舍要求另一个方案的同时取舍。

1. 互斥方案的比选方法。

（1）计算期相同的方案比选。

①差额投资回收期法。差额投资回收期的含义是：用投资多的方案所获得的超额收益或节约的费用回收超额投资的期限。计算公式如下：

$$P_a = \frac{I_2 - I_1}{C_1 - C_2}$$

式中：P_a 为差额投资回收期；I_1、I_2 分别为两个比较方案的总投资（$I_2 > I_1$）；C_1、C_2 分别为两个比较方案的年经营成本（$C_1 > C_2$）。本公式倒数称差额投资收益率，其含义是每多投资一元钱，可节约多少成本。

用差额投资回收期比较方案优劣的方法是，当计算结果 $P_a <$ 基准投资回收期，则投资较大的方案优于投资较小的方案；反之，投资较小的方案优。

以差额投资收益率$\left(\frac{C_1 - C_2}{I_1 - I_2}\right)$来比较方案优劣的方法是：当差额投资收益率 > 基准投资收益率时，投资较大的方案为优；反之，以投资较小的方案为优。

以上方法适用条件是各方案营业收入、项目寿命相同，方案投资和经营成本不同。我们撇开收入和项目寿命因素，仅就有差异的投资额和营运成本进行比较，以判断方案的优劣顺序。

现实经济生活中，往往是采用先进的技术设备方案。其一次性设备投资要大于采用较落后的技术设备方案；而前者往往是因为技术先进，从而使年经营成本低于后者。这种一次性投资支出和经常性的经营成本费用支出此消彼长关系是建立以上比较方法的基础。

【例 5－17】 某项投资有甲、乙两个方案，其预计寿命、营业收入均相同。但甲方案采用一般设备，其投资额为 100 万元，年经营成本 50 万元；乙方案采用先进设备，其投资额为 200 万元，年经营成本 30 万元。基本投资回收期为 6 年，试比较方案之优劣。

$$P_a = \frac{I_2 - I_1}{C_1 - C_2} = \frac{200 - 100}{50 - 30} = 5(\text{年})$$

P_a =5 年 <6 年，乙方案优于甲方案。

②差额净现值或差额内部收益率法。如果互斥方案的计算期相同，则方案的比选可以直接按照增量法进行增量财务净现值或增量内部收益率的比选。表达方式为

$$\Delta NPV = \sum_{t=1}^{n}[(CI-CO)_2-(CI-CO)_1]_t(1+i)^{-t} = NPV_2 - NPV_1$$

如果差额大于零，则可以选择投资额大的方案；反之，则选择投资额小的方案。

差额内部收益是两个方案净现金流量差的现值之和等于零时的折现率。表达方式为

$$FNPV = \sum_{t=1}^{n}[(CI-CO)_2-(CI-CO)_1]_t(1+\Delta IRR)^{-t} = 0$$

式中：$(CI-CO)_2$ 为投资大的方案的净现金流量；$(CI-CO)_1$ 为投资小的方案的净现金流量；ΔIRR 为差额投资内部收益率。

根据上式，用试差法求得 ΔIRR 值。即为项目的差额投资内部收益率，当 ΔIRR 大于设定的收益水平时，应该选择投资额大的方案；反之，则应该选择投资额小的方案。

具体比选时可分为两步：

第一步，将相比方案净现金流量相减得出差额净现金流量；

第二步，用内插法算出差额内部收益率（ΔIRR），并作出评价。

【例 5－18】 某项目现有两个可用方案。寿命期均为 10 年。甲方案一次性投资 20 万元，经营期内每年净收入为 5.8 万元。乙方案一次性投资 30 万元，经营期内年净收入为 7.8 万元，如果基准折现率为 12%，试选出经济效益较好的投资方案。

依题意可得表 5－8：

表 5－8 单位：万元

年数		0	1～10
甲方案净现金流量		－20	5.8
乙方案净现金流量		－30	7.8
差额净现金流量		－10	2
$i=16\%$	差额净现值	－10	9.67
	累计		－0.33
$i=15\%$	差额净现值	－10	10.038
	累计		0.038

通过试算可知差额内部收益率在 15%～16% 之间，用试差法求其近似值如下：

$$\Delta IRR = 15\% + \frac{0.038\times(16\%-15\%)}{0.038+0.33} = 15.1\%$$

$\Delta IRR = 15.1\% > 12\%$，表明乙方案优于甲方案。

（2）最小费用法。这一方法的基本要求是将项目的总费用（包括投资和经营成本）换算成现值进行比较，费用小者为优。它适合于效益相同，而费用不同的项目，特别是投资与经营成本各有千秋的项目比较，根据项目寿命是否相同可分别采用下面两种

方法。

①费用现值法。费用现值法是把各个比较方案在整个寿命期内的支出，按基准收益率换算到项目开始建设年份和投资现值相加，求出总费用现值，再以不同方案的总费用现值进行比较的项目方案比较方法。其公式如下：

$$PW = \sum_{t=1}^{n}(I + C - L_f - L_w)_t a_t$$

式中：I 为项目总投资；C 为项目年经营成本；L_f 为项目固定资产残值；L_w 为项目回收流动资金；a_t 为对应于 t 年的折现系数。

【例 5－19】 某项目有两方案，其年产量相同，基准收益率为 10%，其他数据如下（见表 5－9），试比较两方案的优劣。

表 5－9

方案	指标	建设期		生产期			
		1	2	3	4	…	8
甲	项目投资（包括流动资金）	3 700	150	150			
	年经营成本				800	…	800
	回收固定资产残值及流动资金						700
乙	项目投资（包括流动资金）	3 000	150	150			
	年经营成本				1 000	…	1 000
	回收固定资产残值及流动资金						600

$$PW_{甲} = 3\,700 \times 0.9091 + 150 \times 0.8264 + 800 \times 0.7513 + \cdots + (800 - 700) \times 0.4665$$
$$= 6\,040.5(万元)$$
$$PW_{乙} = 3\,000 \times 0.9091 + 150 \times 0.8264 + \cdots + (1\,000 - 600) \times 0.4665$$
$$= 6\,170.1(万元)$$

计算表明，甲方案优于乙方案。

②年费用法。年费用法是把各个比较方案的总投资终值，减去回收的流动资金及残值，按基准收益率换算为项目各个年份的投资分摊额，然后与经营成本相加求出年费用额的项目方案比选方法。它适用于产量相同而寿命不同的项目方案比选。其公式如下：

$$AC = IF(A/F, i, n) - L_f - L_w + C$$

式中：AC 为年费用；IF 为项目总投资终值；$(A/F,\ i,\ n)$ 为偿债基金系数；C 为正常年份经营成本（或生产期平均经营成本）。

【例 5－20】 某项目有甲、乙两个方案，甲方案总投资终值为 5 500 万元，平均年经营成本为 120 万元，生产期为 8 年，回收流动资金及残值为 400 万元，乙方案总投资终值为 4 450 万元，平均年经营成本为 135 万元，生产期为 10 年，回收流动资金及残值为 300 万元，基准收益率为 12%，试比较两方案的优劣。

$$AC_{甲} = 5\,500 \times (A/F,12\%,8) - 400 + 120 = 5\,500 \times 0.0813 - 400 + 120$$
$$= 47.15 + 120 = 167.15(万元)$$
$$AC_{乙} = 4\,450 \times (A/F,12\%,10) - 300 + 135 = 4\,450 \times 0.057 - 300 + 135$$
$$= 88.65(万元)$$

计算结果表明：乙方案优于甲方案。

（3）计算期不同的方案比选。上面介绍的最小费用法有一个缺点，即没有考虑项目的收益水平，不同的项目不仅费用不同，其收益往往也是不同的。这就要求人们在比较时必须将项目收益及费用同时考虑。但是，一个项目每年的收入或支出并不是均匀的。并且，当期的收入不一定就是当期支出带来的。此外，在项目评估阶段，这些收入和支出并没有真正发生，难以断定它们准确的数额，在这种情况下用年值法可以较好地满足我们比选的需要。

年值法是把一定时期（通常为生产期）内，项目的全部收入和支出都换算成每年等额的年值，然后计算出净年值加以对比的项目方案比选方法。由于净年值是反映项目净效益水平的，因此，净年值大的方案较优。公式如下：

$$NAV = AS - AC$$

式中：NAV 为净年值；AS 为年收入（可用资金流量表中的正常年份销售收入或平均年销售收入）；AC 为年费用（计算方法在上面已经介绍）。

为了简化计算，也可将不同方案正常生产年份的年净收入（净现金流量）减该方案的投资年份摊额，得出净年值加以比较。公式如下：

$$净年值 = 年净收入 - 投资年分摊额$$

【例 5－21】 现有两个投资方案，其投资额、年净收入和生产期如表 5－10 所示，如果基准折现率为 10%，试比较哪一方案较优。

表 5－10

方案	投资（万元）	年净收入（万元）	经营期（年）
甲	180	50	5
乙	150	40	6

$$NAV_{甲} = 50 - 180(A/P,10\%,5) = 50 - 47.48 = 2.52(万元)$$
$$NAV_{乙} = 40 - 150(A/P,10\%,6) = 40 - 34.44 = 5.56(万元)$$

$NAV_{甲} < NAV_{乙}$，乙方案较优。

2. 独立方案的比选方法。前面所讲的比选方法均是从若干个项目中选取一个项目。然而，通常一家农村合作金融机构要从 m 个项目中选取 n 个（$n < m$），如 4 个中选 2 个，且资金有限。如果选甲、乙两项目资金不够，选乙、丙两项目资金又多出很多，这里就存在着项目的最优组合问题。解决这个问题有两种方法，即绝对指标排序法和相对指标排序法。

（1）绝对指标排序法。这种方法就是将所有的项目组合列出，并计算出不同项目组合的有关价值指标大小及所需投资的多少来选择项目组合。

【例 5－22】 某农村合作金融机构对所报项目进行评审的结果，有三个项目可给予投资贷款，三个项目的有关数据如表 5－11 所示，但其可贷资金只有 300 万元，只能贷给其中的两个项目，若标准折现率 $i=8\%$，计算应贷哪两个项目？

表 5－11

方案	寿命（年）	初始投资（万元）	年净收入（万元）
甲	8	100	20
乙	10	150	24
丙	12	200	28

①计算各项目的净年值（NAV）

$$NAV_{甲} = 20 - 100(A/P,8\%,8) = 20 - 17.4 = 2.6(万元)$$

$$NAV_{乙} = 24 - 150(A/P,8\%,10) = 24 - 22.35 = 1.65(万元)$$

$$NAV_{丙} = 28 - 200(A/P,8\%,12) = 28 - 26.54 = 1.46(万元)$$

②列出全部可能项目组合。可能项目组合共 4 个，将不同组合列表排列，并计算出相应的 *NAV*，对应的投资也列入表内（见表 5－12），表中“0”表示不选该项目，“1”表示选择该项目。

表 5－12

序号	项目组合			投资（万元）	*NAV*（万元）
	甲	乙	丙		
1	1	1	0	250	4.25
2	1	0	1	300	4.06
3	0	1	1	350	3.11
4	1	1	1	450	5.71

③在资金允许范围内优选项目组合。从表 5－12 中可知，3、4 两组合方案所需投资超过可贷资金总量，因此不在比选范围之内，1、2 两组合方案相比，前者较优，所以，应选择甲、乙两个项目给予贷款。

（2）相对指标排序法。这种方法是通过计算项目或方案的相对指标（如净现值率、内部收益率等）来比较选择方案的方法。其基本步骤如下：求出各方案的内部收益率；画出项目或方案优先顺序图；作基准收益线；根据基准收益线，可贷资金量及优先顺序选择项目或方案。

【例 5－23】 某农村合作金融机构现有 6 个相互独立的投资项目，基准收益率为 10%，寿命期大体相同，各项目的内部收益率如表 5－13 所示。当可贷资金为 2 000 万元时，应如何选择项目。

表 5－13

项目	投资（万元）	内部收益率（%）	项目	投资（万元）	内部收益率（%）
A	550	23	D	700	12
B	580	8	E	750	26
C	600	20	F	800	16

以内部收益率 *IRR* 为纵坐标，投资额为横坐标，画出投资方案优先顺序图（见图 5－2）。

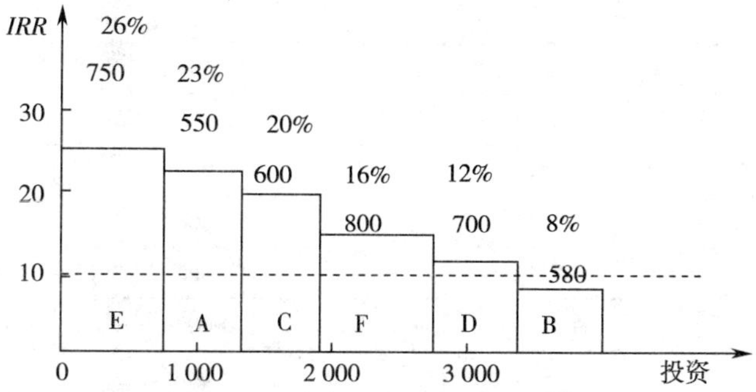

图 5－2　项目内部收益率比较图

由图 5－2 可知，当可利用资金为 2 000 万元时，应选择 E、A、C 三个方案。如果该行不存在资金量的限制，则除项目 B 以外，其余均可给予贷款，因为它们都满足基准收益水平要求。项目 B 由于达不到基准收益要求是无论如何也不能给予贷款的。

按绝对指标排序法与按相对指标排序法比选方案，结果是会有差异的，最好是将两种方法结合起来应用。其结合应用的优越性可用例 5－24 说明。

【例 5－24】　某农村合作金融机构投资项目贷款资金为 60 万元，有 A—H 八个项目投资方案，项目方案的净现值率如表 5－14 所示，问应如何安排投资项目？

表 5－14　　单位：元

方案	投资额	净现值	净现值率
A	200 000	120 000	0. 6
B	120 000	54 000	0. 45
C	40 000	5 000	0. 13
D	90 000	22 500	0. 25
E	130 000	28 600	0. 22
F	360 000	64 800	0. 18
G	30 000	4 200	0. 14
H	150 000	57 000	0. 38

①根据净现值大小确定项目优先顺序选择结果如表 5－15 所示。

表 5－15　　单位：元

方案	净现值	投资额
A	120 000	200 000
F	64 800	360 000
C	5 000	40 000
合计	189 800	600 000

②根据净现值率大小确定优先顺序选择结果如表 5－16 所示。

表 5－16　　单位：元

方案	净现值率	投资额	净现值
A	0.60	200 000	120 000
B	0.45	120 000	54 000
C	0.38	150 000	57 000
D	0.25	90 000	22 500
H	0.13	40 000	5 000
合计	—	600 000	258 500

③将净现值与净现值率结合起来确定项目优先顺序选择方案，其结果如表 5－17 所示。

表 5－17　　单位：元

方案	净现值率	净现值	投资额
A	0.60	120 000	200 000
B	0.45	54 000	120 000
H	0.38	57 000	150 000
E	0.22	28 600	130 000
合计	—	259 600	600 000

通过以上计算可以看出，三项方法所得净现值合计数不同，净现值法 189 800 元 < 净现值率法 258 500 元 < 净现值率与净现值结合使用法 259 600 元。所以，在一定的资金限额内比选项目时，采用相对指标比用绝对指标优越，结合起来使用则更有优越性。

【复习思考题】

1. 企业信用分析的内容有哪些？
2. 影响贷款定价的因素有哪些？
3. 企业贷款定价的方法有哪些？
4. 个人信用分析的内容有哪些？

5. 个人贷款定价的方法有哪些?
6. 证券投资的种类及影响因素有哪些?
7. 证券投资策略有哪些?
8. 项目资金流量估算内容及要求有哪些?
9. 固定资产投资决策方法有哪些? 各有什么优缺点?

【经典案例】

某企业准备购建一套新设备用来生产新产品，设备投资总额400万元，用两年时间建成，每年投资200万元。建成投产时需垫支流动资金100万元。预计使用（经营）7年，每年产销量为6 000件，单位产品付现变动成本为400元，每年付现固定成本（增加）为46万元。预计在经营期内每年单位产品售价分别为800元、800元、800元、750元、750元、700元、700元（估计由于供求关系和竞争，价格会逐渐下降）。该企业采用直线法折旧，所得税税率为30%，设备报废时可收回净残值22万元。各年现金流量计算如表1所示。

表1　投资项目现金流量计算表　单位：万元

项目	建设期（年）		经营期（年）							合计
	1	2	3	4	5	6	7	8	9	
固定资产投资	200	200								400
垫支流动资金		100								100
销售收入			480	480	480	450	450	420	420	3 180
变动成本（现）			240	240	240	240	240	240	240	1 680
固定成本（现）			46	46	46	46	46	46	46	322
折旧费			54	54	54	54	54	54	54	378
营业利润			140	140	140	110	110	80	80	800
所得税			42	42	42	33	33	24	24	240
净利润			98	98	98	77	77	56	56	560
固定资产残值									22	22
收回流动资金									100	100
现金净流量	-200	-300	152	152	152	131	131	110	232	560
累计净流量	-200	-500	-348	-196	-44	87	218	328	560	

根据表1的现金流量资料，计算其投资收益率为

$$\text{投资收益率} = \frac{\text{年均净利润}}{\text{投资总额}} \times 100\% = \frac{560 \div 7}{400 + 100} \times 100\% = 16\%$$

根据表1的现金流量资料，投资回收期计算如下：

$$\text{投资回收期} = \left(\begin{matrix}\text{累计现金净流量}\\\text{开始出现正值年份}\end{matrix} - 1\right) + \frac{\text{上年止累计现金净流量绝对值}}{\text{该年现金净流量}}$$

$$= (6-1) + \frac{44}{131} = 5.34(年)$$

根据表 1 的现金流量资料，折现利率为 10%，其净现值计算如表 2 所示。

表 2　投资方案净现值计算表　单位：万元

年　序	1	2	3	4	5	6	7	8	9	合计
现金净流量	-200	-300	152	152	152	131	131	110	232	560
$\frac{1}{(1+10\%)^{t-1}}$	1	0.9091	0.8264	0.7513	0.683	0.6209	0.5645	0.5132	0.4665	
现值	-200	-272.73	125.61	114.2	103.82	81.34	73.95	56.45	108.23	190.87
累计净现值	-200	-472.73	-347.12	-232.92	-129.1	-47.76	26.19	82.64	190.87	

动态投资回收期为

$$(7-1) + \frac{47.76}{73.95} = 6.65(年)$$

根据表 2 的净现值资料，计算现值指数如下：

$$现值指数 = \frac{各年收回资金现值之和}{投资额现值} = 1 + \frac{净现值}{投资额现值} = 1 + \frac{190.87}{200 + 272.73} = 1.404$$

根据表 1 的现金净流量资料计算如表 3 所示。

表 3　投资方案内含报酬率测试表　单位：万元

年序	现金净流量	i=19%		i=20%	
		现值系数	现值	现值系数	现值
1	-200	1	-200	1	-200
2	-300	0.8403	-252.09	0.8333	-249.99
3	152	0.7062	107.34	0.6944	105.55
4	152	0.5934	90.2	0.5787	87.96
5	152	0.4987	75.8	0.4823	73.31
6	131	0.4191	54.9	0.4019	52.65
7	131	0.3521	46.13	0.3349	43.87
8	110	0.2959	32.55	0.2791	30.7
9	232	0.2487	57.7	0.2326	53.96
合计	560		12.53		-1.99

该投资方案的内含报酬率在 19% 至 20% 之间，再用内插法求出近似的内含报酬率。按表 3 数据，其内含报酬率计算如下：

$$FIRR = 19\% + \frac{12.53}{12.53 + 1.99} \times (20\% - 19\%) = 19.86\%$$

第六章 成本管理

【本章概要】

农村合作金融机构的成本是其从事所有业务经营活动过程中发生的与业务经营活动有关的各项支出，因此农村合作金融机构成本的管理是其经营管理的重中之重。本章的第一节为成本管理概述，介绍了成本管理的一些相关概念。第二节介绍了成本管理中的资金成本管理，主要包括两方面内容：资本成本与资本结构。第三节介绍了如何进行成本控制。

【要点提示】

1. 掌握金融机构成本所包含的内容。
2. 掌握资本成本的计算以及资本结构的概念。
3. 掌握成本控制的方法。

【重要概念】

成本　资本成本　边际资本成本　资本结构　作业成本法　盈亏平衡分析　弹性成本控制法

【本章架构图】

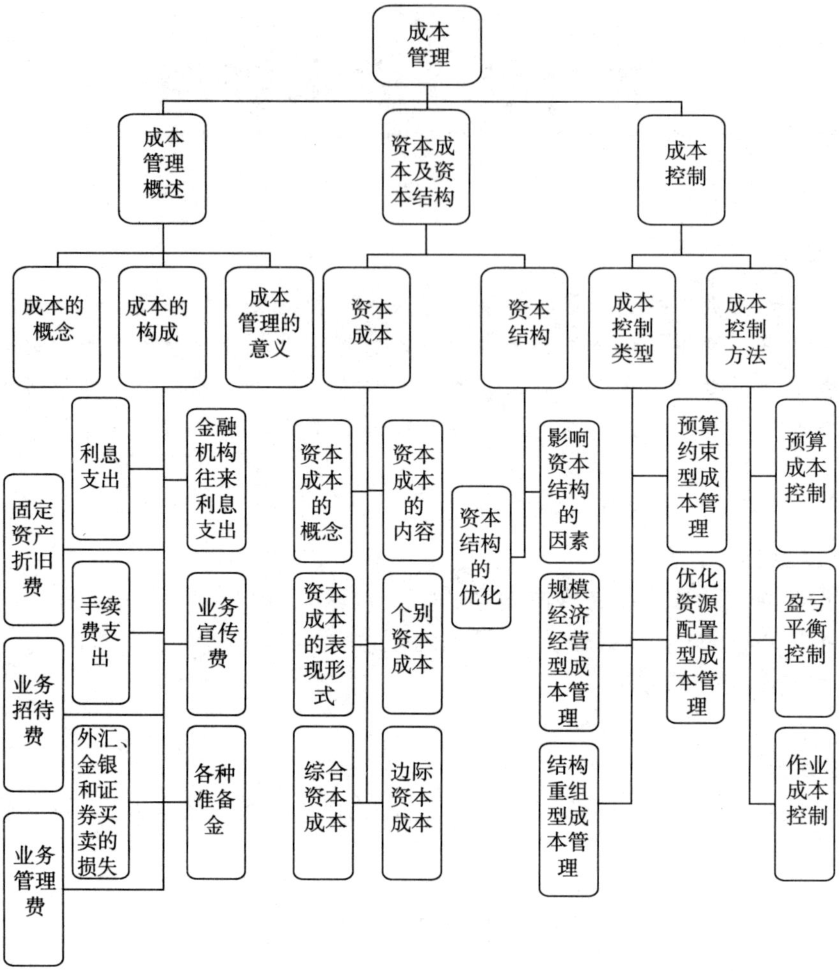

第一节 成本管理概述

成本管理是一种成本控制方法，成本控制主要由财务部门负责，采取减少预算、节约开支、控制费用等方法，运用现代管理原理和技术，以效益为中心，根据经营管理活动各层次、各门类、各环节的业务特征和成本收益情况进行全方位调节和控制的现代管理方式。

农村合作金融机构在从事信贷业务，对外投资，提供金融产品或服务过程中，不仅要吸收大量资金，而且要支付相应的利息，支付业务经营和管理人员的工资及有关的办公费、广告宣传费、管理费等，还需耗费一定数量的物品，所有这些在业务经营过程中发生的利息支出和各种耗费以货币表现就构成了农村合作金融机构的成本。

一、成本的概念

成本是指为达到特定目的而发生或应发生的价值牺牲，它可用货币单位加以衡量（美国会计学会所属成本与标准委员会）。成本通俗地讲是指资源的消耗，亦即对某一产品或服务的“补偿”，用以补偿农村合作金融机构在生产经营中发生的各项耗费。农村合作金融机构在组织存款，发放贷款，办理结算业务的过程中，要支付一定数量的利息，还要花费一定的人力、物力、财力，因此农村合作金融机构的成本是指其在经营过程中发生的与经营有关的各项资源的补偿性支出。

二、成本的构成

农村合作金融机构作为经营货币信用业务的特殊机构，其成本管理范围也具有特殊性。为了有效地进行成本管理，便于各金融机构之间进行成本分析和横向比较，我国《金融保险企业财务制度》规定，金融机构（不含保险企业）成本开支范围具体包括以下内容：

（一）利息支出

利息支出是指金融机构以负债形式向社会、个人及其他企事业单位筹集各类资金（不包括金融机构往来资金），按国家规定的适用利率分档次提取并支付的应付利息。

（二）金融机构往来利息支出

金融机构往来利息支出是指农村合作金融机构联行、农村合作金融机构与中央银行和同业之间发生资金往来而支付的利息。

（三）固定资产折旧费

固定资产折旧费是指金融机构根据国家规定的标准按固定资产原值所提的固定资产折旧。

（四）手续费支出

手续费支出是指金融机构委托其他单位代办金融业务发生的手续费支出，如储蓄代办费支出等。

（五）业务宣传费

业务宣传费主要是指金融机构开展业务宣传活动所支付的各种费用。业务宣传费按营业收入（扣除金融机构往来利息收入）的规定比例掌握使用。银行为2‰，其他非银行金融机构为5‰。

（六）业务招待费

业务招待费主要是指金融机构为业务经营的合理需要而支付的业务交际费用。我国财务制度对业务招待费规定如下：全年收入（扣除金融机构往来利息收入，以下“营业收入”含义与此同）在1 500万元以下的，不得超过5‰；全年营业收入在1 500万元以上，不足5 000万元的，不得超过3‰；全年营业收入超5 000万元，不足1亿元的，不得超过2‰；全年营业收入超过1亿元的，不得超过1‰。

金融机构应在国家规定的范围内，本着节约、合理的原则支付业务招待费。所谓合理，是指业务招待费支出名副其实，真正是业务经营所需的交际费。另外，还应厉行节约，不得滥支费用。

（七）外汇、金银和证券买卖的损失

（八）各种准备金

它主要是指金融机构的呆账准备金、投资风险准备金和坏账准备金。

1. 呆账准备金。呆账准备金是金融机构为补偿呆账损失按年初发放贷款余额的一定比例从成本中提取的准备金。我国自 1993 年起按金融机构年初放款余额的 6% 全额提取，自 1994 年起提取比例每年增加 1‰，直至历年结转的呆账准备金余额达到年初放款余额 1% 为止。从达到 1% 的年度起，呆账准备金改为按年初放款余额的 1% 实行差额提取，总水平保持在 1% 。1998 年起改按年末贷款余额（扣除同业拆借、委托贷款）的 1% 实行差额提取，计入当年损益。

金融机构发生的呆账贷款必须在下列情况下才准予核销：

（1）借款人和担保人被依法宣告破产，进行清偿后不能还清的贷款。

（2）借款人死亡，或依照《民法通则》有关规定宣告死亡，以其财产或遗产清偿后未能还清的贷款。

（3）借款人遭受重大自然灾害或意外事故损失巨大而且不能获得保险补偿，确实无力偿还的部分或全部贷款，或者以保险赔偿清偿后未能还清的贷款。

（4）经我国国务院专案批准核销的逾期贷款以及对金融机构发放的抵押贷款，贷款人到期不能偿还，依法对抵押物进行处理后取得的净收入低于放款本金的部分。

另外，呆账准备金只限于核销放款本金部分，应收利息部分还应在坏账准备金中列支。

2. 投资风险准备金。为增强金融机构承受风险的能力，从事投资业务的金融机构，每年可按上年投资余额的 3‰提取投资风险准备金。年末余额达到上年末投资余额的 1% 时，实行差额提取。

3. 坏账准备金。坏账损失的财务处理，坏账损失的确认条件及核算办法等相关内容如下：

（1）坏账准备金是按年末应收账款余额 3‰提取的，用于核销金融机构应收账款的坏账损失。金融机构的应收账款是其在经营中应向发生业务关系的客户收回的欠款，包括应收本金与利息、应收租赁费等。

（2）金融机构的坏账损失是指因债务人破产或死亡，以其破产财产或破产清偿后，仍然不能收回的应收账款，或因债务人逾期未履行偿债义务超过 3 年仍不能收回的应收账款。

（3）坏账准备与坏账损失的业务处理。金融机构当年发生的坏账损失，超过一年计提的坏账准备金部分计入当期成本，收回已确认核销的坏账损失，应增加坏账准备金。每年末，上一年提取的坏账准备金若未被冲销，则应计算坏账准备金与年末应收账款余额的比例，若不足 3‰，则应按其差额提足；若这一比例高于年末应收账款余额的 3‰，则应按其差额冲减坏账准备金。不计提坏账准备金的金融机构，发生的坏账损失，计入金融机构成本。

（九）业务管理费

业务管理费是指金融机构进行业务管理而发生的相关费用，包括范围极为广泛，有电子设备运转费、钞币运送费、安全防卫费、保险费、邮电费、外事费、公杂费、劳保费、印刷费、低值易耗品摊销、职工工资、差旅费、职工福利费、职工教育经费、工会经费、水电费、租赁费（融资租赁费除外）、修理费、税金、会议费、诉讼费、公证费、咨询费、无形资产摊销（不包括自行开发的无形资产摊销）、递延资产摊销、其他资产摊销、待业保险费、取暖费、审计费、技术转让费、研究开发费、绿化费、董事会费等。

三、成本管理的意义

1. 成本管理是农村合作金融机构生财聚财的重要手段。农村合作金融机构是经营存款、贷款和信托投资等业务的经济实体，是经营货币资金的特殊机构。农村合作金融机构降低成本，可以增加自身的利润，进而为国家积累更多的建设资金。农村合作金融机构成本降低还意味着经营过程中资金耗费的减少，用相同的资金组织来更多的收入，这种良性循环，正是农村合作金融机构生财聚财的重要手段。

2. 成本管理是农村合作金融机构体制改革的必然要求。随着金融体制改革的深入进行，农村合作金融机构已由过去的行政管理型向经营管理型转化。它要求按照客观经济规律办事，形成内有动力，外有压力，充满活力的经济实体。它必须以利润作为经营的重要目标之一，讲求成本核算和经济效益。否则，就难以自我发展完善。因此，必须树立经营观念、成本效益观念，落实各种形式的责任制，加强成本管理，提高成本的预见性、准确性，达到自我控制、自我发展的目的。

3. 成本管理是农村合作金融机构提高经营管理水平的客观需要。成本是农村合作金融机构实行经济核算的重要内容，通过成本大小的比较，可以衡量农村合作金融机构自身的经营管理水平。农村合作金融机构的基本经营过程是组织存款，发放贷款，在这一过程中不仅要按规定的利率计收计付存放款和拆借资金利息，而且还要支付一定的费用。因此，就必须计算成本，考核盈亏，促使各职能部门精打细算，厉行节约。

第二节 资本成本及资本结构

资本成本在农村合作金融机构的成本结构中占有重要的地位，必须分析、把握各种来源的资金的使用代价。

一、资本成本

（一）资本成本的概念

资本成本是为筹集和使用资金而付出的代价。广义讲，筹集和使用任何资金，无论是短期的还是长期的，都要付出代价。狭义的资本成本仅指筹集和使用长期资金（包括自有资金和借入长期资金）的成本。

（二）资本成本的内容

资本成本从绝对量的构成来看，包括资金筹集费和资金占用费两部分。

1. 资金筹集费。资金筹集费是指农村合作金融机构在资金筹集过程中支付的各项费用，如发行股票、债券支付的印刷费、发行手续费、律师费、资信评估费、公证费、担保费、广告费等。

2. 资金占用费。资金占用费是指农村合作金融机构因占用资金支付的费用，如股票的股息、银行间借款和债券利息等。

相比之下，资金占用费是资本成本的主要内容，是筹资农村合作金融机构经常发生的，并随使用资本数量的多少和时期的长短而变动，因此属于变动性资本成本。而资金筹集费通常在筹集资金时一次全部支付，在获得资本后的用资过程中不再发生，因此属于固定性资本成本，在计算资本成本时可作为筹资金额的一项扣除。

（三）资本成本的表现形式

资本成本可以用绝对数表示，也可以用相对数表示。资本成本用绝对数表示即资本总成本，它是筹资费用和用资费用之和。由于它不能反映用资多少，所以较少使用。资本成本用相对数表示即资本成本率，它是资金占用费与筹资净额的比率，一般来讲资本成本多指资本成本率。其计算公式为

$$资本成本率 = \frac{资金占用费用}{筹资总额 - 资金筹集费}$$

由于资金筹集费一般以筹资总额的某一百分比计算，因此，上述计算公式也可表示为

$$资本成本率 = \frac{资金占用费用}{筹资总额 \times (1 - 筹资费率)}$$

（四）个别资本成本

个别资本成本是指通过各种筹资方式所筹资金的成本，主要包括存款成本、债券资本成本、优先股资本成本、普通股资本成本和留存收益资本成本。

1. 存款成本。存款是金融机构以其信用活动吸收的社会闲散资金，是金融机构的基本负债。存款成本包括利息成本和营业成本两部分。

（1）利息成本，指金融机构按约定的存款利率与存款金额的乘积，以货币形式直接支付给存款者的报酬。存款利率有固定利率和可变利率之分。目前我国的存款一般都按固定利率计息。可变利率则是按一定期限而浮动的利率，通常以市场不断变化的某种利率为基准。

（2）营业成本，也称其他成本或服务成本，指除利息以外的其他所有开支，包括柜台和外勤人员的工资、广告宣传费、办公费以及为存户提供其他服务的费用等。营业成本又可进一步划分为变动成本、固定成本和混合成本等。目前在我国，由于利息成本基本由国家统一规定，营业成本就成为金融机构成本控制的重点。因为金融机构所吸收的存款资金不能全部用于营利性资产，必须在扣除法定存款准备金和必要的超额准备金

后，才能实际用于贷款和投资。所以，金融机构吸收存款资本成本的计算公式为

$$K_d = \frac{(I_d + C)(1 - T)}{B(1 - R)}$$

式中：I_d 表示支付给存款者的利息，C 表示营业成本，T 表示所得税税率，B 表示吸收的全部存款资金，R 表示预留的法定存款准备金率。

2. 债券资本成本。债券资本成本的计算公式为

$$K_2 = \frac{I_2(1 - t)}{P_2(1 - f_2)} = \frac{B \times i_2(1 - t)}{P_2(1 - f_2)}$$

式中：K_2 表示债券资本成本，I_2 表示债券年利息，P_2 表示债券筹资总额，t 表示所得税税率，f_2 表示债券筹资费率，B 表示债券面值总额，i_2 表示债券年利息率。

【例 6－1】　某农村合作金融机构发行债券 1 000 万元，面额 1 000 万元，按面额等价发行，筹资费率为 2%，债券利息率为 10%，所得税税率 30%。

要求：计算该债券的资本成本。

解：债券资本成本为

$$K_2 = \frac{1\ 000 \times 10\% \times (1 - 30\%)}{1\ 000(1 - 2\%)} = 7.14\%$$

【例 6－2】　某农村合作金融机构发行债券 1 000 万元，面额 1 000 元，按溢价 1 050元发行，票面利率为 10%，所得税税率为 30%，发行筹资费率为 1%。要求：计算该债券的资本成本。

解：债券资本成本为

$$K_2 = \frac{1\ 000 \times 10\% \times (1 - 30\%)}{1\ 050(1 - 1\%)} = 6.73\%$$

3. 优先股资本成本。优先股资本成本的计算公式为

$$K_3 = \frac{D}{P_3(1 - f_3)}$$

式中：K_3 表示优先股资本成本，D 表示优先股年股利额，P_3 表示优先股筹资总额，f_3 表示优先股筹资费率。

【例 6－3】　某农村合作金融机构发行优先股，每股 10 元，年支付股利 1 元，发行费率为 3%。要求：计算该优先股的资本成本。

解：优先股资本成本为

$$K_3 = \frac{1}{10 \times (1 - 3\%)} = 10.3\%$$

4. 普通股资本成本。普通股资本成本的计算公式为

$$K_4 = \frac{D_1}{P_4(1 - f_4)} + G$$

式中：K_4 表示普通股资本成本，D_1 表示预期第一年普通股股利，P_4 表示普通股筹资总额，f_4 表示普通股筹资费率，G 表示普通股年股利增长率。

【例 6－4】　某农村合作金融机构发行普通股，每股面值 10 元，溢价 12 元发行，

筹资费率为 4%，第一年年末预计股利率 10%，以后每年增长 2%。要求：计算该普通股的资本成本。

解：普通股资本成本为

$$K_4 = \frac{10 \times 10\%}{12 \times (1 - 4\%)} + 2\% = 10.68\%$$

5. 留存收益资本成本。一般金融机构都不会把盈利以股利形式全部分给股东，且在宏观政策上也不允许这样做，因此，金融机构只要有盈利，总会有留存收益。留存收益是金融机构的可用资金，它属于普通股股东所有，其实质是普通股股东对金融机构的追加投资。留存收益资本成本可以参照市场利率，也可以参照机会成本，更多的是参照普通股股东的期望收益，即普通股资本成本，但它不会发生筹资费用。其计算公式为

$$K_5 = \frac{D_1}{P_4} + G$$

式中：K_5 表示留存收益资本成本，其余字母含义同普通股。

【例 6－5】 某农村合作金融机构留用利润 50 万元，其余条件与例 6－4 相同。要求：计算该留存收益的资本成本。

解：留存收益资本成本为

$$K_5 = \frac{10 \times 10\%}{12} + 2\% = 10.33\%$$

（五）综合资本成本

在实际工作中，金融机构筹措资金往往同时采用几种不同的方式。综合资本成本是指金融机构以各种不同筹资方式筹措资金的总的平均资本成本，它是以各种资本所占的比重为权数，对各种资本成本进行加权平均计算出来的，所以又称加权平均资本成本。其计算公式为

$$K_W = \sum_{j=1}^{n} K_j W_j$$

式中：K_W 表示综合资本成本（加权平均资本成本），K_j 表示第 j 种资金的资本成本，W_j 表示第 j 种资金占全部资金的比重。

【例 6－6】 某农村合作金融机构共有资金 1 000 万元，其中银行借款占 50 万元，长期债券占 250 万元，普通股占 500 万元，优先股占 150 万元，留存收益占 50 万元；各种来源资金的资本成本分别为 7%、8%、11%、9%、10%。要求：计算综合资本成本。

解：

$$\begin{aligned}\text{综合资本成本} &= 7\% \times \frac{50}{1\,000} + 8\% \times \frac{250}{1\,000} \\ &\quad + 11\% \times \frac{500}{1\,000} + 9\% \times \frac{150}{1\,000} + 10\% \times \frac{50}{1000} \\ &= 9.7\%\end{aligned}$$

（六）边际资本成本

任何企业都无法以某一固定资本筹措到资金，当其筹集的资金超过一定限度时，原来的资本成本就会增加。金融机构也一样，在追加筹资时，需要知道筹资额在什么数额上便会引起成本怎样的变化，这就要用到边际资本成本的概念。

边际资本成本是指每增加一个单位资本而增加的成本。金融机构追加筹资，有时可能只采取某一种筹资方式。在筹资数额较大，或在目标资本结构既定的情况下，往往通过多种筹资方式组合来实现。这时边际资本成本需要按加权平均法来计算，是追加筹资时所使用的加权平均成本。

下面举例说明资本成本的计算和运用。

【例 6－7】 某农村合作金融机构拥有 1 亿元的资本，其中负债 7 000 万元，留存利润 500 万元，普通股 2 500 万元，由于扩大经营规模的需要拟筹措新资。筹措新资的资本成本可按下列步骤进行。

1. 确定目标资本结构。假设经分析，认为仍保持目前的资本结构。

2. 确定各种资本的成本。根据资本市场状况和农村合作金融机构筹资能力，认为随筹资规模扩大，各种资本的成本也会发生变化。测算资料如表 6－1 所示。

表 6－1　　测算资料

资金种类	目标资本结构	新筹资的数量范围	资本成本
负债	70%	500 万元以内	5%
		500 万～1 000 万元	6%
		1 000 万元	7%
普通股（含留存收益）	30%	300 万元以内	14%
		300 万～800 万元	15%
		800 万元以上	16%

3. 计算筹资突破点。在筹资突破点范围内筹资，原来的资本成本不会改变，一旦筹资额超过筹资突破点，即使维持现有资本结构，其资本成本率也会增加。筹资突破点的计算公式为

$$筹资突破点 = \frac{某一特定成本率筹集到的资金额}{该种资金在资本结构中所占的比重}$$

根据表 6－1 中的数据计算可知，花 5% 的资本成本取得的借债限额为 500 万元，其筹资突破点为

$$\frac{500}{70\%} = 714.28(万元)$$

资料中各种情况下的筹资突破点的计算结果如表 6－2 所示。

表 6－2 筹资分界点计算表

资金种类	资本成本	资本结构	各种资本的筹资范围	筹资突破点
负债	5%	70%	500 万元以内	714.28 万元
	6%		500 万～1 000 万元	1428.57 万元
	7%		1 000 万元	—
普通股	14%	30%	300 万元以内	1 000 万元
	15%		300 万～800 万元	2 667 万元
	16%		800 万元以上	—

4. 计算边际资本成本。根据上一步计算出的筹资突破点，可得到五个新的筹资范围：①714.28 万元以下；②714.28 万～1 000 万元；③1 000 万～1 428.57 万元；④1 428.57 万～2 667 万元；⑤2 667 万元以上。对以上 5 组筹资范围分别计算加权平均资本成本，即可得到各种筹资范围的边际资本成本。计算结果如表 6－3 所示。

表 6－3 边际资本成本计算表

序号	筹资总额范围	资金种类	资本结构	资本成本	加权平均资本成本
1	714.28 万元以内	负债	70%	5%	70%×5%＋30%×14%＝7.7%
		普通股	30%	14%	
2	714.28 万～1 000 万元	负债	70%	6%	70%×6%＋30%×14%＝8.4%
		普通股	30%	14%	
3	1 000 万～1 428.57 万元	负债	70%	6%	70%×6%＋30%×15%＝8.7%
		普通股	30%	15%	
4	1 428.57 万～2 667 万元	负债	70%	7%	70%×7%＋30%×15%＝9.4%
		普通股	30%	15%	
5	2 667 万元以上	负债	70%	7%	70%×7%＋30%×16%＝9.7%
		普通股	30%	16%	

二、资本结构

资本结构是指金融机构各种资本的构成及其比例关系。资本结构是金融机构筹资决策的核心问题。金融机构应综合考虑有关影响因素，运用适当的方法确定最佳资本结构，并在以后追加筹资中继续保持。若金融机构现有资本结构不合理，则应通过筹资活动进行调整，使其趋于合理化。

资本结构有广义和狭义之分。狭义的资本结构是指长期资本结构；广义的资本结构是指全部资本（包括长期资本和短期资本）的结构。金融机构资本结构是由金融机构采用的各种筹资方式筹集资本而形成的，各种筹资方式不同的组合类型决定着金融机构资本结构及其变化。金融机构筹资方式虽然很多，但总的来看分为负债资本和权益资本两类，因此，资本结构问题总的来说是负债资本的比例问题，即负债在金融机构全部资本中所占的比重。

（一）影响资本结构的因素

1. 金融机构财务状况。金融机构获利能力越强、财务状况越好、变现能力越强，就越有能力负担财务上的风险。因而，随着金融机构变现能力、财务状况和盈利能力的增强，举债筹资就越有吸引力。当然，有些金融机构因为财务状况不好，无法顺利发行股票，只好以高利率发行债券来筹集资金。衡量金融机构财务状况的指标主要有流动比率、利息周转倍数、固定费用周转倍数、投资收益率等。

2. 金融机构资产结构。金融机构资产结构会以多种方式影响金融机构的资本结构：（1）拥有大量固定资产的金融机构主要通过长期负债和发行股票筹集资金；（2）拥有较多流动资产的金融机构更多依赖流动负债来筹集资金；（3）资产适用于抵押贷款的公司举债额较多，如房地产公司的抵押贷款就相当多；（4）以技术研究开发为主的公司则负债很少。

3. 金融机构产品销售情况。金融机构产品销售是否稳定对金融机构资金结构具有重要影响。如果金融机构的销售比较稳定，其获利能力也相对稳定，则金融机构负担固定财务费用的能力相对较强；如果销售具有较强的周期性，则负担固定的财务费用将冒较大的财务风险。另外，金融机构销售的增长速度，也决定财务杠杆能在多大程度上扩大每股利润，如果销售增长较高，使用具有固定财务费用的债务筹资，就会扩大普通股的每股利润。

4. 投资者和管理人员的态度。金融机构投资者的态度对资金结构也有重要影响，因为金融机构资金结构的决策最终是由他们作出的。一个金融机构的股票如果被众多的投资者所持有，谁也没有绝对的控制权，这个金融机构可能会更多地采用发行股票的方式来筹集资金，因为金融机构并不担心控制权的旁落；反之，有的金融机构被少数股东所控制，股东们很重视控制权的问题，金融机构为了保证少数股东的控制权，一般尽量避免普通股筹资，而采用优先股或负债方式筹集资金。管理人员对待风险的态度也是影响资本结构的重要因素。喜欢冒险的管理人员，可能会安排比较高的负债比例；反之，一些持稳健态度的财务人员则会只使用较少的债务。

5. 贷款人和信用评级机构的影响。每位金融机构财务经理对如何运用财务杠杆都有自己的分析，但贷款人和信用评级机构的态度实际上往往成为决定财务结构的关键因素。

一般而言，金融机构财务管理人员都会与贷款人和信用评级机构商讨其财务结构，并充分尊重他们的意见。大部分贷款人都不希望金融机构的负债比例太大，如果金融机构坚持使用过多债务，则贷款人可能拒绝贷款。同样，如果金融机构债务太多，信用评级机构可能会降低金融机构的信用等级，这样会影响金融机构的筹资能力，提高金融机构的资本成本。

6. 所得税税率的高低。金融机构利用负债可以获得减税利益，因此，所得税税率越高，负债的好处越多；反之，如果税率很低，则采用举债方式的减税利益就不十分明显。

7. 利率水平的变动趋势。利率水平的变动趋势也会影响到金融机构的资本结构。如果金融机构财务管理人员认为利息率暂时较低，但不久的将来有可能上升的话，便会大量发行长期债券，从而在若干年内把利率固定在较低水平上。

（二）资本结构的优化

资本结构的优化意在寻求最优资本结构，使金融机构综合资本成本最低、金融机构风险最小、金融机构价值最大。下面介绍三种常用的优化资本结构的方法：

1. 比较综合资本成本。当金融机构对不同筹资方案作选择时可以采用比较综合资本成本的方法选定一个资本结构较优的方案。

【例6－8】 某金融机构年初的资本结构如表6－4所示。

表6－4　资本结构表　单位：万元

资金来源	金额
普通股6万股（筹资费率2%）	600
长期债券年利率10%（筹资费率2%）	400
长期债券年利率9%（无筹资费用）	200
合计	1 200

普通股每股面额100元，今年期望股息为10元，预计以后每年股利率将增加3%。该金融机构所得税税率为40%。该金融机构现拟增资300万元，有以下两个方案可供选择：甲方案：发行长期债券300万元，年利率11%，筹资费率2%，普通股每股股息增加到12元，以后每年需增加4%。乙方案：发行长期债券150万元，年利率11%，筹资费率2%，另以每股150元发行股票150万元，筹资费率2%，普通股每股股息增加到12元，以后每年仍增加3%。要求：（1）计算年初综合资本成本。（2）试作出增资决策。

解：（1）计算年初综合资本成本。

$$旧普通股资本成本=\frac{10}{100\times(1-2\%)}+3\%=13.2\%$$

$$旧债券资本成本=\frac{10\%\times(1-40\%)}{1-2\%}=6.12\%$$

$$长期借款资本成本=9\%\times(1-40\%)=5.4\%$$

$$综合资本成本=13.2\%\times\frac{600}{1\ 200}+6.12\%\times\frac{400}{1\ 200}+5.4\%\times\frac{200}{1\ 200}=9.54\%$$

（2）作出增资决策。甲方案：

$$旧普通股资本成本=\frac{12}{100\times(1-2\%)}+4\%=16.24\%$$

$$旧债券资本成本=6.12\%$$

$$长期借款资本成本 = 5.4\%$$

$$新债券资本成本 = \frac{11\% \times (1-40\%)}{1-2\%} = 6.73\%$$

$$综合资本成本 = 16.24\% \times \frac{600}{1\ 500} + 6.12\% \times \frac{400}{1\ 500} + 5.4\% \times \frac{200}{1\ 500} + 6.73\% \times \frac{300}{1\ 500} = 10.19\%$$

乙方案：

$$旧普通股资本成本 = \frac{12}{100 \times (1-2\%)} + 3\% = 15.24\%$$

$$旧债券资本成本 = 6.12\%$$

$$长期借款资本成本 = 5.4\%$$

$$新债券资本成本 = \frac{11\% \times (1-40\%)}{1-2\%} = 6.73\%$$

$$新普通股资本成本 = \frac{12}{150 \times (1-2\%)} + 3\% = 11.16\%$$

$$综合资本成本 = 15.24\% \times \frac{600}{1\ 500} + 6.12\% \times \frac{400}{1\ 500} + 5.4\% \times \frac{200}{1\ 500} + 6.73\% \times \frac{150}{1\ 500} + 11.16\% \times \frac{150}{1\ 500} = 10.24\%$$

由以上计算结果可知，甲方案的综合资本成本低于乙方案，应采用甲方案增资。

2. 比较普通股每股利润。从普通股股东的得益这一角度考虑资本结构的优化可以采用比较普通股每股利润。

【例 6-9】 某金融机构现有权益资金 500 万元（普通股 50 万股，每股面值 10 元）。金融机构拟再筹资 500 万元，现有三个方案可供选择：A 方案：发行年利率为 9% 的长期债券。B 方案：发行年股息率为 8% 的优先股。C 方案：增发普通股 50 万股。预计当年可实现息税前盈利 100 万元，所得税税率 30%。要求：选择最优资本结构。

解：各方案的每股利润分别为

$$EPS_A = \frac{(100-500 \times 9\%) \times (1-30\%)}{50} = 0.77(元)$$

$$EPS_B = \frac{100 \times (1-30\%) - 500 \times 8\%}{50} = 0.6(元)$$

$$EPS_C = \frac{100 \times (1-30\%)}{50+50} = 0.7(元)$$

由以上计算结果可知，A 方案的每股利润最大，应采用 A 方案筹资。

3. 无差别点分析。无差别点分析是对不同资本结构的获利能力进行分析。无差别点是指使不同资本结构的每股利润相等的息税前利润点，这一点是两种资本结构优劣的分界点。无差别点分析可称为 EBIT – EPS 分析。

【例 6 – 10】 某金融机构现有资本结构全部为普通股 100 万元，每股 10 元，折合股数 100 万股，现拟增资 20 万元，有甲、乙两种筹资方案可供选择：甲方案：发行普通股 2 万股，每股 10 元。乙方案：发行普通股 1 万股，每股 10 元；另发行债券 10 万元，债券年利率 10%。该金融机构所得税税率为 40%。要求：作 EBIT – EPS 分析。

解：设 x 为该金融机构的息税前利润

$$EPS_{甲} = \frac{x(1-40\%)}{10+2}$$

$$EPS_{乙} = \frac{(x-10\times10\%)\times(1-40\%)}{10+1}$$

令 $EPS_{甲} = EPS_{乙}$，得

$$\frac{x\times0.6}{12} = \frac{(x-1)\times0.6}{11}$$

解得

$x=12$（万元）

此时，$EPS_{甲} = EPS_{乙} = 0.6$（元）

则当金融机构息税前利润小于 12 万元时选择甲方案增资，大于 12 万元时选择乙方案增资。EBIT – EPS 分析除用上述代数法外，还可用图解法，请参阅图 6 – 1。

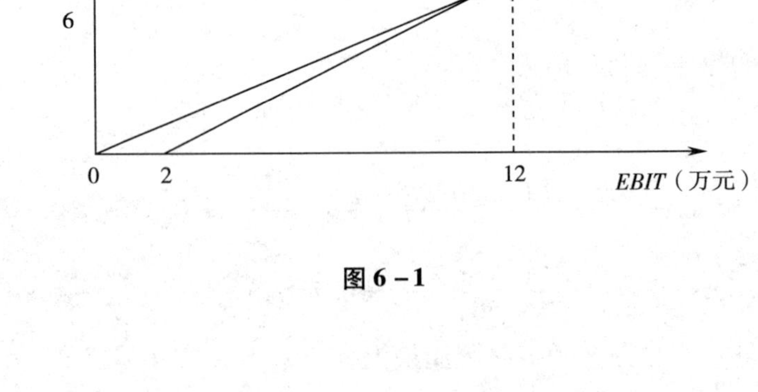

图 6 – 1

第三节 成本控制

一、成本控制类型

（一）预算约束型成本管理

这是一种以预算方案为特征的成本管理技术，在传统的金融机构管理中，虽然也有预算方案，但并不以成本管理为特征，所以它是一种新的成本管理技术。在实际操作中，它要求金融机构在作预算决策时，确定以优先发展的重点支柱业务，把合理的成本投入作为推动战略的一种机制。其策略的要点为：确定主要的市场区域为业务发展的重点对象，加强与现有客户的联系，努力在本行占有优势的业务领域寻找发展机会。这种把重点放在发展市场的战略选择，为金融机构合理地安排各项预算增量提供了可靠的依据。

预算约束型成本管理技术重视以下两个方面的成本投入：一是对可以大幅度节约长期成本的主体业务系统进行技术投资；二是对只有通过投资才能有效地改善其服务形象和客户关系的业务领域进行投资；它的最大优点是：预算依据可靠，中高层管理人员容易掌握银行的业务重点，使预算管理得以顺利实施。在具体实施过程中就包含了使用成本预算控制法、成本总量控制法、成本差异控制法、成本结构控制法等。

（二）优化资源配置型成本管理

借助电子技术的发展，金融机构大多实行多功能化综合经营，综合经营的项目广泛，新产品新项目不断推出，这就必须要实行多元化资产组合，优化资源配置。

这种成本管理技术重视利用资源配置效应，按优先级系列分配成本资源，其特征是通过成本资源的优先配置来实现机构网络的更新与重组，以达到组织系统和分支行机构资源配置的最优化，这一管理技术的要点为：在整个金融机构范围内，对各个环节开展优先发展级的评价工作，建立优先级体系管理组织，负责管理决策的实施与监控。每个项目的优先级别通过严格的程序评价得出，不同级别的优先级项目与相应的资金配置相对应，优先级别一旦确立，相应的资源随即到位。按照评价程序，那些前景暗淡的业务，效益差的项目没有优先级别，便被取消或停止成本资源配置。在具体实施过程中包括了作业成本法、比率控制法、弹性控制法等。

（三）规模经济经营型成本管理

这是指在金融机构的成本管理中，采用规模经济原理，通过扩大金融产品和服务的经营规模，来降低单位业务量的成本支出，进而扩大市场以巩固其竞争地位。

其技术要点是：加大金融机构支柱业务的投资力度，并对其按规模经济原理进行设计；按照规模经济的设计对金融机构所辖的分支行进行合理调整，创造以控制中心为基础的集约化业务处理体系；在资金安排上，优先按规模经济的要求，适度集中投放，避免费用投入遍地撒胡椒面的做法。规模经济经营型的成本管理技术既能有效地扩大金融机构的经营规模，又能有效地控制其成本支出。它具体包含了盈亏平衡分析控制法、对比控制法等。

（四）结构重组型成本管理

结构重组包括两个方面的内容：经营机构的重组，即对经营不佳的有关机构进行更新改组，或使其转向或压缩规模，以保证机构经营效益。业务结构的重组即是减少那些低收益业务所占的比重，把经营效益良好的信用卡业务、中间业务等领域作为重点投资对象，在证券投资上，尽量选择成本较低的政府债券作为投资对象等。

当前，发达国家大规模的商业银行兼并浪潮便是这种成本管理战略的反映。20 世纪 80 年代以前的银行合并大多是大银行吞并小银行，而现在的银行合并则是大银行与大银行的合并，这种银行合并的目的不在于打败对手，而在于扩大规模，通过兼并重组，商业银行趋向“大银行”化可重点发展其优势业务，从而达到节约业务成本，扩大重点业务市场，提高经营效益的目的。不过，采用结构重组型成本管理，要以追求长远效益为前提，因为在结构重整初期，往往会出现成本上升现象，但从长远看，它最终能达到规模经济效益。

因而，结构重组型成本管理从本质上来说是一种长远目标的规模经济战略。它在实施中包含了盈亏平衡分析、趋势分析、比率控制法等。

二、成本控制方法

（一）预算成本控制

预算成本控制方法是一种在实践中运用较多的方法。它的特点是能运用事前控制原理，操作比较简单同时也具有相当的灵活性。其主要步骤包括成本总量控制、标准成本控制、成本差异控制、成本结构控制、弹性成本控制。

1. 成本总量控制。对成本总量控制的研究和使用是随着人们对成本控制的思考开始的。在现代成本管理制度运用以前，成本控制只能是对已使用成本的记录，无法进行事前控制和预测。但由于缺乏系统的成本会计和管理会计理论及精确的数学计量方法，人们便开始考虑用成本总量遏制不断上升的成本。

金融机构的成本总量控制是对金融机构的成本控制整体状况作出的一个基本判断。通过对成本控制的整体把握，基本了解金融机构成本控制的基本情况以及成本变动的趋势，分析成本的控制效果。从总体上评价金融机构控制水平或揭示成本控制的潜力，以便为更详细的专项成本控制提供依据。

（1）成本总量的科目列支及核算。根据《金融保险企业财务制度》和《金融企业会计制度》等的规定，来强化对金融机构成本控制的指导。

首先它确定了金融机构成本列支的对象。金融机构的成本分为营业成本和营业费用，具体如成本项目下的利息支出、金融机构往来利息支出、手续费支出、汇兑支出等，费用项目下的营业费用、业务费用、宣传费用、业务招待费、职工福利费等。

其次又规定了营业成本和营业费用基本项目的列支标准：①成本项目的列支按照上述规定核算。②营业费用列支分为两种情况。

一是对于保证开门营业的费用本着实事求是的原则据实列支，如电子设备运转费、邮电费、水电费等。二是对设计业务发展的费用按照营业收入的相关比例提取。例如：业务招待费按营业收入（扣除金融银行往来收入）在1 500万元以内的，不超过0.5%；实际使用在限额内掌握，不得预提。工会经费按照职工工资总额的2%计提等。

（2）编制年度成本计划。“有预则立，无预则废”。金融机构通过编制成本计划作为一个营业年度成本运作的纲要，并赋予它一定的前瞻性及管理思想，达到以一定的成本实现最大收入（利润）的目的。编制金融机构成本计划必须以综合信贷计划、利润计划为基础，并参照平均成本费用情况汇总而成。一般可以分解为如下步骤：

①收集和整理材料。编制成本计划首先必须广泛收集和整理所需的各种资料。这些资料包括：本行有关编制成本计划的要求和费用划分以及开支标准，计划期内本行的信贷计划、现金计划、劳动工资计划等有关的计划材料，计划期内本行预计实现的目标利润，计划期内利率调整、劳动定额、人员定额、费用定额等定额资料，本行上年度成本计划执行情况和升降原因的成本核算分析资料，本行成本的历史先进水平和当时的主要措施，其他银行有关成本定额和增收节支的先进经验。

②预计资金分类成本。这是制订全部费用成本计划的基础。财务部门根据已掌握的上述资料，对会计、信贷、计划等部门的资金成本实行分类预计，确定分类资金成本。

③拟定和下达成本费用控制指标。财务部门根据本行或上级对本行提出的降低成本要求及成本、费用率指标，拟定各部门的费用成本控制指标。这些费用成本控制指标经行领导批准后逐级下达。各部门则根据费用成本控制指标，编制出本部门的费用成本预算后报送财务部门。

④正式编制成本计划。财务部门对各部门报送的费用成本计划，应根据有关规定和资金分类成本计划加以审核，并就全行成本指标进行综合平衡。平衡结果如能达到要求，财务部门就正式编制全行的成本计划。否则，还应要求财务部门拟定降低成本的补充措施。编制好的成本计划经行领导审核同意后应按时上报，经上级行批准方可正式下达，并据以组织实施。

上述步骤也可以逆向进行，即先编制总成本计划，并根据总成本计划编制分部成本计划，最后编制资金分类成本计划。这实际上是先确定目标成本，然后将目标成本层层分解，落实到各责任部门和责任人。

2. 标准成本控制。所谓金融机构标准成本控制，就是金融机构在业务经营过程中将实际成本与标准成本进行比较，以揭示成本差异，据此管理人员按照管理原则分析成本差异发生的原因，并就重大的差异事项及时采取措施纠正，从而达到成本控制目标的一种成本控制体系。

（1）标准成本的制定。按照控制理论的原理，成本控制分为前馈性成本控制和反馈性成本控制，而要实现对成本的控制，首先取决于能否科学地进行前馈性成本控制，即是否事先预订出一套成本控制标准，作为日常成本控制的依据，并将其与实际成本进行对比，用以衡量作业效率的高低和寻求降低成本的途径。标准成本的基本形式，数量标准乘以价格标准得到该成本项目的标准成本。在制定标准成本的过程中，可以根据金融机构成本费用支出项目制定标准成本，以便量化成本支出，从成本源头抓起严格控制各项支出。

（2）标准成本的调整。标准成本的概念并非是一成不变的，它每时每刻都在不断地发展变化。根据标准成本的基本形式，在数量标准一定的情况下，价格标准由于技术进步和管理水平的提高，出现不断下降的趋势。总体标准成本被不断突破，不断更新。在日常标准成本选用的过程中，应该要关注行业进步信息，时时调整标准成本，保持标准成本的先进性和有效性。

3. 成本差异控制。在标准成本制度下，成本差异是指在一定时期内经营一定数量的业务所发生的实际成本与标准成本之间的差额。凡是实际成本大于标准成本或预算成本的称为不利差异，反之称为有利差异。根据金融机构成本控制的特点，可将成本差异分为数量差异、价格差异和消耗差异。

对出现的成本差异必须进行差异分析，通常是对比标准成本或其他先进标准，找出引起差异的成本项目，研究引发差异的原因（有利因素和不利因素）。通过明确成本改进的方向和途径，达到缩小成本差异的目的。

对于成本的差异控制通常采用指标对比控制和比率分析控制两种方法。

（1）指标对比控制法是根据分析的不同要求和目的，对指标实际数值做各种各样的对比，揭示差异，分析原因的方法。

①指标对比控制法的形式有：

1）本期实际指标与本期计划指标（或标准指标）对比，据此可以分析计划指标的完成情况。需要说明的是，在比较时必须检查计划指标本身的质量，如果计划指标不合理，就会使指标的比较失去客观依据。

2）本期实际指标与以前（上期，上年同期或历史最好水平）实际指标对比。这可以分析银行成本的变化情况，确定银行成本的变动趋势。

3）本期实际指标与下期计划指标对比，这可以确定合理的成本计划。

4）本期实际指标与国内外同行业的先进指标进行比较，或者在金融机构内部开展同先进部门、所（柜）和个人的指标相比较。这有助于找出差距，学习和赶超先进。

②指标对比控制法的操作方法有：

1）绝对数对比控制法。即比较两个对比指标，获得成本差额绝对数的方法。例如实际成本降低额就等于上期实际成本与本期实际成本的差额。

2）相对数对比控制法。即将两个对比指标相比，用求得的比值来反映指标的差异程度。例如，用边际成本与计划成本相除求得百分比，反映两者的差异状况；用本期实际平均成本率与上期实际平均成本率相比，反映成本变动情况等。

应该注意的是，开展成本指标的对比，要充分考虑到指标的内容、计价标准时间长度和计算可比性。与同业成本指标进行对比，还要考虑同业的技术水平、经营状况等方面与本行基本接近或类似。

（2）比率控制法。比率分析法是利用两个指标的相互关系，通过计算它们的比率来考察、计量和评价经济活动业绩优劣的一种分析方法。根据分析的不同内容和要求，比率分析法主要有以下几种：

①相关比率控制。相关比率分析是将同一时期两个或两个以上相关指标进行对比，求出比率，以便更深入地认识某方面的经济活动情况。如收入费用率、成本利润率、收入利润率、资产收益率、负债成本率等。

②趋势比率控制。趋势比率分析是将几个时期同类指标的数字进行对比，求出比率，分析该指标增减速度和发展趋势，并从中发现银行在经营方面所取得的成果和不足。由于对比的标准不同，它又可分为基期指数和环比指数两种，其计算公式为

基期指数 = 分析期指标数额／固定期指标数额

环比指数 = 分析期指标数额／前一期指标数额

③构成比率控制。构成比率分析是通过计算某一经济指标的各个组成部分占总体的比率，来观察它的结构及其变化。通过计算各成本项目占成本总额的比率，并同某标准进行比较，以便从中了解到成本结构的变化，明确进一步降低成本的重点。比率分析法的优点：计算简单，通俗易懂，而且对结果也比较容易判断；可以使用某些指标在不同规模金融机构之间进行比较，甚至在一定程度上也能超越行业间的差异进行比较。不足之处，比率分析法所利用的都是历史资料，不能作为判断未来经济状况的可靠依据；当金融机构一些会计事项采用不同的会计处理方法时，金融机构间比率的可比性就会受到影响。比率分析法仅能发现指标的实际数与标准数的差异，无法查明指标变动的具体原因及其对指标的影响程度等。

通常将比率分析法与指标对比分析法结合起来使用，更能客观地反映金融机构的成本变动情况。在实务中，标准成本制定、成本差异分析与计算、成本差异处理三个部分是紧密联系的。这三个部分缺一不可构成一个完整的整体。

4. 成本结构控制。成本结构控制是在进行成本控制过程中，以成本的构成为手段分析、研究各种成本比例关系的一种成本控制方法。通过对金融机构成本结构以及成本项目的分析和比较，准确区分各种不同成本项目在成本总额中所占的比重，为评价金融机构成本控制提供依据。利用成本控制，可以与本行不同时期以及与同业之间进行横向对比，据此确定金融机构成本的主要部门，揭示成本控制中的症结，从而确定成本控制的重点。

计算相关成本比重是成本结构控制的基础。按照金融机构成本的构成，每一项成本都应作为金融机构成本控制的对象，以便全面揭示金融机构成本的全貌。成本结构控制的主要内容有营业费用项目包括费用成本占比、工资费用占比、业务管理费用占比等。利息支出项目则可根据各项存款的不同进行分类。此外，也可以对更加具体的成本项目进行控制，如营业费用中的筹资费用，营销费用和管理费用以及再细分到具体的成本支出项目进行结构控制等。

5. 弹性成本控制。弹性成本控制是指金融机构运用弹性预算控制成本的一种方法。

这种方法的重要特点是随着经营活动的变化对某些成本做相应的调整，具有伸缩性。因此，又称弹性预算。可以采用弹性成本控制法控制支出的成本主要是经营管理费用。金融机构的经营管理费用的弹性预算可以在全行管理费用弹性总预算初步确定的基础上，按部门分解编制明细预算。编制部门弹性预算，首先要对该部门的业务按照存款，贷款，结算等标准进行划分，分别选用一个或多个最能代表某种业务经营水平的业务量作为计算单位。

金融机构弹性预算的业务量范围，一般来说。可在正常情况的70% ~110%之间，或以历史上最高业务量和最低业务量为其上下限。

（二）盈亏平衡控制

盈亏平衡分析在传统成本管理中一直占有十分重要的地位，特别是对行业稳定，成本可以量化的产业及产品能够比较准确地适用。它通过对总量、销售量，利润三者之间的关系进行研究从而决定公司保本销售（营业额）或达到某种目标利润水平的销售量（营业额）。所谓盈亏平衡点，是指在某一销售水平下总收入和总成本相等，也就是经营利润等于零的临界点。

金融机构的自有资本绝大部分被固定资产占用了，属于投资于非营利性资产，这里假设不创效益，而假定金融机构用于投资和贷款的资产都来自于金融机构负债。那么，金融机构为了实现盈利，就必须保证一定的资产规模，这种规模的最低限也就是盈亏平衡经营资金量（以负债平均余额表示）。那么金融机构在一定时期的盈亏平衡公式为

1. 网点（产品）盈亏平衡分析。

$$A = Y + \frac{F}{[(1 - R_1) \times R_2 \times (1 - R_3) - C]}$$

式中：A表示在预期利润及已知的固定资产水平的所需资金量；Y表示预期利润；F表示固定资产成本；R_1表示非盈利资产比率；R_2表示盈利性资产平均收益率；R_3表示税率；C表示资金平均成本率，通过计算可以测算出在预期利润或在已知的固定资产水平下的资金量。

2. 客户盈亏平衡分析。

$$客户贡献 = Q_1 \times (1 - R_1) \times R + S \times H_1 + Q_2 \times R_2$$

$$客户成本 = Q_1 \times K + H_2 \times C_1 + Q_1 \times C_2 + Q_2 \times K$$

$$净贡献 = 客户贡献 - 客户成本$$

每笔结算业务的交易成本为C，收费为S；资金平均收益率为R，平均成本为K；准备金率为R_1，存取款及结算业务的单笔交易成本为C_1，每单位存款消耗固定成本为C_2，贷款利率为R_2，客户平均存款为Q_1，平均贷款为Q_2，结算业务量为H_1，存取款业务量为H_2。运用客户贡献减去客户成本，结果大于零表明：该客户能够为银行创造利润，反之，则应加收服务费以达到盈亏平衡。

（三）作业成本控制

作业成本法（又称ABC法）是在20世纪80年代末期，由美国学者库柏总结形成

的。它是以作业为基础，通过对作业成本的确认、计量，更加准确地将间接成本分到作业，生产经营过程，产品（或服务）及客户中的一种成本计算与管理方法。它以“作业消耗资源，产品消耗作业”的全新成本理念，“相对准确”的成本信息，为现代金融机构改进成本决策，成本控制和成本管理提供了全新的依据和标准。作业成本法虽然最先用于制造业，但它对于金融机构管理来说，也同样是一种相当有价值的工具。

1. 定义作业。作业就是为了达到一定的目的而进行的一项加工或管理过程，是产品生产过程的一个构成要素。日常工作即分析主要作业，明确作业中心。通常金融机构无法对所有的作业一一进行分析，只能重点分析一些资源昂贵、金额重大的作业，或产品之间使用程度差异较大的作业，而忽视一些小的作业，将小的作业加以归类。

一般来说，金融机构80%的成本是由20%的作业引起的，耗费资源多的作业就是重点作业。按照作业中心汇集费用，披露成本信息，便于管理当局控制作业，评价业绩。

2. 归集作业消耗的资源。即将归集起来的成本或资源分配到每一个作业中心的成本库中去。成本库是指以某一成本动因解释其成本变动的成本。成本库按作业中心设置，每个成本库所代表的是它那个作业中心的作业所引发的成本。为简化计算，可将同质作业的成本库合并为同质成本库。同质成本库是指可以用一项共同的成本动因解释其成本变动的成本库。同质作业引发的成本可以合并分配以减少计算工作。这一步骤的分配工作，反映了作业会计核算的基本规则，即作业量的多少决定着资源的用量，但资源耗量的高低与最终的产出量没有直接的关系。作业成本法将这种资源消耗量与作业之间的关系称为资源动因。

3. 作业中心的成本分配。即将成本库中的费用按各产品消耗的作业量的比例分配到各产品中去，这样金融机构才可以获得作业成本中的某一项重要成本值。这一步骤的分配反映了作业成本计算的另一原则，产品消耗作业，产品产出量的多少决定着作业的耗用量，这种作业消耗量与组织产出量之间的关系称做“作业动因”。

在以上作业成本法的计算步骤中，成本动因的确定非常重要，它是作业和成本驱动之间的纽带，是一项作业产出的定量计量。

由于农村合作金融机构是经营货币的特殊机构，具有资产负债科目种类多的特点，从这一意义上来说，农村合作金融机构的成本控制应该是对成本进行的全方位、全过程、全员的管理与控制。因此各成本控制法要结合一起使用，多管齐下，要因地制宜，结合实际，才能促使农村合作金融机构资源的充分利用和合理分配，达到理想的效果。

【复习思考题】

1. 金融机构成本的构成包括哪些？
2. 什么是金融机构的资本成本？包括哪些内容？
3. 金融机构的个别资本成本包括哪些？又是如何计算的？

4. 什么是资本结构？影响资本结构的因素有哪些？
5. 成本控制的方法都有哪些？
6. 什么是作业成本法？

【经典案例】

××农商行成本管理

通常认为，银行的成本控制仅涉及财务部门的收支控制和固定资产管理。而××农商行主要采用预算成本控制法对成本进行总量控制。成本管理主要包括制订年初的预算计划，年中分季控制，年末集中堵口。

（1）成本（费用）总量控制及分配。

××农商行某一时点总资产为168 837.6万元，上级行按照总资产规模0.6%的比例预先安排下一年度的总费用（人工和业务拓展）。同时总行根据各项业务计划以及分配经验系数进行费用分配，作为任务完成的保证和考核的依据。

（2）成本差异控制。

在将全年的成本（费用）计划分解下达到各网点及各项业务之后，在日常工作中就需要按月（季）进行检查，并使用比率和绝对数控制成本（费用）的超支。

（3）成本弹性控制。

在实际工作中弹性控制可以分为两个方面，分别是有利控制和不利控制。从有利方面讲，如果经营机构在保证业务计划完成的前提下实现费用节约，则节约部分可以全部（或部分）转化为奖励。有利于成本管理水平的提高。从不利方面讲，如果经营机构出现违规行为（高息揽存），经济案件或是管理水平低下等造成费用超支，可以申请追加费用，但必须在次年加倍扣减。虽然制度上保证了有奖有罚，但却不能保证资源有效的利用到最需要的地方。

本案例通过表1和表2展示了从总体业务计划制订到成本费用分配的全过程。

表1　　××农商行业务计划资料表　　单位：万元

项目	存款新增	票据业务收入	利润总额	中间业务收入
数量	20 350	375	4 504	690

表2　　××农商行成本费用的分配　　单位：元

项目	网点1	网点2	网点3	网点4	网点5	网点6	网点7	总行	合计	备注
利润挂钩费用	192 525	36 043	48 594	54 035	29 675	34 574	108 149	0	503 595	1.04%
新增存款挂钩费用	158 160	63 000	68 505	69 735	67 365	58 725	114 510	0	600 000	0.29%
存贷存量挂钩费用	35 086	11 551	12 071	6 944	5 822	10 282	18 244	0	100 000	0.01%

续表

项目	网点1	网点2	网点3	网点4	网点5	网点6	网点7	总行	合计	备注
中间业务收入挂钩费用	46 455	12 042	28 782	24 599	21 310	9 415	7 395	0	150 000	2.17%
存贷款挂钩费用	0	0	0	0	0	0	0	200 000	200 000	
票据业务收入挂钩费用	15 111	3 556	4 444	6 666	2 667	1 111	5 333	61 111	100 000	2.67%
2005 年费用指标	447 340	126 192	162 396	161 979	126 839	114 107	253 631	261 111	1 653 595	1—6 项汇总
保底费用	316 570	117 442	125 748	106 335	106 607	107 364	219 935	0	1 100 000	开门费
工资和各项提留	0	0	0	0	0	0	0	5 350 000	5 350 000	
机关费用	0	0	0	0	0	0	0	1 330 000	1 330 000	
专项费用	0	0	0	0	0	0	0	2 570 000	2 570 000	
预计费用	447 340	126 192	162 396	161 979	126 839	114 107	253 630	9 511 111	10 903 595	

【知识链接】

银行的风险型资产成本控制

传统的商业银行盈利模式是依靠存贷利差取得。资产质量的好坏，盈利性资产的比重以及资产的持续盈利能力直接关系到商业银行经营业绩的高低。根据巴塞尔协议对不良资产（贷款）的确定以及 10% 的国际通行不良贷款警戒标准和 15% 的监管标准来看，我国银行业的平均不良贷款仍然偏高。

如何加快不良资产的有效处置已经成为阻碍商业银行改革（上市及引入外部监管）的拦路虎。在目前的资产处置中主要采取以下集中方法。

（1）商业银行将不良资产证券化并对外出售。

（2）商业银行将不良资产（含贷款）整体划拨给专业的资产处置机构。例如，政府打折收购或者资产公司全额收购，然后再由资产公司采用自我清收和打包出售的形式进行处理。

（3）商业银行内部成立专业的清收队伍，专职于不良资产的处置。处置对象主要涉及商业银行内部除损失类贷款以外的其他不良贷款。

通过 2004 年国家审计署对四大资产管理公司的全面审计结果来看，在成立的四年里，四大资产公司共计处置不良资产5 93.7亿元，累计收回资产994.1亿元，占阶段性处置不良资产的19.52%。总体呈现不良资产处置进度慢，资产处置回报率低，资产处置成本高的特点。从根本上说，是缺乏对不良资产处置的成本控制。

银行风险资产成本模型控制，根据盈亏平衡理论，处置不良资产的原则是尽可能保持资产处置收益与成本相若。对于已经资不抵债的不良资产（资产价值明显小于贷款本金及利息的）应尽快处置。而对于新转化为不良贷款的资产，一方面考察是否有起死回生的可能，另一方通过模型测算出处置盈亏平衡时间点，防止资产质量进一步恶化，进行及时处置确保资产不受损失。

在实践工作中，首先进行成本测算明确对该项资产处置的时限；然后选择合适的清收、盘活措施。目前，各大国有资产公司以及商业银行对待不良资产的处置从原来的消极态度逐渐转变过来，对于银行的风险资金资产成本的管理也朝着新的方向发展。

第七章　利润分配管理

【本章概要】

本章主要描述几种常用的股利分配政策，现金股利与股票股利的基本内容，我国股份制商业银行收益分配的一般程序、影响股利分配的因素，收益分配原则和股利支付程序。

【要点提示】

1. 了解利润分配原则、分配的一般程序；
2. 掌握剩余股利政策；
3. 理解固定或稳定增长的股利政策；
4. 熟悉固定股利支付率政策；
5. 把握低正常股利加额外股利政策。

【重要概念】

剩余股利政策　　固定股利政策　　低正常股利加额外股利政策　　固定股利支付率政策　　股票回购　　股票股利　　现金股利

【本章架构图】

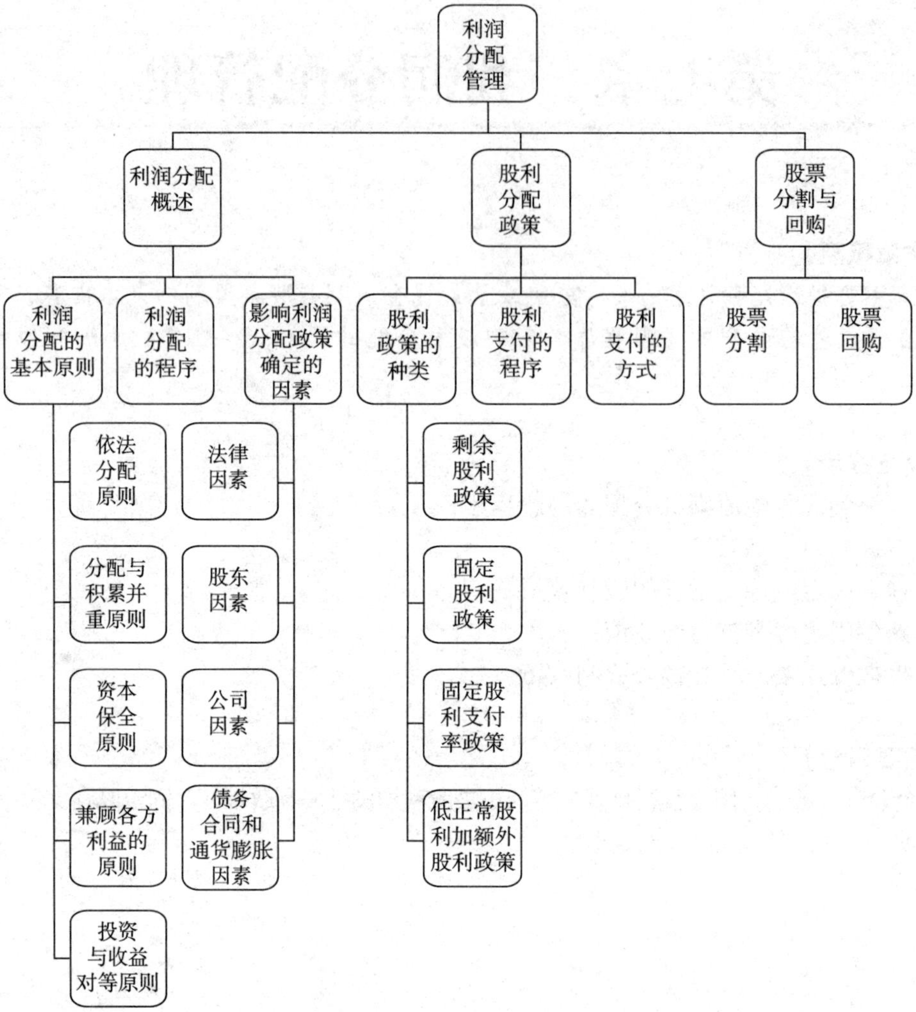

第一节　利润分配概述

一、利润分配的基本原则

利润分配是财务管理的重要环节之一。利润分配的含义有广义的利润分配和狭义的利润分配两种，广义的利润分配是指对企业收入和利润进行分配的过程；狭义的利润分配则指对企业净利润的分配。利润分配关系着国家、企业、股东、债权人及职工各方面的利益，是一项政策性较强的工作，必须严格按照国家的法律、法规和制度执行。利润分配的结果，形成了国家的所得税收入、投资者的投资报酬和企业的留用利润等不同的项目，其中留用利润是指盈余公积金、公益金和未分配利润。由于税法具有强制性和严肃性，缴纳税款是企业必须履行的义务。从这个意义上看，财务管理中的利润分配主要指对净利润的分配，利润分配的实质就是确定给投资者分红与企业留用利润的比例。本书所讨论的利润分配是指对净利润的分配，即狭义的利润分配概念。

一个企业的利润分配不仅会影响企业的筹资和投资决策，而且还涉及国家、企业、投资者、职工等多方面的利益关系，涉及企业长远利益与近期利益、整体利益与局部利益等关系的处理与协调。为合理组织企业财务活动和正确处理财务关系，企业在进行利润分配时应遵循以下原则。

（一）依法分配原则

收益的分配必须依法进行，这是正确处理各方面利益关系的关键。为规范企业的收益分配行为，国家制定和颁布了相关法律、法规以及有关部委发布了会计制度、财务制度等若干规章，规定了企业收益分配的基本要求、一般程序和重大比例。企业应认真执行，不得违反。

（二）分配与积累并重原则

企业必须坚持分配与积累并重的原则。企业赚取的净收益，一部分要对投资者进行分配，另一部分形成企业积累。企业积累起来的留存收益仍然归企业所有者拥有，只是暂时未作分配。积累的留存收益不仅为企业扩大经营规模筹措了资金，同时也增强了企业抵抗风险的能力，提高了企业经营的稳定性和安全性，有利于所有者的长远利益。正确处理分配与积累并重的关系，留存一部分净收益以供未来分配之需，还可以达到以丰补歉，平抑收益分配数额波动，稳定投资报酬率的效果。因此，企业在进行收益分配时，应当正确处理分配与积累之间的关系。

（三）资本保全原则

我国法律规定，各种资本公积准备不能转增股本，企业不能以资本发放股利。企业的收益分配是对投资人资本的增值部分进行的分配，不是投资人资本金的返还。以企业的资本金进行分配，属于一种清算行为。企业必须充分保护投资者的利益，在有可供分配的收益的基础上再进行收益分配。

（四）兼顾各方利益的原则

收益分配是利用价值形式对社会产品的分配，直接关系到各方面的经济利益。企业在收益分配时，既要满足国家集中财力的需要，又要考虑企业自身发展的需要，既要维护投资者的权益，又要保障职工的切身利益。除依法纳税以外，投资者作为资本投入者、企业所有者，依法享有收益分配权。企业的净利润归投资者所有，是企业的基本制度，也是企业所有者投资于企业的根本动力所在。但企业的利润离不开全体职工的辛勤工作。职工作为利润的直接创造者，除了获得工资及奖金等劳动报酬外，还应当以适当方式参与净利润的分配，提取公益金用于职工集体福利设施的购建开支。可见，在企业进行收益分配时，应统筹兼顾，合理安排。

（五）投资与收益对等原则

企业分配收益应当体现“谁投资谁受益”，收益大小与投资比例相适应，即投资与收益对等原则，这是正确处理投资者利益关系的关键。投资者因其投资行为而享有收益权，并且其投资收益应同其投资比例对等。这就要求企业在向投资者分配利益时，应本着平等一致的原则，按照各方投入资本的多少来进行，绝不允许发生任何一方随意多分多占的现象。从根本上保护投资者的利益，鼓励投资者投资的积极性，体现公平、公正、公开的原则。

二、利润分配的程序

收益分配程序是指企业根据适用法律、法规或规定，对企业一定期间实现的净利润进行分派必须经过的步骤。

（一）非股份制企业的收益分配程序

根据我国《公司法》等有关规定，非股份制企业当年实现的利润总额应按国家有关税法的规定作相应的调整，然后依法交纳所得税。交纳所得税后的净利润按下列顺序进行分配：

1. 弥补以前年度的亏损。按我国财务和税务制度的规定，企业的年度亏损，可以由下一年度的税前利润弥补，下一年度税前利润尚不足以弥补的，可以由以后年度的利润继续弥补，但用税前利润弥补以前年度亏损的连续期限不超过5年。5年内弥补不足的，用本年税后利润弥补。本年净利润加上年初未分配利润为企业可供分配的利润，只有可供分配的利润大于零时，企业才能进行后续分配。

2. 提取法定盈余公积金。可供分配的利润大于零是计提法定盈余公积金的必要条件。法定盈余公积金以净利润扣除以前年度亏损为基数，按10%提取。即企业年初未分配利润为借方余额时，法定盈余公积金计提基数为：本年净利润 - 年初未分配利润余额，若企业年初未分配利润为贷方余额时，法定盈余公积金计提基数为本年净利润，未分配利润贷方余额在计算可供投资者分配的净利润时计入。法定盈余公积金主要用于弥补企业亏损和按规定转增资本金，但转增资本金后的法定盈余公积金一般不低于注册资本的25%。当企业法定盈余公积金达到注册资本的50%时，可不再提取。

3. 提取法定公益金。法定公益金是以法定盈余公积金相同基数的5%～10%计提的职工公共利益资金，主要用于企业职工的福利设施支出。

4. 向投资者分配利润。企业本年净利润扣除弥补以前年度亏损、提取法定盈余公积金和公益金后的余额，加上年初未分配利润贷方余额，即为企业本年可供投资者分配的利润，按照分配与积累并重原则，确定应向投资者分配的利润数额。

【例7-1】 某农村合作金融机构2002年初未分配利润账户的贷方余额为37万元，2002年发生亏损100万元，2003—2007年间的每年税前利润为10万元，2008年税前利润为15万元，2009年税前利润为40万元。所得税税率为30%，盈余公积金（含公益金）计提比例为15%。计算：（1）2008年应交纳的所得税为多少？是否计提盈余公积金（含公益金）？（2）2009年可供投资者分配的利润为多少？

解：（1）2008年初未分配利润 $=37-100+10\times5=-13$（万元）（为以后年度税后利润应弥补的亏损）

$$2008年应交纳所得税 = 15 \times 30\% = 4.5(万元)$$
$$本年税后利润 = 15 - 4.5 = 10.5(万元)$$
$$企业可供分配的利润 = 10.5 - 13 = -2.5(万元)$$

因此不能计提盈余公积金（含公益金）。

（2）2009年税后利润 $=40\times(1-30\%)=28$（万元）

$$可供给分配的利润 = 28 - 2.5 = 25.5(万元)$$
$$计提盈余公积金(公益金) = 25.5 \times 15\% = 3.825(万元)$$
$$2009年可供投资者分配的利润 = 25.5 - 3.825 = 21.675(万元)$$

分配给投资者的利润，是投资者从企业获得的投资回报。向投资者分配利润应遵循纳税在先、企业积累在先、无盈余不分利的原则，其分配顺序在收益分配的最后阶段，这体现了投资者对企业的权利、义务以及投资者所承担的风险。

（二）股份制企业的收益分配程序

1. 弥补以前年度亏损。

2. 提取法定盈余公积金。法定盈余公积金的提取比例是当年的税后利润（弥补以前年度亏损后）的10%。

3. 提取任意盈余公积金。任意盈余公积金是根据企业发展的需要自行提取的公积金，其提取基数与计提盈余公积金的基数相同，计提比例由股东会根据需要决定。

4. 向股东分配股利。按照有关法律法规和公司章程规定，在弥补以前年度亏损、提取了公积金后，才能向股东支付股利。股利的多少按照股东持有的股份比例进行分配，股份有限公司章程规定不按持股比例进行分配的除外。公司持有的本公司股份不得分配利润。

三、影响利润分配政策确定的因素

收益分配政策的确定受到多种因素的影响，通常应主要考虑以下几方面的因素：

（一）法律因素

为了保护债权人和股东的利益，国家有关法律、法规（如《公司法》）对企业收益分配政策予以一些规定，主要体现在：

1. 资本保全约束。资本保全是企业财务管理应遵循的一项重要原则。它要求企业发放的股利或投资分红不得来源于原始投资（或股本），而只能来源于企业当期利润或留存收益。其目的是为了防止企业任意减少资本结构中所有者权益（股东权益）的比例，以维护债权人利益。

2. 资本积累约束。它要求企业在分配收益时，必须按一定的比例和基数提取各种公积金。另外，它要求在具体的分配政策中，贯彻“无利不分”原则，即当企业出现年度亏损时，一般不得分配利润。

3. 偿债能力约束。偿债能力是指企业按时足额偿付各种到期债务的能力。对股份公司而言，当其支付现金股利后会影响公司偿还债务和正常经营时，公司发放现金股利的数额就要受到限制。

4. 超额累积利润约束。对于股份公司而言，由于投资者接受股利缴纳的所得税要高于进行股票交易的资本利得所缴纳的税金，因此许多公司通过积累利润使股价上涨方式来帮助股东避税。许多西方国家在法律上明确规定公司不得超额积累利润，一旦公司留存收益超过法律认可的水平，将被加征额外税款。我国法律目前暂未对此作出规定。

（二）股东因素

股东出于对自身利益的考虑，可能对公司的收益分配提出限制、稳定或提高股利发放率等不同意见。企业的股利政策不可能使每个股东财富最大化，企业制定股利政策的目的在于，对绝大多数股东的财富产生有利影响。股东意愿对企业的股利政策产生影响有以下几个方面：

1. 控制权考虑。如果企业支付较高的股利，就会导致留存收益减少，企业将来依靠发行新股筹集资金的可能性加大，而发行新股意味着公司控制权有旁落他人或其他公司的可能。因此，在原股东追加投资较少时，可考虑多留少分，采用较紧的股利政策。

2. 避税考虑。在我国，由于股东现金股利所得的税率是20%，而股票交易尚未征收资本利得税，因此，高收入股东限制股利的支付，而愿意较多保留盈余，以便从股价上涨中获利。这种低股利支付政策，可以帮助股东达到避税目的。

3. 稳定收入考虑。企业股东的收益包括两部分，即股利收入和资本利得。一些依靠股利维持生活的股东，往往要求公司支付稳定的股利，反对保留较多的盈余。

4. 规避风险考虑。一些股东认为，通过增加留存收益引起股价上涨而获得资本利得是有风险的，目前的股利是确定的，要求支付较多的股利。

（三）公司因素

公司出于长期发展与短期经营综合考虑以下因素，制定出切实可行的收益分配政策。这些因素主要有：

1. 公司的举债能力。具有较强举债能力的企业，由于能够及时地筹措到所需资金，有可能采用较为宽松的股利政策；而举债能力弱的企业则不得不保留盈余，因而采用较紧的股利政策。

2. 未来的投资发展机会。当企业未来有较好的投资机会，企业的经营者会将收益用于再投资，减少用于分配的收益金额；当企业缺乏良好的投资机会，保留大量的盈余会造成资金的闲置，可适当增大分红数额。

3. 收益分配政策的惯性。大多数企业不会经常改变其收益分配的政策，因为如果对股利政策作出重大调整，必然可能对企业的声誉、股价的波动、负债举债能力、信用等多方面产生影响。因此一般情况下，企业会采取具有一定的连续性、稳定性的股利政策。

4. 盈利的稳定性。盈余相对稳定的企业有可能支付较高的股利，而盈余不稳定的企业一般采用低股利政策。因为盈余不稳定的企业，低股利政策可以减少因盈余下降而造成的股利无法支付、股价急剧下降的风险，还可将更多的盈余用于再投资，以提高企业的权益资本比重，减少财务风险。

5. 资产的流动性。由于股利代表现金流出，企业的现金状况和资产流动性越好，其支付股利的能力就越强。否则反之。如果企业的资产流动性较差，即使收益客观，也不宜分配过多的现金股利。

6. 筹资成本。与增发普通股相比，保留盈余不需花费实际筹资费用，其资本成本较低，是一种比较经济的筹资渠道。

7. 公司经营中的其他考虑。当企业有可转换债券需要转换时，可考虑多发股利以刺激股价上涨，使可转换债券尽快实现转换；在反收购、反兼并中，为促使股价上涨，并购不易成功也应考虑多分少留；上市公司如果正处于繁荣期，可采用较高的独立政策，反之，处于衰退中的企业则多半采用低比例的分红策略，等等。

（四）债务合同和通货膨胀因素

1. 债务合同。企业的债务合同，特别是长期债务合同往往有限制企业现金支付条款，以保护债权人利益。通常包括，未来股利只能以签订合同之后的收益发放；营运资金低于某一特定额度时不得发放股利；将利润的一部分以偿债基金的形式留存下来；利息保障倍数低于一定水平时不得支付股利。

2. 通货膨胀。通货膨胀会使货币购买力降低，固定资产重置资金来源不足，此时企业不得不留用一定的利润，以弥补其资金的短缺，通常这种情况下，企业往往采取紧缩的收益分配政策。

第二节 股利分配政策

一、股利政策的种类

股利政策是指企业管理当局对股利分配有关事项作出的方针与决策。股利分配在公司制企业经营理财决策中，始终占有重要地位。这是因为股利的发放，既关系到公司股东的经济利益，又关系到公司的未来发展。通常较高的股利，一方面可使股东获取可观的投资收益；另一方面还会引起公司股票市价上涨，从而使股东除股利收入外还获得了资本利得。但是过高的股利必将使公司留存收益大量减少，或者影响公司未来发展，或者大量举债，增加公司资本成本负担，最终影响公司未来收益，进而降低股东权益。而较低的股利，虽然使公司有较多的发展资金，但与公司股东的愿望相背离，股票市价可能下降，公司形象将受到损害。因而对公司管理层而言，如何均衡股利发放与企业的未来发展，并使公司股票价格稳中有升，便成为企业经营管理层孜孜以求的目标。在财务管理的实践中，股利分配政策主要有以下四种类型：

（一）剩余股利政策

剩余股利政策主张，企业有盈余首先用于可接受投资项目的资金需要。在满足了可接受投资项目的资金需要之后，若还有剩余，则企业才能将剩余部分作为股利发放给股东。

采用剩余股利政策时，应遵循以下四个步骤：

1. 设定目标资本结构，即确定权益资本与债务资本的比率，在此资本结构下，加权平均资本成本将达到最低水平；

2. 确定目标资本结构下投资所需的权益资本数额；

3. 最大限度地使用保留盈余来满足可接受投资项目所需的权益资本数额；

4. 可接受投资项目所需权益资本已经满足后若还有剩余，再将其作为股利发放给股东。

剩余股利政策的优点是充分利用留存收益这一低成本的资金来源，保持理想的资本结构，使加权平均资本成本最低。缺点是使股利发放额每年随投资机会和盈利水平的波动而波动，不利于投资者安排收入和支出，也不利于公司树立良好形象。

【例 7-2】 某农村合作金融机构 2006 年税后利润总额 2 400 万元，按照规定提取 10% 的盈余公积金和 5% 的公益金，2007 年投资计划需要资金 2 100 万元，公司目标资本结构是维持借入资金与自有资金的比例为 1:2，计算按照剩余股利政策该公司投资者 2006 年可得到分红的数额是多少。

解：投资方案所需资金总额 =2 100（万元）

目标资本结构为 1/3 负债、2/3 所有者权益：

可供分配利润 = 2 400 ×（1 - 10% - 5%）= 2 040（万元）

投资所需增加的权益资本数额 = 2 100 × 2/3 = 1 400（万元）

税后净利润能满足投资需要的最大限额 = 1 400（万元）

向投资支付股利数额 = 2 040 - 1 400 = 640（万元）

（二）固定股利政策

固定股利政策是企业每年发放的股利固定在一定的水平上，并在较长时间内保持不变，只有当公司认为未来盈余将会显著的，不可逆转的增长时，才提高股利发放额。主张该种股利政策的理由在于：

1. 稳定股利可以消除投资者内心的不确定性。

2. 许多依靠固定股利收入生活的股东更喜欢稳定的股利支付方式。

3. 具有稳定股利的股票有利于机构投资者购买。

这种股利政策的优点是有利于投资者安排收入和支出，有利于公司树立良好形象，有利于稳定公司股票价格，增强投资者对公司的信心。缺点是股利支付与公司盈利状况相脱节，造成投资风险和收益不对称，容易引起公司资金短缺，导致财务状况恶化。

（三）固定股利支付率政策

固定股利支付率政策是企业确定一个股利占盈余的比率，并长期按此比率支付股利的政策。在这一股利政策下，各年股利额随企业经营的好坏而上下波动，获得较多盈余的年份股利额高，反之获得盈余少的年份股利额就低。

固定股利支付率政策的优点，能够使股利与企业盈余紧密结合，以体现多盈多分、少盈少分、不盈不分的原则，体现投资风险和收益对称。缺点主要是由于股利波动容易使外界产生经营不稳定的印象，不利于股票价格的稳定与上涨。

（四）低正常股利加额外股利政策

低正常股利加额外股利政策是指在一般情况下，企业每年只支付较低的正常股利，只有在企业经营非常好时，才支付正常股利之外的额外股利。

低正常股利加额外股利政策的优点是：

1. 向股东发放稳定的正常股利，可以增强股东对企业的信心。

2. 给企业以较大的弹性，即使企业盈利很少或需要多留盈利时，企业仍可发放固定的正常股利；而当企业盈利较多时，还可给股东以额外股利。

低正常股利加额外股利政策的缺点是：

1. 股利派发缺乏稳定性，额外股利随盈利的变化而变化，给投资者不稳定的印象；

2. 如果公司较长时期一直发放额外股利，一旦取消，极易造成公司财务状况逆转的负面影响。

以上几种股利政策中，固定股利政策和低正常股利加额外股利政策是被企业普遍采用，并为广大投资者认可的两种基本政策。企业在进行股利分配时，应充分考虑各种股利政策，结合实际情况，选择适宜于自身的股利政策。

二、股利支付的程序

股份公司分配股利必须遵循法定程序，先由董事会提出预案，后提交股东大会审议，股东大会通过分配预案后，向股东宣布发放股利的方案。股份有限公司向股东支付股利，前后要经历一个过程，依次为预案宣告日、股利宣告日、股权登记日、除息日和股利支付日。

（一）预案宣告日

公司董事会制定关于本次分红的数量、分红方式、股东大会召开时间、地点及表决方式等的分红预案，并向社会公开发布。

（二）股利宣告日

分红预案经股东大会讨论通过后，公布正式分红方案及分红时间。

（三）股权登记日

即有权领取股利的股东资格登记截止日期。只有在登记日前在公司股东名册上有名的股东，才有权分享股利。证券交易所的中央清算登记系统为股权登记提供了便利，一般在营业结束的当天即可打印出股东名册。

（四）除息日

领取股利的权利与股票所有权分离的日期。在除息日前，股利权从属于股票，持有股票者即享有领取股利的权利；从除息日开始，股利权与股票相分离，新购入股票者不能分享股利。由于失去了“附息”的权利，除息日的股价会下跌，下跌的幅度大致等于分派的股息。

（五）股利支付日

公司按分红方案向股权登记日在册的股东发放股利的日期。

【例7-3】 某农村合作金融机构于2007年2月5日举行股东大会，决议中通过股利分配方案，并于第二天对外发布公告。其向股东发放股利的几个主要日期为：2007年2月6日为股利宣告日；2007年2月25日为股权登记日；2007年2月26日为除息日；

2007 年 4 月 6 日为股利发放日。

三、股利支付的方式

企业通常以多种形式发放股利，股利支付形式一般有现金股利、股票股利、财产股利和负债股利，其中最为常见的是现金股利和股票股利。在现实生活中，我国上市公司的股利分配广泛采用一部分股票股利和一部分现金股利的做法。

（一）现金股利

现金股利是指企业以现金的方式向股东支付股利，也称为红利。现金股利是企业最常见的，也是最易被投资者接受的股利支付方式。企业支付现金股利，除了要有累计的未分配利润外，还要有足够的现金。因此，企业在支付现金前，必须做好财务上的安排，以便有充足的现金支付股利。因为，企业一旦向股东宣告发放股利，就对股东承担了支付的责任，必须如期履约，否则，不仅会丧失企业信誉，而且会带来不必要的麻烦。

（二）股票股利

股票股利是指应分给股东的股利以额外增发股票形式来发放。以股票作为股利，一般都是按在册股东持有股份的一定比例来发放，对于不满 1 股的股利仍采用现金发放。股票股利最大的优点就是节约现金支出，因而常被现金短缺的企业所采用。

发放股票股利时，在企业账面上，只需减少未分配利润项目金额的同时，增加股本和资本公积等项目金额，并通过中央清算登记系统增加股东持股数量。显然，发放股票股利是一种增资行为，需经股东大会同意，并按法定程序办理增资手续。但发放股票股利与其他的增资行为不同的是，它不增加股东财富，企业的财产价值和股东的股权结构也不会改变，改变的只是股东权益内部各项目的金额。

第三节　股票分割与回购

一、股票分割

股票分割又称拆股，是将面额较高的股票交换成面额较低的股票的行为。例如，将原来的一股股票交换成两股股票，股票分割不属于某种股利，但其所产生的效果与发放股票股利十分相近。

股票分割对公司的资本结构和股东权益不会产生任何影响，一般只会使发行在外的股票总额增加，每股面值降低，并由此引起每股收益和每股市价下降，而资产负债表中股东权益各账户的余额都保持不变，股东权益的总额也维持不变。

【例 7 –4】　某农村合作金融机构现有 1 000 万股（每股面值为 10 元），资本公积 20 000万元，留存收益 70 000 万元，股票市价为每股 30 元。

（1）按 1∶2 进行股票分割。

（2）按 100% 发放股票股利。

比较对股东权益的影响如表 7－1、表 7－2、表 7－3 所示。

表 7－1　　原来普通股股东权益　　单位：万元

股本（1 000 万股，面值为 10 元）	10 000
资本公积	20 000
留存收益	70 000
股东权益	100 000

表 7－2　　按 1:2 进行股票分割　　单位：万元

股本（2 000 万股，面值为 5 元）	10 000
资本公积	20 000
留存收益	70 000
股东权益	100 000

表 7－3　　分配 100%股票股利　　单位：万元

股本（2 000 万股，面值为 10 元）	20 000
资本公积	40 000
留存收益	40 000
股东权益	100 000

可见，发放股票股利，不会对企业股东权益总额产生影响，但会发生资金在各股东权益项目之间的再分配。发放股票股利后，如果盈利总额不变，会由于普通股股数增加而引起每股盈余和每股市价的下降；但股东所持股票的市场价值总额仍保持不变。

尽管股票股利不直接增加股东的财富，也不增加企业的价值，但对股东和企业都有好处。

对股东的意义在于：

（1）如果企业在发放股票股利后同时发放现金股利，股东会因为持股数的增加而得到更多的现金。

（2）有时企业发行股票股利后，股价并不成同比例下降，这样便增加了股东的财富。因为股票股利通常为成长中的企业所采用，投资者可能会认为，企业的盈余将会有大幅度增长，并能抵消增发股票所带来的消极影响，从而使股价稳定不变或略有上升。

（3）在股东需要现金时，可以将分得的股票股利出售，从中获得纳税上的好处。

对企业的意义在于：

（1）能达到节约现金的目的。企业采用股票股利或股票股利与现金股利相互配合的政策，既能使股东满意，又能使企业留存一定现金，便于进行再投资，有利于企业长期发展。

（2）在盈余和现金股利不变的情况下，发放股票股利可以降低每股价值，从而吸引更多的投资者。

从表 7－1、表 7－2、表 7－3 数据可见，除会计处理不同以外，股票分割与股票股利可以说基本相同。从实务上讲，两者之间差别很小，所以一般要根据证券管理部门的具体规定对两者加以区分。例如，有的国家证券交易机构规定，发放 25% 以上的股票股利就属于股票分割。

股票分割的作用有：

1. 采用股票分割可使公司股票每股市价降低，促进股票流通交易。

2. 股票分割有助于公司并购政策的实施，增加对被并购方的吸引力。

3. 股票分割也可能会增加股东的现金股利，使股东感到满意。

4. 股票分割可向股票市场和广大投资者传递公司业绩好、利润高、增长潜力大的信息，从而能提高投资者对公司的信心。

二、股票回购

股票回购是股份公司出资将其发行流通在外的股票以一定价格购回予以注销或作为库存股的一种资本运作方式。企业进行股票回购的目的是：

1. 改善公司的资本结构。如果公司股东权益比重过大，可以通过举债回购发行在外的普通股，由此使公司资本结构趋于合理。

2. 分配公司超额现金，提高股价。如果公司的现金过多又没有良好的投资机会，可以进行股票回购减少发行在外的普通股股数，有利于每股盈余增加、股价上升。

3. 满足企业兼并或收购。利用库存股票交换被兼并企业的股票，减少企业的现金支出。

4. 满足认股权的行使。在企业发行可转换债券、认股权证或实行高级经理人员股票期权计划以及员工持股计划的情况下，采用股票回购既不会稀释每股收益，又会满足认股权的行使，无疑是一种明智的选择。

股票回购也给公司操纵股票价格、进行内部交易带来可乘之机。综观世界各国法律，可以看到各国从保护债权人利益和维护证券市场的正常交易秩序出发，大都对股票回购作出了较具体的限制性规定。

【复习思考题】

1. 简述利润分配的程序。

2. 影响利润分配政策的因素有哪些？

3. 什么是低正常股利加额外股利政策？简述该股利分配政策的优缺点。

4. 什么是股票分割？股票分割的作用是什么？

【经典案例】

上海银行股份有限公司 2009 年度利润分配实施公告

本公司及董事会全体人员保证公告内容的真实、准确和完整，对公告的虚假记载、误导性陈述或者重大遗漏负连带责任。

重要内容提示：

1. 每股派发现金红利0.15元人民币（含税）。

2. 股权登记日（红利发放基准日）：2010年4月8日。另外，根据2009年第二次临时股东大会决议，本公司新募集的3亿股股份不参加本次现金股利分配。

3. 除息日：2010年4月9日。

4. 现金红利发放开始日：2010年4月27日。

上海银行股份有限公司2009年度利润分配方案已经公司2010年4月16日召开的2009年度股东大会审议通过。现将有关利润分配具体实施事项公告如下：

一、2009年度利润分配方案

根据普华永道中天会计师事务所审计的2009年度法定报表，本公司2009年实现净利润3 622 858千元。经公司2009年度股东大会审议通过的2009年度利润分配方案如下：

1. 按税后利润的10%提取法定盈余公积金，计362 286千元；

2. 按税后利润的20%提取任意盈余公积金，计724 572千元；

3. 根据财政部《金融企业呆账准备提取管理办法》（财金〔2005〕49号）、《关于呆账准备提取有关问题的通知》（财金〔2005〕90号）规定，提取一般准备，计560 000千元，提取后一般准备余额达到4 760 000千元；

4. 鉴于公司资本充足率已接近10%的监管底线以及监管部门要求银行提高资本内生增长能力，现金股利维持以前年度水平不作增加，以2009年末总股本2 600 000 000股为基数，向全体股东每10股派送现金股利1.50元（含税），共计分配390 000千元；

5. 结余未分配利润1 586 000千元，结转到下一年度。

二、分红派息方案

本次分红派息以公司2009年末总股本2 600 000 000股为基数，向全体股东按每股派发现金红利0.15元人民币（含税）。

三、具体实施日期

股权登记日（红利发放基准日）：2010年4月8日，另外，根据2009年第二次临时股东大会决议，本公司新募集的3亿股股份不参加本次现金股利分配。

除息日：2010年4月9日

现金红利发放开始日：2010年4月27日

四、派发红利对象

截至2010年4月8日在上海银行股份有限公司登记在册的全体股东。另外，根据2009年第二次临时股东大会决议，本公司新募集的3亿股股份不参加本次现金股利分配。

五、现金红利分配实施办法

1. 个人股股东：持有本公司股份的个人股股东所获分配的现金红利按规定扣除20%个人所得税，计每股0.03元，实际派发现金红利每股0.12元。个人股股东实际应得现金红利，本公司将于2010年4月27日直接转入股东专用红利储蓄存折。

2. 法人股股东：

(1) 已经办理自动转账领取红利手续的法人股股东，本公司将于2010年4月27日将本公司法人股股东红利直接转入其在本公司开立的指定账户；

(2) 已经办理将红利委托转入在其他银行开立的指定账户的股东，本公司将于2010年5月初办理其红利划付手续；

(3) 除上述两种情况以外的其他法人股股东，本公司将陆续发放领取2009年度股东红利的通知，请各股东单位在收到通知后，按通知要求办理相关的领取手续。

另外，对于尚未办理自动转账领取红利手续的各法人股股东单位，本公司欢迎其在上海银行开立账户并办理红利自动转账手续。详细情况可向本公司股权管理部门联系。

六、咨询事宜

咨询机构：公司董事会办公室投资者关系管理科。

七、备查文件

上海银行股份有限公司2009年度股东大会决议。

上海银行股份有限公司
二〇一〇年四月二十七日

【知识链接】

用友软件的高额现金股利分配案例

案例目标： 本案例介绍了用友软件的发展历程和2001年度分配方案中出现大比例分红的背景和过程，以期说明企业对股利政策的选择依据以及股利政策对企业的影响。

北京用友软件股份有限公司于2001年5月18日上市，先讨了一个好口彩，也就是“我要发”，果然上市当日开盘价就为76元，已经比发行价36.68元高出2倍有余，当日最高更是创下了100元的辉煌价格，并以92元报收，创出中国股市新股上市首日最高的收盘价。

2002年4月28日，用友软件再次吸引了人们的眼球——股东大会审议通过2001年度分配方案为10股派6元（含税）。刚刚上市一年即大比例分红，一时之间市场上众说纷纭，董事长王文京更是由于其大股东的地位成为旋涡中心，因为按照王文京对用友软件的持股比例推算，他可以从这次股利派现中分得3 312万元。

这样高额的现金股利发放究竟是在一个什么样的情况下酝酿出炉的，出于什么样的目的，是否符合用友软件的企业发展思路，是否具有大股东套现的嫌疑呢?

一、发展历程

用友软件股份有限公司的前身可追溯至其创始人王文京、苏启强于1988年12月6日成立的北京市海淀区双榆树用友财务软件服务社，两个年轻人全部的资产只是1台电脑，最初的注册资本5万元人民币来自于借款，工作场地为9平方米的租房。1988年中关村实验区刚刚成立，王文京与苏启强的最初设想是注册北京技术产业开发试验区的高新技术企业，但是当时的高新技术企业只能注册成国有和集体两种形式，所以他们放弃并领取了个体工商户的营业执照。

北京第一批私营企业的登记是在1989年，用友在1990年3月登记了私营企业，同时更名为“北京市海淀区用友电子财务技术有限责任公司”。1990年12月和1993年7月，公司进一步扩大了资本规模，注册资本增加至500万元人民币。1995年1月18日，在原公司基础上组建成立了用友集团公司，注册资本增加至2 000万元人民币。1997年11月，公司注册资本再次增加到5 000万元人民币。1999年12月6日，经北京市人民政府批准，公司由有限责任公司变更为股份有限公司，注册资本最终增至7 500万元人民币。公司大楼为全智能大厦，占地1万平方米，可容纳500人，是当时中国最大的财务及管理软件研发基地。

点评：创业艰难，在风险和困难面前没有退却才有今天的成就。

二、发行上市

用友是民营软件企业冲击资本市场的领跑者，在竞争中求生存之后才能谈得上求发展，在生存之路上，充足的资金是一个重要的保障。

1997年底，董事会决定1998年正式启动用友上市计划，那时企业上市要经过审批，更重要的是取得上市的额度。几经试探，用友明白靠额度上市没有希望。后来，为了扶持高新科技企业，凡拿到科技部和中科院对高新技术企业“双高认证”的企业，也能够上市，用友紧赶慢赶通过了认证，接着按上市要求进行了股份制改造。

改造之后的用友注册资本为7 500万元人民币，北京用友科技有限公司、北京用友企业管理研究所有限公司、上海用友科技投资管理有限公司、南京益倍管理咨询有限公司、山东优富信息咨询有限公司作为股东分别持有用友公司55%、15%、15%、10%、5%的股份。

点评：民营出身加上软件行业的高风险使得借款筹资的成本高而且危险性大，股票筹资相对来说更受到青睐。

2001年3月16日，股票发行改革为核准制，用友有幸成为第一家按核准制要求发行股票的企业，并于4月10日发布招股说明书。根据招股说明书，此次发行将发行流通股2 500万股，股票发行后，公司的注册资金为10 000万元，由以上五公司和社会公众出资组成。这样，以上五公司的持股比例分别减少至41.25%、11.25%、11.25%、7.5%、3.75%。董事长王文京在以上五公司中均占有较大比重的股份，分别为73.6%、73.6%、90%、42.8%、86%。

2001年4月23日，用友软件以发行价36.68元、市盈率64.35倍在上海证券交易所上网定价发行2 500万股A股。凭借上市，用友募集资金达8亿多元，净资产从2000年底的8 384万元飙升了10倍。

2001年5月18日，用友软件在上海证券交易所上市，当天以76元开盘，瞬间下探

73.88元后一路扶摇直上，当日最高价为100元，换手率高达85.6%，成交2 140万股，成交总额为17.36亿元，收盘于92元。

用友软件是首家核准制下发行并上市的股票，在当时是发行价最高的股票，也是新股上市首日开盘价高的股票，此种情况与在香港创业板上市的深圳金蝶形成了鲜明对比。

点评：从1997年开始准备，到2001年上市，王文京曾经感叹，“作为一个民营企业，上市是非常不容易的，走了那么长时间”。

三、业务简介

用友软件股份有限公司自1988年成立以来，一直专注于自有知识产权软件产品的开发与推广，主要从事财务软件、管理软件和其他企业应用软件产品的研发、销售和服务。用友具有较完整的产品线，并拥有较为健全的全国销售服务网络，其财务及企业管理软件在国内广泛应用。

点评：一则股评中使用了一句西方谚语：“富人的游戏，穷人的劳作。”

2001年5月用友在上海证券交易所挂牌上市，2002年“用友”商标被认定为“中国驰名商标”。

（一）用友公司是中国最大的管理软件/ERP软件供应商

用友公司管理软件销售额稳居中国市场首位，在制造业、流通业、服务业、金融业、政府机构，用友软件都得到了广泛的应用，成为推动中国企业管理信息化和政府信息化的主流应用软件。根据中国电子信息产业发展研究院（CCID）发布的《2001—2002年中国软件市场研究报告》，用友软件摘取了2001—2002年度中国管理软件、财务软件、本土ERP软件市场占有率三项第一的桂冠，占有率分别为15.9%、20.9%、16.2%；根据互联通数据中心（IDC）的市场调查结果，用友软件为2001年度中国企业资源管理软件（ERM）的市场占有率第一。

（二）用友公司是中国最大的财务软件供应商

用友公司财务软件市场占有率自1990年以来一直稳居中国市场首位，成为推动中国财务管理信息化的主流应用软件和实际应用标准，用友集中式财务管理软件已经成为集团型企业进行集中式管理的首选产品。用友公司与中国工商银行总行的合作使中国工商银行通过用友软件向客户提供电子银行服务。

（三）用友公司是中国最大的独立软件供应商

根据CCID的统计，用友公司从1999年起就已经成为中国最大的独立软件供应商。用友公司现有25家分公司，2家海外全资子公司，9家控股子公司，3家参股子公司，同时设立15家办事处，形成了600多人的软件开发队伍和3 000多人的企业规模。

四、2001年度财务状况

2001年度，用友公司主营业务依然专注于软件产业，并注重于管理软件领域。公司从年初开始实施“全面升级、扩展发展”的业务战略，通过产品升级、服务升级、销售平台升级、人才升级和国际合作，实现了公司由财务软件产品和服务提供商向管理软件解决方案、产品和服务提供商的全面升级发展。

（一）主要财务数据

2001年，公司实现主营业务收入32 707万元，主营业务利润30 444万元，与上年同期相比，分别增长了56.2%和55.9%，主要财务数据见表1。

表1 用友软件1999—2002年中期主要财务数据

项目 \ 时间	2002年中期	2001年末期	2000年末期	1999年末期
主营业务收入（万元）	20 490.44	33 348.32	21 288.53	18 514.36
主营业务利润（万元）	18 561.04	30 443.66	19 523.85	16 740.18
其他业务利润（万元）	7.55	1.25	18.85	40.86
营业利润（万元）	2 821.98	5 010.51	2 632.84	4 226.28
投资收益（万元）	—	—	-61.14	6.95
补贴收入（万元）	1 781.47	3 132.90	2 030.18	118.13
营业外收支（万元）	7.36	-110.94	85.83	-14.31
利润总额（万元）	4 429.54	7 923.94	4 687.70	4 337.05
所得税（万元）	504.82	916.12	689.73	827.50
净利润（万元）	4 011.88	7 040.06	4 004.29	3 506.56
获利能力指标：				
销售毛利润（%）	92.56	93.21	93.37	94.03
主营业务利润率（%）	90.58	91.29	91.71	90.42
销售净利润（%）	19.58	21.11	18.81	18.94
总资产报酬率（%）	3.56	6.03	24.64	27.04
净资产收益率（%）	3.85	7.02	47.76	45.22
营运能力指标：				
应收账款周转率（次）	6.85	12.00	9.09	11.33
货存周转率（次）	5.54	9.74	7.20	7.85
固定资产周转率（次）	—	5.59	3.66	3.17
股东权益周转率（次）	0.20	0.61	2.64	2.38
总资产周转率（次）	0.18	0.50	1.46	1.40
偿债能力指标：				
流动比率（倍）	12.46	6.60	1.13	1.12
速动比率（倍）	12.43	6.58	1.11	1.07

续表

时间 / 项目	2002年中期	2001年末期	2000年末期	1999年末期
资产负债比率（%）	7.27	13.82	48.17	39.96
股东权益比率（%）*	92.44	85.82	51.60	59.80
固定资产比率（%）	6.61	5.49	33.99	47.02
发展能力指标：				
主营业务收入增长率（%）	53.66	56.65	14.98	43.81
营业利润增长率（%）	31.54	90.31	-37.70	60.40
税后利润增长率（%）	37.69	75.81	14.19	60.00
净资产增长率（%）	2.09	1 095.45	8.11	-0.99
总资产增长率（%）	4.78	618.69	25.31	-3.98
现金流量指标：				
现金及现金等价物净增额（万元）	-9 024.47	67 300.56	1 724.52	—
经营活动现金流量（万元）	1 543.79	10 329.34	4 764.64	—
销售商品收到的现金（万元）	23 153.14	40 116.22	24 163.62	—
销售商品收到的现金占主营收入比例（%）	112.99	120.29	113.51	—

注：*由于根据合并报表数据计算，所以股东权益比率中的分子数（股东权益比率）未包含少数股东权益在内，致使资产负债率与股东权益比率相加并不等于1。

点评：主营业务利润率连年高达90%以上，显示了用友软件雄厚的主营业务能力。

资产负债比率明显偏低，一方面说明了公司的资金雄厚，偿债能力强；另一方面也说明对资金的使用并不是十分合理。

用友软件2001年度财务报告中称：

主营业务利润随公司业务规模的扩大与软件销售收入的增加而相应增加。

点评：可以看到，用友的大部分投资项目仍在运作中。

净利润随公司软件销售收入的增加而相应增加。除此之外，由于发行新股募集的货币资金导致报告期的利息收入增加了1 294万元，净利润的增长幅度高于主营业务收入及利润的增长幅度。

（二）投资项目进展

公司在2001年度使用募集资金的投资项目进展情况如表2所示。

表 2　　用友公司 2001 年度投资项目进展

募集资金的方式	承诺投资项目	计划投资总额（百万元）	实际投资金额（百万元）	完成进度（%）
A 股发行	用友企业级财务软件 8.20 版	28	28	100
A 股发行	用友企业级财务软件 9.0 版	30	10	33
A 股发行	用友企业级财务软件 10.0 版	29	5	17
A 股发行	用友 B/S 版企业管理软件 1.0 版	30	20	67
A 股发行	用友 B/S 版企业管理软件 2.0 版	29.5	4.5	15
A 股发行	用友软件发展研究中心	30	8	27
A 股发行	用友大型企业客户关系管理系统	30	6.5	22
A 股发行	用友财经报表软件	30	8.9	30
A 股发行	用友管理软件通用接口软件	28	24	56
A 股发行	用友网上结算系统	27	9.5	35
A 股发行	用友决策支持——管理驾驶窗软件	30	7.8	26
A 股发行	行业（金融、电信、外贸）财务及业务管理应用系统	30	13	43
A 股发行	行业（医药）财务及业务管理应用系统	22	5.6	25
A 股发行	行业（传媒、出版、图书）财务及业务管理应用系统	30	2	7
A 股发行	行业（零售、批发）财务及业务管理应用系统	23	9.5	41
A 股发行	行业（运输、电力）财务及业务管理应用系统	20	6	30
A 股发行	行业（机械）财务及业务管理应用系统	27	12	44
A 股发行	行业（石油）财务及业务管理应用系统	23	8.5	37
A 股发行	行业（服务）财务及业务管理应用系统	28	12	43
A 股发行	用友普及型财务软件 2.0 版	30	25	83
A 股发行	用友普及型财务软件 3.0 版	29.5	10	34
A 股发行	用友普及型财务软件 4.0 版	29	3	10
A 股发行	中小企业电子商务应用系统	30	11.5	38
A 股发行	用友内当家商务软件 3.0 版	30	2.5	8
合计		673	—	—

点评：据统计，2001 年共有 205 家上市公司进行委托理财，涉及金额 246 亿元。其中被证监会查出的把募集资金又投入资本市场的公司数不胜数。

又一次大手笔的分红即将上演，如果 2002 年的分红力度能与 2001 年近似，则发起人的投资将可望基本收回。

用友软件董事长王文京在新股上市时曾表示，公司早在两年以前就对募集的投资项目进行了论证，并已通过政府的项目审批，资金缺口为 8.03 亿元，此外公司还有多个项目在进行谈判。但是在新股上市后仅4个月的2001年8月，公司就发布公告称巨额资金已挪作他用，在2001年度报告中对此作出了说明：

公司于2001年4月23日首次发行人民币普通股2 500万股，募集资金总额达91 700万元。由于按照公司募集资金投资使用计划，这些资金将在3年内陆续投资使用，故在2001年度和2002年度将会有部分资金处于阶段性闲置状态。公司针对这一状况，在安全、积极的原则下，为了保障投资人的投资回报，采取的措施包括：按照募集资金投资使用计划，进行项目投资；安排银行定期和活期存款；安排1亿元人民币购买国债，另外委托兴业证券股份有限公司管理2亿元人民币资金进行委托理财。

另外，用友软件在发行A股前，曾于2001年3月21日与交通银行北京分行海淀新技术产业开发试验区支行订立借款合同，金额为人民币4 500万元整，用于资金周转，利率为月息4.875‰，合同期限自2001年3月27日至2002年3月27日。但仅过了一个多月，在4月29日，公司就全部提前偿还该笔贷款。2001年度年报中显示公司长期负债仅为100万元，并无长期借款。

（三）2002年度计划

2002年公司将继续将软件作为公司主营业务，关注其发展，以募集资金使用项目为基础，结合公司的资本优势，均衡当期业绩和核心能力建设，坚持基于业绩的管理，以高于行业平均增长速度，促进公司持续、快速、健康的发展。

公司预计在2002年度结束后进行一次利润分配，2002年度其他时间不进行分配。根据公司的经营情况及发展计划，公司2002年度拟采用现金分红方式进行利润分配，分配比例不低于公司2002年度所实现净利润的75%。

点评：作为没有决策权的小股东，从企业长远发展中得到的利益对他们并没有很大的吸引力，因此在正常市场条件下，应该偏好现金股利分配，而我国则刚好相反。

五、派现风波

北京用友软件股份有限公司2001年度股东大会于2002年4月28日上午9时30分在北京市海淀区上地信息产业基地中国知识产权培训中心召开。出席会议的股东及股东授权代表共15人，代表有表决权股份75 692 817股，占公司股份总额的75.69%，会议的召开符合《公司法》及《公司章程》的规定。会议由公司董事长王文京先生主持，以记名投票方式审议通过了以下决议：

……

（四）审议通过公司2001年度利润分配方案：本公司2001年度净利润为70 400 601元，提取法定盈余公积金7 040 060元，提取法定公益金3 520 030元，上年度结转利润286 436元，期末可供股东分配的利润为60 126 947元。公司在2002年度对2001年度净利润进行一次分配，每10股派发现金6元（含税），共计派发现金股利6 000万元，占本次可分配利润的99.79%，剩余126 947元利润留待以后年度分配。此次分配不计提任意盈余公积金。本年度不进行公积金转增股本。

赞成票75 669 809万股 占出席会议有效表决权股份总数的99.97%；反对票16 108股；弃权6 900股。

……

股东会仅有7名中小股东出席，并不是想象中那么热闹，由于股权较集中，分红方案没有任何悬念地顺利通过。但为澄清事实，董事长王文京特别让财务总监吴政平补充说明了高派现问题。吴政平解释说，首先此方案不是“超分配”，用友每股0.6元的分红是盈利来的，也是在保证今年有充足现金流的前提下制定的，这有利于投资者长期投资，而不是短期的炒作；其次，选择派现而没有选择送股，用友是响应管理层有关“现金分红的倡导”；最后，吴政平特别说明：“虽然发起人和流通股股东一样享受分红，但其实是两个概念，发起人只是法人公司拿到红利，具体某一个人拿多少，还要再作决定。”

但小股东的不满情绪还是让股东会一度陷入尴尬。一位高先生坦言：“我不同意这个方案，明显是对大股东有利，对小股东不利，为什么不考虑流通股的成本，不考虑小股东的利益。”他还建议，能否派现兼送股，“大股东要钱，小股东要股，相对平衡一下”。在投票表决时，高先生投了反对票，但他同时也对记者说，不会放弃用友，“用友的投资价值很大，我对它的未来很有信心。”

王文京在股东会上一直为几位小股东介绍用友的发展规划。对此次分红风波，他认为，其实给股东最好的回报是把业绩做好，但同时他也表示，2002年分配会充分考虑各方股东的实际情况。

2002年5月15日北京用友软件股份有限公司董事会公布了《北京用友软件股份有限公司2001年度分红派息实施公告》，公告中称：

……

点评：从理论上来看股利政策的选择是简单的，实际经济生活中却是一件很复杂的事情。

二、分红派息方案

……

5. 对于流通股个人股东，公司按20%的税率代扣个人所得税后实际派发现金红利为每股0.48元；对于流通股机构投资者及法人股股东，实际派发现金红利为每股0.6元。

……

五、分红派息实施办法

1. 持有非流通股的法人股的现金红利由公司直接发放。

2. 社会公众股的现金红利委托中国证券登记结算公司上海分公司通过其资金清算系统向股权登记日登记在册并在上海证券交易所各会员单位办理了指定交易的股东派发。已办理全面指定交易的投资者可于红利发放日在其指定的证券营业部领取现金红利，未办理指定交易的股东红利暂由中国证券登记结算公司上海分公司保管，待办理指定交易后再进行派发。

总评：

股利分配政策，是公司财务管理政策的重要组成部分。从分配的表现形式来讲，有股票股利和现金股利两种方式。一般来说，如果公司处于高速成长状态，有较好的投资机会，对资金的需求量大，同时面临资本限额的约束，可以采取股票股利政策，这样，公司将收益留在企业，降低了从其他渠道筹集资金的压力。如果公司处于成熟期，没有大的投资项目，而且有充足的现金流入，则可以以现金形式将利润分配给股东，一方面可以以客观的收入吸引稳定股东，另一方面，可以避免发放股票股利对每股利润和控制权的稀释。

当然这也不是绝对的，在具体的情况下，企业应该根据自己的情况作出判断和选择。

2000年以前，我国上市公司一直存在着较为严重的不分配现象。据统计，在这一现象达到顶峰的1999年，完全不分配的上市公司达到了沪深两市上市公司总数的59.4%，不实行现金分配的则更多。2000年底，出于保护中小股东权益、培育上市公司分配回报机制的目的，中国证监会提出把现金分红派息作为上市公司再筹资的必要条件。政策出台后，效果立竿见影，上市公司纷纷慷慨解囊。根据巨灵证券的统计信息，近几年实行现金股利政策的上市公司统计如表3所示：

表3　　1996—2001年上市公司现金分红情况

项目 \ 年份	1996	1997	1998	1999	2000	2001 *
上市公司数	530	745	851	947	1 084	998
派现公司家数	184	226	268	297	660	641
派现公司比例	0.35	0.30	0.31	0.31	0.61	0.64

注：＊2001年的数据为截至2001年4月19日公布的年度报告数据。

用友软件也是现金分红比较明显的一个，2000年末期就有每10股派3元的分配，2001年度的分配则更是成为众人瞩目的焦点。

根据上文用友软件主要财务数据表，可以发现用友软件2001年确实有能力、有理由派发如此高额的现金股利：

（一）财务状况良好

1. 偿债能力

公司的流动比率和速动比率都高于6，远远超过一般认为的2或1的标准，资产负债率也只有0.13，长、短期都没有偿债压力，财务风险很低。

2. 经营成果

公司的主营业务利润率在90%以上，净利润的绝对值也达到7 040.06万元，高于准备发放的现金股利。

3. 现金流量

公司2001年度现金及现金等价物的净增加额为67 300.56万元，经营活动产生的现金流量净额更有10 329.34万元，说明净利润是有真实的现金保证的。公司的发展状况良好，有乐观的盈利预期。

（二）投资项目并不急需资金

虽然用友软件在上市之前曾表示，公司早在两年以前就对募集的投资项目进行了论证，并已通过政府的项目审批，资金缺口为8.03亿元，此外公司还有多个项目在进行谈判。但是由于按照公司募集资金投资使用计划，这些资金将在3年内陆续投资使用，故在2001年和2002年度将会有部分资金处于阶段性闲置状态，那么在募集到巨额资金并取得良好收益后，将多余的资金以股利形式发放，也是无可厚非的。

（三）其他原因

1. 高股利现金分红后，降低了公司的净资产规模，提高了净资产收益率，给予投资者积极的信号，促使股票价格上涨。

2. 稳定的高股利现金分红能够充分吸引投资者的注意。

3. 保持控制权的稳定。

当然，用友软件的这次高额分红也不能排除控股股东为回避风险，尽快收回投资的短期化行为，而且这种行为是在法律和市场规则许可的范围内进行的。

董事长王文京并不直接拥有用友的股票，但却几乎控股用友所有的法人股股东，上市之初，王文京间接持有用友软件5 520万股法人股，占用友软件总股本的55.2%。在这次分红中，他作为大股东独自分得了3 312（6 000×55.2%）万元的庞大金额。根据这样计算，王文京两年就可以收回投资。而其余小股东只能拿到总额为1 500万元的现金。这样看来，派现的好处基本上落在大股东的身上。

这是由于企业的股权结构造成的不公平现象。在中国的股票市场中，流通股与非流通股事实上已经变成了不同的股，具有可流通与不可流通的不同权利，但这不同权的普通股又具有同等的投票权和分红权。由于三分之二的股权不流通，尽管二级市场的投资者买入的是高溢价的股票，决策权还是落在投资成本很低的非流通股股东手中。这样，董事会和股东大会的决策自然只会是有利于非流通股股东。

这个问题涉及了法规制度和企业组织结构等诸多方面。要想从根本上解决大股东谋求自身利益最大化的问题，需要一个较长的时间来等待市场的成熟，等待企业制度改革的完成，等待政策法规的完善，等待广大中小投资者的素质提高……

第八章　预算管理

【本章概要】

本章主要讲述预算管理的相关知识，通过学习使学生系统掌握全面预算的含义及主要内容，学会财务预算的编制方法，理解农村合作金融机构财务预算的编制，培养学生财务预测观念并提高财务预测的应用能力。

【要点提示】

1. 掌握全面预算管理的内容及作用、预算管理的含义及主要内容；
2. 财务预算的编制方法；
3. 业务预算的编制方法。

【重要概念】

全面预算　特种决策预算　日常业务预算　财务预算　固定预算　弹性预算　增量预算　零基预算　定期预算　滚动预算

【本章架构图】

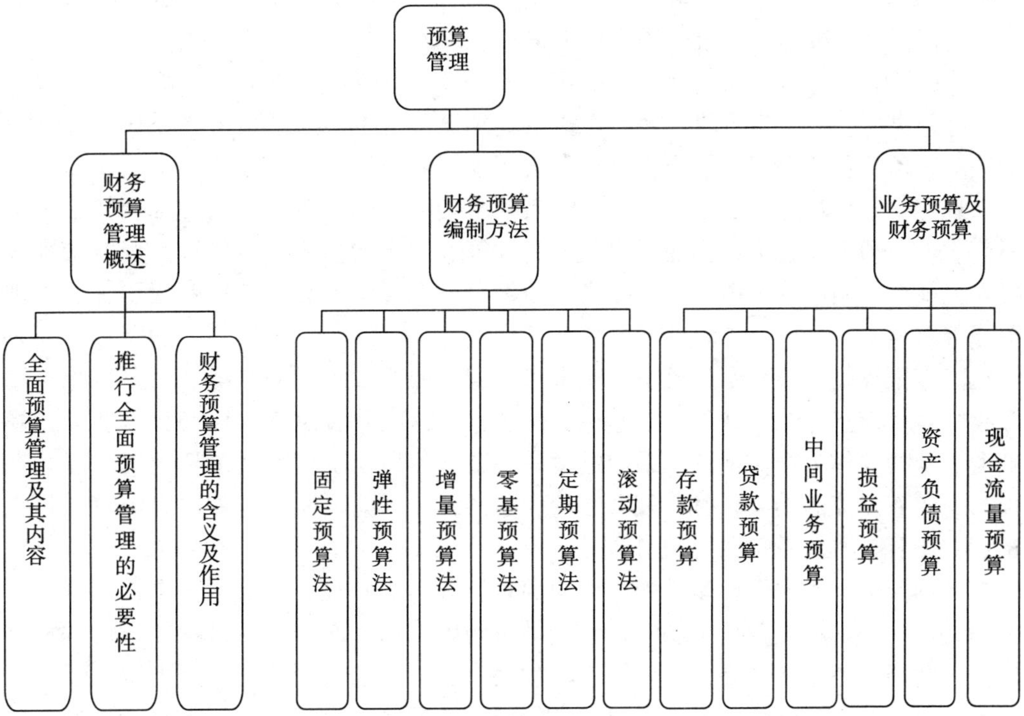

第一节　财务预算管理概述

20世纪20年代，预算管理首先产生于美国通用汽车、杜邦和通用电气等大型公司，经历了近百年的发展历史，无论是在理论上还是实务中，一直都是管理会计领域的研究焦点，并已为世界各国的企业所广泛采用。在农村合作金融机构的财务管理中，预算管理不仅仅体现的是其长期或近期的战略目标和政策部署，更多的是在此基础上，农村合作金融机构可以及时准确地改变自身的战略导向并在具体战术上进行动态的调整。有效的预算管理对外可以提升农村合作金融机构对金融市场变化的应对能力，对内可以加强它对现有资源合理的配置，使农村合作金融机构实时地调整其日常的经营活动，实现内部条件和外部条件有效地配合。财务预算是全面预算的一部分和其他预算联系在一起，形成一个数字相互联系的整体。

一、全面预算管理及其内容

全面预算也称企业预算，是依据企业目标所编制的经营、资本、财务等年度收支计划，即以货币及其他数量形式反映的有关企业未来一段期间内全部经营活动各项目标的行动计划与相应措施的数量说明。它既是对已经选定的各个决策方案，统一以货币形式进行综合和概括，借以总括地反映企业总体在一定期限内所应实现的目标和完成的任务；同时以全面预算为依据进一步分解落实，使之具体化为企业内部各层级、各单位在具体完成企业总体目标和任务中各自应实现的目标、完成的任务，并以此作为开展日常生产经营活动的准绳和进行业绩评价的依据。

全面预算的内容具体包括特种决策预算、日常业务预算与财务预算。

特种决策预算是指企业不经常发生的、需要根据特定决策临时编制的一次性预算。特种决策预算包括经营决策预算和投资决策预算两种类型。

日常业务预算是指与企业日常经营活动直接相关的经营业务的各种预算，包括销售预算、生产预算、直接材料耗用量及采购预算、应交增值税、销售税金及附加预算、直接人工预算、制造费用预算、产品成本预算、期末存货预算、销售费用预算、管理费用预算等内容。

财务预算是一系列专门反映企业未来一定期限内预计财务状况和经营成果，以及现金收支等价值指标的各种预算的总称。财务预算是在特种决策预算和日常业务预算的基础上编制的，作为全面预算体系中的最后环节，可以从价值方面总括地反映经营期决策预算与业务预算的结果。财务预算亦称为总预算，其他预算（特种决策预算和日常业务预算）则相应称为辅助预算或分预算。

在价值创造性的管理体系中，全面预算管理是多纬度、全要素、全面的管理，以价值创造为核心，在充分考虑农村合作金融机构内外部环境和各级机构经营管理特点的前提下，运用管理会计工具，确定期望的利润，在机构分块预算的基础上编制以产品部门为预算单位的分条预算，形成条块结合的精细化预算管理模式，从而将价值创造的任务和目标传达到农村合作金融机构的每一级机构、每一个部门和每一个岗位，最终形成奔向价值创造目标的管理合力。

二、推行全面预算管理的必要性

1. 推行全面预算管理是农村合作金融机构转轨的需要。农村合作金融机构是经营货币信用业务的特殊企业，追求企业价值最大化是其最终目标。通过资产的安全性、流动性和效益性三者的最佳组合，不断提高经营效益，既需要有良好的外部环境，又需要有健全完善的内部管理机制，而全面预算管理是农村合作金融机构管理机制中的重要组成部分。部分县（市）农村信用合作联合社已逐步改制为农合行，产权制度的改革为农村合作金融机构转换经营机制提供了前提条件，通过推行全面预算管理，全面提升管理水平，构筑行业竞争优势，可以使农村合作金融机构实现价值最大化，预算目标的实施可以体现股东的要求，充分挖掘资产盈利能力，适合农村合作金融机构的治理要求。

2. 实施全面预算管理是与环境的相互依存的需要。农村合作金融机构作为一个资源依赖系统，需要把战略与日常经营相联系，而科学的预算方案蕴涵着农村合作金融机构管理的战略目标和经营思想，是对未来一定期间经营思想、经营目标、经营决策的财务数量说明和经济责任约束机制，是一个整体“作战”方案。预算内容和模式能够体现不同时期的战略重点差异，落实战略目标，完善管理机制，可以充分利用和整合资源，创立独特的治理结构和经营理念。

3. 推行全面预算管理是提高自身经营管理水平的需要。实践证明只有农村合作金融机构提高了内部经营管理水平，才能取得良好的经营效益。西方银行发展的经验也表明，推行预算管理会计体系，能够有效的控制人的行为，给决策提供有力的支持，为控制提供科学的标准，并且有助于形成奖优罚劣的机制。

4. 推行全面预算管理是落实《农村合作银行管理暂行规定》的要求。《农村合作银行管理暂行规定》明确规定：一是农村合作金融机构股东代表大会行使审议、批准农合行年度财务预算、决算方案、利润分配方案和亏损弥补方案；三是农合行行长对董事会负责，行使代表高级管理层向董事会提交经营计划和投资方案，经董事会批准后组织实施。年度财务预算是全面预算管理的一部分，做好全面预算管理也就包括了年度财务预算。

5. 推行全面预算管理是风险控制的重要手段。在预算管理执行过程中能发现哪些环节出现偏差，可采取措施及时纠正、堵塞漏洞、防范风险；通过评价和奖惩，可以为下一年度目标的制定提供纠偏依据。

三、财务预算管理的含义及作用

企业财务预算管理在预测和决策的基础上，围绕企业的战略目标，对一定时期内的资金取得和投放、各项收入和支出、经营成果及其分配等资金运动所作的具体安排。财务预算与业务预算、资本预算、筹资预算共同构成企业的全面预算。

一般认为，预算管理的作用主要表现在以下几个方面。

财务预算是财务目标的具体化、数字化。预算经过规划、分析，并加以数量化，有系统的编制，使企业的目标及政策能具体体现。例如，企业的管理目标是追求成本最小化、利润最大化，目标一经确定，便可制定策略及政策，并定期检查执行结果。

财务预算的制定过程，也就是财务资源的配置过程。农村合作金融机构的目标无限，但资源有限。因此，规划是一种选择过程。有效的预算管理对外可以提升农村合作金融机构对金融市场变化的应对能力，对内可以加强其对现有资源合理的配置，使农村合作金融机构实时地调整其日常的经营活动，实现内部条件和外部条件有效地配合，将有限的财务资源，在各部门、各层次、各环节进行合理配置，使有限的资金发挥最大的使用效应。

预算具有较强的控制职能，农村合作金融机构可以通过预算执行状况的信息反馈，及时作出相应的调整，并最大限度地避免资源浪费和无效率运营，从而使农村合作金融机构的经营活动总是在正确的指引下顺利地进行。

第二节　财务预算编制方法

预算管理是农村合作金融机构财务管理的重要工具，也是农村合作金融机构进行战略实施及内部管理控制的一种主要手段。农村合作金融机构财务预算可以根据不同的预算项目，分别采用固定预算法、弹性预算法、增量预算法、零基预算法、定期预算法、滚动预算法等方法进行编制。

下面分别介绍编制预算的几种方法。需要指出的是，这几种方法不是相互独立的，而是相互联系的，它们都是构成全面预算管理方式中有机的组成部分。在全面预算管理方法中，综合利用这些预算管理方法，是有效提高管理水平的途径之一。

一、固定预算法与弹性预算法

（一）固定预算法

1. 固定预算法的含义。固定预算法是编制预算最基本的方法，是指在编制预算时，只根据预算期内正常的、可实现的某一固定业务量（如生产量、销售量）水平作为唯一基础来编制预算的一种方法。

固定预算又称为静态预算，一般适用于固定费用或者数额比较稳定的预算项目，编制后除非有特殊情况，一般不作修改或更正，具有相对稳定性。

2. 固定预算法的特征。

（1）不考虑预算期内业务活动水平可能发生的变动，而只按照预算期内计划预定的某一时期的业务活动水平为基础确定相应的数据。

（2）将实际结果与按预算期内计划预定的某一时期的业务活动水平所确定的预算数进行分析比较，并据以进行业绩评价。

3. 固定预算法的缺陷。如果这种预算赖以存在的前提不成立，即预计业务量与实际业务量相去甚远时，则将导致固定预算难以为控制服务。固定预算的缺陷表现在以下两个方面。

（1）缺乏远期指导性，过于机械呆板。不论预算期内业务量水平可能发生哪些变动，都只按事先确定的某一个水平作为编制预算的基础。

（2）可比性差。当实际业务量与预算发生较大差异时，有关预算指标与实际指标之间因业务量的基础不同而失去可比性。

（二）弹性预算法

1. 弹性预算法的含义。弹性预算又称变动预算或滑动预算，是指为克服固定预算法的缺点而设计的，以业务量、成本和利润之间的依存关系为依据，以区分变动性成本和固定性成本为基础，在编制预算时具有一定的伸缩范围，能够适用不同业务量的一种预算方法。这种预算方法一般适用于与预算执行单位业务量有关的成本（费用）、利润等预算项目，在实际中，主要用于编制弹性成本。

2. 弹性预算法的编制。编制弹性预算的基本程序（以成本预算为例）一般为：

（1）选择业务量的计量标准。实行弹性预算，固定费用和业务量无关，而变动费用则随业务量而变化。业务量的选择应根据具体情况来确定。

（2）确定业务量的范围。弹性预算的业务量范围，应视部门业务量变化的情况而定，务必使实际业务量在确定的适当范围内。一般将业务量范围限定在正常水平的

70% ~120%。过去业务量的最高和最低为其上限和下限，在此范围内固定费用没有多大变化为标准。

（3）确定费用性质与业务量的关系及其表达方式。

任何一项费用预算都可以按照它与业务量的关系分为固定费用与变动费用。固定费用在一定业务量范围内具有相对固定性，而变动费用则随业务量变化成正比例增减。根据费用总额与业务量的依存关系，分别确定各种预计业务量水平下的变动成本费用总额和固定成本费用总额，最终确定成本费用预算总额。利润预算也可以以此为基础作出。

3. 弹性预算法的优点。弹性预算法与固定预算法相比，弹性预算的适应性较强，一方面能够适应不同经营活动情况的变化，扩大了预算的适用范围，更好地发挥预算的控制作用，避免在实际情况发生变化时，就要重编预算或做修改；另一方面能够使预算的实际执行情况的评价和考核建立在更加客观的基础上。因此它有利于加强成本的控制。

二、增量预算法与零基预算法

（一）增量预算法

1. 增量预算法的概念。增量预算法又称调整预算法，是指以基期成本费用水平为基础，结合预算期业务量水平及有关影响成本因素的未来变动情况，通过调整有关原有费用项目而编制预算的一种方法。

2. 增量预算的优缺点。增量预算以过去的经验为基础。实际上是承认过去所发生的一切都是合理的，主张不需要在预算内容上做较大改进，而是沿用以前的预算项目，这种方法的缺点在于：（1）它假设经营活动以及工作方式都以相同的方式继续下去；（2）不能拥有启发新观点的动力；（3）没有降低成本的动力；（4）它鼓励将预算全部用光以便明年可以保持相同的预算；（5）它可能过期，并且不再和经营活动的层次或者执行工作的类型有关，不利于企业未来发展。

虽然增量预算存在以上缺点，但其显著的优点在于：工作量少，且简便易行，所以在我国以往的实务中，多数企业均采用此法编制预算。

（二）零基预算法

1. 零基预算法的含义。零基预算法是指在每一个新的期间必须重新判断所有的费用，不考虑以往会计期间所发生的费用项目或费用数额，而是将所有的预算支出均以零为出发点，一切从实际需要与可能出发，逐项审议预算期内各项费用的内容及开支标准是否合理，在综合平衡的基础上编制费用预算的一种方法。

2. 零基预算法的编制程序。零基预算的编制程序是：

（1）动员与讨论。即动员企业内部所有部门，在充分讨论的基础上提出本部门在预算期内应当发生的费用项目，并确定其预算数额。

（2）划分不可避免项目和可避免项目。在预算编制过程中，对于不可避免项目必须保证资金供应；对于可避免项目则需要逐项进行成本—效益分析，按照各项目开支必要性的大小确定各项费用预算的优先顺序。

（3）划分不可延缓项目和可延缓项目。即将纳入预算的各项费用进一步划分为不可延缓项目和可延缓项目。在预算编制过程中，应优先保证不可延缓项目的开支，然后再根据需要和可能，按照项目的轻重缓急确定可延缓项目的开支标准。

【例 8－1】 某农村合作金融机构为深入开展双增双节运动，降低费用开支水平，拟对历年来超支严重的业务招待费、劳动保护费、办公费、广告费、保险费等间接费用项目按照零基预算方法编制预算。

经多次讨论研究，预算编制人员确定上述费用在预算年度开支水平如表 8－1 所示。

表 8－1　　某农村合作金融机构预计费用项目及开支金额　　单位：元

费用项目	开支金额
1. 业务招待费	180 000
2. 劳动保护费	150 000
3. 办公费	100 000
4. 广告费	300 000
5. 保险费	120 000
合计	850 000

经过充分论证，得出以下结论：上述费用中除业务招待费和广告费以外都不能再压缩了，必须得到全额保证。

根据历史资料对业务招待费和广告费进行成本—效益分析，得到以下数据，如表 8－2 所示。

表 8－2　　某农村合作金融机构成本—效益分析表

成本项目	成本金额	收益金额
业务招待费	1	4
广告费	1	6

然后，权衡上述各项费用开支的轻重缓急排出层次和顺序：

因为劳动保护费、办公费和保险费在预算期必不可少，需要全额得到保证，属于不可避免的约束性固定成本，故应列为第一层次；

因为业务招待费和广告费可根据预算期间企业财力情况酌情增减，属于可避免项目；其中广告费的成本—效益较大，应列为第二层次；业务招待费的成本—效益相对较小，应列为第三层次。

假定该农村合作金融机构预算年度对上述各项费用可动用的财力资源只有 700 000 元，根据以上排列的层次和顺序，分配资源，最终落实的预算金额如下：

（1）确定不可避免项目的预算金额：150 000＋100 000＋120 000＝370 000（元）

（2）确定可分配的资金数额：700 000－370 000＝330 000（元）

（3）按成本—效益比重将可分配的资金数额在业务招待费和广告费之间进行分配：

业务招待费可分配资金＝330 000×40%＝132 000（元）

广告费可分配资金 = 330 000 × 60% = 198 000（元）

3. 零基预算法的优缺点。

零基预算法的优点是：

（1）不仅能压缩费用的开支，而且能够切实做到有限的费用用在最需要的地方。

（2）不受已有费用项目和开支水平的限制，能够充分发挥各级管理人员的积极性和创造性，促进各预算责任中心精打细算，量力而行，量入为出，合理使用资金、费用，提高经济效益。

（3）由于这种方法以零为出发点，对一切费用一视同仁，有利于企业面向未来发展考虑预算问题，有助于企业的发展。

而零基预算法的缺点在于由于这种方法以零为出发，在编制费用预算时需要完成大量的基础工作，这是一个复杂的耗费时间的过程，如历史资料分析、市场状况分析、现有资金使用分析和投入产出分析等，管理团队可能缺乏必要的技能，也带来浩大的工作量，并且需要较长的时间。

为了克服零基预算法的缺点，简化预算编制的工作量，可与增量预算法相结合，编制一次零基预算，编制几次增量预算，再编制一次零基预算。

三、定期预算法与滚动预算法

（一）定期预算法

1. 定期预算法的概念。定期预算法是指在编制预算时以不变的会计期间（如日历年度、季度、月份）作为预算期的一种预算编制的方法。

2. 定期预算法的优缺点。定期预算法的优点是能够使预算期间与会计年度相配合，便于考核和评价预算的执行结果。

定期预算法的缺点是定期预算通常是年初编制，缺乏远期指导；对预算期的各种变化不能及时作出调整，预算滞后；局限于本期规划，通常不考虑下期，不利于前后各个期间的预算衔接，不能适应连续不断的业务活动过程的预算管理。

为了克服定期预算的缺点，在实践中可采用滚动预算的方法编制预算。

（二）滚动预算法

1. 滚动预算法的概念。滚动预算法又称连续预算法或永续预算法，是指在编制预算时，将预算期与会计年度脱离，随着预算的执行不断延伸补充预算，逐期向后滚动，使预算期永远保持为12个月的一种方法。每过去一个月，就根据新的情况进行调整和修订后几个月的预算，并在原预算基础上增补下一个月预算，从而逐期向后滚动，连续不断地以预算形式规划未来经营活动。其实质是动态的不断连续更新调整的弹性预算，一般适用于季度预算的编制。

其具体做法是：每过一个季度（或月份），立即根据前一个季度（或月份）的预算执行情况，对后季度（或月份）进行修订，并增加一个季度（或月份）的预算。以逐期向后滚动、连续不断的预算方法来规划农村合作金融机构未来的生产经营活动。

2. 滚动预算法方式及其特征。滚动预算按其预算编制和滚动时间单位不同可分为逐月滚动、逐季滚动和混合滚动三种方式。

（1）逐月滚动方式。逐月滚动方式是指在预算编制过程中，以月份为预算编制和滚动单位，每个月调整一次预算的方法。如在2009年1—12月的预算执行过程中，需要在1月末根据当月预算的执行情况，修订2至12月的预算，同时补充2010年1月份的预算；2月末根据当月预算的执行情况，修订3月至2010年1月的预算，同时补充2010年2月份的预算……依此类推。

逐月滚动编制的预算比较精确，但工作量太大。

逐月滚动预算示意如图8－1所示：

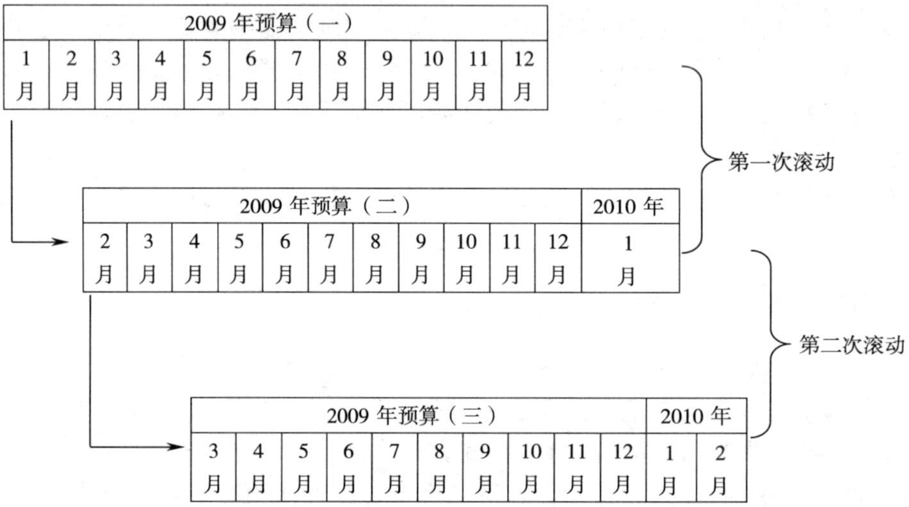

图8－1　逐月滚动预算方式示意图

（2）逐季滚动方式。逐季滚动是指在预算编制过程中，以季度为预算的编制和滚动单位，每个季度调整一次预算的方法。

如在2009年第一季度至第四季度的预算执行过程中，需要在第一季末根据当季的预算执行情况，修订第二季度至第四季度的预算，同时补充2010年第一季度的预算；第二季度末根据当季预算执行情况，修订第三季度至2010年第一季度的预算，同时补充2010年第二季度的预算……依此类推。

逐季滚动编制的预算比逐月滚动的工作量小，但预算精度较差。

（3）混合滚动方式。混合滚动方式是指预算在编制过程中，同时使用月份和季度作为预算的编制和滚动单位的方法。它是滚动预算的一种变通方式。

这种方式的理论根据是：人们对未来的了解程度具有对近期的预计把握较大，对远期的预计把握较小的特征。为了做到长计划短安排、远略近详，在预算编制过程中，可以对近期的预算提出较高的精度要求，使预算的内容相对详细；对远期预算提出较低的精度要求，使预算的内容相对简单。这样可以减少预算工作量。

如对2009年1月至3月的头3个月逐月编制详细预算，其余4月至12月分别按季度编制粗略预算；3月末根据第一季度预算的执行情况，编制4月至6月的详细预算，并修订第三至第四季度的预算，同时补充2010年第一季度的预算；6月末根据当季预算的执行情况，编制7月至9月的详细预算，并修订第四季度至2010年第一季度的预算，同时补充2010年第二季度的预算……依此类推，如图8－2所示。

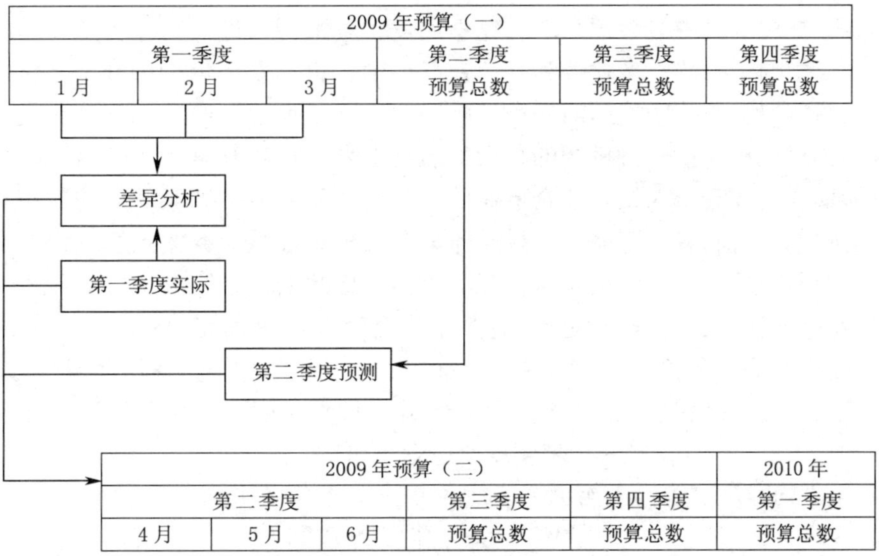

图8－2　混合滚动预算方式示意图

对于农村合作金融机构这一对市场敏感度较大的特殊企业，它对实际业务水平与预算业务水平进行分析的及时性和实时性都提出了更高的要求。在预算编制的方法上，传统的预算编制方法主要采用固定预算法、零基预算法及定期预算法，但农村合作金融机构可以不考虑预算期内业务水平可能发生的变动，只选择预算期内某一共同活动的业务水平为基础，对各项指标进行增减量调整而编制预算，具有简便易行的优点。所以，柔性预算、动态预算编制方法理应是农村合作金融机构编制预算的首选。

第三节　业务预算及财务预算

农村合作金融机构作为以金融资产和金融负债为产品的特殊企业，具有一般意义上企业的所有特征，它同样需要进行资产负债管理，同样拥有自身经营所需要的各项自有资金，它照章纳税，自负盈亏，且将追求自身价值最大化作为经营的最终目的。但是，对于这类特殊的企业来说，无论是在资产和负债的类别的划分，还是对于不同利益相关者的偏重程度，都与常规工商企业有着本质差别，而这些差异都对农村合作金融机构的财务管理有着直接的影响。

一、农村合作金融机构业务预算

农村合作金融机构业务预算是反映预算期内农村合作金融机构对可能形成现金收付的营业活动预算，主要包括主营业务的存款预算、贷款预算以及中间业务预算等。

（一）存款预算

存款是农村合作金融机构对存款客户的一种负债，是其贷款的主要资金来源，也是农村合作金融机构利润的最终源泉。马克思说过，对银行来说具有重要意义的始终是存款，存款不仅影响银行的资产业务和其他业务活动，也是发挥信用中介、支付中介、调节经济、创造信用工具等职能的前提和基础。

存款业务对农村合作金融机构的直接影响是带来了存款利息支出，是农村合作金融机构以负债形式向社会个人及其他企事业单位筹集各类资金按国家规定的适用利率分档次提取并支付的应付利息。因而，农村合作金融机构对存款业务的预算既包括对预算期内具体存款业务的预算，也包括其所引起的应付利息的预算。具体公式如下：

计划年度存款利息支出 = 计划年度存款平均余额 × 年平均存款利率

计划年度存款平均余额 = 计划年末存款余额 × 上年存款平均余额 / 计划年初存款

计划年末存款余额 = 计划年初存款余额 + 计划年度新增存款余额 − 计划年度减少存款余额

年平均存款利率 = 上年度存款利息收入 / 上年度平均存款余额 × 100% ± 计划年度利率升降

农村合作金融机构存款根据存款时间的长短，可以分为长期存款、中期存款、短期存款；按照资金的来源，可以分为一般意义上的存款、同业间资金的拆借；按照货币的种类，可以分为本币存款和外币存款。

（二）贷款预算

贷款是农村合作金融机构维持和发展所需要的重要收入来源，是农村合作金融机构获取收益的主要途径。农村合作金融机构通过开展贷款业务，一方面满足自身盈利的需求，另一方面满足社会对资金的需求。

贷款业务的直接影响是为农村合作金融机构带来贷款利息收入，是农村合作金融机构发放贷款向借款人收取的资金报酬。因而，农村合作金融机构对贷款业务的预算既需要包括对预算期内具体贷款业务的预算，也包括其所引起的应收利息的预算，具体公式如下：

计划年度贷款利息收入 = 计划年度贷款平均余额 × 计划年度贷款平均年利率

计划年度贷款平均余额 = 计划年末贷款余额 × 上年贷款平均余额 / 计划年初贷款余额

计划年末贷款余额 = 计划年初贷款余额 + 计划年度新增贷款余额 − 计划年度减少贷款余额

计划年度贷款平均年利率 = 上年度贷款利息收入 / 上年度平均贷款余额 × 100% ± 计划年度利率升降

同存款业务一样，农村合作金融机构贷款也根据时间的长短，可以分为长期贷款、中期贷款、短期贷款；按照资金的来源，可以分为一般意义上的贷款、银行间资金的拆借；按照货币的种类，可以分为本币贷款和外币贷款。

（三）中间业务预算

随着经济的发展和金融市场的日益完善，农村合作金融机构面对着复杂的经营环境和巨大的竞争压力。各大银行在资产业务和负债业务的基础上，纷纷利用技术、信息、机构网络、资金以及信誉等方面的优势，以中间人和代理人的身份替客户办理收付、咨询、代理、担保、租赁及其他委托事项，提供各类金融服务并从中收取一定的手续费。目前，中间业务已经成为任何一家银行不容忽视的重要的业务活动。

中间业务其实是由银行的信用中介这一基本职能派生出来的，它游离于银行的资产业务、负债业务之外，又与之保持一定的联系。目前银行的中间业务主要有本、外币结算、银行卡、信用证、备用信用证、票据担保、贷款承诺、衍生金融工具、代理业务、咨询顾问业务等。

二、农村合作金融机构的财务预算编制

农村合作金融机构的财务预算是对预算期内的资产、负债、利润以及现金流量等可以综合反映的财务状况的各个项目所进行的预测，具体包括损益预算、资产负债预算和现金流量预算等多个部分。

（一）损益预算

损益预算是按照利润表的内容和格式编制的反映农村合作金融机构在预算期内目标利润的预算，一般根据营业收入预算、营业成本预算、期间费用预算、其他专项预算等有关资料分析编制。它是为了掌握农村合作金融机构收益预算的执行情况，分析收益增减变化的原因，预计收益的发展趋势，为加强内部管理及规划经营战略提供重要的依据。

目标利润是农村合作金融机构事先确定的，要在一定时期内争取实现的利润。它是农村合作金融机构一定时期内的经营目标。确定利润预算目标是实施以目标利润为核心的农村合作金融机构预算管理的一项至关重要的工作，因为目标利润一旦被确定，就成为农村合作金融机构全面管理的导向，并对执行预算的全过程产生导向制约作用。

编制目标利润预算的一个关键点就是合理地确定目标利润数。一般来说，确定目标利润预算，要以农村合作金融机构的历史成本资料为基础，根据对未来发展的预测，充分考虑成本、技术、供求关系等因素的相互关系及其对利润指标的综合影响。以下是在编制利润预算、确定目标利润时必须遵循的几个原则。

1. 目标利润应当有战略性。目标利润的战略性是指农村合作金融机构在制定利润预算时，要充分考虑农村合作金融机构发展的长远规划，而不能只顾眼前利益。农村合作金融机构编制预算的目的不仅是为了使农村合作金融机构在短期内保持活力和竞争优势，更是为了使农村合作金融机构保持持久的竞争优势。

2. 目标利润应当有可实现性。目标利润确定的适当与否直接关系预算管理的实施效

果。目标利润预算定得过低，难以激发农村合作金融机构的潜力，容易给农村合作金融机构带来大量的无效成本，农村合作金融机构不能创造出最佳的经济效益，预算也就失去了它本身的意义。反之，又会使执行者觉得高不可攀，望而却步，失去实现目标利润的信心。因此，确定合理的目标利润预算是农村合作金融机构预算管理的一个关键环节。

3. 目标利润应当有科学性。目标利润预算确定的科学性是指目标利润预算设定是通过大量的资料收集和整理，并以其为依据，采用科学的方法制定的。

4. 目标利润应当有统一性。目标利润的统一性是指利润目标必须与农村合作金融机构总体目标协调一致。由于利润指标的片面性，在制定目标利润时，有必要考虑到其他财务管理指标和非财务管理指标，以保证最终真正实现农村合作金融机构价值的最大化。

确定目标利润预算有以下几个步骤。

（1）确定利润率标准。在调查研究的基础上，农村合作金融机构历史利润率最高水平以及当前同业的平均利润率水平，从中选择某项合理的利润率作为预测基础。利润率标准不宜定得过高或过低，否则会影响有关各方面的积极性与主动性。

（2）确定目标利润预算基数。将选定的利润率标准，乘以农村合作金融机构应达到的有关业务量及资金指标，便可测算出目标利润预算基数。主要有两种形式：一是根据农村合作金融机构拥有的资产规模和资产收益率来确定；二是根据预计的营业收入与农村合作金融机构利润率来确定。其计算公式为

$$\text{利润目标基数} = \text{预计资产总额} \times \text{预计的资产收益率}$$

$$\text{利润目标基数} = \text{预计营业收入} \times \text{预计的利润率}$$

式中：预计资产总额和预计营业收入可根据市场资金供需状况和农村合作金融机构现有资产规模收入水平预测确定；预计的资产收益率和预计的利润率可以上年实际数为基础，考虑计划期各因素变动的影响，参照同业先进水平来确定。

（3）确定目标利润预算。通过上述方法确定的目标利润基数需要与其他方法测定的利润目标进行比较，适当修改目标利润的预算，确定目标利润预算的修正值。经过综合平衡，决策出最终的利润目标。

确定目标利润可使农村合作金融机构对有关收入、成本和利润进行综合分析，为农村合作金融机构经营决策和经营管理提供可靠的依据。目标利润管理作为一种科学的管理方式，对提高农村合作金融机构的盈利水平和经营效率具有重要的作用。

（二）资产负债预算

资产负债预算是按照资产负债表的内容和格式编制的综合反映农村合作金融机构期末财务状况的预算，一般根据预算期初实际的资产负债表和营业收入预算、成本费用预算、采购预算、资本预算、筹资预算等有关资料分析编制。资产负债预算的设计应适合进行敏感性分析，帮助管理层模拟各种方案和测定决策的潜在影响。

编制资产负债预算表是为了反映农村合作金融机构预算期末预计的财务状况及未来经营期的各项资产、负债和所有者权益的增减变动情况。通过本表可了解农村合作金融机构预计拥有的经济资源，掌握农村合作金融机构的权益结构、资产变现能力、偿债能

力和财务实力，了解未来经营期内的营运资金变化情况。

资产负债预算表以“资产 = 负债 + 所有者权益”的会计等式为基础进行编制。首先应按资金来源和资金运用进行计划项目的分类。其中，资金来源构成可以概括为：来源于客户的资金、来源于市场的资金、长期债务和融资租赁、无息资金和股本等。而资金运用的构成可以概括为：贷款和租赁、投资证券、各类存款、其他盈利资产及其他资产等。在做资产负债预算时，应考虑以下因素：资产类要考虑资金限制、资本限制、信贷限制、利率风险、新业务、贷款分期偿还、提前还款、目标市场、目标产品和流动性需要等因素。而负债和权益类要考虑资金需求、流动性风险、利率、新产品、目标市场、资本需求量和到期日缺口等因素。

表 8 - 3 是资产负债预算的示例，这张资产负债预算表汇总了所有内部机构的情况，资产类、负债类和权益类科目都按最终汇总后的情况示例。

逐月列示和趋势分析对制订详细计划是十分重要的。表 8 - 3 列示了 1 月到 12 月的情况和趋势分析数据。趋势分析数据包括下年计划平均数、预计本年实际平均数、本年计划平均数和上年实际平均数。资产负债预算表需在资产方和负债方各有一个“调剂”科目以确保平衡。对资产方的剩余资金，误差项在现金及同业存放中体现；负债方的资金短缺则在借款科目中体现。

表 8 - 3　某农村合作金融机构资产负债预算　单位：万元

项目	1月	2月	3月	4月	5月	6月	7月	8月	9月	10月	11月	12月	下年计划平均数	预计本年实际平均数	本年计划平均数	上年实际平均数
资产																
现金及存放同业	150	150	160	170	170	170	170	170	170	170	170	170	165.8	155	150	140
存放定期存款	270	280	280	280	290	290	300	300	310	310	310	310	294.1	250	230	220
投资及证券交易	340	340	340	340	340	350	350	350	350	350	350	350	345.8	330	320	300
贷款	800	810	820	830	830	830	840	850	850	860	880	890	841.7	770	750	700
租赁	40	40	40	40	50	50	50	50	50	50	50	50	46.7	35	35	30
客户承兑债务	65	70	70	80	80	80	80	80	80	80	80	80	77.1	62.5	63	60
其他资产	160	160	165	170	170	170	170	170	170	170	170	170	167.9	157.5	155	150
房屋	70	70	70	70	70	70	70	70	70	70	70	70	70	70	70	65
合计	1 895	1 920	1 945	1 980	2 000	2 010	2 030	2 040	2 050	2 060	2 080	2 090	2 009.1	1 830	1 773	1 665
负债和权益																
活期存款（无息）	340	340	340	350	350	350	350	360	360	360	360	360	351.6	330	320	310

续表

项目	1月	2月	3月	4月	5月	6月	7月	8月	9月	10月	11月	12月	下年计划平均数	预计本年实际平均数	本年计划平均数	上年实际平均数
储蓄和可转让支付命令账户	410	410	420	430	430	430	440	440	450	450	460	450	435	400	390	370
定期存款	800	810	820	830	840	840	840	840	870	870	870	870	841.6	780	780	740
借款	164.6	174.6	179.6	174.3	184.3	194.3	203.7	203.7	173.7	183	193	213	187.7	145.1	107.6	84.9
承兑余额	65	70	70	80	80	80	80	80	80	80	80	80	77.1	62.5	63	60
其他	27	27	27	27	27	27	27	27	27	27	27	27	27	27	27	27
股东权益	88.4	88.4	88.4	88.7	88.7	88.7	89.3	89.3	89.3	90	90	90	89.1	85.4	85.4	73.1
合计	1 895	1 920	1 945	1 980	2 000	2 010	2 030	2 040	2 050	2 060	2 080	2 090	2 009.1	1 830	1 773	1 665

（三）现金流量预算

现金流量预算是按照现金流量表主要项目内容编制的反映农村合作金融机构预算期内一切现金收支及其结果的预算。它以业务预算、资本预算和筹资预算为基础，是其他预算有关现金收支的汇总，主要作为农村合作金融机构资金头寸调控管理的依据。

现金流量预算表的编制主要包括经营活动现金流预算、投资活动现金流预算和筹资活动现金流预算三部分。

1. 经营活动现金流预算。经营活动的现金流入包括：农村合作金融机构发放各类贷款及与金融企业往来所取得的现金利息收入，实际收回发放贷款的本金，开展各项业务收取的手续费收入，进行外汇买卖或兑换所产生的汇兑收益，其他业务现金流入，吸收的各项存款和应收、暂收其他单位或个人的款项等。

经营活动的现金流出包括：吸收各项存款及与金融机构往来的实际利息支出、因各项借款、发行金融债券而实际支付的现金利息、委托其他单位代办业务而支付的手续费、按有关规定当期实际支付的各种税金、外汇买卖和外币兑换业务而产生的汇兑损失、以现金方式支付给职工的工资和其他报酬、福利支出、实际发放的各项贷款、对外垫支及其他各项费用和支出。

2. 投资活动现金流预算。投资活动的现金流入包括：以现金方式收回的债券本金、股权转让产生的现金流入、出售固定资产和无形资产而取得的现金。

投资活动的现金流出包括：购买期限在三个月以上的债券支付的现金；投资于所管辖的分支机构、合营、联营企业股权的现金支出；购建固定资产和无形资产支付的现金或偿付应付款。

3. 筹资活动现金流预算。筹资活动的现金流入包括：发行金融债券而收入的现金；发行股票而收入的现金和借入借款而取得的现金。

筹资活动的现金流出包括：偿还借款或债券本金；当期支付给投资者的利润；为筹资活动而支付的有关现金费用和以现金支付的融资租赁固定资产的租赁费用。

【复习思考题】

1. 全面预算管理的内容和种类有哪些？
2. 简述财务预算编制的方法。
3. 财务预算管理的内容和作用有哪些？
4. 试述财务预算编制的步骤。

【经典案例】

上海浦东发展银行股份有限公司
2008 年决算和 2009 年预算报告

一、2008 年公司经审计主要经营指标完成情况

（一）总资产

公司资产总额达 13 094.25 亿元，比 2007 年底增加 3 944.45 亿元，增长 43.11%，完成预定计划的 130.94%。

（二）存款

本外币一般性存款余额为 9 472.94 亿元，比 2007 年底增加 1 838.21 亿元，增幅为 24.08%，完成计划的 112.77%。

（三）贷款

公司各项本外币贷款总额为 6 975.65 亿元，比 2007 年底增加 1 465.76 亿元，增幅为 26.60%，完成计划的 110.72%。

（四）资本充足率

公司通过内部积累、发行次级债券等多种方式适时补充了资本金，但资本充足率还是从上年的 9.15% 降至 9.06%，核心资本充足率则由 5.01% 上升至 5.03%。

（五）收支及利润

公司实现营业收入共计 345.61 亿元，实现税前利润 153.03 亿元，比 2007 年净增 45.45 亿元，增长 42.25%；实现税后净利润 125.16 亿元，比 2007 年增加 70.17 亿元，增长 127.61%，完成计划的 151.74%。税后利润同比增加较大除税前利润增加因素外还受一次性退税影响：公司在上年第四季度经国税总局批准和管辖税务机关审核，调整了 2006 年度和 2007 年度职工税前工资列支标准，据此退还公司该两年年度相关税务清算款共计近 9.4 亿元，使 2008 年度所得税费用一次性降低。

（六）不良资产

公司努力克服宏观经济调控带来的不利影响，实现了不良贷款率的下降。按五级分类口径，“后三类”不良贷款率由年初的 1.46% 下降为 1.21%。同时，由于准备金计提更加充分，使年末不良贷款的准备金覆盖率由 2007 年末的 191.08% 上升到 192.49%。

此外，公司董事会确定了2008年对外捐赠额度为2 500万元，由于2008年我国自然灾害频发，先后经历了南方冰雪灾害和“5·12”汶川大地震，在此情况下，公司积极履行企业社会责任，以实际行动踊跃投入到抗害救灾中，前后各类赈灾捐款累计近1 600万元。因此，2008年公司对外捐赠总数最终为2 671万元。

二、公司2009年度财务预算情况

（一）业务发展预算

2009年在适度宽松货币政策的宏观背景下，公司将积极审慎拓展资产业务，一方面发挥银行在支持经济增长中应有的作用，另一方面通过资产规模的有效增长弥补利差缩窄引致的营业收入下降，对盈利能力的稳定构成支撑。同时公司在2009年将继续高度关注资产、负债的平衡发展，多方筹措包括一般性存款、同业资金负债、主动负债在内的各类负债来源，以不断壮大资金实力。基于上述考虑，公司在2009年提出如下业务发展预算：

1. 总资产规模突破1.5万亿元，争取达到15 500亿元，比2008年末增长18%。

2. 本外币各项贷款余额达到8 900亿元，比2008年末增长28%。

3. 本外币一般性存款余额突破万亿元，达到11 300亿元，比2008年末增长19%。

4. 主动负债余额达到1 000亿元左右，较2008年末增长约20%，同业资金负债余额与上年末基本持平，保持在2 500亿元左右。为有效支撑资产业务的发展，公司在2009年将通过发行债券、吸纳协议存款和同业存款等方式筹集资金，实现对负债来源的有力补充。

（二）资本补充预算

随着业务规模的较快发展，公司各类风险资产在2009年也将保持一定增幅。鉴于此，公司在2009年将通过内部利润积累和外部融资补充资本，使资本充足率水平在符合监管要求的同时实现进一步提升。在外部融资方面，公司的主要补充渠道包括：

1. 公司计划通过外部增发的方式募集约150亿元左右的资金用于补充核心资本。

2. 在外部增发成功后，公司将按照监管规定、在不超过核心资本50%的额度内发行次级债券用于补充附属资本，2009年次级债券可发行额度为不超过150亿元。

（三）资产质量预算

2009年在复杂多变的经济环境下，公司将更为敏锐和严格地把控信贷风险，秉承积极稳健的风险管理政策，努力化解、清收、转化存量不良贷款，严格控制新增不良贷款，继续保持较好的资产质量。公司计划在2009年将“后三类”不良贷款余额控制在97亿元以内，不良贷款率控制在1.2%以内，较2008年末进一步下降。同时公司将继续保持拨备政策的基本稳定，力争使不良贷款的准备金覆盖率维持在不低于2008年的水平，保持较强的抗风险能力。

（四）资本性支出预算

2009年公司将继续加大网点渠道建设和IT建设力度，进一步完善网点的全国布局和区域布局，增加服务渠道并提升公司形象，为战略转型提供基础和保障。基于此，公司2009年资本性支出总量计划为40亿元，主要支出情况如下：

1. 网点建设：为打造综合性网点布局，公司计划在2009年新建超过100家实体网点，新增1 000台以上的自助设备。上述网点建设事项在2009年预计新增资本性投入8亿元以上。

2. IT建设：为改善数据基础和信息平台，公司计划在2009年对现有系统进行升级、改造和优化，并新投产建设部分系统和项目。IT建设事项在2009年预计新增资本性投入5.3亿元以上。

3. 房产购置：公司在2009年必要的自有房产购置，将根据审批权限提交董事会或股东大会审议批准后实施。

（五）收支及利润预算

2009年随着净息差的缩窄，公司的盈利能力将面临挑战，公司将积极拓展资金业务并大力发展中间业务，保持整体盈利能力的稳定增长，同时还将通过有效的风险控制和成本控制，保持成本的增长居于合理水平，最终实现股东回报的提升。基于此，公司在2009年提出如下主要收支及利润预算：

1. 收入：2009年公司净利息收入预计增长5%以上，非利息净收入增幅预计达到20%以上，非利息净收入与营业净收入之比较2008年预计提升1个百分点左右。

2. 成本：鉴于2009年网点建设、IT建设等战略性投入所需，营业费用的控制将面临较大的压力。因此，2009年公司将在保证战略性投入的同时，进一步加大对自主性成本开支的控制力度，力争将营业费用总量控制在150亿元以内，较2008年预计增长18%左右，较前几年平均增幅有明显下降。在风险成本方面，公司在2009年将继续保持稳健的准备金政策，预计全年计提准备金支出在30亿元左右。

3. 利润：公司预计2009年实现净利润约在127亿元左右，与2008年扣除一次性退税款9.4亿元后的净利润相比，增幅10%左右。

在不考虑进一步摊薄的情况下，平均资本利润率（ROE）争取保持在不低于27%的水平，每股收益较上年同期提升2%左右。

4. 对外捐赠：为更好地履行企业社会责任，公司计划2009年对外捐赠总额为不超过2 000万元。主要捐赠项目包括：世博会国家主题馆等已签约捐赠项目在2009年的继续付款约500万元，新建分行开业捐赠约300万元，以及总分行其他公益扶贫捐赠事项1 200万元。

【知识链接】

人民银行的财务预算管理

人民银行的预算是中央政府预算的重要组成部分，其全部财务收支经财政部批准后，按收支净额纳入中央财政预算。人民银行总行根据当年国家制定的货币政策和业务计划及资产负债计划，结合中央银行的机构改革及人员变动情况，实事求是地进行全额预算，编制总行和外汇管理局机关及全系统的年度财务预算草案。总行负责依据财政部批准的年度预算，组织和监督全系统预算的执行，并于每季终了10日内向财政部报告预算的执行情况及财务收支分析。

经济增加值与农村合作金融机构预算管理

经济增加值的核心是衡量价值，它考虑了带来企业利润的所有资本成本，即股东必须赚取至少等于资本市场上类似风险投资回报的收益率（机会成本）。农村合作金融机构可将经济增加值引入预算指标体系，把它作为全面财务管理体系的基础和衡量农村合作金融机构所有决策的单一财务指标。在该体系下，战略企划、资本分配、并购或撤资的估价及制订年度计划等管理决策的所有方面全都囊括在内，经营管理活动设定了目标并提供了衡量尺度，为各个营运部门的员工提供了相互交流的渠道，使得管理决策导向明确，易于制定、监督。将价值管理纳入预算管理是农村合作金融机构预算管理的必然趋势。

部门预算与农村合作金融机构预算管理

部门预算的主要思想是：各部门根据总体战略、目标、资源配置导向、业务发展需要制定部门目标并配置相关资源；各级业务部门是上级行相关部门的组成部分，接受上级行的预算分配；分支行负责人协调区域内的各项业务。以经营部门为主体的预算编制过程，是由总行各业务部门牵头负责本部门所经营业务的预算编制，送财务部门统一平衡后，形成全行的总预算，经管理层核批后由财务部门反馈到各部门，各部门再分解落实到下级相关部门。

部门预算相对于分级预算具有高效率配置资源，并使资源得到充分合理利用的作用，是农村合作金融机构业务发展和经营管理深化的必然要求，也是农村合作金融机构计划财务管理趋于成熟的表现。

第九章　财务分析

【本章概要】

财务分析是投资人、管理者以及监管当局了解企业运营状况，发现其深层次问题，并评估其内在价值的重要依据。比较分析法、比率分析法、趋势分析法、比重分析法以及因素分析法是财务分析的主要方法。资产负债表、利润表以及现金流量表等是财务分析的主要依据。盈利能力指标、偿债能力指标、经营效率指标、资金实力指标和经营风险指标构成了财务分析的指标体系。杜邦分析法是广泛应用于财务分析的一种综合分析方法。

【要点提示】

1. 理解财务分析的内涵；
2. 了解财务分析的步骤和基础；
3. 把握财务分析的基本方法；
4. 掌握财务分析指标体系和杜邦分析法。

【重要概念】

财务分析　比率分析法　现金资产比率　流动比率　流动资产比率　资产收益率　股权收益率　银行利润率　银行净利差率　普通股每股盈余　市盈率　资产使用率　股权乘数　收入成本率　资金自给率　资本风险比率　资本存款比率　利率风险缺口　利率敏感系数　信用风险比率　杜邦分析法

【本章架构图】

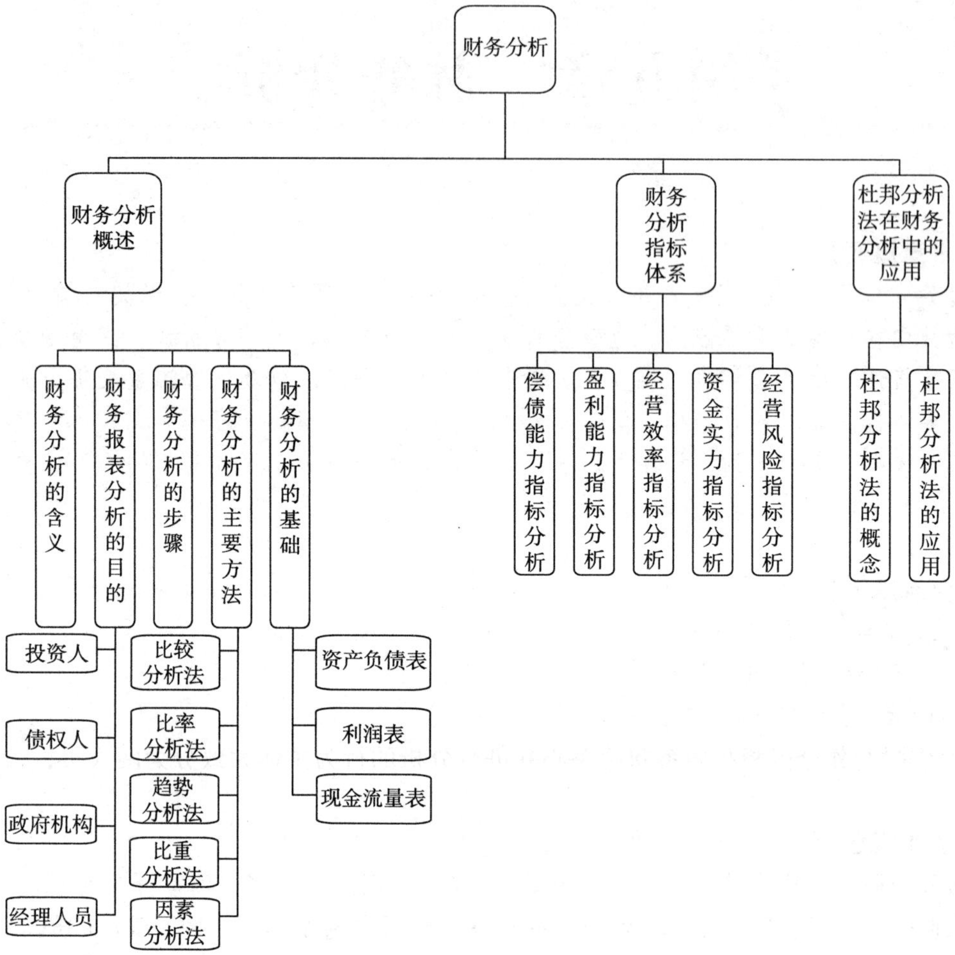

第一节　财务分析概述

一、财务分析的含义

财务报表是了解企业经营状况的重要信息来源，对财务报表进行分析，可以更深入地了解企业运营状况，发现一些深层次的问题，或者找到潜在的价值。财务报表分析往往成为投资人、管理者以及监管当局等利益关系人进行有关决策的重要依据。

一般认为，最早的财务报表分析出现于 19 世纪末 20 世纪初，主要服务于金融企业中提供企业贷款的银行。当时，借贷在企业资本中的比重不断增加，银行需要对贷款人进行信用分析，以判断其偿债能力；随着资本市场的发展，投资人需要对企业的盈利能力进行判断，财务报表分析又发展成为股票投资人的重要分析工具；随着公众投资人进入资本市场，股票市场发展起来，公众需要了解企业的盈利能力、筹资结构、利润分配及发展前景等情况，财务报表分析的用途进一步扩大，并逐渐发展成服务于企业外部相关者的重要分析工具。

公司组织发展起来后，财务报表分析由外部分析扩大到内部分析，不仅服务于外部机构，也服务于内部管理者，成为公司管理者分析盈利能力和偿债能力，改善管理，从而取得投资人和债权人支持的重要工具。在进行内部分析的时候，除了可利用公开的财务报表之外，还可以利用一些内部数据进行分析。

农村合作金融机构财务报表分析是以农村合作金融机构的基本活动为对象，以其财务报表所提供的财务信息为主要信息来源，运用各种分析方法，对农村合作金融机构财务状况、经营成果和现金流量所进行的比较和分析。其目的是通过了解过去、评价现在和预测未来，以帮助报表使用人改善决策。财务报表分析的起点是阅读财务报表，终点是作出某种判断（包括评价和找出问题），中间是分析财务报表过程，它由比较、分类、类比、归纳、演绎、分析和综合等认识事物的步骤和方法组成。其中分析和综合是两种最基本的逻辑思维方法。因此，财务报表分析的过程也可以说是分析与综合的统一。

二、财务报表分析的目的

进行财务报表分析，其目的因人而异，同时随着经济环境的变化而不断发展。目前，对农村合作金融机构财务状况关心并进行分析的行为主体大致分为两大类：一类是外部分析者（如投资人、债权人、证券分析机构和监管机构），它们是与农村合作金融机构有关的个人和组织，它们侧重对农村合作金融机构某一方面的考察，或是盈利能力，或是偿付能力，或是发展能力等；另一类是农村合作金融机构内部的经营管理者，他们一般将自身看做一个系统，在进行各种财务指标分析的基础上，综合分析农村合作金融机构的整体运行情况。

显然，不同的行为主体进行财务报表分析的目的不同。投资人、债权人、政府机构和经理人员分别具有不同的目的，需要不同的信息，采取的分析方法也不同。

（一）投资人

投资人是指公司的权益投资人即普通股股东。普通股股东的目的是扩大自己的财富。他们所关心的问题包括偿债能力、收益能力以及风险等。

权益投资人进行财务报表分析，对以下问题十分关注：

1. 农村合作金融机构当前和长期的收益水平高低，以及农村合作金融机构收益是否容易受重大变动的影响。

2. 目前的财务状况如何，农村合作金融机构资本充足率决定的风险和报酬如何。

3. 与其他竞争者相比，本机构银行处于何种地位。

（二）债权人

债权人是指借钱给农村合作金融机构的单位、个人、其他金融机构等并得到其还款承诺的人。债权人关心其是否具有偿还债务的能力。

债权人的主要决策是决定是否把钱存到该农村合作金融机构或融通资金给它，以及是否需要提前收回债权。他们关心以下几方面的问题：

1. 农村合作金融机构是否要额外筹集资金以及采取怎样的融资方式？

2. 农村合作金融机构的流动性如何？

3. 农村合作金融机构的市场信誉和形象如何？

（三）政府机构

政府机构也是农村合作金融机构财务报表的使用人，包括银监会、税务部门、证券管理机构、会计监管机构和社会保障部门等。它们使用财务报表是为了履行自己的监督管理职责。

（四）经理人员

经理人员是指被所有者聘用的、对农村合作金融机构资产和负债进行管理的个人组成的团体。

经理人员关心农村合作金融机构的财务状况、盈利能力、流动性和持续发展能力。经理人员可以获取外部使用人无法获得的内部信息。他们分析报表的主要目的是发现农村合作金融机构管理中存在的问题，为经营管理提供决策参考。

三、财务分析的步骤

（一）明确目的，制订分析计划

根据农村合作金融机构财务分析期间的工作重点，确定应进行财务分析的范围和重点，制订财务分析计划。在计划中应规定分析的目的和要求、分析工作的组织分工、采取的分析形式与程序、工作进度和确定分析资料的种类与来源等。财务分析工作应按计划进行，但在实际分析工作中可根据具体情况对计划进行修改和补充。

（二）收集资料，确定分析对象

按照财务分析的目的和计划要求，真正做好分析资料的准备工作。为了全面分析农村合作金融机构的财务活动，正确评价其经营绩效，应完整地收集整理分析资料，包括计划资料、定额资料、技术资料、核算资料、调查资料和其他有关的分析资料。在收集整理分析资料后，还必须认真检查核实分析资料，只有真实可靠的分析资料才能保证分析工作的质量。检查核算资料应根据资料的来源和类别，采取适当的方法进行。重点应检查资料的真实性和合法性。在此基础上，通过对资料数据的研究和比较，形成分析目标，确定分析对象。

（三）选定方法，分析原因

根据分析指标的性质及指标之间的相互联系，选择合适的分析方法，寻找影响指标变动的因素，并测算各个因素变动对财务指标的影响，以便根据计算结果分清主次，区别利弊，这是财务分析工作的中心环节。

（四）总结评价，提出措施建议

结合农村合作金融机构的特点和历年状况，对分析结果进行认真的总结和评价。肯定成绩，发现问题，实事求是地评价过去，科学地预测未来，提出合理化建议和改进工作的措施，供经营者和其他利害关系人决策时参考。

四、财务分析的主要方法

（一）比较分析法

比较分析法是将彼此相联系的指标进行对比，确定它们之间的差异，用以评价财务活动情况好坏的方法。这是财务分析中最常用的一种方法。常用的比较形式有：

1. 本期实际数与计划数比较，以检查考核计划的执行进度和结果。

2. 本期与前期比较，以了解财务指标的动态和变化趋势。它包括与上期比，与上年同期比，与历史先进水平比，与特定历史时期比。

3. 本单位与外单位比较，以开阔视野，取人之长，补己之短。

（二）比率分析法

比率分析法是利用两个指标的某种关联，通过计算比率来考察、计量和评价财务状况、经营成果和现金流量的一种分析方法。

比率分析法是财务报表分析中应用最广的方法，其最大特点是简单、适用，容易为财务分析人员所掌握。随着参与股市投资的社会大众的增多，有些比率还成了被广大社会所认知的数据，如市盈率、资产回报率等，进一步巩固了比率分析在财务报表分析中的地位。同时比率分析所得到的多项数据，也往往成为其他分析方法所使用的数据。可以说，在一定程度上，比率分析是财务报表分析的基础之一。

（三）趋势分析法

趋势分析法是对不同时期财务指标进行对比，以确定其增减差异和变动趋势的分析方法。

趋势分析法计算指标包括差异数、差异率和趋势比率。

$$差异数 = 报告期数 - 基期数$$

$$差异率 = 差异数 / 基期数 \times 100\%$$

$$趋势比率 = 报告期数 / 基期数 \times 100\%$$

（四）比重分析法

比重是指某项财务指标各组成项目占总体指标的百分比。比重分析法又称结构分析法，它是通过分析指标结构变化，来反映该项指标特征的一种分析方法。

（五）因素分析法

因素分析法是通过分析影响财务指标的各项因素，并计算其对指标的影响程度，用以说明本期实际与计划或基期相比，财务指标发生变动或差异主要原因的一种分析方法。进行因素分析最常用的方法有两种，即连环替代法和差额计算法。

1. 连环替代法。连环替代法是通过顺次逐个地替代影响因素，计算各因素变动对指标变动影响程度的一种因素分析方法。

2. 差额分析法。差额分析法是连环替代法在实际应用中的一种简化方法。其特点是先计算每个因素的差额，然后按照连环替代的顺序，依次计算每个因素的影响数额。

五、财务分析的基础

财务分析是以会计核算资料为基础，通过对会计所提供的核算资料进行加工整理，得出一系列科学的、系统的财务指标，以便进行比较、分析和评价。这些核算资料包括日常核算资料和财务报告，但财务分析主要以财务报告为基础，日常核算资料只作为财务分析的一种补充资料。财务报告主要包括资产负债表、利润表、现金流量表、所有者权益（或股东权益）变动表、财务报表附注以及其他反映企业重要事项的文字说明。这些财务报表及附注能集中概括地反映企业的财务状况、经营成果和现金流量等财务信息。根据我国《企业会计准则》的要求，财务报表的格式按照一般企业、商业银行、保险公司、证券公司等企业类型分别作出不同的规定。目前主要的会计报表有资产负债表、利润表和现金流量表，上市企业还有股东权益变动表。下面主要介绍三张基本财务报表：资产负债表、利润表和现金流量表。

（一）资产负债表

资产负债表是反映会计期末企业全部资产、负债和所有者权益情况的会计报表。资产负债表主要由三部分构成，即资产、负债和所有者权益。

资产负债表按格式不同分为账户式、报告式和财务状况式三种。我国农村合作金融机构采用的是账户式资产负债表，即报表的基本构成部分分为左、右两方，左方所列为资产项目，右方所列为负债和所有者权益项目，每个项目又都分列年初数和期末数。农村合作金融机构资产负债表的一般形式如表 9－1 所示。

表 9－1　　　　资产负债表

编制单位　　　　______年____月____日　　　　单位：元

资　产	期末余额	年初余额	负债和所有者权益（或股东权益）	期末余额	年初余额
资产：			负债：		
现金及存放中央银行款项			向中央银行借款		
存放同业款项			同业及其他金融机构存放款项		
贵金属			拆入资金		
拆出资金			交易性金融负债		
交易性金融资产			衍生金融负债		
衍生金融资产			卖出回购金融资产		
买入返售金融资产			存款		
应收利息			应付职工薪酬		
发放贷款和垫款			应交税费		
可供出售金融资产			应付债券及存款证		
持有至到期投资			递延所得税负债		
长期股权投资			其他负债		
投资性房地产			负债合计		

续表

资　产	期末余额	年初余额	负债和所有者权益（或股东权益）	期末余额	年初余额
固定资产			所有者权益（或股东权益）		
无形资产			实收资本		
递延所得税资产			资本公积		
其他资产			减：库存股		
			盈余公积		
			一般风险准备		
			未分配利润		
			所有者权益（或股东权益）合计		
			负债和所有者权益（或股东权益）总计		

1. 资产项目。

（1）现金及存放中央银行款项，包括农村合作金融机构库存现金以及存放中央银行的法定存款准备金和超额存款准备金。

（2）存放同业款项，是指农村合作金融机构存放在国内外同业及其他金融机构的款项。

（3）贵金属，反映农村合作金融机构持有的黄金、白银等贵金属存货的成本。

（4）拆出资金，是指农村合作金融机构向国内外同业及其他金融机构拆出的资金。

（5）交易性金融资产，包括农村合作金融机构为交易目的所持有的债券投资、股票投资、基金投资等交易性金融资产的公允价值，也包括农村合作金融机构接受委托采用全额承购包销、余额承购包销方式承销的证券在收到证券时划分为以公允价值计量且其变动计入当期损益的金融资产。

（6）衍生金融资产，是指农村合作金融机构的衍生金融工具形成资产的公允价值。

（7）买入返售金融资产，包括买入的返售国债、金融债和其他债券以及返售票据和贷款。

（8）应收利息，反映农村合作金融机构表内应收而未收的利息，但其并不能反映应收未收利息的全部，因为对于已经计算的利息超过 90 天未收回的以及贷款逾期 90 天未收回的，其已经计算的利息，均应从表内转入表外。

（9）发放贷款和垫款，包括农村合作金融机构对企业的贷款与贴现以及对个人的贷款及垫款。

（10）可供出售金融资产，指农村合作金融机构持有的可供出售金融资产的公允价值，包括划分为可供出售的股票投资以及债券投资等金融资产。

（11）持有至到期投资，是指农村合作金融机构持有至到期债券投资的摊余成本。

（12）长期股权投资，指农村合作金融机构对子公司、联营公司及上市和非上市的其他股权投资。

（13）投资性房地产，指农村合作金融机构采用成本模式计量的和采用公允模式计量的投资性房地产的成本。

（14）固定资产，指农村合作金融机构财务报表反映的固定资产的原价。

（15）无形资产，指农村合作金融机构持有的包括专利权、非专利技术、商标权、著作权、土地使用权等资产的成本。

（16）递延所得税资产，指农村合作金融机构确认的可抵扣暂时性差异产生的递延所得税资产。

（17）其他资产，农村合作金融机构除上述资产以外的其他资产。

2. 负债项目。

（1）向中央银行借款，是指农村合作金融机构向中央银行借入的款项。

（2）同业及其他金融机构存放款项，包括国内外同业及其他金融机构存入的款项。

（3）拆入资金，包括拆入的国内外同业及其他金融机构的款项。

（4）交易性金融负债，是指农村合作金融机构采用短期获利模式进行融资所形成的负债。

（5）衍生金融负债，是指由农村合作金融机构的衍生金融工具形成的负债。

（6）卖出回购金融资产，包括卖出的回购国债、金融债和其他债券以及回购的票据和贷款。

（7）存款，包括客户存入的短期存款、短期储蓄存款、存入短期保证金、长期存款、长期储蓄存款和存入长期保证金。

（8）应付职工薪酬，是指农村合作金融机构按规定应付给职工的工资、职工福利、社会保险费、住房公积金、工会经费、职工教育经费、非货币性福利、辞退福利、股份支付，以及农村合作金融机构按规定从净利润中提取的职工奖励及福利基金。

（9）应交税费，包括应缴的营业税、城市维护建设税和教育费附加。

（10）应付债券及存款证，包括已发行次级债券、已发行存款证和已发行票据。

（11）递延所得税负债，是指农村合作金融机构确认的应纳税暂时性差异产生的负债。

（12）其他负债，指农村合作金融机构除上述负债项目以外的负债。

3. 股东权益。

（1）股本，是指农村合作金融机构接受的投资者投入的股本。

（2）资本公积，是指农村合作金融机构收到投资者出资额超过其在注册资本或股本中所占份额的部分以及直接计入所有者权益的利得和损失。

（3）盈余公积，是指农村合作金融机构按规定从净利润中提取的法定盈余公积和任意盈余公积。

（4）库存股，是指农村合作金融机构收购、转让或注销的本公司股份金额。

（5）一般风险准备，是指农村合作金融机构按规定从净利润中提取的一般风险准备。

（6）未分配利润，是指农村合作金融机构年末未分配利润的结余。

（二）利润表

利润表是反映农村合作金融机构报告期利润（亏损）实现情况的报表。通过编制利润表，可以了解各农村合作金融机构的收入、支出、费用、税金及利润情况，考核利润计划执行结果，从而分析盈亏变化的原因。农村合作金融机构利润表的一般格式如表 9－2 所示。

表 9－2　　利润表

编制单位　　______年____月____日　　单位：元

项目	本期金额	上期金额
一、营业收入		
利息净收入		
利息收入		
利息支出		
手续费及佣金净收入		
手续费及佣金收入		
手续费及佣金支出		
投资收益（损失以“－”号填列）		
其中：对联营企业和合营企业的投资收益		
汇兑损益		
公允价值变动损益（损失以“－”号填列）		
其他业务净收入		
二、营业支出		
营业费用		
营业税金及附加		
资产损失准备		
其他业务成本		
三、营业利润（损失以“－”号填列）		
加：营业外收入		
减：营业外支出		
四、利润总额（损失以“－”号填列）		
减：所得税费用		
五、净利润（损失以“－”号填列）		
六、每股收益		
（一）基本每股收益		
（二）稀释每股收益		

利润表各项目的填列内容如下：

（1）利息收入，包括客户贷款和垫款的利息收入、金融机构往来的利息收入和债券投资的利息收入，另外还包括已减值贷款利息冲转。

（2）利息支出，包括存款及存款证利息支出、金融机构往来利息支出和发行债券利息支出。

（3）净利息收入，是利息收入和利息支出的差额。

（4）手续费及佣金收入，包括人民币清算和结算业务、理财业务、投资银行业务、银行卡业务代理业务、外汇中间业务、电子银行业务、担保及承诺业务、托管业务等产生的收入。

（5）手续费及佣金支出，包括人民币清算和结算业务、理财业务、投资银行业务、银行卡业务代理业务、外汇中间业务、电子银行业务、担保及承诺业务、托管业务等产生的支出。

（6）手续费及佣金净收入，是手续费及佣金收入与手续费及佣金支出的差额。

（7）投资收益，包括债券投资交易差额净损益和股权投资净损益，其中包括对联营企业和合营企业的投资收益。

（8）汇兑损益，指农村合作金融机构发生的外币交易因汇率变动而产生的收益或损失。

（9）公允价值变动损益，是指农村合作金融机构的交易性金融资产和交易性金融负债，采用公允价值模式计量的投资性房地产、衍生工具、套期保值业务等公允价值变动形成的应计入当期损益的利得和损失，以及指定为以公允价值计量的金融资产或金融负债的公允价值变动形成的应计入当期损益的利得或损失。

（10）其他业务净收入，包括衍生金融工具、为交易而持有的投资等因公允价值变动产生的净收益（损失）以及其他业务净收入。

（11）营业费用，包括业务费用、职工费用、折旧费和其他费用。

（12）营业税金及附加，包括农村合作金融机构应缴纳的营业税、城市维护建设税和教育费附加。

（13）资产损失准备，包括贷款损失准备、债券投资减值准备、股权投资减值准备、固定资产减值准备、在建工程减值准备和其他资产减值准备。

（三）现金流量表

现金流量表是反映企业在一定的会计期间内现金流入和现金流出情况的财务报表。因其现金流入和流出的原因很多，按照经济活动发生的性质，可以将一定期间产生的现金流量归纳为：经营活动产生的现金流量、投资活动产生的现金流量和筹资活动产生的现金流量。通过现金流量表的编制，能够使会计报表使用者了解企业一定会计期间内现金和现金等价物流入和流出情况的有关信息，并据以预测未来现金流量。

编制现金流量表时，对经营活动现金流量的列报方法有两种：直接法与间接法。

1. 直接法。直接法是通过现金收入和支出的主要类别来反映企业经营活动的现金流量，一般以利润表中的营业收入为起算点，调整与经营活动有关项目的增减变动，然后计算出经营活动的现金流量。

现金流量表的编制程序通常有工作底稿法和T形账户法两种。其中工作底稿法是指以工作底稿为手段，以利润表和资产负债表数据为基础，对每一项目进行分析并编制调整分录，从而编制出现金流量表。

在直接法下，整个工作底稿纵向分成三段：第一段是资产负债表项目，其中又分为借方项目和贷方项目两部分；第二段是利润表项目；第三段是现金流量表项目。工作底稿横向分为五栏：在资产负债表部分，第一栏是项目栏，填列资产负债表各项目名称；第二栏是期初数栏，用来填列资产负债表项目的期初数；第三栏是调整分录的借方栏；第四栏是调整分录的贷方栏；第五栏是期末数栏，用来填列资产负债表项目的期末数。在利润表和现金流量表部分，第一栏也是项目栏，用来填列利润表和现金流量表的项目名称；第二栏不填；第三、第四栏分别是调整分录的借方和贷方；第五栏是本期数栏，利润表部分这一栏数字应和本期利润表数字核对相符，现金流量表部分这一栏的数字可直接用来编制正式的现金流量表。农村合作金融机构现金流量表的一般格式如表9-3所示。

表9-3 **现金流量表**

编制单位 ______年____月____日 单位：元

项目	本期金额	上期金额
一、经营活动产生的现金流量		
客户存款和同业存放款项净增加额		
向中央银行借款净增加额		
向其他金融机构拆入资金净增加额		
收取利息、手续费及佣金的现金		
收到其他与经营活动有关的现金		
经营活动现金流入小计		
客户贷款及垫款净增加额		
存放中央银行和同业款项净增加额		
支付手续费及佣金的现金		
支付给职工以及为职工支付的现金		
支付的各种税费		
支付其他与经营活动有关的现金		
经营活动现金流出小计		
经营活动产生的现金流量净额		

续表

项目	本期金额	上期金额
二、投资活动产生的现金流量		
收回投资收到的现金		
取得投资收益收到的现金		
收到其他与投资活动有关的现金		
投资活动现金流入小计		
投资支付的现金		
购建固定资产、无形资产和其他长期资产支付的现金		
支付其他与投资活动有关的现金		
投资活动现金流出小计		
投资活动产生的现金流量净额		
三、筹资活动产生的现金流量		
吸收投资收到的现金		
发行债券收到的现金		
收到其他与筹资活动有关的现金		
筹资活动现金流入小计		
偿还债务收到的现金		
吸收投资收到的现金		
分配股利、利润或偿付利息支付的现金		
支付其他与筹资活动有关的现金		
筹资活动现金流入小计		
筹资活动产生的现金流量净额		
四、汇率变动对现金及现金等价物的影响		
五、现金及现金等价物净增加额		
加：期初现金及现金等价物余额		
六、期末现金及现金等价物余额		

2. 间接法。间接法是以本期净利润为起算点，调整不涉及现金的收入、费用、营业外收支以及有关项目的增减变动，据此计算出经营活动的现金流量。

在我国的现金流量表中，以间接法编制的“经营活动产生的现金流量”被列做补充资料（见表9－4）。

表 9-4　　以间接法编制的“经营活动产生的现金流量”表

补充资料	本期金额	上期金额
1. 不涉及现金收支的投资和筹资活动		
以固定资产进行投资		
以债券转股权		
接受非现金捐赠		
2. 将净利润调节为经营活动的现金流量		
净利润		
加：计提的资产减值准备		
固定资产减值		
无形资产摊销		
待摊费用的减少（减：增加）		
预提费用的增加（减：减少）		
处置固定资产、无形资产和其他长期资产的损失（减：收益）		
固定资产报废损失		
筹资利息		
投资损失（减：收益）		
递延税款贷项（减：借项）		
贷款的减少（减：增加）		
存款的增加（减：增加）		
存款准备金的减少（减：增加）		
贴现的减少（减：增加）		
进出口押汇的减少（减：增加）		
拆借款项的净增（减：减少）		
经营性应收项目的减少（减：增加）		
经营性应付款项的增加（减：减少）		
其他		
经营活动产生的现金流量净额		
3. 现金及现金等价物净增加情况		
现金的期末余额		
减：现金的期初余额		
加：现金等价物的期末余额		
减：现金等价物的期初余额		
现金及现金等价物净增加额		

第二节　财务分析指标体系

绩效评价大多采用财务比率指标，这样可以剔除规模差异对财务分析的干扰。完整的财务比率指标体系可以综合反映企业的经营状况。财务比率分析一般包括以下几个方面。

一、偿债能力指标分析

企业的偿债能力也称清偿能力，是指企业运用其全部资产偿付债务的能力。它反映债权人所受保障的程度及企业信誉的高低。考核农村合作金融机构等金融企业的偿债能力和资信能力的指标有：

1. 现金资产比率。该指标是农村合作金融机构所持现金资产与全部资产之比，其计算公式为

现金资产比率 = 现金资产 / 资产总额 × 100%

现金资产具有完全的流动性，可随时应付各种流动性需求。该比率越高，农村合作金融机构清偿能力越强；该比率越低，农村合作金融机构清偿能力越弱。但是，现金资产一般是无利息收入的，如果现金资产比率太高，则农村合作金融机构盈利资产减少，影响收益。

短期可销售证券是农村合作金融机构的第二准备。当农村合作金融机构的现金资产不足以满足流动性需要时，可以随时出售其所掌握的短期证券，或收回、转让短期债权。它作为一个缓冲器，可以在到期前以最低的市场风险抛售，转化为现金。因此，在计算现金资产比率时，可以将短期可销售证券考虑在内，判断农村合作金融机构清偿能力的强弱。

2. 流动比率。流动比率是流动资产与流动负债的比率。其计算公式为

流动比率 = 流动资产 / 流动负债

流动资产是指可以在短期内（不超过一年）变现或者运用的资产，流动负债是偿还期限不超过一年的债务。该指标是评价农村合作金融机构清偿能力的重要指标，其比率越高，农村合作金融机构的清偿能力越强；其比率越低，农村合作金融机构的清偿能力越弱。有的国家为了加强对商业银行清偿能力的管制，对该比率有明确的规定，如瑞士曾规定，在任何情况下，商业银行所持的流动资产和可销售资产合计不得低于负债总额的6%。新加坡规定，所有商业银行必须保持相当于负债基数20%的流动资产。

3. 流动资产比率。流动资产比率是流动资产与总资产的比率。其计算公式为

流动资产比率 = 流动资产 / 资产总额 × 100%

该比率反映农村合作金融机构流动资产占资产总额的比重。该比率越高，农村合作金融机构偿债能力越强；该比率越低，农村合作金融机构偿债能力越弱。

4. 预计现金流量比率。该指标是预计现金流入与现金流出之比。其计算公式为

预计现金流量比率 = 预计现金流入量 / 预计现金流出量

该指标能表明农村合作金融机构偿债能力的强弱。

二、盈利能力指标分析

盈利能力分析主要是衡量企业运用资金赚取收益，同时控制成本费用支出的能力。无论是投资者还是债权人都认为盈利能力非常重要，因为良好的财务状况必须有较高的获利能力来支持。衡量盈利能力的财务指标有以下几个。

1. 资产收益率（ROA）。资产收益率又称投资报酬率，是净利润与全部资产总额的比率。其计算公式为

$$资产收益率 = 净利润 / 资产总额 \times 100\%$$

资产收益率集中体现农村合作金融机构运用其全部资金获取利润的能力。资产总额可以选用总资产的期末余额，也可以选用总资产期初与期末余额的平均数，前者可以方便地从资产负债表中取得，后者能准确反映农村合作金融机构在整个报告期的经营获利能力。这一指标越高，说明农村合作金融机构获利能力越强。

2. 股权收益率（ROE）。股权收益率又称自有资金收益率、所有者权益报酬率或净资产收益率，它是指税后净利润与所有者权益资本总额的比率。其计算公式为

$$股权收益率 = 净利润 / 所有者权益资本总额 \times 100\%$$

该指标反映农村合作金融机构所有者投入资本的获利程度，是农村合作金融机构资金运用效率和财务管理能力的综合体现，同股东财富直接相关，受到股东的格外重视。该指标比率越高，说明盈利能力越强。

3. 利润率。利润率是净利润与总收入的比率。其计算公式为

$$利润率 = 净利润 / 总收入 \times 100\%$$

该指标反映农村合作金融机构收入中有多大比例被用于各项开支，有多大比例作为利润留在企业内。该比率越高，农村合作金融机构获利能力越强。

4. 净利差率。净利差率是净利息与盈利资产的比率。利息收入是农村合作金融机构主要的收入来源，利息支出是农村合作金融机构主要成本支出项目，因此利差收入是影响农村合作金融机构经营业绩的关键因素。其计算公式为

$$净利差率 = (利息收入 - 利息支出) / 盈利资产 \times 100\%$$

盈利资产是指那些能带来利息收入的资产。农村合作金融机构总资产中，除现金资产和固定资产外，均可看做盈利资产，在计算中也应采用期初余额与期末余额的平均值。一般情况下，农村合作金融机构经营规模的扩大，盈利资产的增多会引起相应利息收入的增加，而农村合作金融机构净利差率的提高表明利差收入的增长幅度大于盈利资产的增长幅度，即农村合作金融机构在扩大资金运用、增加收入的同时，能较好地控制相应的融资成本（利息支出）。因而该指标可有效反映农村合作金融机构在筹资放款这一主要业务中的获利能力。但农村合作金融机构盈利资产获利能力越强，其利润率却并不一定更大，因为在农村合作金融机构支出中，除利息支出外，还有非利息支出，而利润率却考虑了非利息支出部分。

5. 非利息净收入率。该指标是非利息净收入与资产总额的比率。其计算公式为

非利息净收入率 =（非利息收入 - 非利息支出）/ 资产总额 ×100%

从利润表中可知，农村合作金融机构非利息收入来自于手续费和佣金收入，获得这类收入不需要相应增加资产规模，较高的非利息净收入会明显提高农村合作金融机构资产收益率。非利息支出包括提取贷款损失准备、员工薪金、折旧等间接费用，同农村合作金融机构管理效率直接相关，因而较高的非利息净收入率意味着相对较低的各类间接费用开支，表明农村合作金融机构管理效率良好。

总的来说，非利息净收入率的提高是农村合作金融机构盈利能力和管理效率良好的表现，但有时也意味着经营中潜在风险的提高，主要因为非利息收入中的较大部分通过表外业务取得，常伴随着一定或有负债及其他风险，且不在财务报表中明确表示，因而应用该指标时应多注意其他相关信息，了解相应风险状况。

股份制商业银行除了采用以上指标分析盈利能力外，还用以下几个指标来衡量。

6. 普通股每股盈余。普通股每股盈余简称为每股盈余或每股利润，是由税后净利润扣除优先股股利后的余额与普通股流通在外股数的比率。其计算公式为

每股盈余 =（税后净利润 - 优先股股利）/ 普通股流通在外的股数

每股利润是股份制银行发行在外的普通股每股所取得的利润。每股利润越高，说明股份制银行的获利能力越强。如果银行采用股本扩张的政策，大量配股或以股票股利的形式分配股利，就必然摊薄每股利润，使每股利润减少。

7. 普通股每股股利。普通股每股股利是普通股分配的现金股利总额与发行在外的普通股股数的比率。它反映普通股获得现金股利的多少。其计算公式为

每股股利 =（现金股利总额 - 优先股股利）/ 普通股流通在外的股数

每股股利的高低，不仅取决于银行获利能力的强弱，还取决于银行的股利政策和现金是否充裕。倾向于分配现金股利的投资者，应当比较银行历年的每股股利，从而了解银行的股利政策。

8. 每股净资产。每股净资产也称每股账面价值，是股东权益总额与流通在外的普通股股数的比率。其计算公式为

每股净资产 = 股东权益总额 / 流通在外的普通股股数

每股净资产并没有一个确定的标准，一般来说每股净资产越多，其获利能力越强。投资者可以比较分析银行历年每股净资产的变动趋势，来判断银行的发展趋势和获利能力。

9. 市盈率。市盈率又称价格盈余比率，是普通股每股市价与普通股每股盈余的比率。其计算公式为

市盈率 = 普通股每股市价 / 普通股每股盈余

银行财务人员和外部投资者对这一比率都很关心。银行财务人员在作出财务决策之前要很好考虑其他财务决策对这一比率的影响。投资人在投资之前，会对不同股票的市盈率进行对比，然后才决定投资于何种股票。一般来说，市盈率高，说明投资者对该银行的发展前景看好，但也意味着这种股票具有较高的投资风险。

三、经营效率指标分析

经营效率的高低标志着经营管理水平的高低，考核指标一般有如下几个。

1. 资产使用率。资产使用率是银行营业收入与资产总额的比率。其计算公式为

资产使用率(次) = 收入总额 / 资产总额 × 100%

这一比率反映农村合作金融机构资产的使用效率，即一定数量的资产所实现的收入有多少。该比率相当于一般企业的总资产周转率。由于农村合作金融机构的总收入主要由利息组成，而农村合作金融机构的利息率又只能低于工商企业的平均利润率，因此，农村合作金融机构的资产使用率比一般工商企业低。农村合作金融机构资产使用率越高，其经营效率越高。

2. 股权乘数。该指标的计算公式为

股权乘数 = 资产总额 / 所有者权益资本总额

这一指标表示一定资本量可以推动多少资产。由于农村合作金融机构主要通过存款和借款来经营，因此，相对于一般工商企业而言，这个比率是相当高的。该比率越高，农村合作金融机构的经营效率也越高。

3. 收入成本率。农村合作金融机构的收入成本率指其在业务经营过程中，为获取一定收入而发生的成本费用状况。按照农村合作金融机构各项收入的组成部分，可以从如下几个指标来考核成本率。

（1）利息收入成本率。利息收入成本率是指农村合作金融机构成本支出总额与各项利息总收入的比率。其公式为

利息收入成本率 = 成本支出总额 / 利息收入总额 × 100%

利息收入成本率用以反映农村合作金融机构每形成一定数量的利息收入所耗费的活劳动和物化劳动的数量。由于贷款是农村合作金融机构的主要营利性资产，是其取得收入的主要渠道，一般来说，农村合作金融机构的利息收入成本率都低于 100%，否则，银行就很难维持正常经营。

（2）营业收入成本率。营业收入成本率是指农村合作金融机构成本支出总额与营业收入总额的比率。其公式为

营业收入成本率 = 成本支出总额 / 营业收入总额 × 100%

营业收入是农村合作金融机构最主要的收入来源。营业收入成本率指标用以反映农村合作金融机构每形成一定数量的营业收入所耗费的活劳动和物化劳动数量。一般来说，营业收入成本率也小于 100%。营业收入成本率越低，农村合作金融机构利润占收入的比重越大，其盈利水平越高；反之，营业收入成本率越高，农村合作金融机构利润占收入的比重越小，其盈利水平也越低。

（3）收入成本率。收入成本率是指农村合作金融机构成本支出总额与各项收入总额的比率。其公式为

收入成本率 = 成本支出总额 / 各项收入总额 × 100%

这个指标用以反映农村合作金融机构每形成一定数量的收入总额所耗费的活劳动和

物化劳动数量。正常情况下，农村合作金融机构收入成本率也低于100%。因为收入成本率低于100%，所以表明农村合作金融机构收入抵补成本费用后还有盈余，如果该指标大于100%，则表明农村合作金融机构成本支出总额大于收入总额，农村合作金融机构经营出现亏损，经营效率低下。

四、资金实力指标分析

分析一家农村合作金融机构资金实力是非常重要的，因为它不但预示该农村合作金融机构的发展潜力，而且还表明该农村合作金融机构的资信能力。考核指标一般有如下几个。

1. 资金自给率。资金自给率的计算公式为

资金自给率 = 存款总额 / 资产总额 × 100%

该比率越大，说明该农村合作金融机构的实力越雄厚。

2. 自有资本比率。自有资本比率的计算公式为

自有资本比率 = 自有资本 / 资产总额 × 100%

农村合作金融机构的自有资本是股东为了获取利润而投入农村合作金融机构的货币和一部分保留在农村合作金融机构中的利润，它代表股东对农村合作金融机构的所有权。农村合作金融机构的自有资本在其经营中占有重要地位，它是农村合作金融机构存在和发展的先决条件。因此，该比率越高，农村合作金融机构资金实力越雄厚，抵御资产以外损失的能力越强。该比率一般要求在8%以上。但该指标未能考虑资产结构对资本需要量的影响。以短期证券、短期贷款为主体的资产结构，其经营风险远在长期贷款、长期投资占主导的资产结构之下，因而对资本的需求不同。资本与总资产比率无法反映上述差异，因此，很难形成一个公认的资本与资产总量比率的标准。

3. 资本风险比率。资本风险比率是农村合作金融机构资本总额与风险资产的比率，其计算公式为

资本风险比率 = 资本总额 / 风险资产总额 × 100%

随着农村合作金融机构资产结构的变化，农村合作金融机构的风险资产增加，原先的资本与资产比率越来越显示其不足。于是金融当局设计了资本风险比率，以此来说明金融企业的资本实力。农村合作金融机构的风险资产指可能发生损失的资产。在美国，风险资产被定义为现金和政府债券以外的所有资产。资本风险反映一家农村合作金融机构在存款者和债权人的资产遭受风险之前能够承担的资产价值损失的程度。例如，一家农村合作金融机构的资本风险比率为12%，就意味着该农村合作金融机构能承担与其风险资产总额12%的价值损失，若损失超过12%，该农村合作金融机构就负担不起。一般认为，该比率至少达15%以上。

资本风险比率并没有考虑不同类资产的风险差异，不同风险的资产对资本的需求量不同。因此，若能对不同资产规定出不同的资本比率要求，则就会大大提高这一比率衡量农村合作金融机构资金实力或资本风险的科学性。

4. 资本存款比率。该指标的计算公式为

资本存款比率 = 资本总额 / 存款总额 × 100%

这是最传统的用于衡量农村合作金融机构资金实力的指标。它表明农村合作金融机构资本对存款的依赖程度。农村合作金融机构的流动性风险来自贷款和投资的变现能力不足，因此，该指标需结合其他指标来判断农村合作金融机构资金实力的强弱。

五、经营风险指标分析

风险是指预期收入的不确定性。追求利润使企业价值最大化是农村合作金融机构经营的最终目标，但盈利总是与风险相联系，一般盈利大的资产，风险也大。由于农村合作金融机构经营的基本原则之一是安全性，所以其在追求利润的同时，应力求把经营风险降到可控制的范围内。

农村合作金融机构经营有利率风险、信用风险和流动性风险等，具体分析如下。

1. 利率风险指标分析。利率风险是指市场利率变动对利息收入和支出，即净利息收入的影响。当市场利率发生变化时，并非所有的资产和负债都受到影响。首先，利率变动不影响那些不生息资产和不计息负债，这类资产和负债既不产生利息收入，也没有利息支出。其次，在一定时期内利率固定的资产和负债虽然计息，但其利息收入和支出都不受利率变动的影响。利率的变动只影响利率敏感性资产和利率敏感性负债。这表明资金配置不同的农村合作金融机构面对相同的利率波动所受的影响是不同的，这种差别可以通过利率风险缺口和利率敏感性系数两个指标度量。

利率风险缺口又称资金缺口，是指利率敏感性资产与利率敏感性负债的差额。其计算公式为

$$利率风险缺口 = 利率敏感性资产 - 利率敏感性负债$$

利率敏感系数是指利率敏感性资产与利率敏感性负债之比。其计算公式为

$$利率敏感系数 = 利率敏感性资产 / 利率敏感性负债$$

利率敏感性资产是指那些在市场利率变化时，其利息收入会发生相应变化的资产，如可变利率贷款。利率敏感性负债是指那些在市场利率变化时，其利息支出会发生相应变化的负债，如可变利率存款。

如果利率风险缺口为零，利率敏感系数为1，表明利率的变动对净利息收入无影响，不过这个结论只在借、贷利率的变化完全一致时才正确。因为只有在这种情况下，不管市场利率如何变化，负债增加或减少的利息支出都可以由资产利息收入相应增加或减少来抵补或冲销，这时农村合作金融机构收益不会因为市场利率的变化而受任何影响。然而在现实经济生活中，农村合作金融机构存款和贷款利率的变化是不会完全一致的。因此，即使利率风险缺口为零，利率敏感系数为1，市场利率的变动也会对净利息收入有影响。

如果利率风险缺口大于零，利率敏感系数大于1，即利率敏感性资产大于利率敏感性负债，当市场利率上升时，农村合作金融机构收益将会增加，因为利息收入的增加多于利息支出的增加；当市场利率下降时，由于利息收入的减少多于利息支出的减少，农村合作金融机构收益就会降低。

如果利率风险缺口小于零，利率敏感系数小于 1，在市场利率上升时，由于利息收入的增加少于利息支出的增加，农村合作金融机构收益就会减少；而当市场利率下降时，由于利息支出的减少多于利息收入的减少，农村合作金融机构收益就会增加。

可见，利率风险缺口不等于零，利率敏感系数不等于 1 时，将会给农村合作金融机构经营带来风险。且缺口和系数的绝对值越大，农村合作金融机构承担的利率风险越大。由于市场利率的变化难以预测，农村合作金融机构为减少利率风险，一般尽量使缺口接近于零或系数接近于1。当然如果农村合作金融机构对利率走势预测正确的话，缺口越大，系数越偏离于1，则收益越大。

2. 信用风险指标分析。农村合作金融机构的信用风险是指农村合作金融机构贷款或投资的本金、利息不能按契约得到偿付的风险。农村合作金融机构的主要资产和收入的来源是各类金融债权，信用风险对其经营业绩影响很大。农村合作金融机构实际和潜在的信用风险程度可以用下列指标来衡量。

（1）信用风险比率。该指标是指低质量贷款与资产总额的比率。其计算公式为

信用风险比率 = 低质量贷款／资产总额或贷款总额

式中：低质量贷款由以下三部分组成。①逾期贷款。它指超过偿还期 90 天尚未收回的贷款。②重组贷款资产。当债务人财务状况恶化，农村合作金融机构为了避免贷款债权的最终落空，有时会以延长期限、降低利率等方式同借款人进行债务重组协商。③可疑贷款。其确认标志是债务人未能按期支付利息，这往往是债务人财务状况恶化，最终无力偿还本金和利息的先兆。低质量贷款的信用风险程度很高，是产生未来贷款损失的主要来源。该指标考虑了实际损失，也估计了潜在的贷款损失。所以该比率越高，农村合作金融机构贷款中的信用风险越大，未来可能发生的贷款损失越多，反之则相反。

（2）贷款净损失率。该指标是贷款净损失与贷款余额的比率。其计算公式为

贷款净损失率 = 贷款净损失／贷款余额 × 100%

贷款净损失是已被农村合作金融机构确认并冲销的贷款损失与其后经一定的收账工作重新收回部分的差额。该指标反映信用风险造成的贷款资产真实损失情况和质量状况，比值越大，说明农村合作金融机构资产质量越差，信用风险程度就越高。

（3）贷款损失保障倍数。该指标是当期利润加上贷款损失准备金后与贷款净损失之比。其计算公式为

贷款损失保障倍数 =（当期利润 + 贷款损失准备金）／贷款净损失

该指标数值越大，说明农村合作金融机构应付贷款资产损失的实力越强，可以减少贷款损失对农村合作金融机构造成的不利影响。

（4）贷款损失准备率。该指标是贷款损失准备与贷款损失净值之比。该指标的计算公式为

贷款损失准备率 = 贷款损失准备／贷款损失净值 × 100%

贷款损失准备来自于农村合作金融机构历年税前利润，是对未来可能出现的贷款损失的估计，并可以弥补贷款资产损失。该指标比值越高，说明农村合作金融机构抗信用

风险的能力越强。

上述指标集中考察了农村合作金融机构贷款资产的风险状况，并未对证券资产投资信用风险进行评估，这是因为农村合作金融机构所持有的证券以政府债券为主，信用风险程度相对较低。

3. 流动性风险指标分析。流动性风险是农村合作金融机构不能满足客户提现要求的风险。过高的流动性要求往往是由农村合作金融机构存款流失或贷款增加所致。流动性指标反映农村合作金融机构的流动性供给和各种实际的或潜在的流动性需求之间的关系。农村合作金融机构流动性供给在资产方和负债方均可存在，如农村合作金融机构拆入资金或出售资产都可以获得一定的流动性。流动性需求则可以通过申请贷款和提存等形式作用于资产负债两个方面。因而流动性指标在设计时，应综合考虑农村合作金融机构资产和负债两方面情况。

（1）流动性风险比率。该比率指标是短期投资与存款总额之比。其计算公式为

$$流动性风险比率 = 短期投资 / 存款总额 \times 100\%$$

式中：存款代表农村合作金融机构对流动性的需求，短期投资代表农村合作金融机构对流动性的供给，用两者之比来近似反映农村合作金融机构的流动性风险。虽然现金和同业存款也是农村合作金融机构的高流动性资产，但由于它只作为满足存款准备要求的资产，不能提供额外的流动性，所以不能把它算入流动性供给之内。另外，购买负债和提供贷款尽管分别是农村合作金融机构流动性供给和需要的因素，但由于两者都是潜在的，具有不确定性，难以估价，因此不应计入该比率中。该比率越高，说明农村合作金融机构流动性来源越多，流动能力越强，农村合作金融机构承担的流动性风险越小；反之，说明农村合作金融机构流动能力弱，有可能面临不能应付顾客提存需要和提供贷款的危险。

（2）易变负债比率。该指标是易变负债与全部负债之比。其计算公式为

$$易变负债比率 = 易变负债 / 全部负债 \times 100\%$$

易变负债包括农村合作金融机构吸收的经纪人存款、可转让定期存单及各类借入的短期资金。这类负债受资金供求关系、市场利率、农村合作金融机构信誉等多种因素影响，其融资成本、规模均难以为农村合作金融机构所控制，是农村合作金融机构最不稳定的资金来源。该指标反映农村合作金融机构负债方面的流动性风险情况，该比值越高，说明农村合作金融机构面临的潜在的流动性需求规模较大，且不稳定。

另外，也可以考察农村合作金融机构的国库券的持有比例，以判断其流动性的强弱。国库券是农村合作金融机构二级准备资产的重要组成部分，对其流动性供给有较大作用。一方面，国库券自身有较强的变现能力，农村合作金融机构出售国库券可直接获得流动性供给；另一方面，国库券是一种被普遍接受的质押物，农村合作金融机构可以其进行质押贷款。这表明国库券可产生间接的流动性供给，因此，国库券占农村合作金融机构资产总值比例越高，农村合作金融机构的流动性就越好。

第三节 杜邦分析法在财务分析中的应用

财务分析的最终目的在于全面、准确、客观地揭示和揭示农村合作金融机构的财务状况、经营成果和现金流量，并借以对农村合作金融机构的“三性”作出合理的评价。显然，要达到这样的分析目标，仅仅只测算几个简单孤立的财务比率，或将一些孤立的财务指标堆砌在一起，进行毫无联系的观察和分析，不可能得出合理、正确的结论，有时甚至可能会得出错误的结论。因此，只有将农村合作金融机构的各项分析指标有机地联系起来，作为一套完整的体系，相互配合使用，作出系统的综合评价，才能从总体上把握农村合作金融机构财务状况、经营成果和现金流量的优劣。应用杜邦分析法能达到这一要求。

一、杜邦分析法的概念

杜邦分析法最早由美国杜邦公司创造并运用，它是利用几个主要的财务比率之间的关系来综合分析企业的整体财务状况，特别是对其盈利能力进行深入分析的一种分析方法。该方法采用杜邦分析图，将有关指标按其内在的联系加以排列，主要揭示指标之间的关系。杜邦分析图如图 9－1 所示。

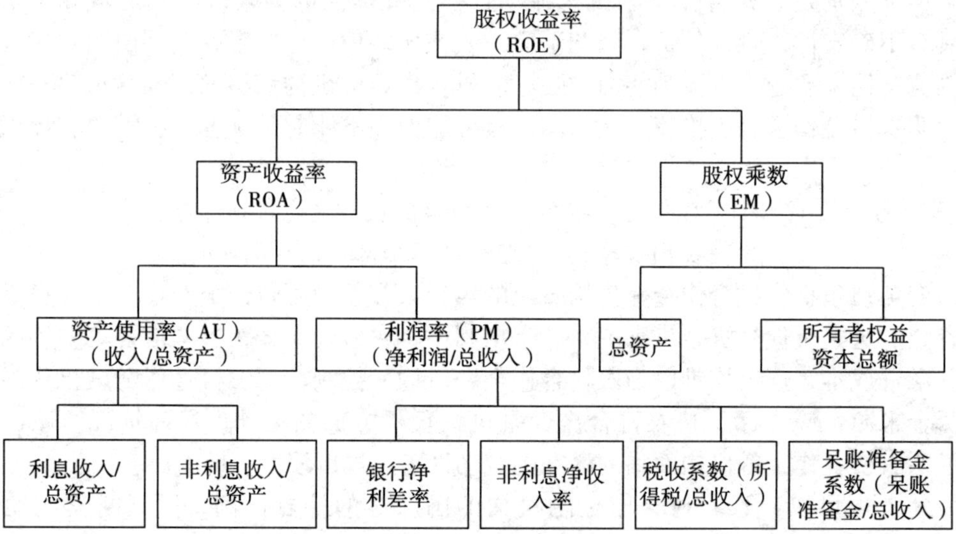

图 9－1 杜邦分析图

二、杜邦分析法的应用

杜邦分析法在分析农村合作金融机构整体财务状况时，主要分为三个步骤。

第一步：计算农村合作金融机构的股权收益率（ROE）指标。

股权收益率 = 税后净利润/所有者权益资本总额

通过农村合作金融机构的股权收益率指标可以充分反映公司股东投资的回报情况，计算这一指标可以了解农村合作金融机构的收入创造能力、运营效率、财务杠杆的使用情况以及税收等成本开支情况。

$$
\begin{aligned}
\text{资产收益率}(ROA) &= \text{税后净利润} / \text{总资产} \\
\text{股权乘数}(EM) &= \text{总资产} / \text{所有者权益资本总额} \\
\text{股权收益率}(ROE) &= (\text{税后净利润} / \text{总资产}) \times (\text{总资产} / \text{所有者权益资本总额}) \\
&= (\text{总收入} - \text{总支出} - \text{所得税}) / \text{总资产} \\
&\quad \times (\text{总资产} / \text{所有者权益资本总额})
\end{aligned}
$$

由上述公式可以看出股权收益率反映农村合作金融机构给股东的回报率；而资产收益率主要反映农村合作金融机构管理的效率，该指标表示农村合作金融机构管理人员将资产转化为净收益的能力。股权收益率与资产收益率根据公式似乎是同升、同降的关系，从表面看，似乎只有较高的资产收益率才可以获得较高的股权收益率，但实际上，农村合作金融机构的管理者在资金的使用上，是依靠债务筹资还是依靠股权筹资，对股权收益率的影响是不同的。农村合作金融机构如果采用债务筹资的方法筹集资金，即使资产收益率较低，但通过财务杠杆的作用，也可以获得较高的股权收益率。

第二步：将农村合作金融机构的资产收益率（ROA）分解为利润率（PM）和资产使用率（AU）。

$$
\begin{aligned}
\text{利润率}(PM) &= \text{税后净利润} / \text{总收入} \\
\text{资产使用率}(AU) &= \text{总收入} / \text{总资产} \\
ROA &= PM \times AU
\end{aligned}
$$

综上所述：

$$
\begin{aligned}
\text{股权收益率} &= \text{资产收益率} \times \text{股权乘数} \\
&= ROA \times EM \\
&= \text{利润率} \times \text{资产使用率} \times \text{股权乘数} \\
&= PM \times AU \times EM \\
&= \text{税后净利润} / \text{总收入} \times \text{总收入} / \text{总资产} \\
&\quad \times \text{总资产} / \text{所有者权益资本总额}
\end{aligned}
$$

农村合作金融机构的利润率主要反映了其成本控制情况；资产使用率主要反映农村合作金融机构资产对收入的贡献情况，反映农村合作金融机构资产的生产能力；股权乘数主要反映农村合作金融机构的融资策略，主要是依赖债务融资还是依赖股权融资。

将资产收益率分解为利润率和资产使用率的主要目的是分析资产收益率中隐含的变量，利润率反映了总收入的单位利润水平，利润率越高，说明农村合作金融机构在降低成本方面的成效越显著；而资产使用率则表明单位资产的创利水平，较高的资产使用率说明农村合作金融机构具有较高的资产使用水平。

ROE、ROA、PM 三个指标的分子相同，使用的都是税后净利润，只是分母有所差异。三个指标从不同角度对农村合作金融机构获利情况进行分析，股权收益率（ROE）从所有者角度衡量农村合作金融机构获利情况，但这一指标在股权资本不足的情况下会产生股权收益率过高的错觉。将股权收益率分解为资产收益率和股权乘数解决了这一问题。资产收益率（ROA）成为衡量农村合作金融机构业绩的首选指标，它表明农村合作金融机构所运用的表内资产的获利能力。通过将资产收益率分解为资产使用率与利润率，则出现了衡量农村合作金融机构业绩的第三个标准——利润率（PM）。当资产使用率衡量的单位资产获利能力已定，降低农村合作金融机构经营成本，提高利润率就成为农村合作金融机构绩效评价的一个主要方面。

第三步：进一步分析具体影响农村合作金融机构利润水平的因素。

农村合作金融机构的利润率是由其税后净收益与其总收入之比计算得出的。农村合作金融机构净收入的多少，一方面，受农村合作金融机构营业收入的制约；另一方面，在总收入确定的情况下，受农村合作金融机构经营成本的制约。影响农村合作金融机构利润的成本因素主要有利息支出、非利息支出、所得税及贷款呆账准备金。农村合作金融机构利息支出主要受其利率水平影响；非利息支出主要是农村合作金融机构的经营性支出，如雇员的工资支出、广告费开支、办公用品开支等；所得税是农村合作金融机构按适用的税率计算的应缴所得税金额；贷款呆账准备是根据农村合作金融机构可能产生的呆账情况计提的，贷款呆账准备金的计提会对当期损益产生影响。

农村合作金融机构的资产使用率还可以分解为

$$\text{资产使用率}(AU) = \text{利息收入} / \text{总资产} + \text{非利息收入} / \text{总资产}$$

利息收入主要受农村合作金融机构资产利率水平、资产结构、收益资产数量决定；非利息性收入主要由农村合作金融机构的佣金收入、服务收入等决定。农村合作金融机构通过资产使用率的分解，可进一步了解不同的资产给农村合作金融机构带来收益的情况。

【复习思考题】

1. 财务分析的目的是什么？
2. 财务分析的方法主要有哪些？
3. 财务报表主要有哪些？各反映什么情况？
4. 财务分析的指标体系有哪几类？每一类又包括哪些主要指标？
5. 杜邦分析法是如何分析农村合作金融机构经营业绩的？

【经典案例】

案例一：深圳发展银行获利能力分析

盈利性是指商业银行为其所有者获取利润的能力。获取利润是银行企业最终目标也是其生存和发展的必要条件。商业银行盈利水平的高低是其经营管理状况的综合反映。企业经营首要目标在于盈利，这是企业生存和发展的首要条件。

下面主要就从以下指标对深发展银行的利润水平、利息收入水平和成本控制水平进行详细分析。

单位：%

报告期	2007年	2008年	2009年
净资产报酬率	20.37	3.74	24.58
利息收入比	88.80	86.80	85.91
净利差	2.99	2.90	2.41
净息差	3.10	3.02	2.47
成本收入比	38.93	35.99	41.76

净资产报酬率是反映盈利能力的核心指标，指标值越高，意味着银行的盈利能力越强。从上表可以看出近三年来，净资产报酬率的变动，我们知道受2008年金融危机的影响，深发展的中小企业贸易融资等重点业务遭受冲击，从而导致2007年到2008年的一个下降趋势，盈利能力受到挑战。而随后中央实施积极的财政政策，货币政策也从偏紧转向适度宽松，再加上银行自身的不断创新，该比率迅速上升到2009年的24.58%，盈利能力得到增强。考察商业银行利息收入水平能力的重要指标是利息收入比、净息差和净利差。利息收入比从2007年的88.80%下降到2009年85.91%，净利差和净息差也呈现下降趋势，趋势下降虽然代表着盈利能力的下降，但也说明了深发展的收入结构开始逐渐优化，开展中间业务的能力增强，而不再仅仅是传统的存贷款息差，这是值得肯定的。成本收入比是衡量银行的成本管理水平，该指标不应高于45%。该指标从上表来看总体呈现上升状态，说明应提高经营管理效率。

案例二：招商银行流动性比率分析

流动性比率分析是通过对报表相关资产与负债项目的比率计算来分析银行的流动性状况，为银行今后的流动性管理提供可靠的依据和建议。流动性对商业银行至关重要，是银行的生命线，银行的流动性也涉及整个金融体系乃至整个经济体系对流动性需求的保证。而流动性与盈利性是流动性风险管理首要解决的矛盾，银行持有高流动性资产，流动性风险会降低，但同时也降低了银行收益；反之，高资产收益而低流动性会使银行面临过大的流动性风险（见下表）。

资产负债比率表

报告期	2001年	2002年	2003年	2004年	2005年	标准值区间
流动性比率	0.75	0.77	0.76	0.77	0.77	≥0.25
存贷款比率	0.50	0.54	0.65	0.69	0.66	≤0.75
中长期贷款比率	1.72	2.76	3.72	4.78	5.23	1.20
流动性资产对全部存款比率	0.93	0.94	0.97	0.95	0.92	0.3~0.45
备付金比率	0.14	0.16	0.15	0.13	0.12	≥0.05

从以上指标中不难发现，招商银行的流动性比率和存贷款总量结构在正常区间值以内，但中长期贷款比率和流动性资产对全部存款的比率偏高，说明在存款的内部结构中存在一些问题。首先，中长期贷款比率偏高，说明中长期贷款来源没有稳定的中长期存款作保证，而是以短期存款为基础，银行资金存在短存长贷，流动性差，虽然收益性较高但却是建立在高风险性的基础上。其次，有关资料显示招商银行存款结构以短期存款为主，那么流动性资产对全部存款比率偏高充分说明招商银行存贷结构不合理，信贷期限结构错配，加大资金流动性风险，容易引发支付困难。

第十章　价值评估

【本章概要】

价值评估对推动企业的并购重组、帮助其投资者进行投资决策以及提高管理者的价值管理水平等均具有重要意义。它是指通过特定的手段和专门的方法，对企业这一特定对象的市场价值和内在价值进行评价的活动。价值评估包括清楚评估报告的使用者、明确价值评估的真实目的、确定价值评估的对象和范围、确定评估对象的价值类型、确定价值评估的基准日以及出具完整的价值评估报告等六大环节。本章从内外两个方面分析了影响价值评估的因素。在掌握收益法、市场法以及成本法等价值评估基本方法的基础上，了解 EVA 评价法在价值评估中应用。

【要点提示】

1. 理解价值评估的内涵；
2. 熟悉价值评估的程序；
3. 把握价值评估的影响因素；
4. 掌握价值评估的基本方法；
5. 了解价值评估的 EVA 评价法。

【重要概念】

价值评估　市场价值　投资价值　内在价值　收益法　市场利率折现　市场法公司自由现金流　股权自由现金流　市盈率乘数法
参考企业比较法　并购案例比较法　成本法　账面价值法　重置成本法
清算价值法　EVA 法

【本章架构图】

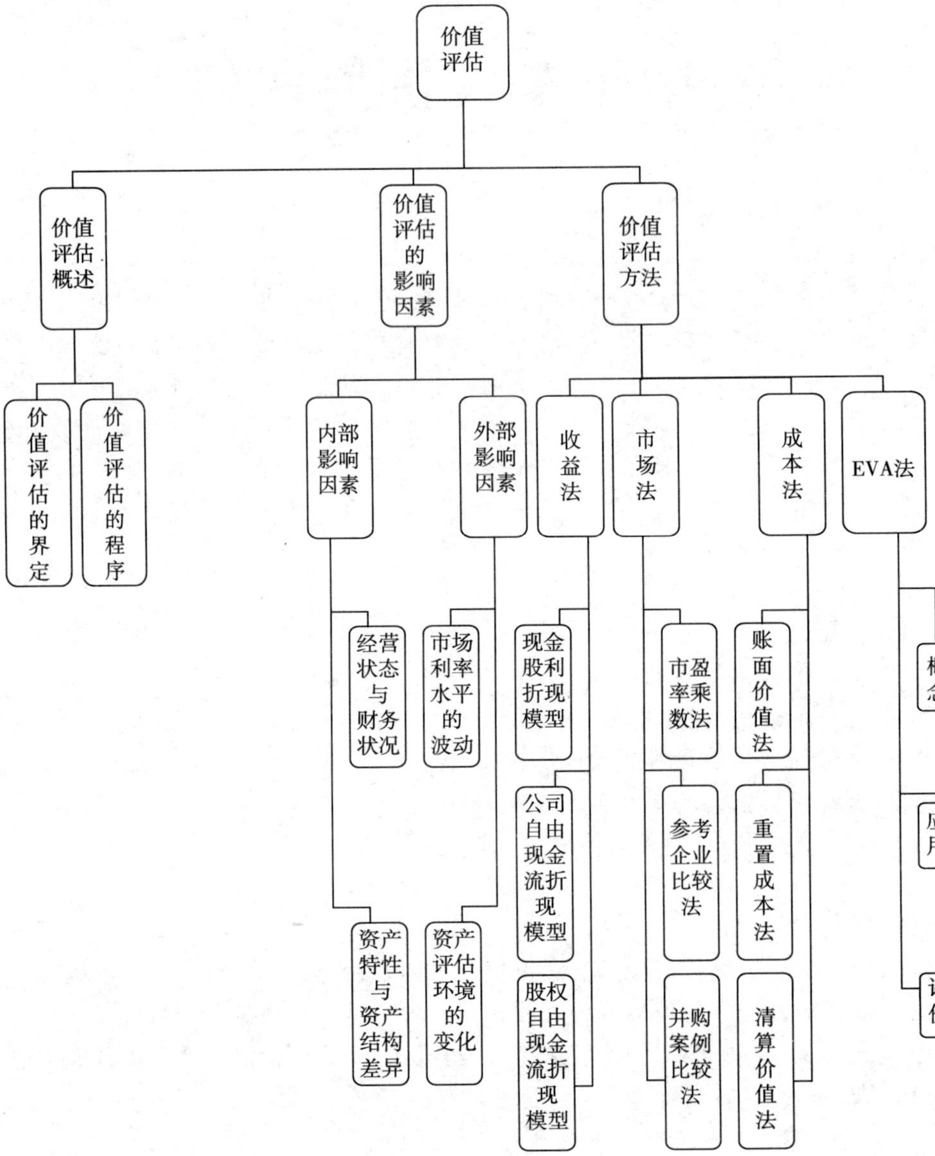

第一节　价值评估概述

价值评估对推动企业并购重组、帮助投资者进行投资决策以及提高管理者的价值管理水平等均具有重要意义。价值评估是企业并购重组过程中重要而必不可少的基本环节。另外，它也是企业股东评价其投资效果、潜在投资者进行准投资决策以及管理当局进行价值管理的重要依据。

一、价值评估的界定

（一）价值的含义

要弄清企业的价值，首先必须要弄清什么是价值，即价值的含义是什么。关于价值的含义大都与马克思的价值论学说相关。马克思的价值论学说对价值的理解主要有使用价值、劳动价值（内在价值）、哲学价值和交换价值（市场价值）等四个不同视角。而本书要讨论的企业价值主要是指企业的市场价值和内在价值（或称投资价值）。

《资产评估价值类型指导意见》认为，市场价值是指自愿买方和自愿卖方在各自理性行事且未受任何强迫的情况下，评估对象在评估基准日进行正常公平交易的价值估计数额。投资价值是指评估对象对于具有明确投资目标的特定投资者或者某一类投资者所具有的价值估计数额，亦称特定投资者价值。

企业内在价值的实质就是企业预期的未来收益的现值。对于投资者来说，投资是以牺牲目前的流动性为代价，换取未来较大收益性的一种行为。投资者投资于金融资产或实物资产，就是投资于这些资产的未来获利能力。所以，投资者为任何资产所支付的价格应能够反映它预期在未来能产生的现金流量的现值。从投资角度看，企业价值应是能反映企业未来盈利能力的，而非企业的资产成本。企业的内在价值就是从投资的角度来评价企业，一般来讲，内在价值在数量上等于企业在其剩余的寿命中可以产生现金流量的现值之和。

（二）价值评估的含义

从字面意义上来理解，价值评估就是对评价对象的市场价值和内在价值（或称投资价值）的评估。企业价值评估就是对企业这种特定对象的市场价值和内在价值的评价。依此，企业价值评估也就是通过特定的手段和专门的方法，对企业这一特定对象的市场价值和内在价值进行评价的活动。

从规章层面上来看，财政部和中国资产评估协会在相关文件中也都有对资产评估（视同为价值评估）的界定。2004 年 5 月 1 日开始实施的《资产评估准则——基本准则》对资产评估的表述为，资产评估是指注册资产评估师依据相关法律、法规和资产评估准则，对评估对象在评估基准日特定目的下的价值进行分析、估算并发表专业意见的行为和过程；2005 年 4 月 1 日起施行的《企业价值评估指导意见（试行）》对企业价值评估的表述为，企业价值评估是指注册资产评估师对评估基准日特定目的下企业整体价值、股东全部权益价值或部分权益价值进行分析、估算并发表专业意见的行为和过程。

综上所述，价值评估就是指注册资产评估师依据相关法律、法规和资产评估准则，运用特定的手段和专门的方法，对评估基准日特定目的下企业的整体价值、股东全部权益价值或部分权益价值进行分析、估算并发表专业意见的行为和过程。

二、价值评估的程序

评估程序就是资产评估师执行评估业务所履行的系统性工作步骤。《资产评估准则——基本准则》和《资产评估准则——评估程序》都对其有明确规定，正常评估程序分为明确评估业务基本事项、签订业务约定书、编制评估计划、现场调查、收集评估资料、评定估算、编制和提交评估报告以及工作底稿归档等八个步骤。根据这些规定并结合企业的价值评估特点，下面分别从六个方面阐述企业的价值评估程序。

（一）清楚价值评估报告的使用者

在对企业进行价值评估时，首先必须要弄清楚评估报告的使用者是谁。不同类型的使用者，其所关心的价值指标是不一样的。譬如，拟投资企业的投资者，其最关心的不是企业现在市场价值总额的多少，而是该企业的发展前景、行业地位以及能体现公司投资价值和风险的各评价指标。而拟并购的主并公司，其最关心的是所要并购的企业的市场价值总额，因为这个指标是它实施并购、支付对价的主要依据。因此，价值评估机构和资产评估师在对企业进行价值评估时，必须要清楚价值评估报告的使用者。

价值评估报告的使用者可能是委托人，也可能不是委托人。如某农村合作金融机构A要并购农村合作金融机构B，农村合作金融机构A就会委托资产评估机构评估农村合作金融机构B的市场价值，此时，委托人和使用人是一致的。但如果农村合作金融机构A要贷款给某公司B，可能为防范贷款风险要求公司B提供其价值评估报告，公司B就必须委托资产评估机构对其自身价值进行评估，此时，委托人和使用人是不一致的，委托人是公司B，使用人则是农村合作金融机构A。

（二）清楚价值评估的真实目的

价值评估机构和资产评估师在对企业进行价值评估时，还要清楚价值评估的真实目的。评估目的将会影响评估方法的选用，评估方法将会影响评估结果。譬如，投资者为降低投资风险，在购买某农村合作金融机构的股份之前，就会委托资产评估机构去评价该农村合作金融机构的价值。在此情况下，委托人的真实目的是弄清楚拟投资的农村合作金融机构的发展前景、行业地位以及能体现农村合作金融机构未来收益能力的各相关指标。此时，资产评估师就必须首先考虑使用收益法对农村合作金融机构的价值进行评估，当然，有时也可使用市场法对其进行价值评估；但如果某农村合作金融机构A要并购一家濒临破产的农村合作金融机构B，农村合作金融机构A为减少在并购中的信息劣势，提高在并购谈判中的主动权，从而降低收购风险，就会委托资产评估机构对农村合作金融机构B的价值进行评估。对于一家濒临破产的企业的价值进行评估，资产评估师必须使用成本法或者市场法，而使用收益法对其进行价值评估将是不可取的。因此，清楚价值评估的真实目的对资产评估师来说是非常重要的。

（三）确定价值评估的对象和范围

资产评估师进行价值评估，必须要界定资产评估的对象及范围，这是在空间上对评估标的的界定。资产评估对象就是在一定时点时，资产评估师进行价值评估的标的。在《企业价值评估指导意见》中，标的被谨慎区分为企业单项资产价值、企业整体价值、股东全部权益价值和股东部分权益价值等。对农村合作金融机构进行价值评估，一般情况下指的就是农村合作金融机构的整体价值，但也不排除在对濒临破产或面临清算的农村合作金融机构进行价值评估时，要将农村合作金融机构拆成很多单项资产（如短期贷款、长期贷款等）或单项负债（如短期存款和长期存款等）进行分项评估，有时评估对象也可能仅为股东全部权益价值或股东部分权益价值。评估对象就是评估活动的靶子，没有了靶子，评估活动就失去了依托，故必须界定资产评估的对象。另外评估的对象是母公司自身还是包括其控股的各子公司，子公司是全资子公司、绝对控股的子公司、相对控股的子公司还是参股子公司？这些都属于评估对象的范围问题。在进行价值评估时，资产评估师也必须要将其界定清楚。只有在对评估的对象及范围界定清晰的前提下，得出的价值评估结果才具有决策相关性。

（四）确定评估对象的价值类型

《资产评估价值类型指导意见》明确表示，评估对象的价值类型包括市场价值和市场价值以外的价值类型，市场价值是指自愿买方和自愿卖方在各自理性行事且未受任何强迫的情况下，评估对象在评估基准日进行正常公平交易的价值估计数额。市场价值以外的价值类型包括投资价值、在用价值、清算价值和残余价值等。

评估对象的价值类型会影响资产评估师对价值评估方法的选择。《资产评估价值类型指导意见》第十七条明确表示，当注册资产评估师所执行的资产评估业务对市场条件和评估对象的使用等并无特别限制和要求时，注册资产评估师通常应当选择市场价值作为评估结论的价值类型。在此情况下，注册资产评估师应选择市场法对评估对象进行价值评估；第二十条也指出，注册资产评估师执行资产评估业务，当评估对象面临被迫出售、快速变现或者评估对象具有潜在被迫出售、快速变现等情况时，注册资产评估师通常应当选择清算价值作为评估结论的价值类型。在此情况下，注册资产评估师应选择成本法对评估对象进行价值评估；第二十一条还表示，注册资产评估师执行资产评估业务，当评估对象无法或者不宜整体使用时，注册资产评估师通常应当考虑评估对象的拆零变现，并选择残余价值作为评估结论的价值类型。而在此情况下，资产评估师应选择成本法对评估对象进行价值评估。

总之，注册资产评估师在对评估对象进行价值评估时，必须要准确把握评估对象的价值类型，因为它是注册资产评估师准确选择价值评估方法的重要前提。

（五）确定价值评估的基准日

资产评估师进行价值评估，必须要清楚地界定价值评估的时点，这是在时间上对评估标的的界定。《资产评估准则——基本准则》认为，资产评估是指资产评估师依据相关法律、法规和资产评估准则，对评估对象在评估基准日特定目的下的价值进行分析、估算并发表专业意见的行为和过程。其中，评估基准日就是对评估对象的时间界定。因为企业或者资产的价值是动态变化的，即不同时点其价值不同，所以，要确定评估对象的价值，一定是评估对象在某一时点的价值，即在评估基准日时评估对象的价值。如农村合作金融机构 A 在 2010 年 12 月 28 日要收购农村合作金融机构 B，那么就必须要对 12 月 28 日农村合作金融机构 B 的价值进行评估，也只有依据这一基准日的价值评估结果才更具并购决策价值。注意它和评估报告日不一样，评估报告日是资产评估机构出具评估报告的日期，通常要晚于评估基准日。

（六）出具完整的价值评估报告

《资产评估价值类型指导意见》明确表示，资产评估师在执行了必要的资产评估程序后，应根据相关评估准则和本指导意见编制并由所在评估机构出具评估报告。评估报告就是提交给委托人的、对评估对象的价值给出评估结论的、具有法律效力的文件。它主要包括委托方和其他评估报告使用者、评估对象、评估对象的基本情况及财务状况、评估目的、评估对象的价值类型、评估基准日、评估假设和限制条件、评估依据、评估方法、评估程序实施过程和情况、评估结论、特别事项说明、评估报告日以及评估机构和注册资产评估师签章等基本内容。

资产评估师在对同一评估对象可以采用多种评估方法时，应充分阐述其选择评估方法的依据。对评估初步形成的结论还应进一步分析，在综合考虑不同评估方法和初步价值结论的合理性及所使用数据的质量和数量的基础上，形成最终合理评估报告。

第二节　价值评估的影响因素

影响价值评估的因素有很多，有来自企业内部的因素，如企业的经营现状和财务状况等，也有来自企业外部的因素，如专业评估环境的变化和市场利率水平的波动等。下面分别从内部和外部两个方面来探讨价值评估的影响因素。

一、内部影响因素

任何事物的价值都有内部和外部两个方面的影响因素，内部因素是首要的，处于第一位的因素，也是决定性的因素。外部因素对事物的价值也起作用，有时作用还很大，但它是通过内部因素才起作用的，即它的作用的发挥要建立在内部因素基础之上。

（一）经营状态和财务状况

对企业经营现状和财务状况把握的准确程度，是影响评估师对其价值评估的最主要因素。无论评估的对象是上市企业还是非上市企业，只要其经营业绩不断提升，财务状况良好，预期收益稳定或者不断增长，且未来各期的收益能合理预测。在此情况下，资产评估师对其进行价值评估，就理应选择收益法。原因是此情况下运用收益法评估得到的结果最能反映企业的内在价值；评估对象不管是否为上市企业，只要其经营业绩和财务状况一般，且未来各期的预期收益不稳定，又很难合理预测，那么资产评估师对其进行价值评估时，就不应选用收益法，而应选用市场法。理由是在企业预期收益不能合理预测的情况下，收益法根本无法运用，而市场法则较为适合。当然市场法的应用前提必须满足，即评估对象所在的行业要有一个活跃的公开市场，且在这个公开市场上要有足够数量的与评估对象相同或者相似的参考企业；如果评估对象经营状态不好，财务状况恶化，持续经营假设遇到挑战，那么不管评估对象是否为上市企业还是非上市企业，资产评估师对其进行价值评估时，就不应选择收益法或市场法，而应选择成本法。理由是在企业财务状况恶化，无法持续经营下去时，可能很快就会面临破产清算的局面，对于一个将要被破产清算的企业，其价值评估只能采用成本法。

综上可知，对评估对象的经营状态和财务状况把握的准确程度，是影响价值评估准确性的重要内在因素。如果不能很好了解和把握被评估对象的经营现状和财务状况，就会对其经营现状和财务状况出现误判，从而就会在评估方法的选择上出现失误，误选的评估方法评估出来的结果就会与被评估对象的真实内在价值出现很大偏差，当然依据这一评估结果进行的投资与并购等相关决策就会出现失误，也就会给决策者带来重大损失。

（二）资产特性和资产结构差异

农村合作金融机构和一般工商企业相比，在资产特性和资产结构上有其自身的特殊性。从资产表现形式上看，农村合作金融机构所拥有的资产多为现金资产、贷款资产和证券资产等金融资产，另外，从资产结构上看，金融资产在其总资产中占有相当大的比重。很多农村合作金融机构金融资产占的比例有时高达70%，而其他如固定资产等资产占有的比例则比较低。农村合作金融机构的这些资产和资产结构上的特殊性又必然地会影响到其自身价值。虽然我们要评估的是农村合作金融机构的整体价值，而农村合作金融机构的整体价值很大程度上又取决于其所拥有的金融资产的价值。金融资产的价值就是指金融资产的内在价值，它是金融资产在给其持有人带来的未来收入流量的现值。由此可见，金融资产所能带来的未来收入流量的大小以及和这些收入流量相对应的折现率的大小，是决定金融资产价值大小的根本。

未来收入流量是决定金融资产价值大小的重要因素。由于金融资产所能带来的收入是尚未实现的未来的收入，因此其具有很大的不确定性，即具有很大的风险。金融资产未来收入流量的不确定性越小，收入流量就越可靠，其风险就越小。反之，收入流量的不确定性越大，收入流量就越不可靠，其风险就越大。影响收入流量的不确定性因素有很多，时间是较为重要的一个因素。持有金融资产的时间越长，市场上各种经济因素的变化就越多，收入流量就越不确定。反之；持有的时间越短，市场上各种经济因素的变化相对就越少，收入流量就越确定。另外，折现率也是影响金融资产价值大小的重要因素。这里讲的折现率一般认为是市场利率，也就是市场上投资的平均报酬率。它对金融资产价值的影响，将在下面对企业价值评估的外部影响因素里面叙述。

总之，资产评估师在对农村合作金融机构进行价值评估时，一定要把握和理解农村合作金融机构的资产特性以及独特的资产结构，否则就很难得到农村合作金融机构整体价值的相对比较准确的结果。

二、外部影响因素

企业外部环境的变化也会直接影响其价值的评估，外部环境的变化有多种表现形式，这里仅从市场利率水平的波动和价值评估环境的变化两个方面，对企业价值评估的外部影响因素进行探讨。

（一）市场利率水平的波动

前已述及，资产的价值等于它的未来收益的折现值之和，因此，折现率或者说市场利率是影响农村合作金融机构资产价值的一个重要因素。市场利率是什么？它由什么组成？市场利率就是在市场上投资所获得的平均报酬率。

市场利率一般由无风险利率、通货膨胀溢酬、违约风险溢酬、流动性风险溢酬和到

期风险溢酬所构成，它可以用公式表示为

市场利率 = 无风险利率 + 通货膨胀溢酬 + 违约风险溢酬
+ 流动性风险溢酬 + 到期风险溢酬

无风险利率就是指在通货膨胀为零时无风险证券的利率。在实际评估时，通常把五年期的国库券利率视为无风险利率；通货膨胀风险是指在金融资产持有期间，由于货币实际购买力的下降给其带来损失的风险；违约风险是指由于借款人到期无法偿还本息给投资人带来损失的风险；流动性风险是指由于市场原因金融资产无法迅速转换为现金，从而给农村合作金融机构带来损失的风险；到期风险则是指因证券到期期间长短不同，持有期间利率变化给投资者投资带来损失的风险。

由市场利率的构成可知，影响市场利率水平高低波动的因素很多。央行准备金率的调整、资本市场的完善化程度以及国家经济发展状况的变化等都可能影响市场利率的波动。如果金融资产带来的未来各期的收益能够确定，那么各收益期间的相应利率的高低就成了影响资产价值的核心因素。如果各收益期间的市场利率提高，就会使得资产的内在价值降低；反之，如果各收益期间的市场利率降低，就会使得资产的内在价值提高。由此可见，市场利率水平的波动会影响农村合作金融机构资产的价值变化，从而会影响农村合作金融机构整体价值的变化。为此，资产评估师在对农村合作金融机构进行价值评估时，一定要高度重视并合理调整不同期间的市场利率。

（二）资产评估环境的变化

物体长度既取决于物体本身的长短，也取决于测量物体的工具的精密程度，还取决于测量物体的人的测量技术。企业价值的评价也一样，测量企业价值的工具就是资产评估准则规定的程序和方法等，而资产评估师就是测量企业价值的人。

1. 资产评估准则体系日趋完善。随着社会主义市场经济体制的不断完善，资产评估在市场经济活动中越来越重要。为规范注册资产评估师的执业行为，中国资产评估协会（以下简称中评协）从 1993 年成立以来，相继发布并实施了一系列有关资产评估的准则、指南和指导意见，现已建立起一个包括 2 项基本准则、8 项具体准则、2 项资产评估指南和 6 项资产评估指导意见在内的、覆盖资产评估主要执业领域的、比较完整的评估准则体系。

两个基本准则是：2004 年 5 月起实施的《资产评估准则——基本准则》和《资产评估职业道德准则——基本准则》；八项具体准则是：2008 年 7 月起实施的《资产评估准则——机器设备》、《资产评估准则——不动产》、《资产评估准则——业务约定书》、《资产评估准则——评估程序》、《资产评估准则——工作底稿》和《资产评估准则——评估报告》等六项具体准则，以及 2009 年 7 月起实施的《资产评估准则——无形资产》和 2010 年 7 月起实施《资产评估准则——珠宝首饰》两项具体准则；两项资产评估指南是：2007 年 12 月起实施的《以财务报告为目的的评估指南（试行）》和 2009 年 7 月起实施的《企业国有资产评估报告指南》；六项资产评估指导意见具体是：2003 年 3 月起实施的《珠宝首饰评估指导意见》、2005 年 4 月起实施的《企业价值评估指导意见（试行）》、2005 年 7 月起实施的《金融不良资产评估指导意见（试行）》、2008 年 7 月起实施的《资产评估价值类型指导意见》、2009 年 7 月起实施的《专利资产评估指导意见》和 2010 年 7 月起实施的《投资性房地产评估指导意见（试行)》等。

综上可知，在这套资产评估准则体系中，不仅有规范包括农村合作金融机构为评估对象的企业价值评估的一般准则，更有针对农村合作金融机构资产价值评估的专门准则，这套准则的完善对农村合作金融机构价值评估质量的提高起到了重要促进作用。

2. 评估人员素质逐渐提高。为提高资产评估师的专业技术水平，中评协除不断完善资产评估准则体系外，还在资产评估师的素质提高方面做了大量工作。首先，确立了注册资产评估师执业资格考试制度。从 1996 年首次举行注册资产评估师执业资格全国统一考试开始，截至 2009 年，我国已顺利举办了 13 次全国统一考试，全国通过考试的合格人数已达 3.6 万余人①；其次，建立了注册资产评估师继续教育制度。2005 年 3 月，中评协下发了《中国注册资产评估师后续教育培训大纲》。2009 年 1 月，开始实施《中国注册资产评估师继续教育制度》，它对继续教育的主要内容、形式及学时作了明确要求。如其中第八条规定，继续教育的主要内容包括：资产评估准则、资产评估理论、资产评估实务、注册资产评估师职业道德以及与资产评估相关的法律法规、专业知识和技能等。第十一条规定，注册资产评估师每年接受继续教育的时间累计不得少于 40 个学时，其中有关注册资产评估师职业道德的培训不得少于 4 个学时等；另外，中评协还开办了注册资产评估师远程教育培训班。为降低注册资产评估师的培训成本，2009 年 4 月中评协开始举办第 1 期远程教育培训班。

注册资产评估师执业资格考试制度和继续教育制度的建立，必将极大地提高注册资产评估师的专业胜任能力和职业道德水平，并培养造就高素质的资产评估行业人才队伍。在这一评估环境不断改善的背景下，农村合作金融机构的价值评估质量也必将不断得到提高。

第三节 价值评估方法

虽然金融企业具有一些异于一般企业的特殊的经营特点，但截至 2011 年底，我国除实施了规范金融不良资产评估业务的《金融不良资产评估指导意见（试行)》外，还没有出台专门针对商业银行整体价值评估的相关规定。不过，为维护社会公共利益和资产评估各方当事人的合法权益，并指导资产评估师执行企业价值评估业务，中国资产评估协会发布并实施了适用于所用企业的《企业价值评估指导意见（试行)》(2005 年 4 月 1 日起施行，以下简称《指导意见》)。《指导意见》明确提出了收益法、市场法和成本法是资产评估师进行企业价值评估时应采用的三种基本方法。目前，国际上主流的企业价值评估方法也基本如此。但随着人们对企业价值认识的不断深入，机会成本逐渐被纳入到企业价值的考量体系中来，在此背景下，也相继出现了一些诸如 EVA 估价法等创新型企业价值评估方法。

---

① http://www.kaoshi365.com/zczcpgs/show_1455_7917.html.

一、传统型价值评估方法

传统型价值评估方法主要包括收益法、市场法和成本法等三类基本方法，下面分别阐述它们的具体应用。

（一）企业价值评估的收益法

1. 收益法的概念和应用前提。收益法是指通过将目标企业的预期收益进行折现，以确定目标企业价值的一种价值评估方法。贴现理论是其理论基础，即企业的价值等于它所能获取的预期收益的折现值。

利用收益法进行企业价值评估，应具备三个基本前提：其一，目标企业应具备持续经营能力，也就是说目标企业在可预见的时期内能够持续经营。如果此前提不存在，就不宜采用收益法对其进行价值评估；其二，目标企业的预期收益能够合理地加以预测。一般情况下，这类企业是比较成熟且进入了经营稳定期的企业；其三，目标企业的预期收益与风险能够合理地加以估算，也就是说目标企业预期收益的折现率能够相对客观的进行估算。

2. 收益法的价值评估模型及应用。利用收益法对企业价值（内在价值）进行评估，最核心的问题就是企业预期收益的合理估算和折现率的确定。如果这两个方面的指标都能够合理加以确定，那么评估出来的企业价值就相对比较真实可靠。

（1）预期收益的形式及估算。《指导意见》第二十六条规定，收益法中的预期收益可以现金流量、各种形式的利润或现金红利等口径表示，注册资产评估师应根据评估项目的具体情况选择恰当的收益口径。一般情况下，预期收益就是指评估项目未来各期的净现金流量。

净现金流量的表现形式和评估项目的类型直接相关。如果评估的项目是企业的股票，那么净现金流量就是指持有该公司股票，预期未来能够收到的现金股利；如果评估的项目是企业的债券，那么净现金流量就是指持有该公司债券，预期未来能够收到的该债券的本金与利息；如果评估的项目是企业整体，那么净现金流就是指该公司的公司自由现金流（站在整个企业包括股东、债权人等所有投资者的角度来看的；Free Cash Flow of Firm，FCFF）或者股权自由现金流（站在企业股东即所有者的角度来看的；Free Cash Flow of Equity，FCFE）。对于一个实际的项目而言，现金流都是指税后净现金流。

股票现金股利的估算与公司的股利分配政策密切相关。公司在不同的发展阶段，其现金股利分配政策通常差别较大。当公司处于初创时期或者高速成长时期，一般采取不发放现金股利或者低现金股利的分配政策。在此情况下，各期现金股利的估算比较容易，即各期现金股利（Dividend）为零或者为一个比较低的固定的每股股利，$D_i=0$ 或者 $D_i=D$，其中 $i=1, 2, 3, \cdots, n$，它表示发放现金股利的期间；当公司经过高速成长期，进入稳定增长期之后，公司一般采用固定增长或阶段性增长现金股利的分配政策，即现金股利以一个固定的增长率或分阶段以固定的增长率进行增长。在此情况下，假设公司期初的股利为 D_0，以后各期现金股利均以一个固定的增长率 g 进行增长，即各期现

金股利 $D_i = D_0(1+g)^i$，i 表示发放现金股利的期间；一旦公司进入稳定发展时期，其一般采用固定现金股利的股利分配政策，或称零增长股利分配政策，即 $D_i = D$，它和初创时期或者高速成长时期的现金股利分配政策类似，只不过此阶段的 D 相比初创时期或者高速成长时期的现金股利要高一些。

债券本金与利息的估算相比其他项目的净现金流量的估算更加容易一些。到期收回的债券的本金就等于投资者所购买的债券的面值，它是一个固定的数值，如每张债券面值 100 元或其他面额。债券各期的利息一般情况下是固定不变的，它等于票面利率（设为 i_0）与债券面值（设为 M）的乘积。

要对公司自由现金流（FCFF）进行估算，首先要界定什么是 FCFF。所谓的 FCFF 就是指所有投资者（包括股权投资者和债权投资者）可支配的净现金流量。企业管理者可以在不影响企业持续增长的前提下，将这部分现金流量自由地分配给对企业权益有索取权的所有投资者，所以 FCFF 也称做自由现金流。具体而言，公司每年的 FCFF 等于公司每年的税后净收益减去净投资额。如果用公式表达，其可表示为

$$FCFF = \text{税后净收益} - (\text{资本性支出} - \text{折旧}) - \text{净营运资本追加额} \quad (10-1)$$

要对股权自由现金流（FCFE）进行估算，也要界定什么是 FCFE。所谓的 FCFE 就是指公司股权投资者（仅考虑普通股投资者）即公司普通股股东，拥有对公司所产生的全部现金流的剩余要求权。即股东拥有公司在履行了包括偿还债务在内的所有财务义务以及满足了再投资需要之后的全部剩余现金流。因此，FCFE 也就是在除去经营费用、本息偿还和为保持预期现金流增长率所需的全部资本性支出后的现金流。如果用公式表达，其可表示为

$$\begin{aligned} FCFE =& \text{税后净收益} - (\text{资本性支出} - \text{折旧}) - \text{净营运资本追加额} \\ & - [\text{偿还本金} + \text{利息费用} \times (1 - \text{所得税税率}) - \text{新发行债务}] \end{aligned} \quad (10-2)$$

由式（10－1）和式（10－2）可知，FCFF 和 FCFE 两者之间的关系可用式（10－3）表达

$$FCFE = FCFF - [\text{偿还本金} + \text{利息费用} \times (1 - \text{所得税税率}) - \text{新发行债务}] \quad (10-3)$$

综上可知，预期收益的净现金流的形式主要有四种：第一种是与公司股票价值评估相关的现金股利的现金流；第二种是与公司债券价值评估相关的本金和利息的现金流；第三种是与公司价值评估相关的公司自由现金流；第四种也是与公司价值评估相关的，只不过是站在普通股股东角度审视的股权自由现金流。

（2）折现率的确定。《指导意见》第二十九条规定，资产评估师应当综合考虑评估基准日的利率水平、市场投资回报率、加权平均资金成本等资本市场相关信息以及被评估企业所在行业的特定风险等因素，合理确定折现率。并且其应当确信折现率与预期收益的口径保持一致。一般情况下，预期收益的净现金流的形式不同，它所对应的折现率的表现形式也会有所不同。

股票和债券的价值评估所用的折现率一般为市场利率（用 r 表示），从其具体构成

而言，市场利率应包括无风险利率、通货膨胀溢酬、违约风险溢酬、流动性溢酬和到期风险溢酬等部分。其公式表达式为：市场利率 r = 无风险利率 + 通货膨胀溢酬 + 违约风险溢酬 + 流动性溢酬 + 到期风险溢酬。其中，无风险利率是指通货膨胀为零时无风险证券的平均利率。在实际中，通常把无通货膨胀情况下的国库券利率视为无风险利率；通货膨胀风险是指由于货币实际购买力的下降给其带来损失的风险；违约风险是指借款人到期无法偿还本息而给投资人带来损失的风险；流动性风险是指投资者持有的证券资产能迅速转化为现金的不确定性。各种有价证券的变现力是不同的，而变现力的差异则导致了金融资产的流动性风险；到期风险是指因证券到期期间长短不同，持有期间利率变化给投资者投资带来损失的风险。一般情况下，证券持有期间的长短与持有期间利率变化给投资者投资带来损失的大小呈同方向变化。

股权资本成本（用 r_q 表示）是与股权自由现金流相对应的折现率的表现形式。它是指投资者投资于公司股权时所要求的报酬率。股权资本成本的估算方法主要用资本资产定价模型。利用资本资产定价模型估算股权资本成本的计算公式如下：

$$r_q = r_f + \beta(r_m - r_f) \tag{10-4}$$

式中：r_q 为股权资本成本，r_f 为无风险报酬率，r_m 为市场报酬率，β 为该公司报酬率的变化相对于整个市场报酬率变化的变动系数，$(r_m - r_f)$ 为市场风险补偿。

加权资本平均成本（用 r_{cw} 表示）是与公司自由现金流相对应的折现率的表现形式。它是企业各种资金来源资本成本的加权平均值。一般说来，企业经营活动的资金来源主要有债务资本和股权资本（我国优先股股权不多或者很少，本书仅考虑普通股股权资本）。因此，资本加权平均成本就是对企业的债务成本和普通股股权资本成本进行加权平均所得。其估算公式如下：

$$r_{cw} = [B_M/(B_M + S_M)]r_d(1 - T) + [S_M/(B_M + S_M)]r_q \tag{10-5}$$

式中：r_d 为税前负债成本，T 为所得税税率，r_q 为股权资本成本，B_M 为债务的账面价值，S_M 为股权资本的账面价值。

（3）价值评估模型及应用。如果要投资某公司的股票和债券等有价证券，这些证券的内在价值是投资者进行投资决策参考的重要依据。现金股利折现模型是估算股票内在价值的基本模型，利息和本金折现模型是估算债券内在价值的基本模型。

现金股利折现模型的通式为

$$V = D_1/(1 + r) + D_2/(1 + r)^2 + \cdots + D_i/(1 + r)^i + \cdots + D_n/(1 + r)^n \tag{10-6}$$

式中：V 表示股票的价值，D_i 表示第 i 期收到的现金股利，r 表示市场利率，n 表示投资者拟持有股票的期间。

根据准投资者拟持有公司股票时期长短以及公司股利分配政策的不同，现金股利折现模型又有具体不同的表达形式。为了能够更加清楚地看出持有股票时期长短和不同股利分配政策的组合情况，其两者的博弈组合如表 10－1 所示。

表 10－1　投资者持有股票期间和公司股利分配政策的组合情况

	股利相同	股利稳定增长
短期持有	$D_i = D$；持有 n 期，n 是有限的。	$D_i = D\ (1+g)^i$；持有 n 期，n 是有限的。
长期持有	$D_i = D$；持有 n 期，n 是无限的。	此组合现实中很少（不探讨）

下面对股利相同短期持有、股利相同长期持有以及股利稳定增长短期持有等三种情形，分别阐述其模型及应用。

第一种情形：投资者拟短期持有各期股利相同的股票的价值估算模型为

$$V = D/(1+r) + D/(1+r)^2 + \cdots + D/(1+r)^i + \cdots + D/(1+r)^n + P_n/(1+r)^n \tag{10-7}$$

式中：V 表示每股股票的价值，D 表示各期收到的每股现金股利，r 表示市场利率，n 表示投资者拟持有股票的期间，P_n 表示第 n 期股票卖出时预期的每股股票的市场价格。

【例 10－1】　投资者甲拟购买企业 A 的股票进行短期投资，企业 A 采取的是每年每股派发 0.2 元的现金股利分配政策，在预期近 3 年内股利分配政策不变。投资者甲准备持有该股票 3 年，预计三年后股票的市场价格为 10 元/股，市场利率为 10%。如果企业 A 目前股票的市场价格为 6 元/股，试问投资者甲购买企业 A 的股票划不划算？

解答分析：

根据式（10－7）价值估算模型可知，企业 A 股票的内在投资价值计算如下：

$$V = 0.2/(1+0.1) + 0.2/(1+0.1)^2 + 0.2/(1+0.1)^3 + 10/(1+0.1)^3$$
$$= 0.2 \times 2.487 + 10 \times 0.7513 = 0.4974 + 7.513 = 8(\text{元/股})$$

由于企业 A 股票目前的市场价格只有 6 元/股，其远低于估算的内在价值 8 元/股，所以，甲投资者购买企业 A 的股票风险相对较小，是比较划算的。

第二种情形：投资者甲拟长期持有各期股利相同的股票的价值估算模型为

$$V = D/(1+r) + D/(1+r)^2 + \cdots + D/(1+r)^i + \cdots + D/(1+r)^n \tag{10-8}$$

式中：V 表示每股股票的价值，D 表示各期收到的每股现金股利，r 表示市场利率，n 表示投资者甲拟持有股票的期间。

因为投资者甲拟长期持有，故可认为 n 趋向 $+\infty$，在此情况下，式（10－8）可简化为

$$V = D/r \tag{10-9}$$

【例 10－2】　投资者乙拟购买企业 B 的股票进行长期投资，企业 B 采取的是每年每股派发 0.2 元的现金股利分配政策，预期在其经营期内股利分配政策不变。投资者乙准备长期持有该公司股票，假定市场利率为 10%。如果企业 B 目前股票的市场价格为 10 元/股，试问投资者乙购买企业 B 的股票风险如何？划不划算？

解答分析：

根据式（10－9）价值估算模型可知，企业 B 股票的内在投资价值计算如下：

$$V = D/r = 0.2/0.1 = 2(\text{元/股})$$

由于企业 B 股票目前的市场价格为 10 元/股，其远高于利用模型估算的价值 2 元/股，所以，投资者乙购买企业 B 的股票并长期持有风险较大，比较不划算。

第三种情形：投资者乙拟短期持有各期股利稳定增长的股票的价值估算模型为

$$V = D_0(1+g)/(1+r) + D_0(1+g)^2/(1+r)^2 + \cdots + D_0(1+g)^i/(1+r)^i + \cdots + D_0(1+g)^n/(1+r)^n + P_n/(1+r)^n \quad (10-10)$$

式中：V 表示每股股票的价值，D_0 表示公司第 1 期期初发放的每股现金股利，g 表示以后各期现金股利的增长率，r 表示市场利率，n 表示投资者乙拟持有股票的期间，P_n 表示第 n 期股票卖出时预期的每股股票的市场价格。

【例 10－3】 投资者甲拟购买企业 A 的股票进行短期投资，企业 A 上年底每股派发了 0.2 元的现金股利，并准备在未来 5 年内各年以 6% 的增长率发放现金股利。投资者甲准备投资并持有该企业股票 3 年，预计第 3 年年末企业 A 股票的市场价格为 8 元/股，市场利率为 10%。如果企业 A 目前股票的市场价格为 6 元/股，试问投资者甲购买企业 A 的股票风险如何？该投资划不划算？

解答分析：

根据式（10－10）价值估算模型可知，企业 A 股票的内在投资价值计算如下：

$$\begin{aligned} V &= 0.2(1+0.06)/(1+0.1) + 0.2(1+0.06)^2/(1+0.1)^2 \\ &\quad + 0.2(1+0.06)^{3/}(1+0.1)^3 + 8/(1+0.1)^3 \\ &= 0.2 \times 1.06 \times 0.9091 + 0.2 \times 1.062 \times 0.8264 + 0.2 \\ &\quad \times 1.063 \times 0.7513 + 8 \times 0.7513 \\ &= 6.54(\text{元/股}) \end{aligned}$$

由于企业 A 目前股票的市场价格有 6 元/股，其略低于估算的内在价值 6.54 元/股，所以，投资者甲购买企业 A 的股票风险相对较小，是划算的。

对于投资者投资公司债券时，由于债券在一般情况下具有分期付息、各期利息比较固定、到期按面值还本以及期间有限等特征。因此，债券价值的估算模型类似于股票价值估算模型的第一种情形，这里就不再赘述。

如果主并企业要并购目标企业，那么目标企业整体价值的大小就会成为主并企业进行并购决策的重要依据。视角不同，目标企业价值的估算模型也有差异，下面分别阐述基于股东视角的企业价值估算模型和基于企业视角的企业价值估算模型。

基于股东视角的企业价值估算，就是将企业的价值等同于股东权益的价值。股东权益的价值又等于企业以后各期预期股权自由现金流量按照股权资本成本进行折现的现值之和。其具体估算模型为

$$V = FCFE_1/(1+r_q) + FCFE_2/(1+r_q)^2 + \cdots + FCFE_i/(1+r_q)^i + \cdots + FCFE_n/(1+r_q)^n \quad (10-11)$$

式中：V 表示企业价值，$FCFE_i$ 表示第 i 期企业股权自由现金流，r_q 表示股权资本成本，n 表示企业价值的估算期间。

【例 10－4】 2010 年 10 月，企业 A 因业务扩展需要拟并购企业 B。经估算企业 B

以后各年的净利润为200万元，每年资本性支出60万元，计提折旧20万元，净营运资本追加额60万元，年均偿还本金和利息费用分别为80万元和20万元，每年新债务增加35万元，所得税税率为25%，无风险报酬率为5%，市场报酬率为10%，企业B报酬率的变化相对于整个市场报酬率变化的变动系数β为1.2。企业A如何根据企业B的实际情况估算企业B的价值，以为其并购决策提供依据？

解答分析：

根据企业B相关资料可知，企业B各年股权自由现金流相等，即$FCFE_1 = FCFE_2 = \cdots = FCFE_i = FCFE$

$$\begin{aligned} FCFE &= \text{税后净收益} - (\text{资本性支出} - \text{折旧}) - \text{净营运资本追加额} \\ &\quad - [\text{偿还本金} + \text{利息费用}(1 - \text{所得税税率}) - \text{新发行债务}] \\ &= 200 - (60 - 20) - 60 - [80 + 20(1 - 25\%) - 35] \\ &= 40(\text{万元}) \end{aligned}$$

另外，根据资本资产定价模型可求出企业B的股权资本成本r_q。

$$r_q = r_f + \beta(r_m - r_f) = 5\% + 1.2(10\% - 5\%) = 11\%$$

再根据式（10－11）对企业B的企业价值V进行估算，估算如下：

$$\begin{aligned} V &= FCFE_1/(1 + r_q) + FCFE_2/(1 + r_q)^2 \\ &\quad + \cdots + FCFE_i/(1 + r_q)^i + \cdots + FCFE_n/(1 + r_q)^n \\ &= 40/(1 + 0.11) + 40/(1 + 0.11)^2 + \cdots + 40/(1 + 0.11)^n \end{aligned}$$

因为企业A拟并购企业B，所以就可认为期间无限长，即n趋向$+\infty$，在此条件下，企业B的价值V的计算就可简化为

$$V = 40/0.11 = 363.6(\text{万元})$$

据此，企业A就可依据估算的企业B的价值，来与企业B股东进行谈判，从而为其并购企业B提供决策依据。

基于企业视角的企业价值估算，企业价值等于企业以后各期预期自由现金流量按照加权资本成本进行折现的现值之和。其具体估算模型为

$$\begin{aligned} V &= FCFF_1/(1 + r_{cw}) + FCFF_2/(1 + r_{cw})^2 \\ &\quad + \cdots + FCFF_i/(1 + r_{cw})^i + \cdots + FCFF_n/(1 + r_{cw})^n \end{aligned} \tag{10-12}$$

式中：V表示企业价值，$FCFF_i$表示第i期公司自由现金流，r_{cw}表示公司加权资本成本，n表示企业价值的估算期间。

【例10－5】 2010年11月，企业A因业务扩展需要拟并购企业B。经估算企业B以后各年的净利润为300万元，每年资本性支出80万元，计提折旧30万元，净营运资本追加额50万元。股权资本成本为12%，税前负债成本为6%，所得税税率为25%。按照账面价值计算，股权资本占60%，债务资本占40%。企业A如何根据企业B的实际情况，估算企业B的价值，以为其并购决策提供依据？

解答分析：

根据企业B相关资料可知，企业B各年自由现金流相等，即$FCFF_1 = FCFF_2 = \cdots = FCFF_i = FCFF$

$$FCFF = 税后净收益 - (资本性支出 - 折旧) - 净营运资本追加额$$
$$= 300 - (80 - 30) - 50$$
$$= 200(万元)$$

另外，根据企业 B 的债务资本成本 r_d、股权资本成本 r_q 以及资本结构情况，可计算其加权资本成本 r_{cw}。

$$r_{cw} = [B_M/(B_M + S_M)]r_d(1 - T) + [S_M/(B_M + S_M)]r_q$$
$$= 40\% \times 6\% \times (1 - 25\%) + 60\% \times 12\% = 9\%$$

再根据式（10－12）对企业 B 的价值 V_B 进行估算，估算如下：

$$V_B = FCFF_1/(1 + r_{cw}) + FCFF_2/(1 + r_{cw})^2 + \cdots + FCFF_i/(1 + r_{cw})^i$$
$$+ \cdots + FCFF_n/(1 + r_{cw})^n = 200/(1 + 0.09) + 200/(1 + 0.09)^2$$
$$+ \cdots + 200/(1 + 0.09)^n$$

因为企业 A 拟并购企业 B，所以就可认为期间无限长，即 n 趋向 $+\infty$，在此条件下，企业 B 的价值 V 的计算就可简化为

$$V_B = 200/0.09 = 2\ 222.22(万元)$$

据此，企业 A 即可依据估算的企业 B 的价值，来与企业 B 股东进行谈判，从而为其并购企业 B 提供决策依据。

3. 收益法的应用评价。收益法是对企业价值进行评估的核心方法之一。它克服了成本法将企业有机整体割裂开的弊端，重点考虑了企业的未来获利能力。这样做既考虑了企业各要素的协同效益，又牢牢把握住了企业未来获利能力的价值本质，因此，从理论角度来看，它是一个唯一可以真正揭示可持续经营企业价值的估算方法。但在应用收益法评估企业价值的过程中，由于目标企业未来各期的收益、折现率及目标企业取得预期收益持续期间都比较难以把握，较容易受到评估者主观判断的影响，这样就可能会在一定程度上影响到对目标企业价值评估结果的准确性。尽管如此，收益法仍因其较符合人们对资产价值本质的认识习惯，另外，依据此方法估算得到的企业价值与企业真实的市场价值吻合度较高。因此，它在企业价值评估过程中仍为不少资产评估师所青睐。

（二）企业价值评估的市场法

1. 市场法的概念和应用前提。根据《指导意见》第三十条的表述，市场法就是指将被评估企业与参考企业、在市场上已有交易案例的企业、股东权益、证券等权益性资产进行比较以确定被评估企业价值的一种方法。

类似资产应该有类似的交易价格，如果类似资产在市场上的交易价格存在较大差异，且市场是活跃并能自由进出的，则投机者就必然会进行套利交易，直至类似资产在市场上的交易价格趋于接近或一致，即套利交易的结果就必然会使类似资产的交易价格较为接近。市场法正是基于上述经济理论和常识而得到广泛应用的。

运用市场法对企业价值进行评估，需要满足三个基本前提条件：其一，是要有一个活跃的公开市场。所谓公开市场，就是指有多个交易主体自愿参与，且它们之间进行平等交易的市场。这个市场上的交易价格可认为是交易对象的公允价格；其二，是在这个

公开市场上要有足够数量的，与评估对象相同或者相似的参考企业或者交易案例。如果参考企业或者交易案例太少，将会在一定程度上影响到评估对象价值评估结果的准确性；其三，是能够收集到与评估企业相关的准确的信息资料。利用市场法一定要充分利用市场中参考企业的相关信息，来分析和判断被评估企业的价值。

2. 市场法的价值评估应用。市盈率乘数法、参考企业比较法以及并购案例比较法是市场法中较为常用的三种具体方法，下面分别对其具体应用进行阐述。

（1）市盈率乘数法。市盈率乘数法就是利用被评估企业的收益和相关市盈率的乘积，来估算被评估企业价值的一种企业价值评估方法。运用该方法的核心是如何正确确定被评估企业的收益以及相关市盈率等两个方面的指标。利用市净率和市销率等评估企业价值方法类似于市盈率法，故这里就不再对它们进行阐述。

被评估企业收益指标一般采用税后利润，但为了克服各年税后利润的波动给企业价值评估带来的影响，通常采用评估时前连续近三年税后利润的平均值作为其收益指标。如果要体现企业的未来盈利能力，还可将把评估当年预测的税后利润和评估前连续近两年的税后利润进行平均作为其收益指标。不过，一般情况下，大多数评估师均以评估时前连续近三年税后利润的平均值作为被评估企业的收益指标。

市盈率的选取通常有两种：一种是选取与被评估企业具有可比性的上市公司的市盈率作为被评估企业的市盈率；另一种是以被评估企业所处行业的平均市盈率作为被评估企业的市盈率。

市盈率乘数法估算企业价值的模型为

$$V = EPS \times PE \tag{10-13}$$

式中：V 表示被评估企业每股股票的价值，EPS 表示被评估企业的每股收益，PE 表示与被评估企业具有可比性的上市公司的市盈率或者是被评估企业所处行业的平均市盈率。

【例 10－6】 2010 年 11 月，企业 A 因业务扩展需要拟并购企业 B。企业 B 系保险行业的公司，保险行业上市公司目前共有 16 家，2009 年保险行业上市公司的平均市盈率为 26。企业 B 2007 年、2008 年和 2009 年的每股收益分别为 0.2 元、0.34 元和 0.36 元，2010 年预测的每股收益为 0.5 元。企业 B 股本规模为 8 000 万股。试利用市盈率乘数法评估企业 B 的市场价值。

解答分析：

如果资产评估师担心未来收益预测的不确定性，因而采用历史收益的均值来评估企业的市场价值，则企业 B 企业市场价值 V 的计算如下：

$$V = EPS \times PE \times 8\,000 = (0.2 + 0.34 + 0.36)/3 \times 26 \times 8\,000 = 62\,400\text{（万元）}$$

如果资产评估师对企业 B 未来收益预测比较乐观，因而采用考虑预期收益的因素来评估企业的市场价值，则企业 B 的市场价值 V 的计算如下：

$$V = EPS \times PE \times 8\,000 = (0.34 + 0.36 + 0.5)/3 \times 26 \times 8\,000 = 83\,200\text{（万元）}$$

（2）参考企业比较法。参考企业比较法是指通过对资本市场上与被评估企业处于同一或类似行业的上市公司的经营和财务数据进行分析，计算适当的价值比率，在与被评估企业比较分析的基础上，从而得出评估对象市场价值的一种价值评估方法。相比非上市公司而言，上市公司的市场价值较易评估，因此，这种评估方法一般多应用于非上市公司的价值评估。

运用该方法的核心是如何选择参考企业以及参考企业的价值比率。资产评估师在选择参考企业时，要确信所选择的参考企业与被评估企业一定具有可比性，参考企业通常应当与被评估企业属于同一行业或受相同经济因素的影响；选择的价值比率应当有利于合理确定被评估企业的价值，参考企业的价值比率应当真实可靠。

参考企业比较法的理论依据是，在相同或相似的行业中，成长阶段、主营业务以及盈利能力等具体特征相近的公司应当具有相似或相同的价值比率。价值比率通常有市盈率、市净率和市现率等几种形式。利用市盈率法评估企业的价值前已述及，这里仅以市净率这个价值比率为例来阐述参考企业比较法的详细应用。市净率是指公司的每股股价和每股净资产的比值。

以市净率为价值比率表现形式的参考企业比较法应用的具体原理是：如果企业 A 是被评估企业，企业 B 是参考企业且为上市公司，两个企业的主营业务及所处的成长阶段均相似，所在行业也相同，那么它们的市净率就应该相同，即应有下式成立：

$$P_A/NA_A = P_B/NA_B \tag{10-14}$$

式中：P_A 和 P_B 分别表示被评估企业和参考企业的股票价格，NA_A 和 NA_B 分别表示被评估企业和参考企业的每股净资产。

如果被评估企业是非上市企业，其股票流动性远低于为上市企业的参考企业的股票流动性，因此估算得到的被评估企业的股价还需要进行一定程度的折价，才能更加符合被评估企业的真实价值。流动性折价率的多少需要资产评估师根据两个企业的情况来确定。

【例 10-7】 2010 年 6 月，企业 A 因业务扩展需要拟并购企业 B，企业 B 系保险行业的一家非上市公司。企业 C 是一家与企业 B 成长阶段和主营业务都极为相似的保险业上市公司。通过收集企业 C 的相关资料可知，企业 C 目前的股价为 12 元/股，2009 年末每股净资产为 3 元。企业 B 2009 年末每股净资产为 2 元，股本规模为 600 万股。假定流动性折价率为 6%。试利用参考企业比较法评估企业 B 的价值，以为企业 A 并购企业 B 提供决策依据。

解答分析：

由题意可知，因企业 B 和企业 C 在成长阶段和主营业务等特征上的相似性，以及所处行业又相同，所以，以企业 C 为参考企业，利用参考企业比较法评估企业 B 的价值具有可行性。设企业 B 和企业 C 的市场价格分别为 P_B 和 P_C，它们 2009 年末的净资产分别为 NA_B 和 NA_C。根据 $P_C/NA_C = P_B/NA_B$，可计算得到企业 B 流动性折价之前的股价。

$$P_B = P_C/NA_C \times NA_B = 12/3 \times 2 = 8(\text{元/股})$$

考虑流动性折价和股本规模之后，企业 B 的价值计算如下：

$$V_B = 8 \times 600 \times (1-6\%) = 4\,512(\text{万元})$$

（3）并购案例比较法。并购案例比较法是指通过分析与被评估企业处于同一或类似行业的公司的买卖、收购及合并案例，获取并分析这些交易案例的数据资料，计算适当的价值比率，在与被评估企业比较分析的基础上，从而得出被评估企业市场价值的一种价值评估方法。

运用该方法的核心是如何选择与被评估企业处于同一或类似行业的公司买卖、收购及合并的案例，以及这些并购案例中上市公司的价值比率。资产评估师在选择并购案例时，要确信所选择的并购案例中的公司与被评估企业一定具有可比性；选择并购案例中上市公司的价值比率应当有利于合理确定被评估企业的价值，并购案例中公司的价值比率应当真实可靠。

并购案例比较法的理论依据是，在相同或类似的行业中，成长阶段、主营业务以及盈利能力等具体特征相近的公司应当具有相近或相同的价值比率。价值比率通常有市盈率、市净率和市现率等几种形式。利用市盈率法以及市净率法评估企业的价值前已分别述及，这里仅以市现率为例来阐述并购案例比较法的应用。市现率是指股票价格与每股现金流（一般指经营活动现金流）之比，市现率低的股票相对价值就高。

以市现率为价值比率表现形式的并购案例比较法应用的基本原理是：如果企业 A 是被评估企业，企业 B 是并购案中的上市公司，两公司所在行业相同，成长阶段也相似，那么它们的市现率就应该相同，即应有下式成立：

$$P_A/NOC_A = P_B/NOC_B \tag{10-15}$$

式中：P_A 和 P_B 分别表示被评估企业和并购案例中上市公司的股票价格，NOC_A 和 NOC_B 分别表示被评估企业和并购案例中上市公司的每股经营活动现金流。

与参考企业比较法类似，并购案例比较法应用的过程中也存在着流动性折价问题。如果被评估企业是非上市公司，其股票流动性远低于并购案例中上市公司的股票流动性，因此估算得到的被评估企业的股价还需进行一定程度的折价，才能更符合被评估企业的真实价值。资产评估师可根据两个企业的情况来确定流动性折价率的大小。

【例 10－8】 2010 年 10 月，企业 A 因业务扩展需要并购企业 B，企业 B 系保险行业的一家非上市公司。企业 C 是一家与企业 B 成长阶段极为相似的保险业上市公司。企业 C 在 2009 年 6 月被企业 D 所收购，根据收集到的企业 C 被并购时的相关资料可知，企业 C 被并购时的股价为 10 元，2008 年末每股经营活动现金流为 0.2 元。企业 B 2009 年末每股经营活动现金流为 0.4 元，股本规模为 700 万股。假定流动性折价率为 6%。试利用并购案例比较法评估企业 B 的价值，以为企业 A 并购企业 B 提供决策依据。

解答分析：

据题意可知，由于企业 B 和企业 C 成长阶段的相似性以及所处行业又相同，所以，可以企业 C 作为并购案例中的上市公司，并可利用并购案例比较法来评估企业 B 的价值。设企业 B 和企业 C 的市场价格分别为 P_B 和 P_C，企业 B 2009 年末的每股经营活动现金流为 NOC_B，企业 C 2008 年末的每股经营活动现金流为 NOC_C。资产评估师可根据 $P_C/NOC_C = P_B/NOC_B$，计算得到企业 B 流动性折价之前的股价。

$$P_B = P_C/NOC_C \times NOC_B = 10/0.2 \times 0.4 = 20(\text{元／股})$$

考虑流动性折价和股本规模之后，企业 B 的价值计算如下：

$$V_B = 20 \times 700 \times (1-6\%) = 13\ 160(\text{万元})$$

需要特别注意：并购案例中上市企业被并购时的股价和每股经营活动现金流的时间，和被评估企业的股价和每股经营活动现金流的时间匹配的一致性。

3. 市场法的应用评价。市场法的优点主要有三个方面：第一，它简单直观，易于掌握和灵活运用；第二，它很好地解决了因被评估企业的未来收益无法准确估算，致使收益法的运用受到限制或者无法发挥作用的情况下企业价值的评估问题。尤其在被评估企业属于发展潜力型同时未来收益又无法确定的情况下，市场法的应用优势较为明显；第三，它很好地完成了企业价值评估方法由内及外的转变，拓展了企业价值评估的全新视角。它将企业价值评估的重心从企业内部转移至外部，把行业环境作为企业价值评估的一个重要影响因素。

但是运用市场法评估企业价值也存在一定局限性，其主要表现在三个方面：一是寻找与被评估企业的绝对相同或者类似的可比企业难度较大。无论是市盈率乘数法，还是参考企业比较法或并购案例比较法，它们在实际应用过程中都必须要找到一个可比性较强的参考企业，而要做到这一点往往很难；二是价值比率的选择带有很大的随意性。如果不能给出选择某种价值比率的充足理由，就意味各种价值比率均可使用，但运用不同价值比率评估出来的企业价值差异较大，此可能会让价值评估报告的使用者无所适从；三是流动性折现率的选择随意性也很强。流动性折现率的恰当选择与资产评估师的实践经验有很大的相关性，因此，经验程度不同的资产评估师，面对同样的评估对象也可能会选择不同的流动性折现率，从而相同的评估对象就有了不同的价值估算结果。这样一来，价值评估报告的使用者就很容易对价值估算结果的准确性产生质疑，从而会影响该方法的应用。

（三）企业价值评估的成本法

1. 成本法的概念和应用前提。《指导意见》第三十四条指出，企业价值评估中的成本法也称资产基础法，它是指在合理评估企业各项资产价值和负债的基础上的，用于确定被评估企业价值的一种评价方法。对于能够持续经营的企业进行价值评估时，成本法一般不应当作为唯一使用的评估方法。即在此情形下，可用成本法，也可选用收益法或市场法等其他价值评估方法。如果运用成本法，还应同时运用其他评估方法进行验证。言外之意，对于不能持续经营的企业进行价值评估时，成本法应当作为唯一使用的评估方法。

运用成本法对企业价值进行评估，应具备三个前提条件：一是在进行价值评估时，被评估企业的如自创商誉等表外项目的价值，对企业整体价值的影响忽略不计；二是资产负债表中单项资产的市场价值，能够公允客观反映所评估资产的真实价值；三是投资者购置一项资产所愿意支付的价格不会超过具有相同用途的替代品的成本。

2. 成本法价值评估的应用。成本法既可用于非持续经营企业的价值评估，也能用于持续经营企业的价值评估，这里仅探讨前一种情况。它主要包括账面价值法、重置成本法和清算价值法等三种具体方法，下面分别对其进行阐述。

（1）账面价值法。账面价值法就是以会计核算为基础，以某一时点被评估企业所拥有的资产总额与负债总额的差值作为其价值的一种评估方法。账面价值也称账面净资产价值。通常情况下，被评估企业的账面价值和市场价值并无直接联系，只在很巧合时，两者才相等。

运用账面价值法评估企业价值的公式表达形式如下：

$$企业价值 = 资产总额 - 负债总额 = 账面净资产 \tag{10-16}$$

【例 10-9】　2011 年 1 月，企业 A 因业务扩展需要拟并购企业 B。资产评估师通过查阅 2010 年 12 月 31 日企业 B 的资产负债表得到，各项资产合计总额为 400 万元，负债合计总额为 120 万元。试利用账面价值法评估企业 B 的价值，以为企业 A 并购企业 B 提供决策参考依据。

解答分析：

据题意可知，企业 B 2010 年 12 月 31 日的资产合计总额为 400 万元，负债合计总额为 120 万元。如果采用账面价值法评估企业 B 的价值，那么其详细计算过程如下：

$$\begin{aligned} V_B &= 企业 B 的账面资产总额 - 企业 B 的账面负债总额 \\ &= 400 - 120 = 280(万元) \end{aligned}$$

计算出企业 B 的价值之后，企业 A 就能够以此为依据进一步和企业 B 商谈有关并购事宜，即它能为主并企业并购目标企业提供决策参考依据。

账面价值法需要的会计数据很容易获得，计算简单，因此，它操作起来非常简便易行。如果被评估企业拥有的商誉、商标和专利权等无形资产较少，利用账面价值对其价值进行评估比较适合。但由于账面价值法是以会计核算为基础，未考虑企业各要素的市场价格。因此，运用账面价值法评估得出的企业价值往往与其市场价值相差甚大。尤其是在把这种评估方法应用于能够持续经营的企业的价值评估时，其局限性就更为突出。

（2）重置成本法。重置成本法是指在现实条件下，重新购置或建造一个全新状态的被评估对象，所需的全部成本减去被评估对象的实体性陈旧贬值、功能性陈旧贬值和经济性陈旧贬值后的差额，以其作为被评估对象现实价值的一种评估方法。其中，实体性贬值或称资产的有形损耗，是由于使用中的磨损或者自然力的侵蚀所引起的资产价值损失。功能性贬值是由于技术落后，功能陈旧所引起的原有资产的相对贬值。经济性贬值是由于外部经济和社会环境变化使得资产闲置，从而使收益下降造成的资产价值损失。资产重置成本就是在现实条件下，重新购置或建造一个全新状态的被评估对象所需的全部成本。

运用重置成本法评估企业的价值，暗含一个前提：企业是一系列资产的集合体，企业的价值取决于各单项资产的价值。单项资产评估价值的估算可用如下公式表示：

$$资产价值 = 资产重置成本 - 实体性贬值 - 功能性贬值 - 经济性贬值 \tag{10-17}$$

但由于资产的功能性陈旧贬值和经济性陈旧贬值在现实中很难估算，所以，式（10-17）的现实实用性就比较差。通过估算被评估资产的新旧程度，来估算被评估资产的价值，是一种较为简便的资产价值估算方法。其估算公式如下：

$$资产价值 = 资产重置成本 \times \beta \tag{10-18}$$

式中：β 表示估算的被评估资产的新旧程度。被评估企业的各单项资产价值估算之后，就可进一步估算被评估企业的价值。被评估企业价值的估算可用式（10－19）表示。

$$被评估企业的价值 = \sum 各单项资产的评估价值 - \sum 负债 \quad (10-19)$$

【例10－10】 2010年6月，企业A因业务扩展需要并购企业B。通过查阅2009年12月31日企业B的资产负债表，可了解到公司各项资产目前的详细情况：甲资产的重置成本为150万元，八成新；乙资产的重置成本为100万元，五成新；丙资产的重置成本为80万元，九成新；丁资产的重置成本为120万元，六成新。负债合计总额为200万元。试利用重置成本法评估企业B的价值，以为企业A并购企业B提供决策依据。

解答分析：

根据题中提供的企业B 2010年12月31日资产的详细情况，运用重置成本法来估算其各单项资产的价值。

甲资产价值 = 甲资产的重置成本 × 甲资产的新旧程度 = 150 × 80% = 120(万元)

乙资产价值 = 乙资产的重置成本 × 乙资产的新旧程度 = 100 × 50% = 50(万元)

丙资产价值 = 丙资产的重置成本 × 丙资产的新旧程度 = 80 × 90% = 72(万元)

丁资产价值 = 丁资产的重置成本 × 丁资产的新旧程度 = 120 × 60% = 72(万元)

然后再根据各单项资产的估算价值以及企业的负债资料可进一步估算企业B的价值V_B，估算公式为

$$V_B = \sum 企业B各单项资产的估算价值 - \sum 企业B的负债$$
$$= 120 + 50 + 72 + 72 - 200 = 114(万元)$$

利用重置成本法估算出企业B的价值之后，企业A就能够在和企业B商谈有关并购报价时，做到心中有数。

利用重置成本法估算企业价值，实质主要就是要估准各单项资产的实体性陈旧贬值、功能性陈旧贬值、经济性陈旧贬值以及其新旧程度等数据信息。不过，这些数据信息的估算带有很大程度的主观性，它和资产评估师的经验有很大相关性，也就是说，不同的资产评估师对同样的资产可能评估的结果差异较大，而这也正说明了该评估方法存在的局限性。

（3）清算价值法。清算价值法是指在企业作为一个整体因财务危机已无法持续经营的情况下，根据企业清算资产的可变现价值，来确定企业价值的一种评估方法。清算价值是指在企业因出现财务危机而导致破产或停业清算时，把企业的实体资产逐个分离并单独出售的资产价值。

运用清算价值法评估企业价值的公式表达形式如下：

$$企业价值 = 各项资产的可变现价值 - 负债总额$$

【例10－11】 2011年1月，企业A因业务扩展需要并购企业B。企业B是一家因经营管理不善濒临破产的企业，但其资产盈利的潜力还很大，即资产的质量还不错。通过查阅2010年12月31日企业B的资产负债表得到，各项资产合计总额为600万元，负债合计总额为300万元。而如果把企业B的各项资产单独剥离并出售，可获得变现价值

总额 500 万元。试利用清算价值法评估企业 B 的价值，以为企业 A 并购企业 B 提供决策依据。

解答分析：

据题意可知，企业 B 2010 年 12 月 31 日的资产合计总额为 600 万元，负债合计总额为 300 万元。因此，其账面价值就等于 300 万元。但由于企业 B 是一家濒临破产的企业，所以，其价值评估应采用清算价值法。按照清算价值法评估企业 B 的价值，其详细计算过程如下：

$$V_B = \text{企业 B 各项资产的可变现价值总额} - \text{企业 B 的负债总额}$$

$$= 500 - 300 = 200(\text{万元})$$

计算出企业 B 的价值之后，它能为企业 A 并购企业 B 合理报价提供依据，至于并购完成时的真实成交价格是多少，还需进一步考虑企业 B 的商誉等“软资产”情况以及双方的谈判能力。

对于无法持续经营类企业而言，清算价值法是其价值评估唯一切实可行的方法，其评估结果相对而言，比较客观可靠。但其不足之处就是将被评估企业视为一个由各项“硬资产”构成的简单组合，而忽略了被评估企业“软资源”的价值。

3. 成本法的应用评价。成本法是在被评估企业资产负债表的基础上进行的，相比市场法和收益法而言，它的评估结果可能更客观一些。但由于成本法在运用时，是把企业视为多项资产的简单集合，而忽略了多项资产协同效应创造的价值。因而在对持续经营假设前提下的企业价值进行评估时，就不宜单独使用成本法。

二、创新型价值评估方法

除收益法、市场法以及成本法等传统型价值评估方法外，近些年来，还出现了一些创新型价值评估方法，如 EVA 评价法和期权定价法等。下面以 EVA 评价法为例对创新型价值评估方法进行阐述。

（一）EVA 价值评估法的概念

EVA（经济增加值，Economic Value Added 的缩写）评价法就是指将被评估企业未来各期预期的 EVA，按照评估日时的市场利率折现后的现值，加计评估日时被评估企业的投资资本，两者之和作为被评估企业价值的一种价值评估方法。1982 年，它是由美国思腾斯特公司（Stern Stewart & Co.）所创立的一种与投资决策相关性更强的企业业绩评价方法。

EVA 是指在一定期间内被评估企业的资本收益与资本成本之间的差额。企业资本收益就是指包括股东权益资本和债权人权益资本等所有投资资本所带来收益。资本成本是指企业所有投资资本的加权成本。EVA 可以用公式表示为

$$EVA = NOPAT - TC \times WACC \tag{10-20}$$

式中：$NOPAT$ 表示企业税后净经营利润，TC 表示所有投资资本总额，$WACC$ 表示所有投资资本的加权平均资本成本。

（二）EVA 价值评估法的应用

如果采用 EVA 评价法评估企业的价值，根据 EVA 评价法的概念可知，企业价值可

以用公式表示为

$$企业价值 = 预期EVA的现值 + 投资资本总额$$

因此，要利用该方法评估企业的价值，必须先估算企业预期的EVA并合理地确定折现率。如何估算EVA？根据式（10－20）可知，要估算EVA，必须要适当调整企业的税后净经营利润并计算加权平均资本成本。

关于企业税后净经营利润的调整。为完整反映债权人和股权投资者投资的资本在一定期间创造的收益，要对企业损益表中的净利润进行适当调整，调整公式如下：

税后净营业利润 = 净利润 + 利息费用 + 少数股东损益 + 本年商誉摊销
+（－）递延税款贷方增加额（借方）+ 各种准备金当期增加额
+ 资本化研究发展费用金额 － 资本化研究发展费用在本年的摊销
+（－）税后营业外支出（收益）

关于总投资资本 TC 的调整，调整公式如下：

资本总额 = 普通股权益 + 少数股东权益 + 累计商誉摊销
+（－）递延税款贷方余额（借方余额）
+ 各种准备金余额（坏账准备、存货跌价准备等）
+ 研究发展费用的资本化金额 + 短期借款
+ 长期借款 + 长期借款中一年内到期的部分。

关于加权资本成本 $WACC$ 的计算，估算公式如下：

加权平均资本成本 = 债务总额 / 融资总额 × 债务资本成本 ×（1 － T）
+ 权益总额 / 融资总额 × 权益资本成本

如果假设权益资本成本为 r_q，无风险报酬率为 r_f，市场报酬率为 r_m，公司报酬率的变化相对于整个市场报酬率变化的变动系数为 β，则 $r_q = r_f + \beta(r_m - r_f)$。

【例10－12】 2011年1月，企业A因业务扩展需要并购企业B。经查企业B有关资料可知，2010年末资本总额为1 200万元，调整后的预期各年的EVA均为600万元（鉴于调整项目繁多复杂，各年EVA的调整估算过程从略），市场报酬率为12%。试利用EVA评价法评估企业B的价值，以为企业A并购企业B提供决策依据。

解答分析：

根据题中提供的企业B的相关数据，按照EVA评价法估算企业B的价值，在 n 趋向 $+\infty$ 时，其计算过程如下：

$$V_B = \text{B公司预期各期EVA的现值} + \text{现投资资本总额}$$
$$= 600/(1+0.12) + 600/(1+0.12)^2 + \cdots + 600/(1+0.12)^n + 1\ 200$$
$$= 600/0.12 + 1\ 200 = 6\ 200(\text{万元})$$

企业A能够依据估算出的企业B价值，在与企业B就收购报价事宜谈判中掌握一定主动权。至于并购达成时的成交价格是多少，还需考虑企业B的商誉以及双方的谈判能力等因素。

（三）EVA法的应用评价

EVA评估法的主要优点有三个方面：其一，它考虑了权益资本的使用成本，使企业的成本覆盖更加完整。它克服了以前企业经营绩效财务指标计算只考虑债务资本成本的缺点，是对成本计算的补充和完善。其二，它对企业管理者经营业绩的评价更客观，能促使管理者的经营决策更加科学化。利用它评价管理者经营业绩，就必然会促使管理者在经营决策时，充分考虑企业资本应用的机会成本，将机会成本纳入决策考虑的范畴，必然会提高企业管理者优选项目的能力。其三，它能纠正会计报表信息本身对企业经营业绩反映的偏差，克服管理者通过盈余管理操纵利润的缺点。

但 EVA 评估法在实际应用中也还存在着一些不足：第一，预期的 EVA 的准确性值得怀疑。由于预期的 EVA 是在预期的企业净利润的基础上调整而来，而企业预期的净利润又会因企业未来环境的变化而变得不确定，因此，预期的 EVA 就会变得更加不确定。第二，EVA 计算的调整事项多而复杂，严重制约其推广应用。由于在 EVA 的计算过程中，涉及的调整事项可能达 160 多项，这就要求使用者有较高的专业技能，因此，就会给 EVA 的推广应用带来不小困难。

虽然 EVA 评估法在实际应用中还存在着一些不足，但其评价企业价值的思想还是比较坚实且具有科学性的，因此，随着管理人员和从业人员专业素质的不断提高，制约其应用的因素将会越来越小，其应用前景也会越来越光明。

【复习思考题】

1. 阐述企业市场价值和内在价值的内涵。
2. 影响企业价值评估的因素有哪些？它们是怎样影响的？
3. 阐述企业的价值评估程序。
4. 试阐述价值评估的传统评价方法在应用前提上的差异。
5. 应用 EVA 法进行价值评估有哪些优点和局限性？

【经典案例】

浦发银行投资价值的评估（2010 年 9 月 30 日）

据前文可知，商业银行的价值评估主要有收益法、市场法和成本法三大类，但不同方法有不同的应用环境。其中，市场法在上市商业银行的价值评价中应用较为广泛。现以上市股份制银行浦发银行（代码：600000）为例，解释市场法下的市盈率法在评估上市商业银行价值中的具体应用。

2010 年 9 月 30 日，浦发银行的市场价格，按收盘价计算为 12.96 元/股，2010 年第三季度的每股收益为 1.293 元/股①。同期金融行业中多元化银行的市盈率为 12.4②。

如果利用市盈率法为投资者投资浦发银行提供决策依据，那么按照金融行业中多元化银行的市盈率可计算得到浦发银行的合理价格 P_0（可参考的投资价格）。

---

① 数据资料来自华泰证券交易软件（专业版Ⅱ）。

② http://data.money.163.com/pbpeRanking.html.

P_0 = 同期多元化银行的市盈率 ×2010 年第三季度的每股收益

= 12.4 × 1.293 = 16.03(元)

由于2010年9月30日浦发银行的市场价格为12.96元/股，而其合理价格16.03元大于同期的市场价格12.96元，即其目前的市场价格在一定程度上说是被低估了。所以，在2010年9月30日投资者以12.96元/股购买浦发银行的股票进行投资是划算的，投资的风险比较低。但假如2010年9月30日浦发银行的市场价格不是12.96元/股而是18元/股，那么在2010年9月30日投资者以18元/股买进浦发银行的股票进行投资就不划算，投资的风险比较大。

第十一章　并购的财务管理

【本章概要】

并购对我国企业的发展有着重要现实意义。它是指企业为获取对其他企业的经营控制权而进行的产权交易的行为。按照主并方和被并方经营业务的关联程度不同可将其分为横向并购、纵向并购和混合并购；按照主并方的并购态度不同可将其分为善意并购和恶意并购。并购的支付方式主要有现金支付和股票支付两种形式。追求规模经济、降低交易成本、获取协同效应以及分散经营风险等构成了并购行为的理论基础。并购的实务操作步骤包括对目标公司的搜寻、审查、估价以及整合等四个方面。本章最后根据我国商业银行并购现状，并结合我国金融环境的变化，分别从并购的主力军、并购业务的重心、并购对象的范围以及外资银行并购内资银行的趋势等四个方面对我国商业银行的未来并购趋势进行了展望。

【要点提示】

1. 了解并购的内涵；
2. 掌握并购的类型和支付方式；
3. 理解并购的理论动因；
4. 熟悉并购的实务操作；
5. 把握商业银行并购的现状与趋势。

【重要概念】

并购　吸收合并　新设合并　收购　横向并购　纵向并购　混合并购　善意并购　恶意并购　现金支付　股票支付　规模经济　经营协同效应　财务协同效应　业务协同整合　资产协同整合　管理协同整合　文化认同整合

【本章架构图】

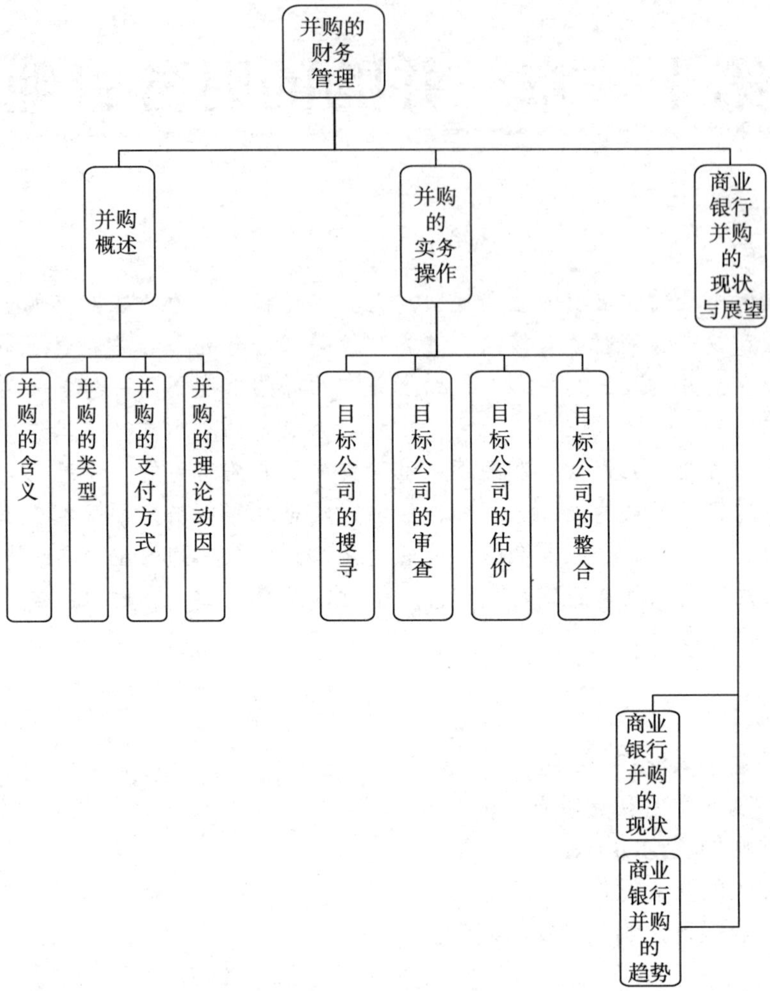

第一节　并购概述

并购对我国企业的发展有着重要现实意义。为把握并购的实务操作以及未来发展的现状与趋势，必须首先对并购的含义进行界定，并对并购的基本类型、并购的方式以及并购的理论动因进行阐述。

一、并购的含义

并购是指企业为获取对其他企业的经营控制权而进行的产权交易的行为。并购内涵丰富，它有广义和狭义之分。广义的并购包括兼并（Merger）、收购（Acquisition）、分立（Spin－offs）、分拆（Carve－out）以及资产剥离（Divestiture）等内容。狭义的并购仅指兼并（Merger）和收购（Acquisition）两部分内容，因此，其常常又缩写为M&A（不作特殊说明，本书仅指狭义的并购）。

兼并又有广义和狭义之分，广义的兼并包括吸收合并（Merger）和新设合并（Consolidation）两部分内容，狭义的兼并仅指吸收合并。吸收合并是指一家或多家企业（目标企业或称被兼并企业）被另一家企业（主并企业或称兼并企业）吸收，主并企业会继续保留其原有名称和法律主体资格，而目标企业的法律地位则消失的行为。它可以简化为“A（主并企业）+B（目标企业）=A”；新设合并是指参与合并各方（主并企业和目标企业）的法律地位均消失，合并后重新登记设立一家全新公司的行为。它可以简化为“A（主并企业）+B（目标企业）=C（新设企业）”。

收购（Acquisition）是指一家企业（投标企业）用现金或有价证券购买另一家企业的股票或资产，从而获取对该企业（目标企业）具有实质上经营控制权的行为。购买股票是指投标企业用现金或有价证券，从目标企业股东手中购买具有表决权股票的行为。资产收购是指投标企业直接向目标企业支付现金或有价证券，以购买目标企业资产的行为。

总而言之，并购就是兼并和收购的合称，其实质就是一家企业（投标企业或主并企业）用自己所拥有的现金或有价证券，去换取其他企业（目标企业或被并企业）的股票或资产，以达到能够对其经营实施实质上控制和影响的行为。

二、并购的类型

为全面了解和进一步把握并购的内涵，可以按不同标志将其详细分类。下面分别按照主并方和被并方经营业务的关联程度，以及主并方的并购态度两种不同分类标志，对并购的类型进行探讨。

（一）按照主并方和被并方经营业务关联程度不同的划分

主并企业和被并企业（或称目标企业）经营业务的关联程度是目前国际上较为主流的对并购进行分类的标志。按照主并企业和目标企业经营业务的关联程度不同，可以将并购分为横向并购、纵向并购和混合并购三种类型，下面分别对其加以阐述。

1. 横向并购。横向并购或称水平并购，是指生产或经营同类或相似产品的主并企业和被并企业之间发生的一种并购整合行为。比如大银行并购小银行以及规模相当的银行之间的合并等。因为经营业务关联程度高的企业生产的产品相似或相同，所以它们的产品市场竞争十分激烈。为防止恶性竞争，相互联合与合并就成了它们的明智选择，基于此，横向并购就发生了。国外企业的并购历史表明，横向并购是许多国家早期企业并购最主要的形式，至今它仍在各国企业并购中占相当高的比例。

2. 纵向并购。纵向并购或称垂直并购，是指在生产过程或经营环节上具有相互衔接、密切相关的企业之间发生的一种并购整合行为。比如汽车制造公司并购钢铁公司，钢铁公司又并购铁矿公司，这三类公司的并购就是典型的纵向并购。再比如商业银行并购基金公司或投资公司也都属纵向并购。纵向并购按照并购的方向不同，又可以细分为前向并购和后向并购。前向并购就是指主并企业并购产品处于其上游的被并企业的并购行为，如钢铁企业并购铁矿企业就属于前向并购。后向并购就是指主并企业并购产品处于其下游的被并企业的并购行为，如商业银行并购基金公司或投资公司就属于后向并购。并购历史研究表明，纵向并购的出现一般要晚于横向并购，且所占比例要小于横向并购。现在银行业综合经营的趋势越来越明显，银行、保险、证券以及投行之间的并购案例越来越多。

3. 混合并购。混合并购是指在经营业务上完全互不相干，即在生产技术和工艺流程上没有直接的关联关系，生产的产品也完全不同的企业之间发生的一种并购整合行为。比如农村合作金融机构并购医药公司或石油公司。混合并购在20世纪60—70年代的西方企业并购浪潮中非常盛行，现在这种形式的并购无论在西方还是在国内都不多见。通过并购实现多元化经营，从而分散投资，降低或减少经营风险是混合并购最主要的目的。

（二）按照主并方并购态度不同的划分

按照主并方对被并方的并购态度不同，可将并购细分为善意并购和恶意并购两种类型，下面分别对其进行阐述。

1. 善意并购。善意并购是指主并方在并购被并方之前，通过与被并方管理层或股东进行协商，征得其同意后并通过谈判达成一致意见而完成的并购。善意并购一般都能进展顺利，但主并方往往为了照顾被并方的利益而不得不作出一些利益上的让步。另外，善意并购也可能会因被并方在了解并购方的战略意图后采取不合作态度，从而使主并方错失最佳并购时机。不过，善意并购对并购后企业的整合更为有利，多数情况下，这种并购方式有利于降低并购行动的风险和成本。从并购对价的支付方式上看，善意并购多采用换股的方式来完成。

2. 恶意并购。恶意并购是指主并方未征求被并方管理层或股东的意见，或者在征求对方意见未果的情况下，直接发起强行收购被并方股权而完成的并购活动。恶意并购中的主并方完全处于主动地位，不与被并方协商权衡各方利益，因此，其行动迅速，时间短，从而可有效控制并购成本。但恶意并购也面临着各种挑战，首先是主并方常常会遭到被并方的顽强抵抗，甚至可能会招致被并方的反并购，从而导致并购风险较大，所以，恶意收购要求行动要秘密准备，果断迅速。其次是恶意收购因无法和被并方管理层或股东进行沟通，主并方不可能采取换股的方式来完成，因此，其多采用现金收购的方式来完成，由于股票溢价高，主并方可能要花费较高的代价。另外，有效整合也会使恶意并购完成后主并方面临重大考验。

三、并购的支付方式

鉴于并购双方具体情况上的差异，主并方向被并方支付并购对价的方式会有所不同，即并购的支付方式会有所不同。现金支付和股票支付是两种最主要也是最流行的支付方式。

（一）现金支付

现金支付是指主并方以支付现金的方式获取被并方的股权或资产的一种支付方式。

主并方选择现金支付方式的原因可能有三：其一，被并方拒绝主并方的并购谈判，只能用现金从资本市场或柜台直接购买被并方的股票或股权；其二，主并方拥有充足的公司自由现金流，且想尽快完成对被并方的并购；其三，现有股东不希望因此次并购而稀释自己的股权。现金支付虽然具有收购完成速度快等优势，但它因并购动用了大量现金会给主并方的现金流带来巨大压力，因此，这种支付方式仅适合于自由现金流充足、实力强大的企业。

（二）股票支付

股票支付方式又称股份置换方式，是指主并方以新发行的本公司股票来置换被并方公司的股票或资产，从而达到控制被并公司的目的的一种支付方式。被并公司在并购完成之后会成为主并公司的新股东。股票支付方式通常有以股权换股权和以股权换资产两种具体形式：①以股权换股权方式。主并方向被并方的股东发行自己的股票，以换取被并公司的全部股票，从而达到控制被并公司的目的。如上海医药（公司股票代码：600849）换股吸收合并上实医药（公司股票代码：600607）和中西药业（公司股票代码：600842）；②以股权换资产方式。主并方向被并方发行自己的股票，以换取被并公司的资产，从而达到控制被并公司的目的。目前，在并购实务中以股权换股权的方式比较多见。

并购采取股权支付方式的优点有二：其一，主并方不需要动用现金，因而不会造成主并方现金支付能力的紧张，财务风险较小；其二，并购完成后，被并方的股东不会因此失去本公司的所有者权益，只是由被并方的股东变为并购后公司的股东，因此，它较易为被并方股东所接受。但是，该支付方式也有不足之处，主要有两点：其一，它会导致主并方公司原有股东的控制权稀释。其二，它可能会导致公司并购后每股收益的下降，进而会影响公司的市场形象。

四、并购的理论动因

商业银行并购行为的发生由来已久，最早可追溯至 19 世纪末 20 世纪初以大银行并购中小银行为特征的第一次银行业的并购浪潮。随着银行业并购实务的不断发生，理论界对银行业并购动因的研究也日趋深入。

（一）横向并购的动因

同行业的公司之间为什么要进行并购呢？大量的理论研究表明，横向并购主要有三个动因：其一，横向并购可以使并购双方获取规模经济效益。所谓规模经济，就是指某些行业的企业，固定成本费用很高，必须使其业务量达到一定的数量才能使企业盈利。即只有通过规模扩大，业务量扩大，单位固定成本才能降低，从而才能使企业盈利。比如一个学校的洗澡堂，提供热水的锅炉大小一定，即加热每锅炉的燃料费是一定的，要 100 人次洗澡才能保本。如果少于 100 人次洗澡就亏损。而商业银行间的并购就可以通过节省网点建设费用，从而获得规模经济效益等。总之，横向并购可以使企业规模快速扩大，从而使其获取规模经济效益。其二，横向并购可以提高市场占有率。同行业的公司通过并购可以减少竞争对手，从而提高产品的市场占有率，尤其是同行业的大公司之间的并购，市场占有率的提高较为明显。假如工商银行和农业银行进行合并，那么合并后的银行市场占有率就会得到极大提高。市场占有率的提高会使该企业获得竞争优势。其三，横向并购可以获得协同效应。协同效应包括经营协同效应和财务协同效应两个方面。经营协同效应，就是指并购前不同企业具有不同的竞争优势，并购完成后企业就具备了并购前不同企业的所有竞争优势，从而使并购后的企业竞争优势更加明显。财务协同效应，是指由于企业的合并使得企业的融资成本降低的一种效应。譬如，A 是一家有闲置资金的企业，B 是一家有资金需求缺口的企业，如果 A 并购了 B，两者就成了一家企业或成为了一家具有控股关系的企业，那么 A 就会把闲置的资金低成本地提供给 B 使用，从而就降低了融资的成本，这是并购能降低内部融资成本的例子。再如，由于并购使企业规模扩大，规模大的企业在一般情况下从外部融资更容易一些，利率也可能会低一些，这样也可以降低企业从外部进行融资的成本。

（二）纵向并购的动因

随着纵向并购交易案例的增多，理论界对其动因的研究也不断深入。较早对纵向并购提供理论支撑的当属交易费用理论。该理论最早可追溯到 1937 年科斯（Coase）的论文《企业的性质》。他认为，任何协作生产都需要一定的社会机制来协调，外部市场交易机制和企业内部协调机制是两种重要的社会机制。这两种机制都会产生成本，只要当企业内部组织交易成本比外部市场交易成本低时，企业便会通过内部协调机制来替代外部市场交易机制，从而使市场交易内部化。即通过纵向并购，把原材料供应企业以及销售渠道企业与生产制造企业进行整合，这样就可以把外部市场交易费用内部化，从而降低交易费用。后来，威廉姆森（Williamson）又在科斯思想的基础上，进一步对交易成本进行了深入研究。他指出，企业外部市场成本会因各种不确定性而存在，企业组织运行也会发生内部协调成本，但企业能够通过对组织的革新大大降低内部协调成本。当企业内部协调成本小于企业外部市场成本时，企业并购便会出现。由此可见，他们都是从交易费用节约的角度为纵向并购提供了强有力的理论解释。

（三）混合并购的动因

经营业务完全不相干的企业之间为什么要合并？理论界对其也进行了深入研究，并给出了一些解释，较为典型且有代表性的有风险分散理论和战略调整理论两个理论。

风险分散理论认为，一般投资者可以通过在资本市场上购买不同上市公司的股票来分散和降低其投资风险，而主并公司的经营管理者则靠并购其他经营业务不同的企业，实施多元化经营战略，才能分散和降低其单一经营的风险。另外，并购后企业规模的扩大可以增加经营管理者职位升迁以及薪酬提高的机会，从而可降低其收益下降的风险。在此情况下，混合并购便会发生。

战略调整理论认为，主并公司收购与自己主营业务完全不相干的企业的目的，是要在拟进入的行业进行试探，为其未来主营业务的转型做准备。处于市场饱和、产品竞争激烈行业的企业更倾向于采用这种战略来为其业务转型做准备，因为这样做转型失败的风险比较小。一些未来发展空间较大的“朝阳”产业的企业可能最易成为主并企业的首选目标。主并企业在完成对自己原来不熟悉的业务并购之后，就可以慢慢摸索和逐渐熟悉新行业的经营规律。然后在此基础上，它再不断剥离其原来的主营业务，并逐渐增加对目标企业股份或资产的收购，最后完全退出其原来的行业，实现其主营业务的成功转型。该理论对混合并购的实践活动具有很强的解释力。

（四）其他动因

除了上述一些对不同类型并购的专门理论解释外，还有一些对并购的一般理论解释，效率差异理论就是比较典型的一个。效率差异理论认为，并购活动发生的原因在于交易双方在管理效率上存在差异。通俗讲就是，假设A公司的管理效率高于B公司，那么A公司并购B公司后，A公司保持原来的管理效率不变，B公司的管理效率又会因得到A公司高效率的管理而提高，从而社会效率由于两公司的合并而得到提高。该理论还被称为“管理协同”效应理论。不过，该理论暗含着两个基本前提：其一，主并公司的管理资源必须具有剩余，且只能作为一个团队才能发挥作用，即具有不可分散性；其二，被并企业管理的低效率可以通过外部管理层的介入和管理资源的增加而得到改善。只有这两个前提同时具备，效率差异理论才能成立。

第二节　并购的实务操作

无论对主并方还是对被并方（或称目标公司）来说，并购都是其发展中的重大影响事件，为降低和避免并购失败的风险，并购双方对并购事宜都非常重视。由于主并方要在并购中承担的风险更大，因此，这里仅从主并方的视角来深入探讨并购的实务操作流程。

一、目标公司的搜寻

主并方要根据自身情况和未来发展战略来搜寻符合自己并购意向的目标公司。如果主并方要实现规模经济效益、扩大市场份额以及经营协同效应和财务协同效应的发展战略，那么它就要重点物色和搜寻与自己同行业的公司，比如农村合作金融机构A要实现扩大市场份额战略，就会从同业中搜寻目标公司；如果主并方要实现控制供应商和销售渠道，节约交易成本的战略目标，那么它就要重点物色和搜寻与自己具有上下游关系的行业的公司，比如农村合作金融机构A要实现控制资金密集型企业的发展战略，它就会从基金公司或证券公司等公司中来搜寻目标公司；如果主并方要实现分散经营风险的战略目标，那么它就要搜寻与自己经营业务关系不大的公司，比如农村合作金融机构A要实现分散经营风险的发展战略，它就会从房地产业或航空业等行业中搜寻目标公司。

主并方搜寻目标公司主要有两条途径：其一，是外部路径。主并方通过外部专业咨询公司搜寻目标公司，国际上有高盛、摩根士丹利和摩根大通等许多知名咨询公司，国内有中信资本、中银投资、君安证券以及上海荣正等开展并购咨询业务的公司或投资咨询有限公司，这些公司都有专门针对目标公司搜寻、调研和方案设计的专业团队，因此，主并方可通过这一专业化的外部渠道搜寻目标公司。其二，是内部路径。主并方自己成立专门的搜寻并购目标的临时性团队，此路径有但并不常见。总之，主并方搜寻目标公司是其成功并购的首要环节。

二、目标公司的审查

主并方在搜寻到目标公司之后，还要对目标公司进行各种审查。这些审查主要包括目标公司出售目的的审查、目标公司章程的审查、目标公司各项财产权的审查、目标公司合同和债务文件的审查以及目标公司重大诉讼或仲裁的审查等。

目标公司出售目的的审查，就是对目标公司资产或股东股权出售的真正目的的审查。目标公司股东为什么此时要出售股权，是股东自己的现金流出现了问题，出售股权获取现金是为了还债？还是公司本身经营管理不善出现亏损，原有股东感觉近期扭亏无望决意要退出？抑或是公司自身经营没有问题，原股东有了更好的投资机会，或希望收缩产业，剥离与其主营业务不相关的业务？如果是第一种和第三种情况，收购后整合和经营的风险就会小一些。如果是第二种情况，则收购后整合和经营的风险就会较大。因此，对目标公司股东出售股权的目的进行审查十分重要。

目标公司章程的审查，就是指对公司章程中各项条款的审查。公司章程是一个公司的“宪法”，是体现公司组织和行为基本规则的法律文件。公司章程中可能有很多涉及收购和反收购方面的条款。如有些公司章程中，有合并或资产出售须经百分之三十以上股权的同意才能进行的条款，存在特别投票权规定的条款，还有“董事会分期、分级选举”的条款，以及“辞退董事，公司合并、分立，出售资产时要符合超级多数”的条款。如果不对这些条款进行认真研究和仔细审查，可能会给并购行动带来麻烦和障碍。因此，在对目标公司的审查过程中，一定要对公司章程的审查给予足够重视。

目标公司各项财产权的审查，就是对目标公司所拥有的各项资产的所有权的完整程度的审查。尤其是对其土地使用权、房产权、主要机械设备的所有权、专利权以及商标权等重要资产拥有的完整程度的审查。如对公司房屋等固定资产的所有权拥有程度的审查，要看其所有权证以及租赁协议等，审查主要机器设备时，要看购置设备的合同、发票及保险单等，审查土地使用权时，要看土地使用权的性质（出让、租赁）以及土地使用权证书或租用土地的协议等。总之，一定要查清公司各项资产所有权的拥有程度，各项资产所有权的拥有在法律上有无瑕疵，以防止下一步对目标公司资产价值评估错误估算的出现，从而为成功实施并购做足准备工作。

目标公司合同和债务文件的审查，就是对目标公司所签署的现在还有效力的各种书面合同和债务文件的审查。对合同的主体和内容，合同中是否有纯义务性的条款和其他限制性条款，控制权改变后合同是否仍然有效，以及解除合同的约定和由此带来的影响等内容的审查是合同审查的重点。对目标公司的债务数额、偿还期限、附随义务及债权人对其是否有特别限制（如债务合同中规定公司应维持某种负债比率，不准股权转移半数以上，否则须立即偿还债务）等文件的审查是债务文件审查的重点。因为这些合同和债务文件上的条款，可能会在控制权变更时即成为公司要履行的义务，从而影响主并方的现金流，给主并方带来财务上的压力，因此，一定要对目标公司的合同和债务文件进行全面认真审查。

另外，还要对目标公司是否存在重大诉讼或仲裁进行审查。因为目标公司的重大诉讼或仲裁活动将直接关系到公司的责任和义务，如果无法判断这些诉讼或仲裁胜诉的可能性，那么将可能由此产生巨大的法律费用和赔偿责任。如果不对其重大诉讼或仲裁进行审查，就可能使主并方在并购后招致巨大损失，甚至是致命打击，因此，必须要对目标公司是否存在重大诉讼或仲裁进行审查。

上述各个方面审查工作的成败，不仅影响下一步的并购工作，而且还会影响并购完成后公司的经营发展，因此，目标公司的审查是并购工作的重要环节，它对并购成败至关重要。

三、目标公司的估价

主并方在完成了对目标公司的各种资料审查之后，就进入一个与财务更加紧密相关的重要阶段——目标公司的价值评估和自身财务规划阶段。

关于目标公司的价值评估问题，已在本书第十章价值评估中作了详细的探讨，主要包括传统价值评价方法（市场法、收益法和成本法）以及创新型价值评价方法（EVA评价法）。它不仅详细介绍了各种价值评估方法的内涵、使用的前提条件、具体的估值模型等，而且还对各种价值评估方法的优缺点进行了评价，因此，这里就不再赘述。

并购支付的财务规划与安排，就是指主并方根据谈判确定的支付方式而做的在财务上的行动支持。它也是决定并购成败的重要环节。通过并购双方的谈判决定并购的支付方式，然后，主并方再根据并购的支付方式来进行财务规划和安排。并购的支付方式不同，主并方的财务规划和安排的方案就会不同。如果确定以现金为支付方式，主并方就必须要筹措足额的现金以备支付。当自有资金不足时，就需要及时规划筹资（定向增发股票、发行债券或借款等）；如果确定以股票为支付方式，那么主并方也要安排增发股票事宜，并根据价值评估以及与被并方协商的结果确定换股比例。关于换股比例的确定，理论上的有净资产比率法、净资产比率加成法、每股收益比法、预测收益比法以及市价比法等多种计算方法，其中，净资产比率法、每股收益比法以及市价比法较为常用。净资产比率法就是用并购双方在并购前一年底的每股净资产比率作为换股比率。譬如，A、B 两公司分别是并购的主并方和被并方，A、B 两公司的期末每股净资产分别为 0.4 元和 0.2 元，那么按照净资产比率法，A、B 两公司的换股比率就为 2，即 1 股 A 公司股票可以换 2 股 B 公司股票；每股收益比法是采用并购双方当期每股收益之比作为换股比率。譬如，A、B 两公司分别是并购的主并方和被并方，A、B 两公司的每股收益分别为 0.3 元和 0.1 元，那么按照每股收益法，A、B 两公司的换股比率就为 3，即 1 股 A 公司股票可以换 3 股 B 公司股票；市价比法就是以并购双方每股市价之比作为换股比率。譬如，A、B 两公司分别是并购的主并方和被并方，A、B 两公司的每股市价分别为 10 元和 5 元，那么按照市价比法，A、B 两公司的换股比率就为 2，即 1 股 A 公司股票可以换 2 股 B 公司股票。由于净资产比率法是建立在历史成本的基础上，反映的只是企业过去的经营能力和盈利能力，而没有考虑企业资产的未来盈利能力，所以，其存在着相当大的局限性。每股收益比法在被并方每股收益接近于零或为零，以及为负值的情况下无法使用，因此，每股收益比法的使用也有很大局限性。而市价比法在市场健全有效的情况下，能充分反映公司的内在价值信息，所以，其在实际应用中尤其是在上市公司之间换股并购的情况下使用较为广泛。

四、目标公司的整合

并购双方交易完成后，整合问题是决定并购目的能否实现最关键的一环。并购整合属于企业管理领域的问题，资源协同整合和文化认同整合是整合的重点。美国著名管理学家彼得·德鲁克在《管理前沿》指出："企业并购只有在整合上取得成功，才是一项成功的并购，否则只是财务上的操作，这必将导致业务和财务上的双重失败。"

（一）资源协同整合

企业通过并购达到了"做大"的目的，但"做大"不是其根本目的，"做强"才是根本目的。资源的协同整合是并购后企业"做强"的必需手段。资源协同整合主要包括业务协同整合、资产协同整合和管理协同整合等。业务协同整合就是指并购完成后银行根据新的发展战略，把原有业务重新配置，以确保新的发展战略能够得以实现的业务整合。如并购完成后，新企业可能会把一些与其主营业务相关不大，或者与战略目标不匹配的业务剥离出去，以突出主业，确保其核心竞争力的提高；资产协同整合就是指并购后的企业，根据新的发展战略，把原有资产重新合理配置，以促使其新的经营目标得以实现的资产整合。如并购完成后，可能会把一些与其主营业务相关不大的资产剥离。另外，还会根据核心业务的布局重新调整和配置其核心资产。管理协同整合就是指并购后的企业，根据新的发展战略，重新架构与之相适应的管理组织，并依据并购双方原管理人员的特长调整管理岗位，从而提高其管理效率的整合。如并购完成后，企业制定了存贷款基本业务与对外投资双重发展的战略目标。根据这一目标，企业专门成立了对外投行部，并配备了熟悉投行业务的管理队伍。通过组织架构和管理队伍的调整，为企业双重发展目标的实现奠定了坚实基础。

（二）文化认同整合

除进行资源协同整合外，文化认同整合对并购后企业的发展也至关重要。一般来说，银行企业文化整合可分为三个阶段：首先，要比较和分析并购双方各自企业文化的优势和不足。主并银行对被并购银行的企业文化不能全盘否定，应采取"扬弃"政策，同时也要重视非正式组织在企业文化融合中的作用。其次，采取有效措施摈弃原有企业文化的不合理部分，培育被并银行员工对主并企业文化的认同感。并购双方应加强相互学习和相互渗透，共同努力营造一种适合新银行生存的企业文化。主并方应加强对被并方员工的培训，以使他们适应新银行的管理和文化模式，从而减少整合中的摩擦和冲突。最后，进行新企业文化的重塑。通过并购双方对原有企业文化的"扬弃"，重构适合于并购后银行的、融合了各自优势并有所发展的新企业文化。由于重构的企业文化是经过充分沟通后企业员工达成的共识，所以，银行员工的参与感和主人翁精神就很容易被激发出来。文化认同能够使企业的各项管理决策得到更加有效的执行，从而能够使并购后银行更易走向成功。因此，银行并购后必须高度重视文化认同的整合。

企业并购后的整合是个系统工作，它涉及企业经营管理活动的方方面面，但资源协同整合和文化认同整合是并购整合中风险最为集中的两个环节，只要能够控制好这两个关键环节，企业通过并购“做强”的根本目标就能在很大程度上得以实现。

第三节 商业银行并购的现状与趋势

随着我国金融体制改革的深入，许多商业银行的纷纷改制上市，上市公司股权分置改革的相继完成，以及外资银行的大举进入等内外环境的巨大变化，我国商业银行并购案也越来越多。为全面了解并把握我国商业银行的并购规律，下面分别从我国商业银行的并购现状与趋势两个方面对其进行分析与探讨。

一、商业银行并购的现状

由于商业银行改革和上市力度的不断加大以及外资银行的大举进入，各商业银行之间的竞争也日趋激烈。为获取竞争优势，很多银行便纷纷踏上了并购之路。

（一）国内银行并购正在由政府主导向市场主导方向发展

20 世纪 90 年代由政府主导的国内银行间的并购正悄然展开。如 1996 年 10 月广东发展银行并购了中银信托投资公司，1997 年 1 月海南发展银行收购了 72 家信用社，1997 年 3 月中国建设银行并购了中国农业发展信托投资公司，以及 1998 年 6 月中国工商银行收购了海南发展银行等都完全是由政府主导的并购。从这些并购个案的总体来看，并购的主要目的是为了有效保护被并方债权人以及股东的合法权益，以避免其破产可能给社会带来的巨大不良影响。随后，银行间的并购逐渐向市场化方向迈进。如 1998 年 6 月中国投资银行与国家开发银行的合并，1999 年 3 月中国光大银行整体收购中国投资银行，以及 2000—2001 年各股份制银行对信用社的并购等，基本上都是在政府参与之下的以市场主导的并购。这些并购既考虑了社会效益，更充分考虑了并购双方的企业利益。从 2004 年开始，以市场为主导的商业银行间的并购正逐渐成为主要的并购形式。如从 2004 年 12 月兴业银行并购佛山商业银行，到 2009 年 6 月中国平安公告将通过定向增发、换股等方式，拟收购深圳发展银行。这些并购完全是以企业的利益诉求为目的的市场化行为。①

在国内银行的并购过程中，不仅有股份制商业银行对中小金融机构的收购，更有城市信用合作社并购重组为城市商业银行的蜕变，它们对促进我国金融业的健康发展都有着十分重要的现实意义。

（二）国内商业银行海外并购的步伐明显加快

加入世界贸易组织促使了我国金融市场的不断开放和外资银行的大量涌入，国内商业银行的竞争压力越来越大。通过并购整合后的一些国内大型商业银行，为了提高自身

① 相关资料和数据根据 1996—2009 年《中国金融年鉴》的数据整理所得。

竞争力，扩展盈利空间，也正逐步尝试着利用并购手段走向国际金融市场。并在经过十几年的摸索之后，其海外并购的步伐正在明显加快。

1986 年中信实业银行收购香港嘉华银行 61.38% 的股份，开创了我国银行业境外并购的先河。进入 21 世纪后，我国银行的国际化并购个案越来越多。2001 年中国银行收购了印尼中央亚细亚银行 51% 的股权，2002 年建设银行成功收购了香港大新银行所持有的香港建新银行 30% 的股份，2004 年工商银行收购了比利时富通集团在香港的华比富通银行，2006 年建设银行收购了美国银行（亚洲）股份有限公司 100% 的股权。2007 年国家开发银行以 22 亿欧元认购了巴克莱银行 3.1% 的股份，同年工商银行收购了澳门诚兴银行 80% 的股权和南非标准银行 20% 的股权，该年中国民生银行对美国联合银行控股公司的股权也增至 20%。2008 年招商银行有条件的收购了香港永隆银行 53.12% 的股权，同年中国银行收购了法国爱德蒙得洛希尔银行 20% 的股权。2009 年招商银行收购香港永隆银行剩余的全部股份，建设银行的"建行亚洲"与美国国际集团（AIG）就收购美国国际信贷（香港）有限公司（AIGF）的全部股份达成最终协议。①

20 世纪国内商业银行在海外并购方面几乎毫无建树，主要是因为国内银行在股改上市之前一直背负着沉重的历史包袱，没有实力去海外收购。如今经过改制上市甩掉了历史包袱的国内各大型商业银行，正在借助跨国并购的通道使其快速步入国际化。

（三）境外金融机构对国内商业银行的并购愈演愈烈

许多境外金融机构借我国加入世界贸易组织后对外资银行进入的限制逐渐放松，以及我国大型国有商业银行改制上市之机，纷纷展开对我国商业银行的入股和并购，并且这种情形正在呈愈演愈烈之势。

2001 年 10 月汇丰银行对上海银行的参股，11 月国际金融公司收购了南京市商业银行 15% 的股份。2002 年 9 月国际金融公司和加拿大丰业银行与西安商业银行签署了对西安商业银行进行股权投资的谅解备忘录，分别持 12.4% 和 12.5% 的股份。2003 年 12 月香港恒生银行收购了福建兴业银行 15.98% 的股份。2004 年 5 月美国新桥投资收购了深圳发展银行 17.8% 的股份，同年 8 月汇丰银行借交通银行改制上市认购了其 19.9% 的股份。2005 年 3 月荷兰商业银行收购了北京银行 19.9% 的股份，4 月澳洲联邦银行收购了杭州商业银行 19.9% 的股份，6 月美国银行认购了中国建设银行 10% 的股份，8 月苏格兰皇家银行和新加坡淡马锡控股公司分别认购了中国银行 10% 的股份。2006 年 11 月美国花旗财团联合收购了广东发展银行 85.6% 的股权。②

总之，许多境外金融机构纷纷借"我国商业银行争先恐后、想方设法引进战略投资者，以巩固其资本基础、促使银行股权结构多样化、提升公司治理和全面管理水平"之东风，乘"我国大型国有商业银行改制上市"之机掀起对我国商业银行的入股和并购的狂潮。

---

① 相关资料和数据根据 2001—2009 年《中国金融年鉴》的数据整理所得。

② 相关资料和数据根据 2001—2006 年《中国金融年鉴》的数据整理所得。

二、商业银行并购的趋势

根据目前我国商业银行并购的现状，并结合我国商业银行未来金融环境的变化，下面分别从我国银行业未来并购的主力军、并购业务的重心、并购的范围以及外资银行并购内资银行的趋势等四个方面对我国商业银行的未来并购趋势进行展望。

（一）股份制商业银行将成为我国银行业未来并购的主力军

经过30年来的改革，目前我国银行业已基本形成了以股份制商业银行为主体，其他金融机构（国家政策性银行、城市商业银行和农信银机构等）并存的多层次银行体系。

国家政策性银行是以贯彻国家产业政策、区域发展政策为目标的，不是以盈利为目的的金融机构。它主要是国家在市场机制不能有效配置资源时，来主导金融资源配置的重要途径。因此，它只是国家政策的调控工具，不可能成为我国银行业未来并购的主力军；从1995年7月我国第一家城市商业银行——深圳市商业银行诞生至今，已经过了10多年的发展，现在我国城市商业银行已经具备了一定的自我发展能力，但还存在着经营地域限制，经营规模小、经营成本高、股权过于集中以及客户信用等级不高等难题。为破解这些难题，它们之间正在不断地尝试着横向联合。如2007年1月对外营业的江苏银行，就是由江苏省内包括无锡、苏州、南通、常州、淮安、徐州、镇江、扬州、盐城和连云港等10家城市商业银行整合而成。另外，2005年城市商业银行和城市信用社联合重组设立区域性股份制银行的改革也在悄然进行。如2005年12月28日由原合肥、芜湖、安庆、马鞍山、淮北、蚌埠6家城市商业银行和六安、铜陵、淮南、阜阳的7家城市信用社合并组建的徽商银行正式揭牌，它创造出了中国城市商业银行改革中独具特色的“徽商模式”。虽然城市商业银行之间以及城市商业银行和城市信用社之间在不断合并整合，但是它们的规模和股份制商业银行（尤其是上市的股份制商业银行）相比，还远处于劣势地位。因此，它也不可能担当起我国银行业未来并购的主力；农信银机构是依照国家法律和金融政策的规定，成立的以组织和调节农村基金，支持农业生产和农村综合发展的金融机构。它主要有农村信用社、农村信用联社、农村合作银行以及农村商业银行等多种实现形式。其数量众多、规模相对较小，仅只是对我国大型股份制商业银行在广阔农村覆盖不足的有益补充。因此，它也不可能成为我国银行业未来并购的主力军。

（二）并购业务的重心将由“同质性”向“互补性”转变

1995年的《商业银行法》明文规定，我国银行业实行分业经营，即不同银行经营不同行业的银行业务。分业经营只是在特定环境下为了避免竞争、防范风险而采取的非常措施。但是，随着我国市场经济的发展以及金融结构的逐步调整，分业经营的弊端日益凸显。其主要表现为：银行的业务只能局限于狭小的范围，且经营业务同质性强和收入结构相对单一，利润来源受到严重约束。其根本无法通过进军新市场来拓展利润来源，也无法通过多元化经营来分散和防范经营风险。另外，随着我国金融市场的逐步对外开放，许多境外金融机构大举进入，而它们的经营业务大都会涉及除传统银行业务之外的保险业务、证券业务、信托业务以及投行业务等多个方面，即它们采取的是混业经营模式。这使它相对于我国本土银行单一业务的经营模式更具竞争优势。由此可见，分业经营不仅大大限制了我国金融业发展的空间，而且也与国际银行业混业经营的国际趋势不符，所以，我国必须解除银行业分业经营限制，大力推动金融业内的银行、证券和保险等公司之间的并购。

在我国逐渐解除银行业分业经营限制的环境下，必然会促使我国未来银行业并购业务的重心，由分业经营模式下的“同质性”（指经营业务相近或相似）并购向混业经营模式下的“互补性”（指经营业务具有差异性和互补性）并购转变，这也是目前全球金融业发展的重要趋势。

（三）并购的范围将逐渐由“国内”向“国外”拓展

随着我国银行业改革的进一步深化，使得通过改制上市和引入战略投资者等一系列重大改革后的、我国银行业主体的国有大型股份制商业银行，已经具备了发展成为国际化大银行的内在条件。截至2010年11月，我国银行业共有16家上市公司，其中工商银行以及建设银行等大型国有商业银行都引进了战略投资者。工商银行引入了高盛集团有限公司和美国运通公司等战略投资者，建设银行引进了美国银行和富登金融控股私人有限公司等战略投资者，中国银行引入了瑞银集团作为战略投资者等。城市商业银行中也有一部分引入了国际战略投资者，如北京银行引进了荷兰国际集团下的ING银行（ING Bank N. V.）作为其战略投资者等。另外，世界金融环境的巨大变化（以美国为首的西方国家出现了严重的金融危机），在客观上也为我国银行业进军国际金融市场提供了良好契机。再加上近年来我国有了明确鼓励金融机构“走出去”的相关的政策支持。这些主客观条件的成熟，必将催生一轮我国大型股份制商业银行海外并购的高潮。

面对这样的历史性机遇，国有大型股份制商业银行适时进行海外并购，加快扩张步伐是明智而必需的选择，但对海外并购可能面临的风险也不能小觑。为降低海外并购的风险，可首先考虑并购香港地区的外资银行。香港作为全球最具活力的国际金融中心，银行业集中，市场规范、法规完备、监管严格。它能为历练国内银行对外资银行的管理能力提供较好的平台。2006年8月，中国建设银行收购美国银行在香港的全资子公司美国银行（亚洲）股份有限公司100%的股权，就是一个很好的尝试。其次，再考虑在亚非拉等国家和地区展开并购，尤其是要重视对东南亚国家商业银行的并购。因为这些地区和国家的金融发展相对较弱，这对于管理外资银行经验不足的国内银行来说，可能风险要小一些。2006年12月，中国工商银行协议收购了印尼Halim银行90%的股份，使得内地银行迈出了在香港地区以外并购的第一步。最后，可适当考虑到银行业发达的欧洲和北美市场去并购。

总之，在未来一个时期，我国国内银行的并购范围将不断外推，逐渐由国内向国外拓展。我们一定要在看到并购机遇的同时，也能看到并购可能存在的风险。因此，国内银行的海外并购，最好能根据不同区域的金融发达的程度不同逐渐展开。

（四）境外银行参股中国商业银行的趋势将更加明显

2003年12月31日起《境外金融机构投资入股中资金融机构管理办法》的实施，标志着境外金融机构对中资金融机构的投资入股已进入可实质性操作阶段。它也说明外资银行进入中国金融市场的障碍正在逐步减少，因此，境外银行投资入股中国商业银行的趋势将会更加明显。如该办法不仅规定了“境外金融机构投资入股中资商业银行的，最近一年年末总资产原则上不少于100亿美元；投资入股中资城市信用社或农村信用社的，最近一年年末总资产原则上不少于10亿美元；投资入股中资非银行金融机构的，最近一年年末总资产原则上不少于10亿美元”①，而且还强调“单个境外金融机构向中资金融机构投资入股比例不得超过20%；多个境外金融机构对非上市中资金融机构投资入股比例合计达到或超过25%的，对该非上市金融机构按照外资金融机构实施监督管理；多个境外金融机构对上市中资金融机构投资入股比例合计达到或超过25%的，对该上市金融机构仍按照中资金融机构实施监督管理”②，该办法的实施的确为境外金融机构投资入股中资金融机构产生了积极作用。如2004年6月中国银监会正式批准国际金融公司和加拿大丰业银行认购西安市商业银行总股份的24.9%，2005年3月荷兰商业银行收购了北京银行19.9%的股份，2006年11月美国花旗集团牵头的财团联合收购了广东发展银行85.6%的股权。但近两年来，由于金融危机的发生，使得外资对国内银行的并购趋缓。不过，将来境外银行投资入股中国商业银行的趋势还将会活跃。

金融是现代经济的命脉，金融控制权的丧失就意味着对本国经济主导权的丧失，金融安全直接关乎国家经济社会稳定大局。因此，在对待境外银行投资入股中国商业银行这一重要问题上，我们既要鼓励其参股我国商业银行的改制，同时又要高度重视对其入股比例以及垄断方面的审查，以使其能够更好地为我国经济发展服务，我们必须从国家安全的战略高度切实重视外资银行对我国商业银行的并购。

【复习思考题】

1. 阐述并购的含义。
2. 简述并购的类型以及各自的目的。
3. 阐述并购的支付方式以及对主并方的影响。
4. 阐述并购中对目标公司审查的主要内容及其作用。
5. 简述资源协同整合和文化认同整合在并购后企业整合中的作用。
6. 论述我国商业银行并购的现状和趋势。

【经典案例】

中国平安收购深发展A

对于中国平安（股票代码：601318）收购深发展A（股票代码：000001）的操作过程和进展情况，可以从中国平安公司相关公告中得到全面了解：

---

① 见《境外金融机构投资入股中金融机构管理办法》第七条规定。

② 见《境外金融机构投资入股中金融机构管理办法》第八、第九条规定。

2010－09－01：中国平安：关于重大资产重组事项的进展公告

关于中国平安保险（集团）股份有限公司近期拟筹划的公司控股子公司平安银行股份有限公司与深圳发展银行股份有限公司两行整合的重大无先例资产重组（下称：重组）事项，公司目前已经聘请相关中介机构积极推进该项工作。由于公司正与监管部门就该重组方案进行沟通，公司股票将于本公告刊登之日起继续停牌，直至相关事项确定并披露有关结果后复牌。

2010－09－02：中国平安：董事会决议公告

中国平安保险（集团）股份有限公司于2010年9月1日召开八届八次董事会，会议审议通过如下决议：

一、通过关于以认购深圳发展银行股份有限公司（下称：深发展；本次交易前，公司直接及间接持有深发展1 045 322 687股股份，约占其总股本的29.99%）非公开发行股份的方式实施重大资产重组暨关联交易的议案：公司拟以持有的平安银行股份有限公司（下称：平安银行）全部7 825 181 106股股份（约占其总股本的90.75%）及部分现金，全额认购深发展向公司非公开发行的不附带任何他项权利的人民币普通股（A股）。根据对平安银行100%股份的预估值（291亿元）和每股认购价格（17.75元），股份认购数量约为16.39亿股（以中国证监会最终核准的结果为准）。本次交易完成后，公司成为深发展的控股股东，深发展将成为平安银行的控股股东。

二、通过《公司重大资产购买暨关联交易预案》。

三、通过公司与深发展签署的《股份认购协议》。

四、通过向中国证监会申请免予以要约收购方式增持深发展股份的议案。

……

2010－09－15：中国平安：董事会决议暨召开临时股东大会公告

中国平安保险（集团）股份有限公司于2010年9月14日召开八届十次董事会，会议审议通过如下决议：

一、通过关于本次公司重大资产购买暨关联交易（相关议案已经公司八届八次董事会审议通过）及所涉相关事项的议案：根据有关机构出具的资产评估报告，公司以其持有的平安银行股份有限公司（下称：平安银行）全部7 825 181 106股股份（约占平安银行总股本的90.75%）的净资产评估值2 639 042.33万元，以及现金269 005.23万元（共计2 908 047.56万元），全额认购深圳发展银行股份有限公司（下称：深发展）向公司非公开发行的不附带任何他项权利的人民币普通股（A股），本次发行价格为17.75元/股，发行数量为1 638 336 654股(具体数量以中国证监会最终核准的结果为准)。本次交易完成后，公司将直接及间接持有深发展约52.38%的股份，成为其控股股东。

……

2010－09－16：中国平安：提示性公告

根据中国银行业监督管理委员会下发的关于《深圳发展银行股份有限公司（下称：深发展）股权转让及相关股东资格的批复》文件要求，中国平安保险（集团）股份有限公司（下称：公司）控股的平安银行股份有限公司和深发展整合后，潜在同业竞争问题将得到彻底解决。

公司承诺，将按照相关法规和要求，尽快启动两行整合工作，争取一年内完成。由于监管审批的不确定性，公司与深发展方面将积极与相关监管部门进行沟通，争取尽快完成监管审批和整合工作。

由上面中国平安关于收购深发展A的四个相关公告可知：该并购是一起并购规模较大的横向并购，并购的支付方式是双管齐下，既有股票支付（或称换股），也有现金支付。但这起并购最终何时收官，我们将拭目以待。相信这起并购的完成必将对我国银行业的整合起重要示范作用。

附　　表

附表一　　　　　　　　　　复利终值系数表

期数	1%	2%	3%	4%	5%	6%	7%	8%	9%	10%
1	1.0100	1.0200	1.0300	1.0400	1.0500	1.0600	1.0700	1.0800	1.0900	1.1000
2	1.0201	1.0404	1.0609	1.0816	1.1025	1.1236	1.449	1.1664	1.1881	1.2100
3	1.0303	1.0612	1.0927	1.1249	1.1576	1.1910	1.2250	1.2597	1.0950	1.3310
4	1.0406	1.0824	1.1255	1.1699	1.2155	1.2625	1.3108	1.3605	1.4116	1.4641
5	1.0510	1.1041	1.1593	1.2167	1.2763	1.3382	1.4026	1.4693	1.5386	1.6105
6	1.0615	1.1262	1.1941	1.2653	1.3401	1.4185	1.5007	1.5809	1.6771	1.7716
7	1.0721	1.1487	1.2299	1.3159	1.4071	1.5036	1.6058	1.7138	1.8280	1.9487
8	1.0829	1.1717	1.2668	1.3686	1.4775	1.5938	1.7182	1.8509	1.9926	2.1436
9	1.0937	1.1951	1.3048	1.4233	1.5513	1.6895	1.8385	1.9990	2.1719	2.3579
10	1.1046	1.2190	1.3439	1.4802	1.6289	1.7908	1.9672	2.1589	2.3674	2.5937
11	1.1157	1.2434	1.3842	1.5395	1.7103	1.8983	2.1049	2.3316	2.5804	2.8531
12	1.1268	1.2682	1.4258	1.6010	1.7959	2.0122	2.2522	2.5182	2.8127	3.1384
13	1.1381	1.2936	1.4685	1.6651	1.8856	2.1329	2.4098	2.7196	3.0658	3.4523
14	1.1495	1.3195	1.5126	1.7317	1.9799	2.2609	2.5785	2.9372	3.3417	3.7975
15	1.1610	1.3459	1.5580	1.8009	2.0789	2.3966	2.7590	3.1722	3.6425	4.1722
16	1.1726	1.3728	1.6047	1.8730	2.1829	2.5404	2.9522	3.4259	3.9703	4.5950
17	1.1843	1.4002	1.6528	1.9479	2.2920	2.6928	3.1588	3.7000	4.3276	5.0545
18	1.1961	1.4282	1.7024	2.0258	2.4066	2.8543	3.3799	3.9960	4.7171	5.5599
19	1.2081	1.4568	1.7535	2.1068	2.5270	3.0256	3.6165	4.3157	5.1417	6.1159
20	1.2202	1.4859	1.8061	2.1911	2.6533	3.2071	3.8697	4.6610	5.6044	6.7275
21	1.2324	1.5157	1.8603	2.2788	2.7860	3.3996	4.1406	5.0338	6.1088	7.4002
22	1.2447	1.5460	1.9161	2.3699	2.8253	3.6035	4.4304	5.4365	6.6586	8.1403
23	1.2572	1.5769	1.9736	2.4647	3.0715	3.8197	4.7405	5.8715	7.2579	8.2543
24	1.2697	1.6084	2.0328	2.5633	3.2251	4.0489	5.0724	6.3412	7.9111	9.8497
25	1.2824	1.6406	2.0938	2.6658	3.3864	4.2919	5.4274	6.8485	8.6231	10.835
26	1.2953	1.6734	2.1566	2.7725	3.5557	4.5494	5.8074	7.3964	9.3992	11.918
27	1.3082	1.7069	2.2213	2.8834	3.7335	4.8823	6.2139	7.9881	10.245	13.110
28	1.3213	1.7410	2.2879	2.9987	3.9201	5.1117	6.6488	8.6271	11.167	14.421
29	1.3345	1.7758	2.3566	3.1187	4.1161	5.4184	7.1143	9.3137	12.172	15.863
30	1.3478	1.8114	2.4273	3.2434	4.3219	5.7435	7.6123	10.063	13.268	17.449
40	1.4889	2.2080	3.2620	4.8010	7.0400	10.286	14.974	21.725	31.409	45.259
45	1.5648	2.4379	3.7816	5.8412	8.9850	13.765	21.002	31.920	48.327	72.890
50	1.6446	2.6916	4.3839	7.1067	11.467	18.420	29.457	46.902	74.358	117.39
55	1.7285	2.9717	5.0821	8.6464	14.636	24.650	41.315	68.914	114.41	189.06
60	1.8167	3.2810	5.8916	10.520	18.679	32.988	57.946	101.26	176.03	304.48

续表

期数	12%	14%	16%	18%	20%	24%	28%	32%	36%
1	1. 1200	1. 1400	1. 1600	1. 1800	1. 2000	1. 2400	1. 2800	1. 3200	1. 3600
2	1. 2544	1. 2996	1. 3456	1. 3924	1. 4400	1. 5376	1. 6384	1. 7424	1. 8496
3	1. 4049	1. 4815	1. 5609	1. 6430	1. 7280	1. 9066	2. 0972	2. 3000	2. 5155
4	1. 5735	1. 6890	1. 8106	1. 9388	2. 0736	2. 3642	2. 6844	3. 0360	3. 4210
5	1. 7623	1. 9254	2. 1003	2. 2878	2. 4883	2. 9316	3. 4360	4. 0075	4. 6526
6	1. 9738	2. 1950	2. 4364	2. 6996	2. 9860	3. 6352	4. 3980	5. 2899	6. 3275
7	2. 2107	2. 5023	2. 8262	3. 1855	3. 5832	4. 5077	5. 6295	6. 9826	8. 6054
8	2. 4760	2. 8526	3. 2784	3. 7589	4. 2998	5. 5895	7. 2058	9. 2170	11. 703
9	2. 7731	3. 2519	3. 8030	4. 4355	5. 1598	6. 9310	9. 2234	12. 167	15. 917
10	3. 1058	3. 7072	4. 4114	5. 2338	6. 1917	8. 5944	11. 806	16. 060	21. 647
11	3. 4785	4. 2262	5. 1173	6. 1759	7. 4301	10. 657	15. 112	21. 199	29. 439
12	3. 8960	4. 8179	5. 9360	7. 2876	8. 9161	13. 215	19. 343	27. 983	40. 037
13	4. 3635	5. 4924	6. 8858	8. 5994	10. 699	16. 386	24. 759	36. 937	54. 451
14	4. 8871	6. 2613	7. 9875	10. 147	12. 839	20. 319	31. 691	48. 757	74. 053
15	5. 4736	7. 1379	9. 2655	11. 974	15. 407	25. 196	40. 565	64. 359	100. 71
16	6. 1304	8. 1372	10. 748	14. 129	18. 488	31. 243	51. 923	84. 954	136. 97
17	6. 8660	9. 2765	12. 468	16. 672	22. 186	38. 741	66. 461	112. 14	186. 28
18	7. 6900	10. 575	14. 463	19. 673	26. 623	48. 039	85. 071	148. 02	253. 34
19	8. 6128	12. 056	16. 777	23. 214	31. 948	59. 568	108. 89	195. 39	344. 54
20	9. 6463	13. 743	19. 461	27. 393	38. 338	73. 864	139. 38	257. 92	468. 57
21	10. 804	15. 668	22. 574	32. 324	46. 005	91. 592	178. 41	340. 45	637. 26
22	12. 100	17. 861	26. 186	38. 142	55. 206	113. 57	228. 36	449. 39	866. 67
23	13. 552	20. 362	30. 376	45. 008	66. 247	140. 83	292. 30	593. 20	1 178. 7
24	15. 179	23. 212	35. 236	53. 109	79. 497	174. 63	374. 14	783. 02	1 603. 0
25	17. 000	26. 462	40. 874	62. 669	95. 396	216. 54	478. 90	1 033. 6	2 180. 1
26	19. 040	30. 167	47. 414	73. 949	114. 48	268. 51	613. 00	1 364. 3	2 964. 9
27	21. 325	34. 390	55. 000	87. 260	137. 37	332. 95	784. 64	1 800. 9	4 032. 3
28	23. 884	39. 204	63. 800	102. 97	164. 84	412. 86	1 004. 3	2 377. 2	5 483. 9
29	26. 750	44. 693	74. 009	121. 50	197. 81	511. 95	1 285. 6	3 137. 9	7 458. 1
30	29. 960	50. 950	85. 850	143. 37	237. 38	634. 82	1 645. 5	4 142. 1	10 143.
40	93. 051	188. 88	378. 72	750. 38	1 469. 8	5 455. 9	19 427.	66 521.	219 562.
45	163. 99	363. 68	795. 44	1 716. 7	3 657. 3	15 995.	66 750.	—	—
50	289. 00	700. 23	1 670. 7	3 927. 4	9 100. 4	46 890.	—	—	—
55	509. 32	1 348. 2	3 509. 0	8 984. 8	22 645.	—	—	—	—
60	897. 60	2 595. 9	7 370. 2	20 555.	56 348.	—	—	—	—

附表二 复利现值系数表

期数	1%	2%	3%	4%	5%	6%	7%	8%	9%	10%
1	0.9901	0.9804	0.9709	0.9615	0.9524	0.9434	0.9346	0.9259	0.9174	0.9091
2	0.9803	0.9612	0.9426	0.9246	0.9070	0.8900	0.8734	0.8573	0.8417	0.8264
3	0.9706	0.9423	0.9151	0.8890	0.8638	0.8396	0.8163	0.7938	0.7722	0.7513
4	0.9610	0.9238	0.8885	0.8548	0.8227	0.7921	0.7629	0.7350	0.7084	0.6830
5	0.9515	0.9057	0.8626	0.8219	0.7835	0.7473	0.7130	0.6806	0.6499	0.6209
6	0.9420	0.8880	0.8375	0.7903	0.7462	0.7050	0.6663	0.6302	0.5963	0.5645
7	0.9327	0.8706	0.8131	0.7599	0.7107	0.6651	0.6227	0.5835	0.5470	0.5132
8	0.9235	0.8535	0.7894	0.7307	0.6768	0.6274	0.5820	0.5403	0.5019	0.4665
9	0.9143	0.8368	0.7664	0.7026	0.6446	0.5919	0.5439	0.5002	0.4604	0.4241
10	0.9053	0.8203	0.7441	0.6756	0.6139	0.5584	0.5083	0.4632	0.4224	0.3855
11	0.8963	0.8043	0.7224	0.6496	0.5847	0.5268	0.4751	0.4289	0.3875	0.3505
12	0.8874	0.7885	0.7014	0.6246	0.5568	0.4970	0.4440	0.3971	0.3555	0.3186
13	0.8787	0.7730	0.6810	0.6006	0.5303	0.4688	0.4150	0.3677	0.3262	0.2897
14	0.8700	0.7579	0.6611	0.5775	0.5051	0.4423	0.3878	0.3405	0.2992	0.2633
15	0.8613	0.7430	0.6419	0.5553	0.4810	0.4173	0.3624	0.3152	0.2745	0.2394
16	0.8528	0.7284	0.6232	0.5339	0.4581	0.3936	0.3387	0.2919	0.2519	0.2176
17	0.8444	0.7142	0.6050	0.5134	0.4363	0.3714	0.3166	0.2703	0.2311	0.1978
18	0.8360	0.7002	0.5874	0.4936	0.4155	0.3503	0.2959	0.2502	0.2120	0.1799
19	0.8277	0.6864	0.5703	0.4746	0.3957	0.3305	0.2765	0.2317	0.1945	0.1635
20	0.8195	0.6730	0.5537	0.4564	0.3769	0.3118	0.2584	0.2145	0.1784	0.1486
21	0.8114	0.6598	0.5375	0.4388	0.3589	0.2942	0.2415	0.1987	0.1637	0.1351
22	0.8034	0.6468	0.5219	0.4220	0.3418	0.2775	0.2257	0.1839	0.1502	0.1228
23	0.7954	0.6342	0.5067	0.4057	0.3256	0.2618	0.2109	0.1703	0.1378	0.1117
24	0.7876	0.6217	0.4919	0.3901	0.3101	0.2470	0.1971	0.1577	0.1264	0.1015
25	0.7798	0.6095	0.4776	0.3751	0.2953	0.2330	0.1842	0.1460	0.1160	0.0923
26	0.7720	0.5976	0.4637	0.3607	0.2812	0.2198	0.1722	0.1352	0.1064	0.0839
27	0.7644	0.5859	0.4502	0.3468	0.2678	0.2074	0.1609	0.1252	0.0976	0.0763
28	0.7568	0.5744	0.4371	0.3335	0.2551	0.1956	0.1504	0.1159	0.0895	0.0693
29	0.7493	0.5631	0.4243	0.3207	0.2429	0.1846	0.1406	0.1073	0.0822	0.0630
30	0.7419	0.5521	0.4120	0.3083	0.2314	0.1741	0.1314	0.0994	0.0754	0.0573
40	0.6717	0.4529	0.3066	0.2083	0.1420	0.0972	0.0668	0.0460	0.0318	0.0221
45	0.6391	0.4102	0.2644	0.1712	0.1113	0.0727	0.0476	0.0313	0.0207	0.0137
50	0.6080	0.3715	0.2281	0.1407	0.0872	0.0543	0.0339	0.0213	0.0134	0.0085
55	0.5785	0.3365	0.1968	0.1157	0.0683	0.0406	0.0242	0.0145	0.0087	0.0053
60	0.5504	0.3048	0.1697	0.0951	0.0535	0.0303	0.0173	0.0099	0.0057	0.0033

续表

期数	12%	14%	16%	18%	20%	24%	28%	32%	36%
1	0. 8929	0. 8772	0. 8621	0. 8475	0. 8333	0. 8065	0. 7813	0. 7576	0. 7353
2	0. 7972	0. 7695	0. 7432	0. 7182	0. 6944	0. 6504	0. 6104	0. 5739	0. 5407
3	0. 7118	0. 6750	0. 6407	0. 6086	0. 5787	0. 5245	0. 4768	0. 4348	0. 3975
4	0. 6355	0. 5921	0. 5523	0. 5158	0. 4823	0. 4230	0. 3725	0. 3294	0. 2923
5	0. 5674	0. 5194	0. 4761	0. 4371	0. 4019	0. 3411	0. 2910	0. 2495	0. 2149
6	0. 5066	0. 4556	0. 4104	0. 3704	0. 3349	0. 2751	0. 2274	0. 1890	0. 1580
7	0. 4523	0. 3996	0. 3538	0. 3139	0. 2791	0. 2218	0. 1776	0. 1432	0. 1162
8	0. 4039	0. 3506	0. 3050	0. 2660	0. 2326	0. 1789	0. 1388	0. 1085	0. 0854
9	0. 3606	0. 3075	0. 2630	0. 2255	0. 1938	0. 1443	0. 1084	0. 0822	0. 0628
10	0. 3220	0. 2697	0. 2267	0. 1911	0. 1615	0. 1164	0. 0847	0. 0623	0. 0462
11	0. 2875	0. 2366	0. 1954	0. 1619	0. 1346	0. 0938	0. 0662	0. 0472	0. 0340
12	0. 2567	0. 2076	0. 1685	0. 1372	0. 1122	0. 0757	0. 0517	0. 0357	0. 0250
13	0. 2292	0. 1821	0. 1452	0. 1163	0. 0935	0. 0610	0. 0404	0. 0271	0. 0184
14	0. 2046	0. 1597	0. 1252	0. 0985	0. 0779	0. 0492	0. 0316	0. 0205	0. 0135
15	0. 1827	0. 1401	0. 1079	0. 0825	0. 0649	0. 0397	0. 0247	0. 0155	0. 0099
16	0. 1631	0. 1229	0. 0930	0. 0708	0. 0540	0. 0320	0. 0193	0. 0118	0. 0073
17	0. 1456	0. 1078	0. 0802	0. 0600	0. 0451	0. 0258	0. 0150	0. 0089	0. 0054
18	0. 1300	0. 0946	0. 0691	0. 0508	0. 0376	0. 0208	0. 0118	0. 0068	0. 0039
19	0. 1161	0. 0829	0. 0596	0. 0431	0. 0313	0. 0168	0. 0092	0. 0051	0. 0029
20	0. 1037	0. 0728	0. 0514	0. 0365	0. 0261	0. 0135	0. 0072	0. 0039	0. 0021
21	0. 0926	0. 0638	0. 0443	0. 0309	0. 0217	0. 0109	0. 0056	0. 0029	0. 0016
22	0. 0826	0. 0560	0. 0382	0. 0262	0. 0181	0. 0088	0. 0044	0. 0022	0. 0012
23	0. 0738	0. 0491	0. 0329	0. 0222	0. 0151	0. 0071	0. 0034	0. 0017	0. 0008
24	0. 0659	0. 0431	0. 0284	0. 0188	0. 0126	0. 0057	0. 0027	0. 0013	0. 0006
25	0. 0588	0. 0378	0. 0245	0. 0160	0. 0105	0. 0046	0. 0021	0. 0010	0. 0005
26	0. 0525	0. 0331	0. 0211	0. 0135	0. 0087	0. 0037	0. 0016	0. 0007	0. 0003
27	0. 0469	0. 0291	0. 0182	0. 0115	0. 0073	0. 0030	0. 0013	0. 0006	0. 0002
28	0. 0419	0. 0255	0. 0157	0. 0097	0. 0061	0. 0024	0. 0010	0. 0004	0. 0002
29	0. 0374	0. 0224	0. 0135	0. 0082	0. 0051	0. 0020	0. 0008	0. 0003	0. 0001
30	0. 0334	0. 0196	0. 0116	0. 0070	0. 0042	0. 0016	0. 0006	0. 0002	0. 0001
40	0. 0107	0. 0053	0. 0026	0. 0013	0. 0007	0. 0002	0. 0001	—	—
45	0. 0061	0. 0027	0. 0013	0. 0006	0. 0003	0. 0001	—	—	—
50	0. 0035	0. 0014	0. 0006	0. 0003	0. 0001	—	—	—	—
55	0. 0020	0. 0007	0. 0003	0. 0001	—	—	—	—	—
60	0. 0011	0. 0004	0. 0001	—	—	—	—	—	—

附表三 年金终值系数表

期数	1%	2%	3%	4%	5%	6%	7%	8%	9%	10%
1	1.0000	1.0000	1.0000	1.0000	1.0000	1.0000	1.0000	1.0000	1.0000	1.0000
2	2.0100	2.0200	2.0300	20.400	2.0500	2.0600	2.0700	2.0800	2.0800	2.1000
3	3.0301	3.0604	3.0909	3.1216	3.1525	3.1836	3.1249	3.2464	3.2781	3.3100
4	4.0604	4.1216	4.1836	4.2465	4.3101	4.3746	4.4399	4.5061	4.5731	4.6410
5	5.1010	5.2040	5.3091	5.4163	5.5256	5.6371	5.7507	5.8666	5.9847	6.1051
6	6.1520	6.3081	6.4684	6.6330	6.8019	6.9753	7.1533	7.3359	7.5233	7.7156
7	7.2135	7.4343	7.6625	7.8983	8.1420	8.3938	8.6540	8.9228	9.2004	9.4872
8	8.2857	8.5830	8.8923	9.2142	9.5491	9.8975	10.260	10.637	11.029	11.436
9	9.3685	9.7546	10.159	10.583	11.027	11.491	11.978	12.488	13.021	13.580
10	10.462	10.950	11.464	12.006	12.578	13.181	13.816	14.487	15.193	15.937
11	11.567	12.169	12.808	13.486	14.207	14.972	15.784	16.645	17.560	18.531
12	12.683	13.412	14.192	15.026	15.917	16.870	17.888	18.977	20.141	21.384
13	13.809	14.680	15.618	16.627	17.713	18.882	20.141	21.495	22.953	24.523
14	14.947	15.974	17.086	18.292	19.599	21.015	22.550	24.215	26.019	27.975
15	16.097	17.293	18.599	20.024	21.579	23.276	25.129	27.152	29.361	31.772
16	17.258	18.639	20.157	21.825	23.657	25.673	27.888	30.324	33.003	35.950
17	18.430	20.012	21.762	23.698	25.840	28.213	30.840	33.750	36.974	40.545
18	19.615	21.412	23.414	25.645	28.132	30.906	33.999	37.450	41.301	45.599
19	20.811	22.841	25.117	27.671	30.539	33.760	37.379	41.446	46.018	51.159
20	22.019	24.297	26.870	29.778	33.066	36.786	40.995	45.762	51.160	57.275
21	23.239	25.783	28.676	31.969	35.719	39.993	44.865	50.423	56.765	64.002
22	24.472	27.299	30.537	34.248	38.505	43.392	49.006	55.457	62.873	71.403
23	25.716	28.845	32.453	36.618	41.430	46.996	53.436	60.893	69.532	79.543
24	26.973	30.422	34.426	39.083	44.502	50.816	58.177	66.765	76.790	88.497
25	28.243	32.030	36.459	41.646	47.727	54.865	63.249	73.106	84.701	98.347
26	29.526	33.671	38.553	44.312	51.113	59.156	68.767	79.954	93.324	109.18
27	30.821	35.344	40.710	47.084	54.669	63.706	74.484	87.351	102.72	121.10
28	32.129	37.051	42.931	49.968	58.403	68.528	80.698	95.339	112.97	134.21
29	33.450	38.792	45.219	52.966	62.323	73.640	87.347	103.97	124.14	148.63
30	34.785	40.568	47.575	56.085	66.439	79.058	94.461	113.18	136.01	164.49
40	48.886	64.402	75.401	95.026	120.80	154.76	199.64	259.06	337.88	442.59
45	56.481	71.893	92.720	121.03	159.70	212.74	285.75	386.51	525.86	718.90
50	64.463	84.579	112.80	152.67	209.35	290.34	406.53	573.77	815.08	1 163.9
55	72.852	98.587	136.07	191.16	272.71	394.17	575.93	848.92	1 260.1	1 880.6
60	81.670	114.05	163.05	237.99	353.58	533.13	813.52	1 253.2	1 944.8	3 034.8

续表

期数	12%	14%	16%	18%	20%	24%	28%	32%	36%
1	1.0000	1.0000	1.0000	1.0000	1.0000	1.0000	1.0000	1.0000	1.0000
2	2.1200	2.1400	2.1600	2.1800	2.2000	2.2400	2.2800	2.3200	2.3600
3	3.3744	3.4396	3.5056	3.5724	3.6400	3.7776	3.9184	4.0624	4.2096
4	4.7793	4.9211	5.0665	5.2154	5.3680	5.6842	6.0156	6.3624	6.7251
5	6.3528	6.6101	6.8771	7.1542	7.4416	8.0484	8.6999	9.3983	10.146
6	8.1152	8.5355	8.9775	9.4420	9.9299	10.980	12.136	13.406	14.799
7	10.089	10.731	11.414	12.142	12.916	14.615	16.534	18.696	21.126
8	12.299	13.233	14.240	15.327	16.499	19.123	22.163	25.678	29.732
9	14.776	16.085	17.519	19.086	20.799	24.713	29.369	34.895	41.435
10	17.549	19.337	21.321	23.521	25.959	31.643	38.593	47.062	57.352
11	20.655	23.045	25.733	28.755	32.150	40.238	50.398	63.122	78.998
12	24.133	27.271	30.850	34.931	39.581	50.895	65.510	84.320	108.44
13	28.029	32.089	36.786	42.219	48.497	64.110	84.853	112.30	148.47
14	32.393	37.581	43.672	50.818	59.196	80.496	109.61	149.24	202.93
15	37.280	43.842	51.660	60.965	72.035	100.82	141.30	198.00	276.98
16	42.753	50.980	60.925	72.939	87.442	126.01	181.87	262.36	377.69
17	48.884	59.118	71.673	87.068	105.93	157.25	233.79	347.31	514.66
18	55.750	68.394	84.141	103.74	128.12	195.99	300.25	459.45	700.94
19	63.440	78.969	98.603	123.41	154.74	244.03	385.32	607.47	954.28
20	72.052	91.025	115.38	146.63	186.69	303.60	494.21	802.86	1 298.8
21	81.699	104.77	134.84	174.02	225.03	377.46	633.59	1 060.8	1 767.1
22	92.503	120.44	157.41	206.34	271.03	469.06	812.00	1 401.2	2 404.7
23	104.60	138.30	183.60	244.49	326.24	582.63	1 040.4	1 850.6	3 271.3
24	118.16	158.66	213.98	289.49	392.48	723.46	1 332.7	2 443.8	4 450.0
25	133.33	181.87	249.21	342.60	471.98	898.09	1 706.8	3 226.8	6 053.0
26	150.33	208.33	290.09	405.27	567.38	1 114.6	2 185.7	4 260.4	8 233.1
27	169.37	238.50	337.50	479.22	681.85	1 383.1	2 798.7	5 624.8	11 198.0
28	190.70	272.89	392.50	566.48	819.22	1 716.1	3 583.3	7 425.7	15 230.0
29	214.58	312.09	456.30	669.45	984.07	2 129.0	4 587.7	9 802.9	20 714.0
30	241.33	356.79	530.31	790.95	1 181.9	2 640.9	5 873.2	1 2941.	28 172.0
40	767.09	1 342.0	2 360.8	4 163.2	7 343.9	22 729.0	69 377.0	—	—
45	1 358.2	2 590.6	4 965.3	9 531.6	18 281.0	66 640.0	—	—	—
50	2 400.0	4 994.5	10 436.0	21 813.0	45 497.0	—	—	—	—
55	4 236.0	9 623.1	21 925.0	49 910.0	—	—	—	—	—
60	7 471.6	18 535.	46 058.0	—	—	—	—	—	—

附表四

年金现值系数表

期数	1%	2%	3%	4%	5%	6%	7%	8%	9%	10%
1	0. 9901	0. 9804	0. 9709	0. 9615	0. 9524	0. 9434	0. 9346	0. 9259	0. 9174	0. 9091
2	1. 9704	1. 9416	1. 9135	1. 8861	1. 8594	1. 8334	1. 8080	1. 7833	1. 7591	1. 7355
3	2. 9410	2. 8839	2. 8286	2. 7751	2. 7232	2. 6730	2. 6243	2. 5771	2. 5313	2. 4869
4	3. 9020	3. 8077	3. 7171	3. 6299	3. 5460	3. 4651	3. 3872	3. 3121	3. 2397	3. 1699
5	4. 8534	4. 7135	4. 5797	4. 4518	4. 3295	4. 2124	4. 1002	3. 9927	3. 8897	3. 7908
6	5. 7955	5. 6014	5. 4172	5. 2421	5. 0757	4. 9173	4. 7665	4. 6229	4. 4859	4. 3553
7	6. 7282	6. 4720	6. 2303	6. 0021	5. 7864	5. 5824	5. 3893	5. 2064	5. 0330	4. 8684
8	7. 6517	7. 3255	7. 0197	6. 7327	6. 4632	6. 2098	5. 9713	5. 7466	5. 5348	5. 3349
9	8. 5660	8. 1622	7. 7861	7. 4353	7. 1078	6. 8017	6. 5152	6. 2469	5. 9952	5. 7590
10	9. 4713	8. 9826	8. 5302	8. 1109	7. 7217	7. 3601	7. 0236	6. 7101	6. 4177	6. 1446
11	10. 368	9. 7868	9. 2526	8. 7605	8. 3064	7. 8869	7. 4987	7. 1390	6. 8052	6. 4951
12	11. 255	10. 575	9. 9540	9. 3850	8. 8630	8. 3838	7. 9427	7. 5361	7. 1607	6. 8137
13	12. 134	11. 348	10. 635	9. 9860	9. 3940	8. 8527	8. 3577	7. 9038	7. 4869	7. 1034
14	13. 004	12. 106	11. 296	10. 563	9. 8990	9. 2950	8. 7455	8. 2442	7. 7862	7. 3667
15	13. 865	12. 849	11. 938	11. 118	10. 380	9. 7122	9. 1079	8. 5595	8. 0607	7. 6061
16	14. 718	13. 578	12. 561	11. 652	10. 838	10. 106	9. 4466	8. 8514	8. 3126	7. 8237
17	15. 562	14. 292	13. 166	12. 166	11. 274	10. 477	9. 7632	9. 1216	8. 5436	8. 0216
18	16. 398	14. 992	13. 754	12. 659	11. 690	10. 828	10. 059	9. 3719	8. 7556	8. 2014
19	17. 226	15. 678	14. 324	13. 134	12. 085	11. 158	10. 336	9. 6036	8. 9501	8. 3649
20	18. 046	16. 351	14. 877	13. 590	12. 462	11. 470	10. 594	9. 8181	9. 1285	8. 5136
21	18. 857	17. 011	15. 415	14. 029	12. 821	11. 764	10. 836	10. 017	9. 2922	8. 6487
22	19. 660	17. 658	15. 937	14. 451	13. 163	12. 042	11. 061	10. 201	9. 4424	8. 7715
23	20. 456	18. 292	16. 444	14. 857	13. 489	12. 303	11. 272	10. 371	9. 5802	8. 8832
24	21. 243	18. 914	16. 936	15. 247	13. 799	12. 550	11. 469	10. 529	9. 7066	8. 9847
25	22. 023	19. 523	17. 413	15. 622	14. 094	12. 783	11. 654	10. 675	9. 8226	9. 0770
26	22. 795	20. 121	17. 877	15. 983	14. 375	13. 003	11. 826	10. 810	9. 9290	9. 1609
27	23. 560	20. 707	18. 327	16. 330	14. 643	13. 211	11. 987	10. 935	10. 027	9. 2372
28	24. 316	21. 281	18. 764	16. 663	14. 898	13. 406	12. 137	11. 051	10. 116	9. 3066
29	25. 066	21. 844	19. 188	16. 984	15. 141	13. 591	12. 278	11. 158	10. 198	9. 3696
30	25. 808	22. 396	19. 600	17. 292	15. 372	13. 765	12. 409	11. 258	10. 274	9. 4269
40	32. 835	27. 355	23. 115	19. 793	17. 159	15. 046	13. 332	11. 925	10. 757	9. 7791
45	36. 095	29. 490	24. 519	20. 720	17. 774	15. 456	13. 606	12. 108	10. 881	9. 8628
50	39. 196	31. 424	25. 730	21. 482	18. 256	15. 762	13. 801	12. 233	10. 962	9. 9148
55	42. 147	33. 175	26. 774	22. 109	18. 633	15. 991	13. 940	12. 319	11. 014	9. 9471
60	44. 955	34. 761	27. 676	22. 623	18. 929	16. 161	14. 039	12. 377	11. 048	9. 9672

续表

期数	12%	14%	16%	18%	20%	24%	28%	32%	36%
1	0. 8929	0. 8772	0. 8621	0. 8475	0. 8333	0. 8065	0. 7813	0. 7576	0. 7353
2	1. 6901	1. 6467	1. 6052	1. 5656	1. 5278	1. 4568	1. 3916	1. 3315	1. 2760
3	2. 4018	2. 3216	2. 2459	2. 1743	2. 1065	1. 9813	1. 8684	1. 7663	1. 6735
4	3. 0373	2. 9137	2. 7982	2. 6901	2. 5887	2. 4043	2. 2410	2. 0957	1. 9658
5	3. 6048	3. 4331	3. 2743	3. 1272	2. 9906	2. 7454	2. 5320	2. 3452	2. 1807
6	4. 1114	3. 8887	3. 6847	3. 4976	3. 3255	3. 0205	2. 7594	2. 5342	2. 3388
7	4. 5638	4. 2883	4. 0386	3. 8115	3. 6046	3. 2423	2. 9370	2. 6775	2. 4550
8	4. 9676	4. 6389	4. 3436	4. 0776	3. 8372	3. 4212	3. 0758	2. 7860	2. 5404
9	5. 3282	4. 9464	4. 6065	4. 3030	4. 0310	3. 5655	3. 1842	2. 8681	2. 6033
10	5. 6502	5. 2161	4. 8332	4. 4941	4. 1925	3. 6819	3. 2689	2. 9304	2. 6495
11	5. 9377	5. 4527	5. 0286	4. 6560	4. 3271	3. 7757	3. 3351	2. 9776	2. 6834
12	6. 1944	5. 6603	5. 1971	4. 7932	4. 4392	3. 8514	3. 3868	3. 0133	2. 7084
13	6. 4235	5. 8424	5. 3423	4. 9095	4. 5327	3. 9124	3. 4272	3. 0404	2. 7268
14	6. 6282	6. 0021	5. 4675	5. 0081	4. 6106	3. 9616	3. 4587	3. 0609	2. 7403
15	6. 8109	6. 1422	5. 5755	5. 0916	4. 6755	4. 0013	3. 4834	3. 0764	2. 7502
16	6. 9740	6. 2651	5. 6685	5. 1624	4. 7296	4. 0333	3. 5026	3. 0882	2. 7575
17	7. 1196	6. 3729	5. 7487	5. 2223	4. 7746	4. 0591	3. 5177	3. 0971	2. 7629
18	7. 2497	6. 4674	5. 8178	5. 2732	4. 8122	4. 0799	3. 5294	3. 1039	2. 7668
19	7. 3658	6. 5504	5. 8775	5. 3162	4. 8435	4. 0967	3. 5386	3. 1090	2. 7697
20	7. 4694	6. 6231	5. 9288	6. 3527	4. 8696	4. 1103	3. 5458	3. 1129	2. 7718
21	7. 5620	6. 6870	5. 9731	5. 3837	4. 8913	4. 1212	3. 5514	3. 1158	2. 7734
22	7. 6446	6. 7429	6. 0113	5. 4099	4. 9094	4. 1300	3. 5558	3. 1180	2. 7746
23	7. 7184	6. 7921	6. 0442	5. 4321	4. 9245	4. 1371	3. 5592	3. 1197	2. 7754
24	7. 7843	6. 8351	6. 0726	5. 4509	4. 9371	4. 1428	3. 5619	3. 1210	2. 7760
25	7. 8431	6. 8729	6. 0971	5. 4669	4. 9476	4. 1474	3. 5640	3. 1220	2. 7765
26	7. 8957	6. 9061	6. 1182	5. 4804	4. 9563	4. 1511	3. 5656	3. 1227	2. 7768
27	7. 9426	6. 9352	6. 1364	5. 4919	4. 9636	4. 1542	3. 5669	3. 1233	2. 7771
28	7. 9844	6. 9607	6. 1520	5. 5016	4. 9697	4. 1566	3. 5679	3. 1237	2. 7773
29	8. 0218	6. 9830	6. 1656	5. 5098	4. 9747	4. 1585	3. 5687	3. 1240	2. 7774
30	8. 0552	7. 0027	6. 1772	5. 5168	4. 9789	4. 1601	3. 5693	3. 1242	2. 7775
40	8. 2438	7. 1050	6. 2335	5. 5482	4. 9966	4. 1659	3. 5712	3. 1250	2. 7778
45	8. 2825	7. 1232	6. 2421	5. 5523	4. 9986	4. 1664	3. 5714	3. 1250	2. 7778
50	8. 3045	7. 1327	6. 2463	5. 5541	4. 9995	4. 1666	3. 5714	3. 1250	2. 7778
55	8. 3170	7. 1376	6. 2482	5. 5549	4. 9998	4. 1666	3. 5714	3. 1250	2. 7778
60	8. 3240	7. 1401	6. 2492	5. 5553	4. 9999	4. 1667	3. 5714	3. 1250	2. 7778

主要参考文献

［1］程婵娟、周好文：《商业银行财务管理》，西安，西安交通大学出版社，2008。

［2］吴开、沈正一：《现代商业银行成本管理》，上海，上海财经大学出版社，2007。

［3］艾洪德、张雪丽：《金融学》，大连，东北财经大学出版社，2004。

［4］辛基：《商业银行财务管理》，北京，中国金融出版社，2002。

［5］易传和：《银行财务管理》，北京，中国金融出版社，2003。

［6］汪国翔：《西方商业银行财务管理》，北京，经济管理出版社，2002。

［7］左晓慧：《现代商业银行财务管理》，北京，中国财政经济出版社，2008。

［8］刘瑞波、刘砚平：《商业银行财务管理》，北京，经济科学出版社，2004。

［9］朱新蓉、宋清华：《商业银行经营管理》，北京，中国金融出版社，2009。

［10］毛秋蓉：《商业银行财务管理》，北京，科学出版社，2005。

［11］顾京圃：《中国商业银行操作风险管理》，北京，中国金融出版社，2006。

［12］尹灼：《信用衍生工具与风险管理》，北京，社会科学文献出版社，2005。

［13］石晓军：《商业银行信用风险管理研究》，北京，人民邮电出版社，2007。

［14］李志辉：《中国银行业风险控制和资本充足性管制研究》，北京，中国金融出版社，2007。

［15］陈燕玲：《金融风险管理》，合肥，安徽大学出版社，2008。

［16］中国银行从业人员资格认证办公室：《风险管理》，北京，中国金融出版社，2008。

［17］宋清华、李志辉：《金融风险管理》，北京，中国金融出版社，2007。

［18］王卫东：《现代银行全面风险管理》，北京，中国经济出版社，2001。

［19］李晓西：《21 世纪中国银行业风险与防范》，广州，广东经济出版社，1999。

［20］王江：《转轨经济中商业银行制度变革与风险控制》，北京，经济科学出版社，2000。

［21］吴应宇、陈良华：《公司财务管理》，北京，石油工业出版社，2005。

［22］陈林龙、王勇：《现代西方商业银行核心业务管理》，北京，中国金融出版社，2002。

［23］李洪斌：《商业银行流动性风险管理》，长沙，湖南人民出版社，2007。

［24］王建平、李建：《透过报表看银行》，北京，中国财政经济出版社，2003。

［25］艾洪德、张雪丽：《商业银行财务管理》，大连，东北财经大学出版社，2004。

[26] 夏汉平：《企业财务报告分析（商业银行培训教材）》，成都，西南财经大学出版社，2005。

[27] 戴晓仪、邱月明、刘云平：《马克思主义哲学原理》，北京，北京工业大学出版社，2002。

[28] 唐有瑜：《美国商业银行财务管理体制的特点及启示》，载《上海会计》，2002（5）。

[29] 王南：《浅析商业银行全面财务预算管理》，载《科技经济市场》，2006（12）。

[30] 雷庆山：《谈企业财务预算管理的方法及内容》，载《商业会计》，2004（6）。

[31] 陶能虹：《国内商业银行预算管理研究现状及启示》，载《金融论坛》，2008（10）。

[32] 马德林：《企业预算管理研究存在的问题及对策分析》，载《财会通讯》，2007（11）。

[33] 罗晓文、朱莲美：《论全面预算与内部控制的关系》，载《财会月刊》，2006（22）。

[34] 邓鑫：《2010 年全国性商业银行财务分析报告》，载《银行家》，2010（8）。

[35] 字兰、黄儒靖：《基于 EVA 的我国商业银行经营绩效实证分析》，载《统计与决策》，2009（23）。

[36] 蒋竞静：《我国商业银行并购现状及策略研究》，载《企业导报》，2009（11）。

[37] 孔玉生、苗晴：《预算管理理论及发展趋势研究》，见《第四届中国科学与科技政策研究会学术年会论文集》，2008。

[38] 高嵩：《哈尔滨银行财务预算信息系统分析与设计》，中国优秀硕士学位论文全文数据库，2009。

[39] 刘昕：《商业银行流动性风险管理研究》，辽宁大学博士学位论文，2010。

[40] 季敩民：《商业银行流动性风险衡量及相关问题研究》，中国科技大学博士学位论文，2006。

[41] 游博：《我国商业银行流动性风险管理研究》，山西财经大学硕士学位论文，2008。

[42] 林一舒：《我国中小商业银行流动性管理研究》，厦门大学硕士学位论文，2008。

[43] 胡爱娟：《我国商业银行流动性风险实证分析》，浙江大学硕士学位论文，2009。

[44] 戴媛：《我国商业银行流动性风险管理研究》，南昌大学硕士学位论文，2009。

[45] 吴丹丹：《中国商业银行的流动性风险管理》，复旦大学硕士学位论文，2009。

[46] 金煜：《中国商业银行流动性风险——计量与管理框架》，复旦大学博士学位论文，2007。

［47］杨焕青:《商业银行流动性风险的诱因与预警研究》，山西财经大学硕士学位论文，2008。

［48］王娟:《基于经济增加值指标的商业银行价值评估研究》，西南财经大学硕士学位论文，2007。

［49］罗云凤:《银行业并购研究》，江西财经大学硕士学位论文，2003。

［50］张媛媛:《商业银行并购的动因分析与绩效的实证研究》，江西财经大学硕士学位论文，2006。

［51］陈鹭：《从国际银行业并购看我国商业银行发展》，武汉大学硕士学位论文，2005。

［52］中国资产评估协会:《金融不良资产评估指导意见》，2005。

［53］中国资产评估协会:《企业价值评估指导意见（试行)》，2005。

［54］中国资产评估协会:《资产评估价值类型指导意见》，2008。

［55］中国资产评估协会:《资产评估准则——评估程序》，2008。

［56］中国资产评估协会:《资产评估准则——基本准则》，2004。

［57］中国银行业监督管理委员会：《境外金融机构投资入股中资金融机构管理办法》，2003。

主编简介

张红，女，1963年生，教授，哈尔滨人。1989年从陕西财经学院毕业后任教于哈尔滨金融学院，连续多年被评为优秀教师。主持及参与省级以上课题9项；在省级以上刊物发表论文40余篇，其中多篇获奖；主编及参编教材十余部。2006年被黑龙江省银行业协会聘为资格认证风险管理培训师，为银行等金融机构培训了近十万人。2009年参与了中国银行业协会银行业从业人员资格考试试题题库征集建设工作。研究方向为财务管理、统计学。